2020年主题出版重点出版物
全国高校出版社主题出版

# 《中国脱贫攻坚精神》
## 编委会

顾　问：姜　辉　马　援

主　任：武　力

编　委：（以姓氏拼音排序）
　　　　龚　云　贾子尧　刘　春
　　　　田　侃　王爱云　王凤环
　　　　王　蕾　王　璐　吴　超
　　　　郑有贵　钟代胜

2020年度国家社会科学基金特别委托项目"脱贫攻坚精神研究"
（20@ZH001）成果

# 中国脱贫攻坚精神

武力　王爱云◎主编

华中科技大学出版社
http://www.hustp.com
中国·武汉

上犹县全面建设美丽乡村中的"茶乡"园村

上犹县营前镇扶贫项目 30 兆瓦"渔光互补"光伏发电站

上犹县农村实现了全面义务教育

上犹县实行了各乡镇巡回义诊

2016年12月丹凤县建成丹庚路越岭段

丹凤县食用菌产业园区双孢菇智能化生产大棚

丹凤县凤冠新城易地扶贫搬迁安置小区航拍图

丹凤县组织全县各中小学 200 余名建档立卡贫困生到丹凤县革命烈士陵园开展"志智同扶·研学践悟"研学旅行活动

— 调研组在丹凤县马炉村了解全国劳动模范刘西有事迹

乌兰察布市商都县七台镇马铃薯原原种扶贫产业园 —

乌兰察布市白海子镇土豆喜获丰收

乌兰察布市察右中旗的扶贫企业包装车间

乌兰察布市化德县白音特拉村鸿雁文艺宣传队排练文艺节目

调研组在乌兰察布商都县七台镇喇嘛板村委会调研村集体经济状况

蔚县驻村工作组向农户宣讲扶贫政策

蔚县草沟堡乡村干部与农民在地里收获有机大白菜

蔚县扶贫微工厂里劳作的女工们

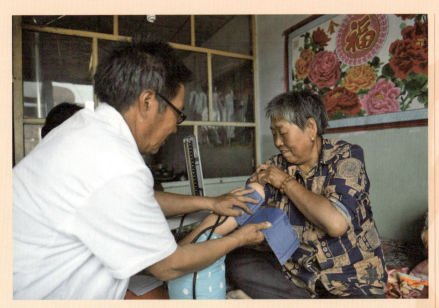
蔚县家庭签约医生上门服务

蔚县白后堡村村民在练习村歌

雷波县"天路"全景

雷波县打造百里脐橙长廊。图为卡哈洛乡大火地村现代产业园区

雷波县乌天麻产业基地

桃园新村：雷波县汶水镇的易地扶贫搬迁安置新村，距县城15公里，共投入5400余万元建设资金，于2017年3月动工建设，2017年12月竣工，2018年2月全部搬迁入住。在实施过程中，充分体现彝家新寨建设"家"、"园"、"寨"理念。主要安置了雷波县莫红中心乡马处哈、九口、达觉三个极度贫困村群众138户646人，其中建档立卡贫困户112户515人

雷波县八寨乡九年一贯制学校教学楼

# 内容简介

《中国脱贫攻坚精神》分为上篇和下篇：上篇主要从宏观整体层面梳理1949年至2020年中国共产党领导扶贫开发、脱贫攻坚的历程，总结中国脱贫攻坚的成功经验，解读中国脱贫攻坚精神，阐述中国脱贫攻坚的世界意义；下篇主要包括江西省上犹县、陕西省丹凤县、内蒙古乌兰察布市、河北省蔚县、四川省雷波县全国五个贫困县市在新时代努力奋战完成脱贫攻坚任务的调研报告，重点从微观案例层面展现贫困地区脱贫攻坚的具体工作，是全国脱贫攻坚实践和脱贫攻坚精神的微观缩影。全书采用宏观与微观相结合，整体与局部相结合，理论与实践相结合的方法，对中国脱贫攻坚精神进行全面的、有力的、丰富的阐释。

# 目录

## 上 篇

**导论** /2

**第一章　改革开放前中国农村的脱贫努力**
　　（1949—1978） /15

第一节　中共中央关于农民共同富裕思想 /15

一、新中国土地改革对农民贫困的改善 /16

二、土地改革完成后农村出现两极分化苗头 /18

三、中共中央提出农民共同富裕思想 /19

第二节　对贫困户、老根据地等贫困地区进行扶助建设 /23

一、扶助贫困户发展生产 /23

二、扶助老根据地建设的全面展开 /26

三、设立少数民族地区补助费,解决生产困难 /30

第三节 人民公社时期农村扶贫的探索 /31

一、毛泽东和中共中央帮助穷社穷队发展生产的思想 /31

二、扶持穷社穷队和贫困户发展生产的政策实践 /33

三、农村脱贫工作成效 /38

# 第二章 改革开放新时期全国大规模农村扶贫开发(1978—2012) /45

第一节 中共中央建设小康社会、实现共同富裕思想中的农村扶贫开发 /45

一、改革开放前后的农村贫困状况 /46

二、中共中央建设小康社会、实现共同富裕战略构想中的扶贫开发 /48

三、农村扶贫开发被确立为国家的一项大政方针 /51

第二节 改革开放初期农村扶贫开发政策的初步实施 /53

一、设立专项财政资金和专项低息贷款,帮助"老少边穷"地区发展经济、解决温饱 /53

二、实施以工代赈专项扶贫工程 /56

三、减免贫困地区农业税收负担 /58

第三节 全国性大规模农村扶贫开发全面展开 /59

一、20世纪80年代中期农村贫困状况 /60

二、扶贫开发纳入"七五"计划 /61

三、八七扶贫攻坚的开展 /64

四、20世纪末基本解决农村贫困人口温饱问题 /66

第四节 新世纪全面建设小康社会进程中的农村扶贫开发 /69

一、中共中央关于新世纪农村扶贫开发的部署 /69

二、支农惠农政策下加大财政扶贫力度 /72

三、专项扶贫与行业扶贫、社会扶贫相结合 /75

四、新世纪农村贫困变化与新一轮农村扶贫开发的调整 /78

# 第三章 新时代脱贫攻坚的胜利推进(2012—2020) /82

第一节 习近平关于农村扶贫开发的重要论述和党中央对于新时代脱贫攻坚的政策部署 /83

一、习近平关于农村扶贫开发的重要论述 /83

二、党中央对于新时代脱贫攻坚的政策部署 /87

第二节 新时代脱贫攻坚的全面展开 /90

一、推进六项改革,完善创新精准扶贫机制 /90

二、建立八大制度体系,为打赢脱贫攻坚战提供制度保障 /97

三、按照"五个一批"精准扶贫的工作思路,专项扶贫、行业扶贫、社会扶贫联动 /101

第三节 新时代脱贫攻坚取得决定性成就 /114

一、脱贫攻坚目标任务完成 /114

二、贫困地区经济社会发展加快 /115

## 第四章 中国脱贫攻坚成功分析 /118

### 第一节 中国脱贫攻坚的出发点是实现共同富裕 /118
一、共同富裕是中国扶贫始终坚持的根本价值原则 /118
二、消除农村绝对贫困是建设小康社会不可或缺的组成部分 /120

### 第二节 中国脱贫攻坚的根本特征是党的领导和政府主导 /121
一、坚持党的领导为脱贫攻坚提供坚强的政治保障 /122
二、坚持政府主导为脱贫攻坚提供充足的经济保障 /123

### 第三节 中国脱贫攻坚始终坚持人民群众为主体力量 /124
一、鼓励人民群众以自力更生为主，树立脱贫志向 /125
二、扶贫工作尊重扶贫对象主体地位，扶贫先扶志 /126

### 第四节 中国脱贫攻坚的鲜明特征是精准扶贫、精准脱贫 /128
一、农村扶贫开发注重扶贫对象的瞄准 /128
二、脱贫攻坚制胜之道在于精准 /130

### 第五节 中国脱贫攻坚始终坚持集结全体社会力量的全民行动 /131
一、扶贫济弱是中华民族传统美德 /131
二、动员全社会力量积极参与扶贫 /133

### 第六节 中国脱贫攻坚始终坚持综合性开发建设 /135
一、综合性开发建设是新中国扶贫（开发）一直坚持的原则 /136
二、脱贫攻坚全面破解贫困地区区域发展瓶颈制约 /138

## 第五章 中国脱贫攻坚精神及世界意义 /140

### 第一节 中国脱贫攻坚精神 /140

一、习近平深刻阐述中国脱贫攻坚精神　　　　　　　　　　　/141

　　二、践行脱贫攻坚精神的时代楷模　　　　　　　　　　　　/143

第二节　联合国引领的世界反贫困　　　　　　　　　　　　　　/146

　　一、世界绝对贫困状况　　　　　　　　　　　　　　　　　/146

　　二、联合国倡导的反贫困　　　　　　　　　　　　　　　　/148

第三节　国际社会对中国消除农村绝对贫困的关注和研究　　　　/149

　　一、持续关注中国消除农村绝对贫困的历程和成就　　　　　/150

　　二、重点关注新时代脱贫攻坚新举措和突出成就　　　　　　/152

　　三、用国际减贫理论分析中国消除农村绝对贫困措施　　　　/153

　　四、注重总结中国减贫经验　　　　　　　　　　　　　　　/156

第四节　中国消除农村绝对贫困的国际影响　　　　　　　　　　/158

　　一、中国实现农村整体消除贫困,得到国际社会的充分肯定　/158

　　二、中国努力帮助其他国家反贫困,为世界反贫困做出贡献　/160

## 下　篇

## 江西省上犹县脱贫攻坚调研报告　　　　　　　　　　　　　　/164

　　一、上犹县脱贫攻坚概况　　　　　　　　　　　　　　　　/164

　　二、上犹县脱贫攻坚的措施　　　　　　　　　　　　　　　/167

　　三、上犹县脱贫攻坚的特色亮点　　　　　　　　　　　　　/177

　　四、上犹县脱贫攻坚与乡村振兴的有效衔接　　　　　　　　/187

  五、小结 /190

  附 江西省上犹县脱贫攻坚的特色典型案例 /191

## 陕西省丹凤县脱贫攻坚调研报告 /201

  一、丹凤县概况和贫困状况 /201

  二、丹凤县脱贫攻坚的主要措施和成就 /205

  三、丹凤县脱贫攻坚的主要经验 /221

  四、丹凤县巩固脱贫攻坚成果，推动与乡村振兴有效衔接 /230

## 内蒙古乌兰察布市脱贫攻坚调研报告 /239

  一、乌兰察布市脱贫攻坚基本情况 /240

  二、乌兰察布市脱贫攻坚经验总结 /249

  三、乌兰察布市脱贫攻坚中体现的精神风貌 /262

## 河北省蔚县脱贫攻坚调研报告 /282

  一、蔚县脱贫攻坚概况 /282

  二、蔚县脱贫攻坚的举措 /286

  三、蔚县脱贫攻坚的特色亮点 /303

  四、蔚县脱贫攻坚与乡村振兴的有效衔接 /311

  五、小结 /314

  附 河北省蔚县脱贫攻坚的特色典型案例 /314

## 四川省雷波县脱贫攻坚调研报告 /325

  一、治贫奇迹：峡谷云端齐脱贫 /326

  二、聚焦精准：系统多维精准施策 /329

  三、倾情示范：中央纪委国家监委帮扶雷波县 /333

  四、心系群众：下足"绣花"功夫，着力解决群众"八难" /339

五、集体统筹：走共享发展之路 /343

六、扶志扶智：立足长远，高质量实施教育扶贫 /349

七、希望天路：助云端村庄脱贫 /351

八、移民新生：阳光新村开启阳光生活 /355

九、衔接振兴：巩固脱贫成果和有效衔接乡村振兴战略 /357

**主要参考文献** /363

**后记** /367

上篇

1949—1978

1978—2012

2012—2020

# 导论

中华人民共和国成立以来,中国共产党和中国政府为消除贫困进行了不懈努力,从理论到实践都取得了丰硕的成果。新中国成立时,作为一个经济落后的农业大国,绝对贫困发生率在80%以上,但经过70多年的奋斗,到2020年年底,中国实现了农村人口整体脱贫的脱贫攻坚战略目标,使得中华民族彻底摆脱了困扰人民几千年的贫困问题,创造了人类社会消除贫困的奇迹。本书通过对脱贫攻坚及其精神的调研,特别是个案分析,试图回答:为什么在人口众多的发展中大国里只有中国能够消除贫困?中国是怎样做到的?脱贫攻坚体现了什么精神?中国整体消除绝对贫困的世界意义何在?

习近平在中共十九大报告中指出:"不忘初心,方得始终。中国共产党人的初心和使命,就是为中国人民谋幸福,为中华民族谋复兴。"中国共产党百年的历史证明,这个初心和使命一直是激励中国共产党人不断前进的根本动力。中国作为一个历史悠久的传统农业大国,在近代的一百多年里,受帝国主义、封建主义和官僚资本主义的压迫剥削,农村黑暗、农业凋敝,广大农民极度贫困。中国共产党自1921年发表《告中国的农民》一文,就关注农民贫困问题,把解决农民绝对贫困作为己任,进行不懈探索。经过近百年的奋斗历程,形成了消除农村绝对贫困的中国方案,即以土地生产关系变革为根本驱动,以扶贫开发为主要途径,以救济保障为基础措施。也就是说,中国共产党把解决农民土地问题和发展集体经济作为解决农村绝对贫困的根本之道,先后开展土地革命、土地改革、农业合作化运动、人民公社化运动,形成农村土地集体所有制。

1978年改革开放以后,农村贫困问题开始突显,引起党中央的高度重视。1979年9月中共十一届四中全会正式通过的《关于加快农业发展若干问题的决定》就指出,"我国西北、西南一些地区以及其他一些革命老根据地、偏远山区、少数民族地区和边境地区,长期低产缺粮,群众生活贫困。这些地方生产发展快慢,不但是个经济问题,而且是个政治问题。国务院要设立一个有有关部门负责同志参加的专门委员会,统筹规划和组织力量,从财政、物资和技术上给这些地区以重点扶持,帮助它们发展生产,摆脱贫困。对其他地区的穷社穷队,也要帮助他①们尽快改变面貌。国家支援穷队的资金,要保证用于生产建设。"②1982年12月,国家经济委员会、民政部、财政部等9个部门联合发出《关于认真做好扶助农村贫困户工作的通知》,指出扶助农村贫困户是党的一项重要政策,帮助贫困户摆脱贫困是关系全局的、具有战略意义的一件大事。1984年9月,中共中央、国务院发出《关于帮助贫困地区尽快改变面貌的通知》,要求对贫困地区予以财政支持和政策扶持,帮助这些地区首先摆脱贫困,进而改善生产条件,提高生产能力,发展商品生产,

---

① 此处"他"应为"它"——编者注。
② 《三中全会以来重要文献选编》(上),中央文献出版社2011年版,第167-168页。

赶上全国经济发展的步伐。1986年5月,国务院正式成立贫困地区经济开发领导小组,并召开了第一次全体会议,此后,全国范围内有计划、有组织、大规模的扶贫开发工作蓬勃开展起来。

2011年11月,中央扶贫开发工作会议在北京召开,部署《中国农村扶贫开发纲要(2011—2020年)》(以下简称《纲要》)的贯彻落实工作,同时宣布大幅度提高扶贫标准,将农民人均纯收入2300元(2010年不变价)作为新的国家扶贫标准,全国贫困人口数量由2010年的2688万人扩大至1.28亿人。《纲要》确定了"两不愁三保障"的扶贫攻坚总体目标,即"到2020年,稳定实现扶贫对象不愁吃、不愁穿,保障其义务教育、基本医疗和住房。贫困地区农民人均纯收入增长幅度高于全国平均水平,基本公共服务主要领域指标接近全国平均水平,扭转发展差距扩大趋势。"《纲要》提出"在扶贫标准以下具备劳动能力的农村人口为扶贫工作主要对象",将连片特困地区作为扶贫攻坚的主战场,同时"做好连片特困地区以外重点县和贫困村的扶贫工作"。①

中共十八大以后,党中央把脱贫攻坚摆在治国理政的突出位置,把脱贫攻坚作为全面建成小康社会的底线任务,组织开展了声势浩大的脱贫攻坚人民战争。2012年12月,习近平指出:到二〇二〇年全面建成小康社会,自然要包括农村的全面小康,也必须包括革命老区、贫困地区的全面小康。全面建成小康社会,最艰巨最繁重的任务在农村,特别是在贫困地区。没有农村的小康,特别是没有贫困地区的小康,就没有全面建成小康社会。② 2015年11月,习近平在中央扶贫开发工作会议上强调"消除贫困、改善民生、逐步实现共同富裕,是社会主义的本质要求,是我们党的重要使命。"③ 2016年新年贺词中,习近平重申:"全面建成小康社会,13亿人要携手前进。让几千万农村贫困人口生活好起来,是我心中的牵挂。我们吹响了打赢扶贫攻坚战的号角,全党全国要

---

① 《中国农村扶贫开发纲要(2011—2020年)》,《人民日报》,2011年12月2日。
② 习近平:《做焦裕禄式的县委书记》,中央文献出版社2015年版,第15、16页。
③ 《习近平关于全面建成小康社会论述摘编》,中央文献出版社2016年版,第155页。

勠力同心,着力补齐这块短板,确保农村所有贫困人口如期摆脱贫困。"①2017年10月,在第十九届中央政治局常委同中外记者见面会上,习近平再次发出掷地有声的庄严承诺——全面建成小康社会,一个不能少;共同富裕路上,一个不能掉队。

习近平总书记身体力行,8年来他先后7次主持召开中央扶贫工作座谈会,50多次调研扶贫工作,走遍14个集中连片特困地区,坚持看真贫,坚持了解真扶贫、扶真贫、真脱贫的实际情况,面对面同贫困群众聊家常、算细账,亲身感受脱贫攻坚带来的巨大变化。

习近平指出:"实现共同富裕是中国共产党领导和我国社会主义制度的本质要求。"②1978年中共十一届三中全会拉开改革开放大幕的时候,由于长期实行优先快速发展重工业的赶超战略,实行了保障高积累和社会稳定的计划经济和城乡分隔制度,从总体上看,广大农民尚处于未解决温饱问题的贫困状态。此后在微观经济层面农村实行了家庭联产承包经营责任制和兴办非农产业,在宏观经济层面减轻了农民负担并放松了市场管制,使得大部分农民实现了脱贫致富,但是仍然有部分地区、部分农民因自然资源禀赋差和个人能力低等因素,仍然处于贫困之中。于是党和国家决定采取专项政策,帮助贫困地区和贫困人口脱贫。

改革开放新时期,开发式扶贫被确立为农村扶贫政策的核心,要求以经济建设为中心,支持、鼓励贫困地区干部群众改善生产条件,开发当地资源,发展商品生产,增强自我积累和自我发展能力。1994年,国务院印发的《国家八七扶贫攻坚计划(1994—2000年)》中,对开发式扶贫做出了具体规定:国家要扶持贫困户创造稳定解决温饱的基础条件,有条件的地方,人均建成半亩到一亩稳产高产的基本农田;户均一亩林果园,或一亩经济作物;户均向乡镇企业或发达地区转移一个劳动力;

---

① 《国家主席习近平发表二〇一六年新年贺词》,《人民日报》,2016年1月1日。
② 习近平:《在全国劳动模范和先进工作者表彰大会上的讲话》(2020年11月24日),《人民日报》,2020年11月25日。

户均一项养殖业,或其他家庭副业;牧区户均一个围栏草场,或一个"草库仑"。

在区域上,也逐步打破限制,根据实际情况安排治理内容和方式。20世纪80年代初期,打破行政区域并确定了18个连片贫困地区。1986年第一次确定了国家重点扶持的贫困县,这是中国解决区域性农村贫困问题的一个突破。

在改革开放40多年历程中,我国先后确定过四批国家级贫困县,即1986—1993年331个全国重点贫困县;1994—2000年(国家八七扶贫攻坚)592个全国重点贫困县;2001—2011年592个中西部国家扶贫开发工作重点县;2012—2020年592个中西部国家扶贫开发工作重点县和14个集中连片特殊困难地区贫困县,共832个。第四批832个国家级贫困县是新时代脱贫攻坚的重点工作对象,是消除农村绝对贫困的主战场。

东部沿海的辽宁、山东、江苏、浙江、福建、广东6个省经过1994—2000年八七扶贫攻坚,完成脱贫任务,国家级贫困县全部摘帽。这些省份在新时代开展的脱贫攻坚包括两个方面:一是在东西部扶贫协作中对口支援中西部贫困县,开展携手奔小康行动;二是根据省级扶贫标准,在省内开展脱贫攻坚工作,但是它们执行的扶贫标准高于国家扶贫标准。

中共十八大以来,农村整体脱贫的目标、任务和方法实现了精准化。

第一,改革完善了扶贫开发工作机制:根据2013年12月中共中央办公厅、国务院办公厅印发的《关于创新机制扎实推进农村扶贫开发工作的意见》,农村扶贫开发工作推进贫困县考核机制、约束机制和退出机制改革;开展建档立卡、建立精准扶贫工作机制;健全干部驻村帮扶机制;推进财政专项扶贫资金管理机制改革;推进金融扶贫方式创新;创新社会扶贫参与机制。通过这六项改革,着力构建精准扶贫、精准脱贫机制,确保真扶贫、扶真贫、真脱贫。

第二，健全了六大制度体系：一是建立脱贫攻坚责任体系；二是建立脱贫攻坚政策体系；三是建立脱贫攻坚投入体系；四是强化脱贫攻坚动员体系；五是建立脱贫攻坚监督体系；六是建立脱贫攻坚考核体系。

第三，提出了精准扶贫要求，即扶持对象精准、项目安排精准、资金使用精准、措施到户精准、因村派人精准、脱贫成效精准。"六个精准"有效覆盖了扶贫对象识别、帮扶和管理等各个环节，贯通了贫困治理的全流程。

2017年10月召开的中共十九大，将农村扶贫开发工作放在决胜全面建成小康社会、开启全面建设社会主义现代化国家新征程中，提到了空前的高度，把精准脱贫作为三大攻坚战之一。十九大报告提出，从现在到二〇二〇年，是全面建成小康社会决胜期，要坚决打好、打赢脱贫攻坚战，确保到二〇二〇年我国现行标准下农村贫困人口实现脱贫，贫困县全部摘帽，解决区域性整体贫困，做到脱真贫、真脱贫，使全面建成小康社会得到人民认可、经得起历史检验。

2021年2月25日，习近平庄严宣告，经过全党全国各族人民共同努力，在迎来中国共产党成立一百周年的重要时刻，我国脱贫攻坚战取得了全面胜利，现行标准下9899万农村贫困人口全部脱贫，832个贫困县全部摘帽，12.8万个贫困村全部出列，区域性整体贫困得到解决，完成了消除绝对贫困的艰巨任务，创造了又一个彪炳史册的人间奇迹！同时他又强调：脱贫攻坚战的全面胜利，标志着我们党在团结带领人民创造美好生活、实现共同富裕的道路上迈出了坚实的一大步。同时，脱贫摘帽不是终点，而是新生活、新奋斗的起点。解决发展不平衡不充分问题、缩小城乡区域发展差距、实现人的全面发展和全体人民共同富裕仍然任重道远。我们没有任何理由骄傲自满、松劲歇脚，必须乘势而上、再接再厉、接续奋斗。

中国由于地域辽阔和自然资源禀赋不同以及人文条件的差异，区域之间的发展水平是非常不平衡的，因此农村贫困的原因也是多样的。

随着经济发展和社会进步,农村的贫困治理又包含教育、文化、健康、可持续发展和环境保护等内容。

中共十八大以来,在精准扶贫和脱贫攻坚的推动下,扶贫形式和内容更加多样化。2015年11月,习近平在中央扶贫开发工作会议上提出实施"五个一批"工程的脱贫方法,即发展生产脱贫一批,易地搬迁脱贫一批,生态补偿脱贫一批,发展教育脱贫一批,社会保障兜底一批。中共十八大以后按照精准扶贫的工作思路,有关部门分别组织开展了教育扶贫、健康扶贫、金融扶贫、交通扶贫、水利扶贫、劳务协作就业扶贫、危房改造、科技扶贫、中央企业定点帮扶贫困革命老区百县万村活动、民营企业万企帮万村等精准扶贫行动;实施了职业教育培训工程、干部驻村工程、扶贫小额信贷工程、易地扶贫搬迁工程、电商扶贫工程、旅游扶贫工程、光伏扶贫工程、构树扶贫工程、致富带头人创业培训工程、龙头企业带动工程等精准扶贫工程。

第一,将解决农村贫困问题变成政府主导、全面参与的综合新建设工程,形成了党委领导、政府负责、社会协同、公众参与的一体化格局。

中国农村贫困人口数量大,集中连片特点明显,而且多集中于边远偏僻地区,自然资源和现代基础设施差,彻底解决贫困问题的难度很大,而且越往后投入越大。

改革开放以来,在政府治理的执行层面上,建立健全了从中央到地方的扶贫工作领导机构,国务院成立国务院扶贫开发领导小组办公室,贫困省、区、县逐级成立相应的组织机构。实行责任、任务、资金和权力"四个到省"的扶贫工作责任制与各级政府扶贫工作首长负责制。

随着中国社会经济结构的巨大变化和治理路径的多元化发展,全民参与农村扶贫逐步成为潮流。中共十八大以来,习近平多次强调,坚持社会动员,凝聚各方力量,共同参与脱贫攻坚,必须充分发挥政府和社会两方面力量的作用,构建专项扶贫、行业扶贫、社会扶贫互为补充的大扶贫格局,调动各方面积极性,形成全社会广泛参与脱贫攻坚格局。国务院决定从2014年起将每年的10月17日定为"扶贫日",号召要努力营造社会扶贫"人人皆愿为"的良好环境条件,要倡导社会扶贫"人人皆可为"的共同参与理念,要建立社会扶贫"人人皆能为"的有效参与机制和方式。

实践证明,坚持中央统筹、省负总责、市县抓落实的工作机制,强化党政一把手负总责的责任制,引导并鼓励市场力量和社会力量参与扶贫工作的专项扶贫、行业扶贫、社会扶贫"三位一体"的扶贫格局,符合国情、政情,取得了良好效果。2017年中共十九大提出要打造"共建共治共享的社会治理格局",坚持大扶贫格局。这是以习近平同志为核心的党中央在提出精准扶贫理念后的又一重大的理论创新。

第二,中国共产党解决农村贫困问题,始终将解决人的思想和能力问题放在重要位置。经验证明:只有使具有劳动能力的贫困人口掌握新的生产技能,提升劳动者的"志气"和智力,即人力资本水平,才能具备消除贫困的能力,也才能够保障在外部力量帮助脱贫后不再"返贫"。中国共产党在治理农村贫困问题上,从一开始就认识到人是生产力第一要素,认识到要让人民真正摆脱贫困,在解决了生产关系的束缚后,就要不断提高农民的文化科技水平。20世纪50年代至70年代农村开展的扫盲运动、普及中小学教育、"赤脚医生"运动等,都是想迅速提高农民的文化和健康水平。

中共十八大以来,解决农村贫困问题进入最后攻坚阶段,"扶志"、"扶智"位置也更加突出。习近平多次发表有关发挥群众主体作用的内生动力理论的讲话,明确指出"扶贫先扶志"、"扶贫必扶智"、"扶贫既要富口袋,也要富脑袋"等。中共中央、国务院《关于打赢脱贫攻坚战三年行动的指导意见》要求切实把扶贫同扶志、扶智相结合,将脱贫攻坚和锤炼作风、锻炼队伍相统一。

中共十八大以来,以习近平同志为核心的党中央,从党的根本宗旨和社会主义本质出发,坚定不移走共同富裕道路,高度重视反贫困问题,从中国实际出发,以理论引领实践,始终铭记"消除贫困、改善民生、实现共同富裕,是社会主义的本质要求"①,以制度的"底色"决定目标、决定奋斗的"本色",通过脱贫攻坚,到2020年年底从整体上消灭中国千年绝对贫困,在共同富裕大路上迈出了重大的一步。脱贫攻坚的伟大成功是在习近平新时代中国特色社会主义思想科学指引下实现的。习近平对新时代脱贫攻坚做出了一系列战略部署,提出了一系列新思想、新观点、新论断。着眼于中国共产党的初心和使命担当,提出消除贫困、改善民生、逐步实现共同富裕是社会主义的本质要求,是我们党的重要使命;着眼于解决发展不平衡不充分问题,提出"小康不小康,关键看老乡",全面建成小康社会最艰巨最繁重的任务在贫困地区,全党全国要勠力同心打赢扶贫攻坚战,补齐贫困地区和贫困人口短板;着眼于全面建成小康社会、促进全体人民共同富裕,鲜明提出全面建成小康社会一个也不能少、一个民族也不能少,共同富裕路上一个也不能掉队;着眼于真扶贫、扶真贫、真脱贫,提出创新扶贫方式、精准扶贫、精准脱贫;着眼于充分发挥贫困群众在脱贫攻坚中的主体作用和增强贫困地区内生发展能力,提出要克服严重"等、靠、要"思想,扶贫中注意增强乡村两级集体经济实力,注重扶贫同扶志、扶智相结合;着眼于巩固脱贫成效和乡村振兴,提出2020年以后设立过渡期,千方百计巩固好脱贫攻坚成果,接下来要把乡村振兴这篇文章做好。这一系列新思想、新观点、新论断,回答了脱贫攻坚在新时代决胜全面建成小康社会的战略地位,谁来扶、扶持谁、怎么扶,脱贫攻坚与实施乡村振兴战略有机衔接等一系列问题,丰富发展了中国共产党脱贫攻坚思想,增强了全党全国各族人民脱贫攻坚的自觉,指导中国人民走出了中国特色扶贫开发道路,成就了贫困地区和贫困人口同步进入全面小康社会的伟绩。

　　脱贫攻坚的伟大成功是在发挥社会主义的制度优势下实现的。在中国共产党的领导下,发挥社会主义制度优势,践行以人民为中心的发展思想,全国一盘棋周密规划部署,动员了规模空前的人力、物力、财力,构建和完善了中央统筹、省负总责、市县抓落实的各负其责的脱贫

---

① 习近平:《习近平谈治国理政》第1卷,外文出版社2018年版,第189页。

攻坚责任体系;构建和完善了向贫困地区倾斜的支持体系;构建和完善了精准而又合理解决脱贫攻坚的政策体系;构建和完善了脱贫攻坚动员体系;构建和完善了挂牌督战、巡视和监督举报等脱贫攻坚监督体系;构建和完善了严格考核评估的脱贫攻坚考核体系。

在习近平新时代中国特色社会主义思想指引下,中国共产党带领全国人民,在脱贫攻坚进程中形成了新时代的脱贫攻坚精神。

2021年2月25日,习近平在全国脱贫攻坚总结表彰大会上提出:"伟大事业孕育伟大精神,伟大精神引领伟大事业。脱贫攻坚伟大斗争,锻造形成了'上下同心、尽锐出战、精准务实、开拓创新、攻坚克难、不负人民'的脱贫攻坚精神。脱贫攻坚精神,是中国共产党性质宗旨、中国人民意志品质、中华民族精神的生动写照,是爱国主义、集体主义、社会主义思想的集中体现,是中国精神、中国价值、中国力量的充分彰显,赓续传承了伟大民族精神和时代精神。"这是习近平新时代中国特色社会主义思想在脱贫攻坚实践进程中的丰富发展,是战胜前进道路上各种困难风险、不断夺取新胜利的强大精神力量和宝贵精神财富。

脱贫攻坚取向和发展道路、方法和作风、精神境界和人生价值各个层面的精神是一个有机的整体,内涵丰富深刻,是新时代中国精神的重要组成部分。

2020年如期打赢脱贫攻坚战,中华民族千百年来存在的绝对贫困问题得到解决,创造了彪炳史册的人间奇迹!而脱贫攻坚精神也必将成为不朽的精神丰碑。在实现中华民族伟大复兴中国梦的历史进程中,要更好地宣传和弘扬脱贫攻坚精神。

农村贫困是世界各国从农业社会转向工业社会中出现的普遍现象,目前就世界上绝大多数发展中国家来说,在城乡二元经济下,都存在农村贫困问题。中国在2020年实现了农村整体消除贫困,书写了人类反贫困史的新篇章,可以给世界解决农村贫困问题提供中国经验、中国智慧和中国方案。

第一,中国实现农村整体消除贫困,是世界发展史上的奇迹,得到国际社会的充分肯定。

中国作为世界上农村人口最多、区域发展非常不平衡的多民族发展中国家,中国的减贫事业不仅是世界减贫事业极为重要的一部分,中国的成功也是对全人类进步的重要贡献。

中国农村整体消除贫困的成功实践,虽然生长于中国经济社会土壤,具备本土独特性,但中国实现工业化与乡村振兴并举、市场化转型与消除绝对贫困同步、成功跨越"中等收入"陷阱的经验,以及从中体现的国家治理体系和治理能力,都是人类社会发展进程中创造的有益成果,具有理论意义和现实借鉴作用。中国的减贫事业得到了世界银行、亚洲开发银行、国际农发基金、联合国粮农组织、世界粮食计划署等多边开发机构的积极参与和有力支持,但最终是通过自身有效的反贫困治理,创造性地培育出持续内生动力以实现农村整体脱贫,绝大多数曾经处于贫困状态的农民,以自主劳动为主提高了生活水平,避免了完全依赖援助实现脱贫的"输血式"脱贫。

新中国成立时中国还是一个农村人口占90%的落后农业大国,经过70余年的经济发展和农村脱贫探索与实践,中国成为世界上减贫人口最多的国家,特别是中共十八大以来,平均每年1000多万人脱贫,相当于一个中等国家的人口脱贫,同期中国对全球减贫的贡献率超过70%,在世界上提前10年率先完成联合国千年发展目标,并将成为首个实现联合国可持续发展目标之一的"无(绝对)贫困"的发展中国家。鉴于中国的体量和贫困程度,这个贡献十分不易,弥足珍贵。联合国2015年制定《2030年可持续发展议程》时,即充分吸收了中国减贫方案的有关内容。例如,在可持续发展目标"在全世界消除一切形式的贫困"的具体目标中,中国解决农村贫困问题的三条路径都有充分的体现。中国以自身的反贫困治理的速度、规模和持续性对其他尚未摆脱绝对贫困的国家产生示范作用,因而在国际社会获得了影响力和尊重,积累了正向的国家"声誉资本"。

第二，中国不仅解决了自己的脱贫问题，还为世界反贫困做出巨大贡献。世界经济论坛总裁博尔格·布伦德表示，"在人类历史上，我们从未看到有那么多人摆脱了极端贫困"，"这是中国的一个伟大成就"。① 当今世界，国际治理越来越转向促进发展，消除贫困成为普遍共识。由贫穷所直接导致或者衍生的一系列社会问题是当今世界最具挑战性的问题。在国际治理合作中，民生改善无疑是最能够达成共识、最能够产生共鸣的核心指标。中国共产党始终关注本国的民生，努力做到了经济发展和社会稳定，而这与实现发展成果共享是分不开的。中国不仅解决了自身的农村贫困问题，正在实现工业化后的乡村振兴，而且支持和帮助其他贫困国家摆脱贫困，为世界减贫做出卓越贡献。

随着综合国力的持续增长，中国从反贫困国际公共产品的消费者，逐渐成为建设者，以及供给者、创新者。中国在解决贫困问题方面的不断探索，随着经济建设、社会发展和改革开放进程而不断校正、深化和完善，逐步确立了开发式扶贫。从自身的经验出发，中国参与全球贫困治理的重点在于提供力所能及的国际公共产品，提升合作伙伴国家减贫能力，注重公路、铁路、电站、电力设施、公共卫生设施的建设，注重减贫成果惠及当地民众。近年来，"一带一路"倡议以"人类命运共同体"为理论依据，在其框架下达成多边或双边协议，积极进行国际减贫合作。

在南南合作的框架下，中国推动建立以合作共赢为核心的新型国际减贫交流合作关系，落实《中国和非洲联盟加强中非减贫合作纲要》和"东亚减贫合作倡议"等，发挥中国国际扶贫中心等国际减贫交流平台作用，为国际减贫事业注入了有效资源和强劲动力。到2020年，中国已与100多个亚洲、非洲和拉丁美洲国家合作开展了100个减贫项目和100个农业合作项目。中国和许多国际组织共同设立了南南合作

---

① 《书写全球减贫史重要篇章——世界瞩目中国"两会时间"》，《人民日报》，2020年5月27日。

信托基金,向非洲和亚洲的12个发展中国家派出了350多名中国专家和技术人员,在农业生产方面培训了大量学员。

2021年1月25日,习近平在世界经济论坛"达沃斯议程"对话会上指出:"我们要坚持与时俱进,不搞故步自封。世界正在经历百年未有之大变局,既是大发展的时代,也是大变革的时代。"正如习近平在全国脱贫攻坚总结表彰大会上指出的那样,纵览古今、环顾全球,没有哪一个国家能在这么短的时间内实现几亿人脱贫,这个成绩属于中国,也属于世界,为推动构建人类命运共同体贡献了中国力量!

脱贫攻坚已经取得历史性成果,中国也进入全面建设社会主义现代化国家新征程,我们必须把促进全体人民共同富裕摆在更加重要的位置,脚踏实地、久久为功,向着这个目标更加积极有为地进行努力,促进人的全面发展和社会全面进步,让广大人民群众获得感、幸福感、安全感更加充实、更有保障、更可持续。

# 第一章
# 改革开放前中国农村的脱贫努力(1949—1978)

反贫困是古今中外治国理政的一件大事,新中国也不例外。新中国自成立起始终将农民和农村问题作为社会主义建设的根本问题,把消除农村绝对贫困作为自己的重要使命,进行了不懈的探索。

## 第一节

### 中共中央关于农民共同富裕思想

新中国成立以后,中国共产党和人民政府把贫困农民作为依靠对象,从政治、经济、生活上全面关心照顾他们。在开展土地改革运动,把土地分给农民后,针对农村出现的两极分化苗头,中共中央提出了通过农业合作化使广大农民一起走向共同富裕的思想。

## 一、新中国土地改革对农民贫困的改善

近代以来,在西方列强入侵之下,中国沦为半殖民地半封建社会。进入20世纪,全中国80%以上的人口集中在农村,但是农村土地越来越集中在少数地主阶级手中,占农村人口总数不到10%的地主、富农,占有农村70%~80%的耕地;而占农村人口总数90%以上的贫农、雇农和中农,则只占有20%~30%的耕地。农民长期遭受帝国主义、官僚资本主义、封建主义三座大山压迫,各种地租、苛捐杂税、高利贷盘剥,加上军阀混战,天灾人祸频繁,致使农村经济凋敝,绝大部分农民终年辛勤劳动,却不得温饱,处于绝对贫困状态。在中国本部最大多数是贫农和小农,贫农和小农都是每年收入不够维持最小限度的一家生活的(这些农民在各省之中有的占百分之五十,有的占到百分之八十)。[1] 据统计,1949年仅因天灾人祸造成生活困难的农民群众就有近4000万人,其中无粮吃的达800万人。[2]

中国共产党成立后,把解决农民土地问题作为解决农村绝对贫困的根本之道,开展土地革命,没收地主土地分给农民。解放战争时期发动农民进行土地改革,消灭封建地主土地所有制。到1947年10月10日,中共中央正式颁发第一个彻底的、完整的土地革命纲领——《中国土地法大纲》,宣布废除一切地主的土地所有权,废除一切祠堂、庙宇、寺院、学校、机关及团体的土地所有权,一切土地不分男女老幼,统一平均分配给全乡村人民,归各人所有[3]。新中国成立前夕,全国已有1.45亿农业人口的地区实行了土地改革。

新中国成立后,1950年6月30日,中央人民政府公布《中华人民共和国土地改革法》,将土地改革目的明确为:"废除地主阶级封建剥削的土地所有制,实行农民的土地所有制,借以解放农村生产力,发展农业

---

[1] 《中共中央文件选集》第3册,中共中央党校出版社1989年版,第491页。
[2] 《当代中国的民政》(下),当代中国出版社、香港祖国出版社2009年版,第67页。
[3] 《解放战争时期土地改革文件选编(1945—1949)》,中共中央党校出版社1981年版,第85页。

生产,为新中国的工业化开辟道路。"①这就以法律的形式保障了全国贫苦农民通过土地改革获得土地的权利。

从1950年冬到1953年春,在新解放区占全国人口一多半的农村,党领导农民完成了土地制度的改革,彻底摧毁了封建地主土地所有制,3亿多农民普遍拥有属于自己的土地、农具、牲畜,旧中国土地等生产资料集中在地主手中的局面得到根本改变。

土地改革以后的农民,在自己的土地上为自己而耕种,他们的生产积极性大大提高。在土地改革以前,全国农民为租种地主的土地而付出的地租,每年的总数折合粮食不下1000亿斤。实行土地改革以后,这大量的粮食就不再交给地主,而是保留在农民手中,这样不仅让农民可以吃饱饭来进行生产,也使农民对农业生产能够多下本钱。

农民劳动积极性的提高,极大地促进了农业生产的发展,主要农产品产量逐年提高,具体参见表1-1②:

表1-1　全国主要农产品产量　　　　　　　　　单位:万吨

| 年份 | 粮食 | 棉花 | 油料 | 黄红麻 | 糖料 | 茶叶 | 水果 |
| --- | --- | --- | --- | --- | --- | --- | --- |
| 1950 | 13212.5 | 69.2 | 297.2 | 7.9 | 337.8 | 6.5 | 132.5 |
| 1951 | 14368.5 | 103.1 | 362.0 | 25.0 | 498.9 | 7.9 | 156.4 |
| 1952 | 16391.5 | 130.4 | 419.3 | 30.6 | 759.5 | 8.2 | 244.3 |
| 1953 | 16683.0 | 117.5 | 385.6 | 13.8 | 771.4 | 8.5 | 296.9 |
| 1954 | 16951.5 | 106.5 | 430.5 | 13.7 | 958.1 | 9.2 | 297.8 |
| 1955 | 18393.5 | 151.8 | 482.7 | 25.7 | 970.6 | 10.8 | 255.0 |
| 1956 | 19274.5 | 144.5 | 508.6 | 25.8 | 1030.1 | 12.1 | 310.5 |
| 1957 | 19504.5 | 164.0 | 419.6 | 30.1 | 1189.3 | 11.2 | 324.7 |

农业生产的发展,使农民收入和消费水平有了一定的提高。农村居民家庭人均纯收入由1949年的43.80元增加到1952年的57.00元,1954年的64.14元。③

---

① 《建国以来重要文献选编》第1册,中央文献出版社1992年版,第336页。
② 《新中国60年统计资料汇编》,中国统计出版社2010年版,第37页。
③ 武力:《中华人民共和国经济史》,中国时代经济出版社2010年版,第1444页。

虽然广大农民的生活比过去有所改善，但是由于多数地区获得解放和完成土地改革较晚，农民生活的变化需要一个过程，距离全体农民丰衣足食还有一定距离，加上国家通过组织大量的农村劳动力来支持重工业的发展，不少农民的生活还相当贫困。更重要的是，土地改革完成后，由于经营能力、技术、经验、门路、人力和生产资本上的差异，一些农户特别是中农和富农的资产不断增加，而刚刚获得土地还不具有抵抗各种风险能力的一些农户，则又重新沦入贫困。

## 二、土地改革完成后农村出现两极分化苗头

由于土地改革并没有消灭农村土地私有制，农村仍然是分散的、个体的农业经济。土地改革也没有触及中农和大部分富农的利益，使得他们保有耕牛、农具等相对较好的生产条件。这种情况下，农村很快出现了两极分化的苗头。

1950年，东北新解放区完成土地改革的农民中，绝大部分农民经济生活得以改善，其中"一小部分（龙江为百分之十二），除了添车买马之外，有的并已开始雇用长工"。与此同时，"另一小部分人（约在户数百分之十以下）或因缺乏劳动力或因疾病灾害，或因缺乏生产资料与马力，或者好吃懒做，经济不仅没有上升，反而下降了。他们中的一部分人，已经开始出卖土地（如拉林红旗村有二十九户卖地，十六户是贫雇农）或出租土地（如龙江九村调查有百分之八的户数有租佃关系等），开始借贷（如龙江九村调查百分之十八的户口，均有借贷关系），开始去做雇工了（富锦全县有二六二户雇长工，长工数为二六五人，其中贫雇农占百分之八十八，这自然是比较突出的例子）。当然，出卖出租土地与借贷的农民，并不都是经济下降的，但其中有一些是因为经济下降而出此的。"[①]

中共黑龙江省委从1949年起每年都有组织地进行一次农村基本情况的调查，作为决定农村工作政策和改进农村各项工作的根据。

---

[①] 《农业集体化重要文件汇编(1949—1957)》，中共中央党校出版社1981年版，第8页。

1952年12月，黑龙江省委组织了所属有关部门的干部50多人，分别在克山、海伦、肇源三县五个村进行经济情况调查，发现农村两极分化有越来越明显的趋势。五个村中农（包括富裕中农）占户口的71.65%，土地占80.59%，耕畜占89.63%，车辆占87.79%，农具占89.4%。其中富裕中农占五个村户口的23.31%，比1951年增加了4.27%。中农除生活富裕、生产资料齐备外，还雇少量短工，或雇一个猪倌、马倌，或利用马力在互助组内换较多人工，或以余粮余资放债。新富农逐年增多，占五个村户口的3.03%，他们不仅雇工经营副业，还暗地放高利贷、倒卖牲口、倒卖粮食等获取经济利益。贫农占五个村户口的24.27%，耕地占14.23%，耕畜占4.35%，大车占4%，农具占3.24%。他们或因无劳力、残废、伤力、死人、得病，或因旧债多底子空，或因无马、死马，或因不会经营、劳动不好，从而经济发展迟缓，生活贫困。①

面对生活贫困局面，一些贫农不得不出卖土地，或者向高利贷借贷，结果贫困状况加剧。由于高利贷的发展，一部分贫困农民受高利贷剥削，一部分中农亏累下降，卖马、卖地或去当雇工。例如海城二道河子村91户负债，其中有28户原雇贫农成分，因受高利贷剥削影响上升，现在还过着贫农生活，有14户中农下降（其余49户虽受高利贷剥削，但影响不大），他们有的是"历年白给高利贷扛活"，有的一年收入仍不够还本付利。②

## 三、中共中央提出农民共同富裕思想

为了避免农村经济长期停留在小生产小私有的个体经济上，尤其是避免出现在小农经济基础上生长起来的资本主义自发势力自由发展而导致多数人贫穷困苦、少数人发财致富的两极分化，中共中央逐步提出通过农业合作化使所有农民实现共同富裕的思想。

---

① 《黑龙江省五个村经济情况的调查》，《人民日报》，1953年6月8日。
② 《1949—1952中华人民共和国经济档案资料选编》金融卷，中国物资出版社1996年版，第533页。

1949年9月,《中国人民政治协商会议共同纲领》根据解放区长期的经验和党中央的方针,曾经做出了正确的规定:"在一切已彻底实现土地改革的地区,人民政府应组织农民及一切可以从事农业的劳动力以发展农业生产及其副业为中心任务,并应引导农民逐步地按照自愿和互利的原则,组织各种形式的劳动互助和生产合作。"①1951年12月,中共中央发布《关于农业生产互助合作的决议(草案)》,进一步指出:"党中央从来认为要克服很多农民在分散经营中所发生的困难,要使广大贫困的农民能够迅速地增加生产而走上丰衣足食的道路……就必须提倡'组织起来',按照自愿和互利的原则,发展农民劳动互助的积极性。这种劳动互助是建立在个体经济基础上(农民私有财产的基础上)的集体劳动,其发展前途就是农业集体化或社会主义化。长时期以来的事实,证明党中央这个方针是完全正确的。"②

1952年6月6日,中共中央西北局书记习仲勋在中共中央西北局农业互助合作工作会议上初步提出了通过互助合作和国家援助使所有农民都走向富裕之路的思想。他说:"我们正是要求所有农民都富裕起来,比富农更富裕,即采取集体劳动办法赛过富农。土地改革后,农民中间一定程度的阶级分化也固然还不可以完全避免,但是,只要采取组织农民互助合作办法,加上国家经济上和技术上帮助,大多数农民就可能保持中农的地位,避免重新破产,而且一天天富裕起来。"③也就是说,要让农民都富裕起来,仅靠土地改革是不能成功的,还必须切断个体经济发展的自然进程,杜绝两极分化的经济根源,特别是避免更多的农民再次沦为贫农。切断个体经济的组织形式,就是把农民组织起来进行农业合作。农业合作可以使农民在较大面积的土地上统一种植,不仅可以提高劳动生产率,同时可以增强抵御自然灾害的能力。

---

① 《建国以来重要文献选编》第1册,中央文献出版社1992年版,第9页。
② 《农业集体化重要文件汇编(1949—1957)》,中共中央党校出版社1981年版,第38页。
③ 习仲勋:《关于西北地区农业互助合作运动——一九五二年六月六日在中共中央西北局农业互助合作工作会议上的总结报告》,《人民日报》,1952年8月17日。

1953年12月16日，中共中央正式做出《关于发展农业生产合作社的决议》，明确提出通过农业合作化使农民实现共同富裕的思想。该决议指出："党在农村中工作的最根本的任务，就是要善于用明白易懂而为农民所能够接受的道理和办法去教育和促进农民群众逐步联合组织起来，逐步实行农业的社会主义改造，使农业能够由落后的小规模生产的个体经济变为先进的大规模生产的合作经济……并使农民能够逐步完全摆脱贫困的状况而取得共同富裕和普遍繁荣的生活。"①

1955年7月31日，毛泽东在省委、市委、自治区党委书记会议上所做《关于农业合作化问题》的报告中进一步分析农村中的资本主义自发势力一天一天地在发展和许多贫农"因为生产资料不足，仍然处于贫困地位，有些人欠了债，有些人出卖土地，或者出租土地"的情况，指出"这种情况如果让它发展下去，农村中向两极分化的现象必然一天一天地严重起来。失去土地的农民和继续处于贫困地位的农民将要埋怨我们，他们将说我们见死不救，不去帮助他们解决困难。"毛泽东阐述农业合作化的必要性，指出："全国大多数农民，为了摆脱贫困，改善生活，为了抵御灾荒，只有联合起来，向社会主义大道前进，才能达到目的。"因此，要解决农村两极分化的问题，必须"逐步地实现对于整个农业的社会主义的改造，即实行合作化，在农村中消灭富农经济制度和个体经济制度，使全体农村人民共同富裕起来。"②

1955年11月9日，全国人民代表大会常务委员会第二十四次会议通过《农业生产合作社示范章程草案》，再次强调：发展农业生产合作社的目的，是要逐步地消灭农村中的资本主义的剥削制度，克服小农经济的落后性，发展社会主义的农业经济，适应社会主义工业化的需要。这就是说，要逐步地用生产资料的劳动群众集体所有制代替生产资料的私人所有制，逐步地用大规模的、机械化的生产代替小生产，使农业高

---

① 《建国以来重要文献选编》第4册，中央文献出版社1993年版，第661—662页。
② 《毛泽东文集》第6卷，人民出版社1999年版，第429—437页。

度地发展起来,使全体农民共同富裕起来,使社会对于农产品的不断增长的需要得到满足。

这样,把广大贫困农民组织起来,走农业合作化道路,成为新中国解决农村绝对贫困的主要路径。自1953年开始,农业合作化运动在农村普遍开展,以土地入股、统一经营为特点的半社会主义性质的农业生产合作社(初级社)在全国普遍建立和发展起来。1955年下半年以后,农业合作化运动迅猛发展,各地争相创办土地和主要生产资料归集体所有、具有完全社会主义性质的高级社。到1957年,全国参加高级社的农户已占总农户的93.3%,参加初级社的农户占3.7%。两项合计,全国入社农户已达97%。① 通过农业的社会主义改造,全国基本完成由农民个体所有制到社会主义集体所有制的转变。

20世纪50年代中期,农业合作化的兴起和发展,为解决贫困户的生活困难开辟了新的途径。贫困户参加集体经济组织后,可以参加力所能及的农副业生产,使口粮和基本生活有了保障。贫农入社后,有的家庭人口多、劳力缺少、生产困难较大,有些老弱孤寡户靠自身条件无法保障生活。针对这种情况,毛泽东明确要求合作社帮助他们解决困难,指出:"一切合作社有责任帮助鳏寡孤独缺乏劳动力的社员(应当吸收他们入社)和虽然有劳动力但生活上十分困难的社员,解决他们的困难。"② 按照这一精神,合作社对自身无法解决生产生活困难的社员,用公益金给予适当补助。那些合作社经济基础比较薄弱、集体无力全部补助的贫困户,则由国家给予适当救济。

救济解决贫困人口的生活困难只能暂时解燃眉之急,对于改变贫困面貌而言,单纯拨付救济费是远远不够的。"授人以鱼不如授人以渔",要使贫困农民从根本上摆脱贫困境地,采取各种措施帮助他们发展生产、富裕起来才是真正的解决之道。这样,新中国初期,自中央到

---

① 《赏给右派分子的又一记响亮"耳光" 农业社更巩固 优越性更发挥 中共中央农村工作部负责人综述半年来合作化的成绩》,《人民日报》,1957年7月5日。
② 《毛泽东文集》第6卷,人民出版社1999年版,第465页。

地方各级政府都积极探索救济扶贫、信贷扶贫、减轻农业税等各种措施,扶助贫困户和老根据地等贫困地区积极发展生产,尽力改变其贫困面貌。

## 第二节
## 对贫困户、老根据地等贫困地区进行扶助建设

新中国成立后,中国共产党积极扶助贫困户、老根据地等贫困地区发展生产和建设。这种扶贫不同于单纯生活救济,而是通过农贷扶植、无偿资助等多种方法扶助贫困户、贫困地区解决生产困难,增加收入,使他们能够快速摆脱贫困面貌,与全国人民一起走共同富裕道路。

### 一、扶助贫困户发展生产

为了帮助贫困户发展生产,改善贫困状况,中央和地方各级政府及有关部门采取多种扶助措施。

一是减免农业税。1950年9月5日,中央人民政府委员会发布《新解放区农业税暂行条例》,规定对受灾地区农户和老、弱、孤、寡、残废等特别贫困者进行税收减免。1953年8月28日,中央人民政府政务院发出《关于一九五三年农业税工作的指示》,进一步将农业税减免范围按不同性质分为两类。一类是灾情减免。按自然灾害歉收成数减免受灾农户的负担,原则是"轻灾少减,重灾多减,特重全免"。另一类是社会减免。社会减免范围包括6类:①无劳动力或缺乏劳动力而生活困难的农户;②遭受意外灾害或由于其他原因而交税确有困难的农户;③遭受战争创伤或敌人摧残严重而生产尚未恢复的革命老根据地;④少数民族聚居而生活困难的地区;⑤交通不便特别贫苦的山区;⑥各省、市

人民政府认为有必要加以照顾的其他地区。①

对农村贫困户和贫困地区进行农业税减免,作为党和政府的一项政策一直保留下来。开展农业合作化以后,农民的土地和其他主要生产资料已经转变为集体所有,1950年中央人民政府颁布了《新解放区农业税暂行条例》,但以个体经济为基础、以农户为单位交纳农业税的办法不能适应新的生产关系的变化,因此从1956年起开始起草新的农业税条例。1958年6月3日,全国人民代表大会常务委员会第九十六次会议通过《中华人民共和国农业税条例》。该条例继续规定对贫困地区和贫困户进行农业税减免。该条例第19条规定:"下列地区,经省、自治区、直辖市人民委员会决定,可以减征农业税:(一)农民的生产和生活还有困难的革命老根据地;(二)生产落后、生活困难的少数民族地区;(三)交通不便、生产落后和农民生活困难的贫瘠山区。"第20条规定:"革命烈士家属、在乡的革命残废军人及其他纳税人,因缺乏劳动力或者其他原因而纳税确有困难的,经县、自治县、市人民委员会批准,可以减征或者免征农业税。"②

二是用救济款扶助贫困户发展生产。新中国成立后,对于不能解决生活困难的一些农村贫困户,国家予以救济,帮助他们渡过难关。据统计,1955年至1978年,国家用于救济农村贫困户的救济款达22亿元,使绝大多数农村贫困户基本解决生活困难。③ 在救济工作中,民政部门对如何利用救济款扶助农村贫困人口发展生产来摆脱贫困进行了初步探索。

1951年初,热河省民政厅提出,要使贫困群众从根本上摆脱贫困,必须努力帮助他们发展生产、增加收入。根据热河省因遭受日寇及国民党多年的压榨、摧残,加上连年天灾,造成全省有45个贫困区、993个贫困村、40.5万贫困人口的情况,民政厅制定出扶助贫困户发展生产的

---

① 《中央人民政府政务院关于一九五三年农业税工作的指示》,《人民日报》,1953年8月30日。
② 《建国以来重要文献选编》第11册,中央文献出版社1995年版,第358页。
③ 《当代中国的民政》(下),当代中国出版社、香港祖国出版社2009年版,第68页。

办法,通过扶助贫困户发展农副业生产,解决生活上的困难。该省拿出中央下拨的25万元寒衣贷金,用来购买3000余头耕畜,分别贷给隆化、宁城、平泉等11个县的贫困户,帮助他们解决缺少畜力的困难。合作贸易部门尽量帮助贫困户调剂种子和农具等物资。通过扶持,贫困户解决了生产困难,提高了生产收入。1951年5月,热河省民政厅向政务院、内务部写了《扶助困难户生产的报告》,得到有关领导的肯定。黄炎培在报告上批示:"扶助困难户生产,是值得努力的一件事。希望热河积累经验,使困难村户逐渐减少,做出一个典型来。"①此后,部分地区开展了用救济款对农村贫困户进行生产扶助的工作。

三是对贫困户发展生产进行信贷扶持。新中国初期百废待兴,而国家经济基础薄弱,在经济极端困难的情况下,国家拿出的社会救济款、扶贫款等无偿财力有限,发放农业贷款便成为扶持贫困户发展生产的主要途径之一。1950年,中共中央在《关于发放农业贷款的指示(草案)》中明确指出,发放农业贷款的主要目的是扶持贫困户和贫困地区发展生产,"人民银行在农村的主要任务之一,就是扶植贫困农民发展农业生产并和高利贷作经济斗争"。为此,农业贷款首先重点向贫困户发放,"必须按照各地的生产季节及时发放,必须贷给生产生活上有困难而要求贷款的农民,在组织起来的农民和个体农民之间必须作合理分配,不得歧视个体农民,特别是未参加互助合作的新翻身的贫困农民。"此外,发放农业贷款要重点照顾贫困地区,"农业贷款在地区间必须合理分配,对于灾区、贫苦山区和少数民族地区应适当予以照顾"。②1953年8月31日,中央人民政府政务院发布《关于发放农业贷款的指示》,要求将农业贷款贷给那些生产生活均有困难,需要贷款加以扶助的贫困农民,并对灾区、贫困山区和某些少数民族地区在贷款数额、偿还期限等方面适当予以照顾,灾区、山区及老根据地的某些贫困农民多

---

① 《当代中国的民政》(下),当代中国出版社、香港祖国出版社2009年版,第135-136页。
② 《1949—1952中华人民共和国经济档案资料选编》金融卷,中国物资出版社1996年版,第604、605页。

年所欠农贷确属困难偿还者,应分情况准予免息后缓期归还,或减免偿还。按照这一精神,各地积极开展了对贫困户的农业贷款。1953年,中国人民银行共发放农业贷款156655亿元(旧币),其中贷给农民的占89.56%。"得到贷款的农民中,贫雇农和有困难的中农获得贷款最多。"①很多贫困户在国家贷款的扶持下,发展了生产,改善了生活。

随着农业合作化发展进入高潮,对农业生产合作社发放农业贷款,同时减少对个体贫困农民的贷款一度成为农业贷款的主要方向,还有的省份规定对积欠贷款过多、长期不还的农民,不能再予贷款。这样,很多贫困农民在生产生活上的困难得不到解决,因缺乏口粮而成为缺粮户。1956年,根据中央农村工作部的统计,全国"在一般地区各省均有15%左右的贫困户"。②在这样的情况下,自1955年起,国家设立贫农合作基金贷款,帮助贫农解决缺少耕牛、农具的困难。这项措施解决了贫困社员缺少农具和生活口粮等困难,大大鼓舞了他们的生产热情。

## 二、扶助老根据地建设的全面展开

共同富裕就是让全体人民包括农民都过上富足、美好的生活。新中国成立初期,革命老根据地等贫困地区和农村部分人口突出的贫困状况引起中央的密切关注,开展了专项扶植建设。

革命老根据地遍及23个省区的782个县,人口约1.073亿。其中绝大多数革命老根据地地处边远地区或山区,本来就土地贫瘠,资源贫乏,交通不便,自然条件较差,经济发展缓慢,多数群众的生活长期贫困。而在长期的对敌斗争中,革命老根据地人民又遭受敌人的严重摧残,许多老根据地人口尚未恢复,畜力、农具因大量损毁而极度缺乏,有些地方甚至变成了一片荒野,野兽成群,人民群众生活极为困难。

中央人民政府很快确立了对老根据地等贫困地区进行扶助、发展

---

① 《人民银行去年发放巨额农业贷款 有效地帮助农民提高生产和发展互助合作》,《人民日报》,1954年1月26日。

② 《1953—1957中华人民共和国经济档案资料选编》综合卷,中国物价出版社2000年版,第994页。

生产的方针。1952年1月28日,中央人民政府政务院发出《关于加强老根据地工作的指示》(以下简称《指示》),对扶助老根据地的建设工作进行全面部署。第一,《指示》分析革命老根据地由于战争等因素而极为贫困的状况,扶助老根据地建设的必要性。《指示》指出:"老根据地人民长期对帝国主义、国民党匪帮、封建地主进行残酷的斗争,贡献最大,牺牲和受到的摧残也最大。解放后经过积极生产,部分地区已经恢复,有的地区甚至超过战前水平,但大部分老根据地因遭受战争创伤太重,且地处山区,交通不便,生产恢复很慢;其中若干地区又遭到水旱灾害的侵袭,特别是南方老根据地因重获解放为时较晚,荒芜现象仍多数存在,人民生活极为困难。因此,无论从政治上或经济上都必须十分重视加强老根据地的工作,大力领导与扶植老根据地人民恢复与发展经济建设与文化建设。"第二,《指示》提出了以经济建设为中心的扶植方针,并对如何扶植老根据地开展经济建设进行了具体规划。《指示》指出,加强老根据地的经济建设,是加强老根据地工作的中心环节。老根据地多系山地,生产生活比较困难,应该本着解决群众当前生活困难与长期建设相结合的方针,因地制宜,有计划地有重点地逐步恢复与发展农林畜牧与副业生产。一般地区应以农业为主,不宜耕耘的山岳地带应以林业与畜牧业为主,但均须同时极力注意利用当地一切条件发展当地有可能发展的手工业和副业,以增加群众收入。第三,为全面改变老根据地的贫困面貌,《指示》从交通基础设施、文化教育、医疗卫生等多方面部署建设规划。《指示》把恢复与开辟交通作为改善老根据地人民生活的关键进行谋划,要求"采取发动群众义务劳动为主、国家出资为辅的办法"修建老区主要的交通干线,并扶助群众添置交通工具,发展运输业。在加强老根据地文化教育工作方面,《指示》强调文化下乡、电影上山、普及社会教育,为此采取增办中小学、工农速成中学和各种技术学校等措施,以培养各种专门人才。在医药卫生方面,《指示》要求在老根据地设立卫生站、医院和中药铺,通过大力开展卫生防疫、派遣医疗队巡回治疗、开办医疗人员培训班、帮助学习中医、预防地方病等举措,提高老根据地人民群众的健康水平。第四,《指示》要求辖区内有老根据地的各级人民政府组织专门委员会,拟订切实可行的老根据地工作计划,领导群众逐步实现。并予以必要而又可能的经济扶植,争取在三五年内改变老根据地的经济面貌,在经济发展的基础上提高老根据地人民的物质生活与文化生活的水平。①

中央人民政府政务院专门成立全国老根据地建设委员会,并设立办公室,由内务部负责主持工作。辖区内有老根据地的各个省(区),相继成立了省(区)一级的老根据地建设委员会。各级人民政府把恢复建设老根据地的工作作为重点工作来抓,制定了比较全面和长期的建设计划,并组织大批干部和文教、技术人员,深入农村,具体领导老根据地的生产工作和文化生活,帮助群众解决困难。据内务部统计,政府从1952年至1957年,拨给老根据地的特殊补助费有7494万元,帮助老根据地人民重建家园,发展生产。② 辖区内有老根据地的各省人民政府,也筹集组织大批款项,将其投放到老根据地作为生产建设的资金。

老根据地利用扶助款项,首先解决生产资料困难,购买耕畜,兴建农田水利,改善农业生产条件,提高农业生产水平。经过1952年一年的建设,据江西、湖北、河南、广东等省95个县的不完全统计,共增加了耕牛13592头,水车585架,农具192859件;据河北、山西、察哈尔等省80个县的统计,共扩大水田91万亩。察哈尔省老区20%的户有了余粮,60%的户已经够吃。畜牧业也得到很大发展。察哈尔省9个县共增加了牲畜12246头、羊68161只,每户平均已有牲畜1头、羊2只。③"骡马成群,牛羊满山"的计划,在许多老根据地已经初步实现。

各老根据地花大力气修筑公路,开发交通,以促进物资交流,改善人民的生活。老根据地一般是处在边远山区,交通不便,物资交流异常困难,当地农副业产品与外地工业产品的剪刀差很大,使老根据地人民

---

① 《中央人民政府政务院关于加强老根据地工作的指示》,《人民日报》,1952年2月1日。
② 《过去在敌人摧残下疮夷满目 现在在政府帮助下欣欣向荣 老根据地经济面貌根本改变》,《人民日报》,1957年7月7日。(此处"疮夷"应为"疮痍"——编者注)
③ 《进一步加强老根据地建设工作》,《人民日报》,1953年2月14日。

生活受到很大的影响。因此,各地在修筑公路、开发交通方面花了很大力量。例如,四川省从1952年起3年内在川北老根据地修筑公路800公里、驿道1000公里、人行道2470公里;到1957年,四川省又在老根据地新修和恢复公路662公里,开辟航道382公里,完成大道、驮运道路共1805公里,配合着成渝、宝成铁路的通车,"蜀道难"的情况已有很大改变。① 老根据地公路的开发,促进了物资交流,推动了副业发展。福建省老根据地造纸产业由于销路畅通而得以恢复发展,川陕老根据地特产的银耳、木耳、药材等价格提高,农民收益大为增加。

老根据地的文教卫生事业得到显著改善。许多老根据地乡乡有了小学,福建省老根据地于1952—1956年,增设小学361所,修建校舍221所,增加教员1617名,入学儿童大大增多。原陕北绥德专区在1948年有中小学206所,1956年增加到了1439所,学生由7400多人增加到了86700多人。在医疗卫生事业方面,多数老根据地每个县都拥有卫生院,着重开展地方性传染病的防治工作。例如,江西省给省内各老根据地增派520多名医务人员,增添890多张病床,新建440多个卫生所和70多个妇幼保健站,为老根据地人民服务。② 由于卫生状况的改善,各老根据地过去流行的几种传染病全部绝迹,老根据地人民的基本健康水平大为提高。

老根据地人民群众的衣、食、住基本生活得到显著改善。例如,到1953年,福建省53个老根据地修盖房屋77000余间;湖南省平江县老根据地重点建设了9个乡,使这9个乡的耕牛比解放前增加了两倍多,农具增加了62%,房屋增加了37%以上,新添衣被22%。大部分群众已达到"囤里有余粮"和"冬有棉、夏有单"的生活水平。③

---

① 《逐步恢复发展中的革命老根据地的生产建设》,《人民日报》,1953年7月31日;赵吉云:《国家努力扶助 群众积极参加 革命老根据地的恢复建设工作成绩巨大》,《人民日报》,1957年2月5日。
② 《过去在敌人摧残下疮夷满目 现在在政府帮助下欣欣向荣 老根据地经济面貌根本改变》,《人民日报》,1957年7月7日。(此处"疮夷"应为"疮痍"——编者注)。
③ 《逐步恢复发展中的革命老根据地的生产建设》,《人民日报》,1953年7月31日;皮质初:《湖南省平江县老根据地人民生活不断提高》,《人民日报》,1954年4月28日。

总之,历经几年的扶助建设,到 1957 年,老根据地的贫困面貌已经得到极大改善,不少地区出现了"粮食有余、牛羊成群、庄稼长得好、房子一片新"的欣欣向荣景象。

## 三、设立少数民族地区补助费,解决生产困难

少数民族地区往往地处偏远,经济文化比较落后,基础比较薄弱,人民群众生产生活困难的问题更为突出。新中国成立后,党中央高度重视少数民族地区的经济发展和人民群众的生活。1953 年 12 月 10 日,政务院第一百九十七次政务会议批准的《第二次全国民政会议决议》明确指出:"对革命老根据地、贫苦的少数民族区、贫瘠山区的人民,沿海贫苦渔民、盐民,以及一般农村生活无着的残老孤幼,也必须扶助其生产并予以必要的救济。"①

根据中央精神,国家每年都给予少数民族地区专项财政补助,设立发放少数民族教育事业补助费、医疗补助费,且在广大的少数民族牧业区实行轻于农业区的税收政策,在一定时间内免去一部分生产发展特别落后的少数民族地区的税收,等等。

为了解决少数民族地区农业生产上的特殊困难,从 1957 年起,国家财政设立扶持少数民族地区经济发展的专款——少数民族地区补助费。补助费分配遵循"重点安排,照顾一般,专款专用"的原则,主要用于解决正常经费范围内无法解决的特殊困难,包括帮助少数民族地区困难户添置生产工具、生产资料(农药、化肥等),帮助少数民族学校添置教具、教学设备、修缮校舍,帮助缺水地区解决人畜饮水问题以及帮助修路等。这项经费年年拨付,对于解决少数民族贫困群众的生产生活困难问题,发挥了一定作用。

---

① 《第二次全国民政会议决议(一九五三年十二月十日政务院第一百九十七次政务会议批准)》,《人民日报》,1954 年 1 月 13 日。

# 第三节

## 人民公社时期农村扶贫的探索

1958年,全国74万多个农业生产合作社改组为2.6万多个人民公社,参加公社的有1.2亿农户,占全国农户总数的99%以上,从此农村进入人民公社集体经济时期。人民公社实行以生产队为基础的三级(公社、管理区或生产大队、生产队)所有制,社员收入实行按劳分配。在这样的制度之下,扶持穷社穷队发展生产,使广大贫困农民通过集体经济条件的改善来摆脱贫困面貌,成为必然的政策抉择。于是,党和政府在农村开展的扶贫工作,主要以面向穷社穷队的财政无偿投资、农业贷款的形式呈现出来,彰显了人民公社时期农村扶贫工作鲜明的集体化特征。

### 一、毛泽东和中共中央帮助穷社穷队发展生产的思想

在农业合作化过程中,由于自然条件和经济基础不同,各个农业社(农业生产合作社的简称)贫富差别很大,但是收入分配上允许差别存在。在1958年人民公社化过程中,一些地方在并社和分配社队收入时,出现了穷队、富队拉平的平均主义分配的现象。这种"共产风"引起广大农民恐慌,导致了瞒产私分风潮。

人民公社化过程中出现的平均主义倾向引起了中共中央的重视。在1959年2月27日至3月5日于郑州召开的中央政治局扩大会议和4月于上海召开的中共中央政治局会议上,毛泽东系统深入地分析了贫富拉平做法的错误所在,提出了由国家投资帮助穷社穷队发展生产,向富社富队看齐的意见。

第一,指出贫富拉平的平均主义倾向违反了按劳分配的原则。人民公社实行按劳分配、多劳多得的社会主义分配制度。所以毛泽东指出:穷队富队拉平(的)平均主义分配办法,是无偿占有别人的一部分劳动成果,是违反按劳分配原则的;所谓平均主义倾向,即是否认各个生

产队和各个个人的收入应当有所差别。而否认这种差别,就是否认按劳分配、多劳多得的社会主义原则;无偿占有别人劳动成果,是不能被允许的。①

第二,阐明公社在收入分配问题上要允许差别存在。人民公社存在公社、生产大队、生产队三级所有制,社队之间的自然条件、社员投入劳动的主观努力千差万别,所以生产队分为穷、中、富三等,这样分配也应有差别。正如毛泽东所强调的,"公社在统一决定分配的时候,要承认队和队、社员和社员的收入有合理的差别,穷队和富队的伙食和工资应当有所不同。"②

第三,提出消除贫富差别的正确做法,是国家投资帮助穷社穷队向富社富队看齐。允许穷富差别存在,并不是放任穷社穷队不管,而是要国家扶助穷社穷队发展生产,通过壮大集体经济改变贫困面貌。毛泽东指出:扶持穷社穷队发展生产,这"是一个把较穷的生产队提高到较富的生产队的生产水平的过程,又是一个扩大公社的积累,发展公社的工业,实现农业机械化、电气化,实现公社工业化和国家工业化的过程",由于公社财力有限,"目前公社直接所有的东西还不多,如社办企业、社办事业,由社支配的公积金、公益金等",所以国家必须予以投资,对他们进行帮助扶持,"建议国家在十年内向公社投资几十亿到百多亿元人民币,帮助公社发展工业帮助穷队发展生产。"③

第四,要求各级政府的工作重点都要转移到帮助穷队上来。1959年3月20日,毛泽东在同江西地方干部谈话时指出:"过去省委、地委、县委的重点都是在富队,现在要反过来,要以穷队为重点,帮助穷队搞好,使穷队逐渐变富。"④中共中央政治局1959年4月上海会议纪要《关于人民公社的十八个问题》,强调把工作重点转移到穷社穷队上来,明确指出:"目前的工作重点要放在穷社、穷队","今后地方各级在工作上

---

① 《建国以来毛泽东文稿》第8册,中央文献出版社1993年版,第62-70页。
② 《建国以来毛泽东文稿》第8册,中央文献出版社1993年版,第71页。
③ 《建国以来毛泽东文稿》第8册,中央文献出版社1993年版,第68-69页。
④ 《建国以来毛泽东文稿》第8册,中央文献出版社1993年版,第140页。

抓重点,应当首先抓穷社、穷队和工作较差的社、队,使他们的生产水平和生活水平早日得到提高。其次是抓中间状况的。中间状况的社、队是大量的,抓住了,搞好了,问题就解决了大半。当然富社、富队和工作较好的社和队也要抓,也不可以置之不理,否则,它又会变成落后的。"①

第五,要求穷队要有志气脱贫,以自力更生为主,国家支援为辅,实现脱贫致富。由于新中国工业化初期,国家优先发展重工业,国家拨给农村的扶助资金是有限的,因此人民公社发展经济主要还是依靠本身的积累。毛泽东强调,穷社、穷队、穷户要有脱贫的志气。"无论如何,较穷的社,较穷的队和较穷的户,依靠自己的努力,公社的照顾和国家的支持,自力更生为主,争取社和国家的帮助为辅,有个三、五、七年,就可以摆脱目前的比较困难的境地,完全用不着依靠占别人的便宜来解决问题。我们穷人,就是说,占农村人口大多数的贫农和下中农,应当有志气,如像河北省遵化县鸡鸣村区的被人称为'穷棒子社'的王国藩社②那样,站立起来,用我们的双手艰苦奋斗,改变我们的世界,将我们现在还很落后的乡村建设成为一个繁荣昌盛的乐园。这一天肯定会到来的,大家看吧。"毛泽东对于穷社穷队摆脱贫困信心满满,"我认为,穷社、穷队,不要很久,就可以向富社、富队看齐,大大发展起来。"③

## 二、扶持穷社穷队和贫困户发展生产的政策实践

按照毛泽东在郑州会议上的建议,1959年国家财政拿出10亿元,帮助穷社穷队改善生产条件,在生产上早日赶上富社富队。当时中央

---

① 《建国以来重要文献选编》第12册,中央文献出版社1996年版,第177-178页。
② 王国藩社是河北遵化县(现为遵化市)合作化运动中出现的一个合作社,1952年初建的时候,全社23户贫农只有3条驴腿,生产资料很缺乏,人们都叫这个社为"穷棒子社"。可是,在这样困难的条件下,他们不要国家贷款,不要救济,而是依靠自己的劳动,到离他们村35里的迁西县境内深山里去打柴,卖钱后添买生产资料。1952年冬到1953年春,他们先后打了价值400多元的山柴,除解决了一些社员的生活困难以外,还添买了1头牛、1头驴、30只羊、1辆铁轮车,另外还有牲口套、肥料等生产资料。以后又继续打柴,到1954年春季,他们社里已经有1头骡子、5头牛、2头驴、65只羊、12口猪、1辆铁轮车,还有喷雾器等生产工具。《建国以来农业合作化史料汇编》,中共党史出版社1992年版,第278页。
③ 《建国以来毛泽东文稿》第8册,中央文献出版社1993年版,第69-73页。

就这笔资金的主要用途、分配方法进行了明确规定,指出:"在目前,这笔钱的大部分,不少于百分之七十,要保证用在穷队;一部分,不超过百分之三十,用在公社。公社不能把应当用在穷队的钱截留下来。这笔钱既然是投资性质,它的用途,应当主要用于生产性的基本建设,一部分可以作为生产周转金。一九五九年的十亿元投资,百分之九十按各省农业人口多少进行分配,百分之十调剂给某些人口少、土地多、劳动力不足、土地贫瘠、生产水平和群众收入水平较低的省份。"①

此后,国家支援人民公社投资年年增加,1959 年至 1961 年 3 年共拨款 42.09 亿元,占同期国家财政支援农业资金总额 249.2 亿元的 16.89%。② 1962 年,在国家财政经济相当困难的形势下,国家仍然对公社投资 4 亿元,帮助穷社穷队购买拖拉机、排灌机械等农业生产设备。由此可见,中央对扶助穷社穷队的重视程度。

在中央的重视和动员下,全国各地农村人民公社掀起了扶助穷队、猛赶富队的热潮。许多县委和公社党委对穷队贫困的原因进行全面研究,制定改变穷队面貌的规划,并派出有经验的干部或工作组加强对这些队的领导,举行穷队赶富队的现场会,鼓舞穷队力争迅速改变面貌。为了帮助穷队摆脱穷困,各地人民公社还千方百计地帮助穷队广辟生产门路,使农、林、牧、副、渔和工业全面发展,增加收入。一些地方还出台了穷队赶上富队的标准,例如,河南省制定的穷队赶上富队的标准大体有四个:一是水利和基本建设等生产条件基本上得到改善;二是单位面积产量、社员平均收入和富队基本趋于平衡;三是生产稳定上升,并且有一定的粮食储备;四是落后队要加以改造,健全党、团组织,树立贫农、下中农的领导优势。③

各地积极利用支援人民公社投资发展生产,很多穷社穷队在当年就赶上了富社富队的收入水平。例如,1959 年北京支援人民公社投资

---

① 《建国以来重要文献选编》第 12 册,中央文献出版社 1996 年版,第 176-177 页。
② 《1958—1965 中华人民共和国经济档案资料选编》财政卷,中国财政经济出版社 2011 年版,第 614 页。
③ 史向生:《关于巩固和发展人民公社的几个问题》,《人民日报》,1960 年 3 月 14 日。

460万元,补助穷队870个,当年收入水平赶上富队的穷队有196个,占补助穷队总数的22.5%;有381个穷队赶上一般队的水平,占补助穷队总数的43.8%;过去基础薄弱,尚未赶上一般收入水平的穷队还有293个,占补助穷队总数的33.7%,但是当年收入水平较上年有不同程度的增长。①

与此同时,支援人民公社投资在分配使用上出现了一些问题。一是国家投资分配给穷队的比例不大。虽然中央规定用在穷队的投资不少于70%,但是随着公社管理权限的扩大,公社占用的投资资金增多,加上上级单位留用,使得直接用于穷队的资金减少。据统计,1960年支援人民公社投资的16亿元中,省、区、市级留用3%,县级留用3.5%,公社级留用35.3%,分配给穷队的只占58.2%。② 二是分配给生产队的投资款存在平均分配的做法。支援人民公社投资主要是帮助穷社穷队发展生产,一般穷社由县区委确定,穷队由公社党委确定。有些地方却不区分穷队富队,资金平均分配使用,从而使得需要资金的穷队没有钱用,不需要资金的富队资金积压。三是直接用于农业生产的资金较少。不少地区把支援人民公社投资用于社员分配收入、平调退赔、购买口粮和发放工资。例如,1960年,河南省新乡专区的12个县将投资款的70%买了口粮,湖南省衡阳专区的8个县、89个公社把投资款的38.9%用于购买口粮和发放工资。也有相当一部分资金用于修建楼堂馆所。例如,四川省简阳县用9000元支援人民公社投资修盖了职工宿舍。据财政部估计,在1959年至1961年国家用于支援人民公社投资的42.09亿元中,真正用到农业生产并且产生了效益的不超过50%。③

为了纠正这些问题,1962年,支援人民公社投资改称"支援穷队投资",并加强对支援穷队投资资金的管理。

---

① 《北京市财政局关于1959年国家支援人民公社投资使用情况的汇报(1960年2月8日)》,北京市档案馆藏,档案号05-002-00299。
② 《1958—1965中华人民共和国经济档案资料选编》财政卷,中国财政经济出版社2011年版,第611页。
③ 《1958—1965中华人民共和国经济档案资料选编》财政卷,中国财政经济出版社2011年版,第612页。

1963年3月28日,农业部、财政部、中国人民银行发布《关于支援穷队投资的分配、使用和管理的暂行规定》,对支援穷队投资的分配、使用和管理进行了详细全面的规定。其一,规定支援穷队投资的分配原则和分配对象,"应当有重点地发给农村人民公社中那些生产资金特殊困难,如果贷款又无偿还能力的生产队(包括作为基本核算单位的生产大队和公社,下同),决不能平均分配。支援穷队投资的发放面,一般应该控制在生产队总数的5%左右,经济条件差的地区,最高不得超过10%。准备在3～5年左右的时间内,分期分批地帮助那些最困难的生产队恢复和发展农业生产","支援穷队投资,不发给非基本核算单位,也不发给社员个人和单干户"。其二,规定投资资金的使用范围:"1.用于添置耕畜、大车、水车、排灌机械和其他生产性设备的购置(包括大型农具和农业机械的大修费用)以及打井、修渠、植树造林等基本建设。2.用于购买化肥、农药和其他农业生产费用的开支。3.用于支付机耕费和排灌费。4.用于农牧林渔业生产、土特产和副业生产短期周转资金的需要。支援穷队投资,一律不准用于非生产性的开支,更不能作为生产队的收益,分配给社员。"其三,加强资金使用管理,要求"支援穷队投资的指标,以农业部门为主,会同财政银行部门,在批准的预算范围内审查分配,联合下达,并且逐级落实到生产队。必须保证专款专用,任何部门、任何单位不许截留和挪用。支援穷队投资的指标确定以后,生产队应该编制使用计划,经社员群众民主讨论,并报经县级农业部门审查批准后,将副本抄送县级财政、银行部门,由县级财政部门按照生产季节分期拨款,交由人民银行逐笔监督支付"。人民银行对投资使用有监督职能,"生产队如有不接受监督的,银行有权拒绝支付。财政部门不如期拨款,其他部门随意截留,挪用穷队投资的,银行应向上反映。"①

"文化大革命"时期,支援穷队投资得以保留并持续发放。1959年到1978年,国家财政共安排支援穷社穷队投资125亿元②。这笔资金,

---

① 《中国农业机械化财务管理文件汇编》,机械工业出版社1991年版,第85—86页。
② 《中国农业机械化财务管理文件汇编》,机械工业出版社1991年版,第94页。

虽然被列入财政支援农业资金口径进行统计,但是专款专用,"不许用于其他非生产性的开支"。无论从资金的设立还是从资金的管理使用来看,它的确是人民公社集体经济时期的专项扶贫资金,发挥了扶持穷社穷队发展生产、改变贫困面貌的作用。

在扶持穷社穷队发展集体经济的同时,党和政府对于农村的贫下中农缺粮户也积极开展扶助工作。人民公社时期,农业主要为国家工业化提供资金积累,公社分配给农民的收入主要保证农民基本生活需要,主要采取"保基本口粮和按劳动工分分粮加照顾的办法"。在这种情况下,有些社员因缺乏劳力等一年的收入不足以支付基本口粮款而成为缺粮户。尤其是历经三年困难时期,有一部分农民的生活困难相当突出,缺衣、少被、吃不饱现象严重。

为了解决贫下中农的生活困难,一方面,由社队合理安排劳动力,使他们能常年挣工分。另一方面,国家千方百计地帮助贫困户发展养鸡养兔,编织果筐、草帘等家庭副业,使其通过生产自救增加收入。一些地方积极开展扶助贫下中农发展生产的工作,取得很好的效果。例如,河南林县、辉县等地采取多项扶助措施。一是因人因地制宜,安排各户各人力所能及的活路。强的、有手艺的安排,老的、弱的也安排,如拔草、间苗、看场、看水车、看家畜等。二是帮助购置生产工具。辉县于1963年帮助贫下中农购置小推车16561辆,林县购置小推车1167辆、小农具23848件。三是帮助贫农、中农搞生产需要的基本建设。林县帮助修房5414间。四是帮助栽种果树、药材及用材树。林县帮助贫下中农栽种了葡萄、瓜蒌、花椒等,共18100余棵。五是帮助发展家庭副业,特别是帮助发展养猪业。林县帮助贫下中农购买小猪6503头,辉县帮助购买5000余头。六是帮助解决当前生活中的困难,如治病、添补衣服、被子、添补口粮等。林县用救济粮12万斤。七是在积极扶助生产后还不能解决的困难,依靠集体给予照顾。[1]

---

[1] 《1958—1965中华人民共和国经济档案资料选编》综合卷,中国财政经济出版社2011年版,第724页。

## 三、农村脱贫工作成效

1949年至1978年,中国共产党在共同富裕视野下开展的农村脱贫实践,明显呈现出集体化特征,农村走上农业集体化发展道路,扶贫工作的重点转向穷社穷队,使贫困农民通过集体经济条件的改善来摆脱贫困面貌。在此基础上再扶助特别困难的贫困户,从而形成支援扶持壮大集体经济为主、扶助贫困户发展家庭副业为辅的主要扶贫路径。更重要的是,在实践中探索农村扶贫工作的基本原则、方法,积累宝贵的农村扶贫工作经验,初步奠定了中国特色农村扶贫工作的基础。

第一,缓解了农村贫困,凝聚了人心。

人民公社时期,由于国家采取了重工业优先发展战略,而当时的整个经济力量非常有限,需要依靠农业剩余来支持工业化建设,这样,国家通过税收、统购统销转移农业收入,留下集体提留的公积金、公益金用于人民公社、生产大队和生产小队的集体消费支出,剩下来的供农民分配。尽管人民公社时期没能给广大农民带来收入水平的大幅度提高,但是人民公社的土地和生产资料集体所有制以及按劳分配制度、公共积累基础上的农村公共事业,例如生活生产基础设施、农村金融、基础教育、合作医疗和社会保障等给农民带来了好处。

这样,人民公社集体经济首先抑制了因失去土地陷入更深程度的贫困现象的发生以及贫富差距的出现。其次,实现了低水平下的农村生产生活基础设施、农村金融、基础教育、合作医疗和社会保障的发展。更重要的是,作为通过壮大集体经济来改变贫困农民生活面貌的主要扶贫方式,支援农村人民公社投资等对于改变穷社穷队面貌发挥了积极作用,使大量贫困农民通过集体生产条件的改善,提高了收入水平。例如,1963年,山东省集中资金力量,重点支持了3.9万个穷队,发放穷队无偿投资和贷款4191万元(平均一个队1074.6元),帮助他们购买耕畜4.6万多头,中型农具3.9万多件,运输工具3万多辆,渔船957只,渔网1万多扣,并帮助他们解决了生产的资金需要。其中帮助4037

个无畜队和14661个一畜队配套成粮,帮助15446个无犁耙队和13537个无车子队,为他们增添了必要的生产运输工具。这对支援他们恢复发展生产、巩固集体经济起到很大作用。经过一年的努力,在重点支援的穷队中,有37%的队赶上或超过了当地一般队或先进队的水平,有26%的队接近一般队的水平。这些队扭转了几年来吃统销粮、靠救济的局面,绝大多数变成了余粮队。他们十分感激党和国家的帮助,积极向国家交售了大量的粮食、棉花,支持社会主义建设。据德州专区统计,在重点支援的4208个穷队中,1963年,2014个队向国家交售粮食1185万斤,435个队达到自给,还有1759个队由于灾情严重仍然需要国家供应粮食160万斤。而1962年,3804个队吃统销粮2927万斤,404个队交售粮食223万斤。两年对比,为国家增产节约粮食3729万斤。① 因此,尽管人民公社制度没有解决普遍贫困的问题,但是在缓解农村贫困等方面是成功的。

很多贫困户在国家和集体扶助下摆脱了困境,不仅生产积极性大为提高,而且对党和人民政府的爱戴与拥护也与日俱增。山东省栖霞县的贫下中农感动地说:"旧社会吃苦遭难,新社会生活改善,再不好好干活可真对不起共产党了。"②

第二,确定了"自力更生为主,国家支援为辅"的扶贫原则。

扶贫与济贫的根本不同,就在于扶贫工作中贫困群众居主体地位,需要通过贫困群众努力发展生产来摆脱贫困面貌,因此必须重视群众的自力更生精神。

如前所述,农村合作化之初,毛泽东就对"穷棒子社"王国藩社不要国家救济、自力更生脱贫的做法非常赞赏。1959年,在提出国家投资帮助穷队发展建议的同时,毛泽东鼓励穷社穷队要有志气,要向王国藩社学习,以自力更生为主,国家支援为辅,实现脱贫致富。1963年1月5

---

① 《中国农业银行山东省分行关于1963年支援穷队工作情况和意见的报告(1964年3月27日)》,山东省档案馆藏,档案号A068-02-2399。

② 《栖霞县贫协筹委会关于1965年工作情况总结报告(1966年1月28日)》,山东省档案馆藏,档案号A008-02-034。

日,中央进一步强调,解决穷队的问题,"经济上的支援只能是补助的。只有调动穷队社员和干部的积极性,再加上必需的经济支援,才能又快又好地改变穷队的面貌。"①

在扶贫实践中,社队"自力更生为主,国家支援为辅"一直是支援农村人民公社投资使用的基本要求。例如,1962年8月28日,中共中央、国务院在《关于农业生产资金问题的通知》中指出:支援穷队无偿投资等农业资金,"必须贯彻执行'自力更生为主,国家支援为辅'的原则。今后生产队需要的生产费用,应当在收入分配中打够留足。应当先使用生产队自己的资金,后使用国家的资金;生产队有可以出售的产品,应当先出售自己的产品。"②1962年12月,财政部在安排1963年支援穷队投资时明确要求:生产队分配收益的时候,必须把国家支援穷队投资用在生产费用的部分,提留出来作为来年的生产基金,继续周转使用,不能当作收益分掉。③ 1963年11月,农业部、财政部等部门要求,得到国家支援的穷队,要奋发图强,勤俭办社,主要依靠自己的力量和集体经济的优越性,同时要有效地使用国家支持的资金,尽快地改变贫困面貌。④ 到1979年5月21日,为了充分体现社队"自力更生为主,国家支援为辅"的原则,财政部、农林部在《关于颁发〈支援农村人民公社投资使用管理暂行规定〉的通知》中强调:"穷社穷队应当发扬自力更生精神,资金确有困难,要求国家支援时,必须自下而上申请,提出发展项目和措施,以及达到的经济目标,由公社审查汇总上报县级主管部门和财政部门审核批准。"⑤

"自力更生为主,国家支援为辅"扶贫原则的确立,有利于防止贫困

---

① 《建国以来重要文献选编》第16册,中央文献出版社1997年版,第79页。
② 《1958—1965中华人民共和国经济档案资料选编》金融卷,中国财政经济出版社2011年版,第360页。
③ 《1958—1965中华人民共和国经济档案资料选编》财政卷,中国财政经济出版社2011年版,第463页。
④ 《1958—1965中华人民共和国经济档案资料选编》财政卷,中国财政经济出版社2011年版,第629页。
⑤ 《中国农业机械化财务管理文件汇编》,机械工业出版社1991年版,第96页。

地区、贫困户产生"等、靠、要"的依赖思想,对改革开放新时期倡导"扶贫先扶志"的精神具有重要启发意义。

第三,探索了集中使用资金、先易后难打歼灭战和建档立卡等扶贫方法。

人民公社时期,国家财政比较困难,扶贫资金的投放必须有计划、有控制、有重点,有限的资金要使用在最需要、最有效的地方。支援穷队投资起初按农业人口多少分配到各省,各省再分配给穷社穷队使用。在这一过程中,不少地方将资金平均分配,没有真正将资金用到穷队,影响了资金的使用效果。

自1962年起,中央着手纠正扶贫资金分散使用、平均分配的问题,探索并提出了集中使用、先易后难打歼灭战的扶贫办法。1963年1月5日,中共中央批转《目前穷队的特点和支援办法》,指出:"一九六三年,国家支援穷队专款二亿元,另有长期无息农业贷款四亿元,主要也是支持穷队的。这六亿元应该适当地集中使用,采用打歼灭战的办法,按照先易后难的步骤,改变一批穷队的面貌。各地应有计划地争取在第三个五年计划期内,基本上解决穷队的问题。"①

1962年支援人民公社投资的划拨,改变了按农业人口多少进行分配的做法。1962年4月,在已经拨付的3.59438亿元支援人民公社投资中,东北区辽、吉、黑三省分到的投资最多,有1.61464亿元,约占全部投资的44.9%;其次是华东区苏、浙、皖、赣、闽、鲁、沪等六省和一直辖市,分配到资金0.60711亿元,约占16.9%;再次是中南区粤、桂、鄂、湘、豫等五省、自治区,分配资金0.53996亿元,占15.0%;然后是华北区冀、晋、内蒙古、京等四个省、自治区、直辖市,得到资金0.52064亿元,约占14.5%;接下来是西南区云、贵、川、藏等四个省、自治区分配资金0.16457亿元,占4.6%;最少的是西北区陕、甘、宁、青、新等五个省、自

---

① 《建国以来重要文献选编》第16册,中央文献出版社1997年版,第79页。

治区,分配资金0.14746亿元,仅占4.1%。① 这种分配充分体现了中央首先集中扶持东北地区脱贫的思路,西南、西北地区自然条件极为恶劣,脱贫难度大,排在了最后。

　　一些地方在实际工作中采取了有益的工作办法。例如,中国农业银行山东省分行还对支援穷队工作提出了一些具体要求,包括成立专门机构负责支援穷队工作以及建立穷队卡片、摸清穷队底细等,对扶贫工作进行了可贵探索。"为了进一步做好今年的支援穷队工作和巩固已有的成果,第一,划清穷队和困难队的界限。为了有计划地做好支援穷队工作,各地应对原报穷队重新审查落实,根据两年内基本改变面貌的要求,作出规划报省农业银行备案,凡符合穷队标准的队就逐队进行卡片登记,建立档案,并逐级报省农业银行备查。凡不符合穷队标准的一般困难队,可作为困难队给予支持。第二,坚持集中力量打歼灭战的方法,重点使用国家的财力物力,做好经济支援工作。凡列入今年重点支援的穷队,用无偿投资给予支援,对不属于穷队的困难队的生产困难,可用农业设备贷款或短期农业贷款帮助解决。在支援工作中无论是穷队还是困难队都必须防止平均分配或过于集中的现象产生。关于支援穷队购买牲口的资金,不要挪用到其他项目,以防止牲口调来后无钱购买。第三,加强领导,巩固支援成果。根据各地经验,巩固穷队的措施,一是加强各级党委领导,把支援穷队和扶持困难队恢复发展生产的工作作为农业生产的一项重要任务,成立专门办事机构,确定专人负责。因此,未成立专门机构的地方应立即成立起来,原来成立而又撤销的地方迅速恢复起来,以有利于恢复与发展生产任务的实现……"②

　　这些办法对于准确识别穷队、更好地发挥有限的扶持资金的效用具有很大的帮助。例如,山东省各地对原有7万多个穷队进行了审查,"初步审掉1万多个队,确定穷队为5.15万个";各地区计划1964年重

---

① 《财政部、农垦部、农业部分配1962年支援人民公社投资指标的通知(1962年4月26日)》,北京市档案馆藏,档案号096-002-00023。
② 《中国农业银行山东省分行关于支援穷队情况和意见的报告(1964年5月16日)》,山东省档案馆藏,档案号A068-02-2387。

点支援2.1万个穷队,"上半年各地已经重点支援了1.89万个穷队,发放穷队投资和贷款1571万元(平均每队约为831元)。帮助这些队增添耕畜1.72万头,运输工具16358辆,中型农具1.4万件,渔船273只,渔网13800扣,建烤烟房546座。并帮助解决了部分生产费用不足的困难,对于支持春夏季生产起到重要作用。据各地报告,今年(指1964年)上半年重点支援的穷队中,有72%的队已经达到基本生产资料能够维持简单再生产、春季和口粮自给或有余。"①

第四,积累了宝贵的农村扶贫工作经验。

一是扶贫先扶志。1966年,山东省荣成县在总结扶助贫困户工作经验时,明确提出了"扶贫先扶志,帮人先帮心"。他们总结指出:"扶贫先扶志,帮人先帮心。过去从上到下只知发救济,不知抓政治思想,结果是救济发的不少,问题也没解决。通过这一段工作,有个深刻的体会就是,首先要帮助贫下中农困难户解决思想,帮助长志气,树立奋发图强、自力更生的精神,与他们交知心朋友,建立感情,这才是真正的扶持。"②

二是各部门共同扶贫。1978年初,广东省在扶贫中认识到,要搞好扶贫工作,必须在各级党委的统一领导下,各有关部门密切配合和支持。因此,要求各部门都把扶贫工作作为自己应尽的职责,建立扶持户花名册和登记簿,民政、银行、信用社在发放救济款物和贷款时,重点照顾贫困户;粮食部门为扶持户提供猪饲料,畜牧部门解决良种猪苗,免收生猪诊疗费;卫生部门搞好合作医疗;教育部门减免学杂费;商业、供销、外贸部门,在农副产品收购、加工方面优先照顾;手工业部门登门帮助修理生产生活用具,等等;同时,要注意做好扶持穷社穷队的工作,因为贫困户大部分是集中在集体经济力量薄弱的穷社穷队,要使贫困户迅速改变面貌,根本的办法是积极发展生产,增加集体分配。③扶贫立

---

① 《中国农业银行山东省分行1964年上半年支援穷队工作情况的报告(1964年10月4日)》,山东省档案馆藏,档案号A068-02-2399。
② 《荣成县贫协筹委会关于院前大队党支部、贫协组织扶贫翻身的情况报告(1966年4月12日)》,山东省档案馆藏,档案号A008-02-034。
③ 《当代中国的民政》(下),当代中国出版社、香港祖国出版社2009年版,第139页。

足于把生产搞上去,同时改善贫困地区基础设施、教育、卫生医疗条件,从根本上改变贫穷落后面貌,这就决定了扶贫是一项综合性工作,各部门必须协同进行才能取得比较好的效果。

三是努力纠正扶贫资金被挪用问题。在支援人民公社投资使用的20年间,尽管国家一再强调专款专用扶持穷队生产并加强监管,但是资金总是被违规挪用的现象一直不能杜绝。据20个省区的不完全统计,1976年至1977年,共安排支援农村人民公社投资14.5亿元,使用基本正当的12亿元,约占83%;被挪用于搞国营拖拉机厂、化肥厂等基建的2亿元,约占14%;被挪用于兴建楼堂馆所等非生产性建设或被贪污盗窃、挥霍浪费掉的5000万元,约占3%。①

人民公社时期,李先念等党和国家领导人高度关注这种现象,分析指出资金管理不好的原因。一方面,在于思想认识,有人认为"什么财政的钱、银行的钱,都是国家的钱,何必分得那么清楚呢";另一方面,有些社队干部对国家资金不负责,对群众也不负责,"他们敢借、敢用、敢不还"。因此,要求各级党政领导"要坚持按计划、按政策、按制度办事。国家支援农业的钱,都是按照政策和计划安排的,各种钱各有特定的用途,必须分口管理,分别使用,不能混淆,不能互相挪用",并且要发动群众,依靠群众监督,要有严格的管理制度,还要有严格按制度办事的人;同时,要求银行等资金管理部门"进一步改进作风,坚持原则,担负起管好、用好资金的光荣职责"。② 这种探索对于认识并纠正后来农村扶贫开发工作中存在的挤占挪用扶贫资金问题,有一定的启发意义。

---

① 《中国农业机械化财务管理文件汇编》,机械工业出版社1991年版,第94页。
② 《1958—1965中华人民共和国经济档案资料选编》财政卷,中国财政经济出版社2011年版,第622-623页。

# 第二章
# 改革开放新时期全国大规模农村扶贫开发(1978—2012)

改革开放新时期,在新中国农村扶贫工作实践基础上,中国共产党确定新时期农村扶贫开发方针,成立专门的扶贫开发工作机构,在全国范围内有计划、有组织、大规模地开展农村扶贫开发,于20世纪末基本解决农村贫困人口温饱问题,于21世纪初提前实现联合国千年发展目标中贫困人口减半目标,使中国减贫工作进入新的阶段。

## ◇第一节◇

## 中共中央建设小康社会、实现共同富裕思想中的农村扶贫开发

改革开放新时期,中共中央提出了建设小康社会、实现共同富裕的思想。农村改革政策,为解决农村贫困人口的温饱问题创造了有利条

件。然而,中国西北、西南一些地区以及其他一些革命老根据地、偏远山区、少数民族地区和边境地区,长期低产缺粮,群众生活贫困。在同等的改革政策条件下,这些地区很难依靠自身力量改变贫穷落后面貌。由此,中共中央确定了农村扶贫开发政策。

## 一、改革开放前后的农村贫困状况

如前所述,新中国成立以后,为了扶助贫困地区和贫困农民改变贫困面貌、实现共同富裕,党和政府制定优惠政策,投入资金物资,对于改变一些地区的贫困面貌发挥了一定作用。然而,从根本上看,在实现共同富裕的探索中,中国共产党人曾对社会主义初级阶段认识不足,导致了人们的普遍贫困。正如邓小平后来所总结指出的:"我们坚持走社会主义道路,根本目标是实现共同富裕,然而平均发展是不可能的。过去搞平均主义,吃'大锅饭',实际上是共同落后,共同贫穷,我们就是吃了这个亏。"①

因此,尽管新中国成立后党和国家为改变农村贫困面貌尽了很大努力,但是直到1977年,全国(西藏除外)、直辖市人均分配收入50元以下的穷县数量为515个,人均分配收入50元以下的穷队180万个。1979年,穷县减少到283个,穷队减少到137万个。西北、西南等地区,由于自然条件和历史原因,生产条件很差;在人民公社时期分到的支援穷队投资又比较少,造成社会生产力发展缓慢,贫困状况更为突出。1977年至1979年连续3年人均分配收入都在50元以下的221个穷县主要分布在五大片,其中西南地区云南、贵州66个穷县,占连续3年穷县总数的29.9%;西北黄土高原干旱地区48个穷县,占连续3年穷县总数的21.7%;冀、鲁、豫、皖接壤地带71个穷县,占连续3年穷县总数的32.1%;福建省11个穷县,占连续3年穷县总数的5.0%;新疆维吾尔自治区8个穷县,占连续3年穷县总数的3.6%。这5大片共有穷县

---

① 《邓小平文选》第3卷,人民出版社1993年版,第155页。

204个,占连续3年穷县总数的92.3%。① 中国国家统计局在《关于中国农村贫困状况的评估和监测》报告中,把1978年的贫困线定在100元,并且估计出1978年贫困发生率为30.7%,贫困人口规模为2.5亿人。②

改革开放以后,针对农业的长期停滞,中国共产党率先对农村经济体制进行了一系列重大改革,包括建立家庭联产承包责任制,开展农业的多种经营,改革购销体制,发展乡镇企业等。家庭承包经营责任制的主要内涵就是将土地承包给农户,由农户自主耕种。农户再按合同每年向集体上缴一定比例的提成(一般10%左右)作为公积金、公益金和管理费,向国家缴纳一定的税收,并完成向国家交售农副产品的任务之后,其余的产品全部归农户所有和支配。这种"交够国家的,留足集体的,剩下的都是自己的"新制度,替代了人民公社"三级所有、队为基础"的体制和集体生产统一核算的经营制度以及平均主义的分配制度,给予农户更大的自主权,极大地调动了广大农民的积极性,农业生产快速增长。1979年农业生产取得新中国成立以后空前的大丰收。之后的1982年、1983年、1984年粮食产量又创历史新高。

为了调动农民的生产积极性,自1979年起,国家大幅度提高粮棉等主要农副产品的收购价格,使得大量农民从这些农产品提价中普遍受益。1978—1985年,农民从提价中得到好处(3363.1亿元),占该时期农民收入增加额的61%。

与此同时,乡镇企业异军突起成为推动农村经济强劲增长和提高农民收入的重要因素之一。1984年3月1日,中共中央、国务院转发农牧渔业部《关于开创社队企业新局面的报告》并发出通知,将社队企业更名为乡镇企业,充分肯定乡镇企业在整个国民经济和社会发展中的地位和作用,并提出发展乡镇企业的若干政策。从1984年起,乡镇企

---

① 《1977—1979年全国穷县情况》,《农业经济丛刊》,1981年第1期。
② 张磊:《中国扶贫开发历程(1949—2005)》,中国财政经济出版社2007年版,第24页。

业进入高速发展时期。1987年,全国乡镇企业从业人数达到8805万人,产值达到4945.59亿元,占农村社会总产值9431.6亿元的52.4%,第一次超过了农业总产值4675.7亿元。①

农村经济的发展,直接的结果就是不得温饱的贫困人口大幅度减少。据国家统计局统计,1978年至1985年农村贫困发生率由30.7%下降到14.8%,贫困人口由2.5亿人下降到1.25亿人,下降了50%,平均每年减少1786万人。②

然而,西北、西南地区和"老少边穷"地区,普遍存在生态环境恶劣、农业生产条件差、交通闭塞、信息不灵、工业基础薄弱、资金严重不足、科教文卫事业落后等状况,在同等的改革开放政策下,这些地区却没能与其他地区一样走上发展致富的道路。如果不给予专门的照顾和特殊的优惠,他们很难靠自身力量改变贫困面貌。

国以民为本,民以食为天。历史经验证明,贫困往往成为一个国家、一个地区政治动荡和社会不稳定的重要根源。上述这些地方多是为中国革命做出过重大贡献的老根据地和边疆少数民族地区,这些地区贫困问题的解决,不仅是事关全国人民能否实现共同富裕的经济问题,还是影响民心所向、社会稳定的政治问题。把"老少边穷"地区、西部地区发展起来,是关系到国家长治久安的大事。

## 二、中共中央建设小康社会、实现共同富裕战略构想中的扶贫开发

改革开放之初,邓小平就提出了贫穷不是社会主义,社会主义首先要发展生产力,他说:"社会主义是一个很好的名词,但是如果搞不好,不能正确理解,不能采取正确的政策,那就体现不出社会主义的本质","经济长期处于停滞状态总不能叫社会主义。人民生活长期停止在很

---

① 《中国农村金融统计年鉴(1993)》,中国统计出版社1993年版,第338页;《中国统计年鉴(1993)》,中国统计出版社1993年版,第333、335页。

② 《中国扶贫开发的伟大历史进程》,《人民日报》,2000年10月16日。

低的水平总不能叫社会主义。"①改革开放就是要发展社会主义生产力，逐步增加人民的收入，使广大人民摆脱贫困。

1979年12月6日，邓小平在会见日本首相大平正芳时第一次明确提出了"小康"概念，他指出："我们要实现的四个现代化，是中国式的四个现代化。我们的四个现代化的概念，不是像你们那样的现代化的概念，而是'小康之家'。到本世纪末，中国的四个现代化即使达到了某种目标，我们的国民生产总值人均水平也还是很低的。要达到第三世界中比较富裕一点的国家的水平，比如国民生产总值人均一千美元，也还得付出很大的努力。就算达到那样的水平，同西方来比，也还是落后的。所以，我只能说，中国到那时也还是一个小康的状态。"②

1982年9月，中共十二大把"小康"作为全党全国奋斗的主要目标以及国民经济和社会发展的阶段性标志，提出：从1981年到20世纪末的20年，中国经济建设总的奋斗目标是，在不断提高经济效益的前提下，力争使全国工农业的年总产值翻两番，实现了这个目标，城乡人民的收入将成倍增长，人民的物质生活可以达到小康水平。1982年11月16日，邓小平进一步指出："中国是个大国，但又是个小国。大就是土地大，人口多，还有一个大就是中国是联合国五个常任理事国之一。小是指国民生产总值小，每人平均才二百五十到二百六十美元，经济很不发达。这方面对我们来说要有自知之明。我们现在就是做一件事情，使占人类四分之一的人口摆脱饥饿和贫困，达到小康状态。"③

邓小平设想的小康社会首先就是要消灭赤贫，搞现代化，搞的是富的社会主义，不是搞穷的社会主义。而且，小康社会要共同富裕。

改革开放之初，为了打破平均主义的桎梏，邓小平创造性地提出鼓励一部分地区、一部分人先富起来，带动其他地区、其他人都比较快地富裕起来；与此同时，邓小平始终强调共同富裕是社会主义的根本目标

---

① 《邓小平文选》第2卷，人民出版社1994年版，第312-313页。
② 《邓小平思想年编（一九七五——一九九七）》，中央文献出版社2011年版，第281页。
③ 《邓小平年谱（一九七五——一九九七）》（下），中央文献出版社2004年版，第870页。

和根本原则,共同富裕是社会主义改革开放和现代化建设全过程的社会主义的内在属性,是小康社会的重要特征。1986年6月18日,他说:"所谓小康社会,就是虽不富裕,但日子好过。我们是社会主义国家,国民收入分配要使所有的人都得益,没有太富的人,也没有太穷的人,所以日子普遍好过。"[1]1987年4月16日,邓小平提出:"我们社会主义制度是以公有制为基础的,是共同富裕,那时候我们叫小康社会,是人民生活普遍提高的小康社会。"[2]

在邓小平和中共中央通过改革开放发展经济、鼓励先富带动后富最终实现共同富裕的战略构想中,帮助扶持贫困地区发展就是其中必不可少的有机构成部分。针对中国各地区发展不平衡的特点,1978年12月,邓小平在提出发展经济、鼓励先富带动后富最终实现共同富裕的战略构想时,强调要对贫困落后地区进行重点扶持和帮助。他说:"在经济政策上,我认为要允许一部分地区、一部分企业、一部分工人农民,由于辛勤努力成绩大而收入先多一些,生活先好起来。一部分人生活先好起来,就必然产生极大的示范力量,影响左邻右舍,带动其他地区、其他单位的人们向他们学习。这样,就会使整个国民经济不断地波浪式地向前发展,使全国各族人民都能比较快地富裕起来。当然,在西北、西南和其他一些地区,那里的生产和群众生活还很困难,国家应当从各方面给以帮助,特别要从物质上给以有力的支持。这是一个大政策,一个能够影响和带动整个国民经济的政策,建议同志们认真加以考虑和研究。"[3]

由此可见,国家通过扶贫开发,给予西北、西南等贫困地区各方面帮助和支持,是走向共同富裕这个大政策的重要内容之一,是这个大政策的有机组成部分。也就是说,社会主义的根本目标是实现共同富裕,国家在促进富裕的同时也要扶助贫困。

---

[1] 《邓小平思想年编(一九七五——一九九七)》,中央文献出版社2011年版,第580页。
[2] 《邓小平文选》第3卷,人民出版社1993年版,第216页。
[3] 《邓小平文选》第2卷,人民出版社1994年版,第152页。

## 三、农村扶贫开发被确立为国家的一项大政方针

20世纪70年代末,中共中央把帮助贫困人口发展经济、促进贫困地区经济社会发展作为一项经济任务,更作为一项重要的政治责任提了出来。1978年12月,中共十一届三中全会通过《关于加快农业发展若干问题的决定(草案)》,提出了设立专门机构负责面向西北、西南一些地区以及其他一些革命老根据地、偏远山区、少数民族地区和边境地区开展扶贫开发工作的建议。1979年9月,中共十一届四中全会正式通过《关于加快农业发展若干问题的决定》,确定了发展农业生产力的25项政策措施,其中第23条指出:"我国西北、西南一些地区以及其他一些革命老根据地、偏远山区、少数民族地区和边境地区,长期低产缺粮,群众生活贫困。这些地方生产发展快慢,不但是个经济问题,而且是个政治问题。国务院要设立一个有有关部门负责同志参加的专门委员会,统筹规划和组织力量,从财政、物资和技术上给这些地区以重点扶持,帮助它们发展生产,摆脱贫困。对其他地区的穷社穷队,也要帮助他们尽快改变面貌。国家支援穷队的资金,要保证用于生产建设。"[①]

从这一决定来看,中央已经明确了农村扶贫开发的战略意义,对扶贫开发的组织机构和财政资金的安排做了重点考虑。除了原有全国性支援穷社穷队的做法外,还有专门重点支持西北、西南以及革命老根据地、偏远山区、少数民族地区和边境地区等特别贫困地区的考虑。

1982年12月10日,第五届全国人民代表大会第五次会议批准的《中华人民共和国国民经济和社会发展第六个五年计划(1981—1985)》规定,"帮助少数民族地区和经济不发达地区发展经济文化事业",为此,每年财政支出拨专款5亿元[②]。1983年中央一号文件《当前农村经

---

① 《三中全会以来重要文献选编》(上),中央文献出版社2011年版,第167-168页。
② 《中华人民共和国国民经济和社会发展第六个五年计划(1981—1985)(一九八二年十二月十日第五届全国人民代表大会第五次会议批准)(摘要)》,《人民日报》,1982年12月13日。

济政策的若干问题》指出:"目前有些边远山区和少数民族地区,生产水平仍然很低,群众生活还有很多困难。必须给以高度关注,切实加强工作,力争尽快改变贫困面貌。对这些地区,在各项政策上,要比其他地区更加放宽;在生产上要发挥当地资源的优势,并有效地利用国家财政扶持,开展多种经营,以工代赈,改变单纯救济作法。注意改善交通条件,解决能源困难,防治地方病,办好教育。"①

这实际上指出了新时期农村扶贫开发工作的原则和方向。

1984年9月29日,中共中央、国务院发出《关于帮助贫困地区尽快改变面貌的通知》(以下简称《通知》),明确了新时期农村扶贫开发工作的原则、重点、措施、机构等内容。《通知》强调农村扶贫开发的基本原则是"将国家扶持的资金重点用于因地制宜发展生产",而不是"单纯用于救济"。《通知》明确农村扶贫开发工作的重点,即"要突出重点,目前应集中力量解决十几个连片贫困地区的问题","不能采取'撒胡椒面'的办法平均使用,更要严禁挪作他用"。《通知》规定了贫困地区扶贫开发的政策措施,主要包括实行比一般地区更灵活、更开放的土地承包、经营政策,免征农业税、企业所得税等优惠政策以及修路、办教育、规划科技卫生工作等内容。最后,《通知》要求有关各省、自治区成立贫困山区工作领导小组,负责检查督促各项措施的落实,国家各有关部门也要指定专人负责扶贫开发工作。②

这是改革开放新时期中共中央、国务院发出的第一个农村扶贫开发文件,有效地指导、推动了全国的农村扶贫开发工作。许多省份相继召开全省范围内的扶贫开发工作会议,根据中央精神,部署省内扶贫开发工作。新时期农村扶贫工作初步开展起来。

---

① 《十二大以来重要文献选编》(上),人民出版社1986年版,第266页。
② 《中共中央、国务院关于帮助贫困地区尽快改变面貌的通知》,《中华人民共和国国务院公报》1984年第25号。

## 第二节
## 改革开放初期农村扶贫开发政策的初步实施

20世纪80年代初,虽然国务院没有成立负责农村扶贫开发工作的专门机构,但是全国范围内的扶贫开发工作以财政扶贫资金为龙头,以信贷扶贫资金为辅助,在财政部、国家计委、国家经委、国家民委、民政部以及中国人民银行等部门协同合作推动下,蓬蓬勃勃地开展起来。

### 一、设立专项财政资金和专项低息贷款,帮助"老少边穷"地区发展经济、解决温饱

改革开放以前,支援农村人民公社投资是国家安排用于扶持穷社穷队发展生产、增加收入、改变面貌的专项财政扶贫资金。按照集中使用资金、先易后难的步骤,资金重点投向东北、华北、华东等自然条件较好、通过生产条件的改进比较容易提高农业生产水平、改变贫困面貌的省份;相对而言,自然条件恶劣的西南、西北各省份得到的资金较少。

1980年,根据中央确定的对西北、西南一些地区以及其他一些革命老根据地、偏远山区、少数民族地区和边境地区进行扶贫开发的方针,根据"分灶吃饭"财政分权改革的要求,中央和国务院对扶贫资金进行了重新安排。一方面,对于边远地区、少数民族自治地方、革命老根据地和经济基础比较差的地区,为了帮助它们加快发展生产,中央财政根据国家财力的可能,设立支援经济不发达地区发展资金。此项资金占国家财政支出总额的比例,应当逐步达到2%,并由财政部掌握分配,实行专案拨款,有重点地使用。另一方面,原有的支援农村人民公社投资继续保留,但是归地方财政支出,用以扶持划定贫困地区之外的穷社穷队的发展,资金数额由地方根据财力而定。① 这样,支援经济不发达地

---

① 《国务院关于实行"划分收支、分级包干"财政管理体制的通知》,《中华人民共和国国务院公报》1980年第1号。

区发展资金作为中央专项财政扶贫资金,每年8亿元,集中投向划定的"经济不发达的革命老根据地、少数民族地区、边远地区以及穷困地区"使用;此外,对于"分散插花贫困乡村"的扶贫开发,由各地运用支援农村人民公社投资这笔专项地方财政支出来帮助贫困乡村改变贫穷落后面貌。

1980—1986年,中央财政预算共安排支援经济不发达地区发展资金40亿元,再加上其他方面资金的配合,促进了农村贫困地区各项建设事业的发展。1985年,全国各省、自治区的扶贫受援县已达到1230个,比1980年增加608个。几年来,发展资金用来建设小水库873座,增加蓄水量8亿立方米;修建人畜饮水工程20万处,解决了1328万人和598万头牲畜的饮水问题;增加茶叶种植面积311万亩,果树530万亩,桑田106万亩,草场1322万亩;造林5082万亩;发展养猪254万头,羊278万只,牛67万头;修建公路6.63万公里,架设桥梁5902座,修建小水电站4273座,架设输变电线路3.47万公里;支援乡镇企业1万多个。

支援经济不发达地区发展资金在帮助"老少边穷"贫困地区解决群众温饱、脱贫致富方面发挥出积极作用,绝大多数受援的省、自治区都取得明显效果。

针对甘肃、宁夏部分地区植被破坏严重、生态环境恶劣、人民生活困难的状况,国家开始实施"三西"农业建设计划。"三西"地区是指甘肃的河西走廊、以定西为代表的中部干旱地区和宁夏的西海固地区,是西北黄土高原最大的集中连片贫困地区,共计47个县、区。因受自然条件及多种因素的限制,"三西"地区是历史上著名的干旱缺水、贫穷落后地区,尤其是定西,"山是和尚头,沟里无水流,十年有九旱,岁岁发人愁"是其真实写照。改革开放初期,"三西"地区73%的农村人口温饱问题得不到解决,大多数农民过着"全天两顿粥,三代一床被,草皮做燃料,浑水解饥渴"的日子,吃、穿、用无保证,长期依靠国家救济。

1982年7月,国务院负责人到甘肃河西、定西地区视察工作,了解到当地生态环境恶劣、群众生活十分困难的情况。为从根本上改变"三西"地区的贫困落后面貌,1982年12月,中央财经领导小组召开会议专题研究"三西"地区农业建设发展问题,决定从1983年开始,在拨付支援经济不发达地区发展资金援助"三西"建设的同时,用10年时间,每年加拨专项资金2亿元,扶持开发自然条件较好的甘肃河西地区和宁夏河套地区,改造自然条件最差的甘肃中部干旱地区18个县和宁夏西海固干旱高寒山区的8个县,集中解决这一片的贫困问题。1982年12月22日,国务院成立"三西"地区农业建设领导小组,正式启动对"三西"地区的扶贫开发工作。

在中央的直接关怀和领导下,"三西"地区制定"兴河西之利,济中部之贫"的发展战略,确定"有水路走水路,水路不通走旱路,水旱路都不通另找出路"和"大力种草、种树,兴牧促农,因地制宜,农林牧副渔全面发展"的扶贫开发思路,提出"三年停止生态破坏、五年解决群众温饱、十年二十年改变面貌"的奋斗目标。在实际工作中,采取一系列综合措施,从保护和恢复生态条件入手,着手退耕还林、种草种树、推广节能灶,妥善解决燃料和饲料等问题,发展畜牧业生产;以加强农业基础建设为重点,进行基本农田建设、水利建设、人畜饮水工程建设、林草建设、农电建设,增强抗御自然灾害的能力;与此同时,实施大规模的自愿移民搬迁。

"三西"地区扶贫开发建设,拉开改革开放新时期区域性扶贫开发工作的序幕,为后来消除区域贫困的实践积累了一定经验。

为帮助各少数民族地区加速发展经济建设,经国务院批准,从1983年开始,中国人民银行在信贷计划中专门安排专项"发展少数民族地区经济贷款",实行优惠利率,支持内蒙古、广西、宁夏、新疆等4个民族自治区和贵州、云南、甘肃、青海等4个边远贫困地区发展地方经济。1983年、1984年两年,每年安排发展少数民族地区经济贷款3亿元。

从 1985 年开始，该项贷款扩大到全国范围内的贫困地区，改称"老少边穷地区发展经济贷款"（简称"老少边穷贷款"），在信贷资金和贷款利率等方面对"老少边穷"地区实行区别对待和优惠政策。贷款资金由每年 3 亿元增加到 10 亿元，分配的地区增加到 17 个地区。此外，从 1985 年开始，中国农业银行设立发展贫困地区经济专项贷款，每年安排发放 3 亿元，执行基准利率，用于支持经济不发达地区发展生产。

## 二、实施以工代赈专项扶贫工程

交通、水利等基础设施落后，是影响贫困地区发展的重要因素之一，而搞好基础设施建设是贫困地区商品经济进一步发展的必由之路，否则脱贫致富就缺乏应有的后劲。在"三西"地区扶贫建设中，国家就采取以工代赈的方式在定西、西海固地区开展乡村道路和小型农田水利设施建设，将改善交通、水利等基础设施条件作为解决贫困地区问题的突破口。以工代赈，就是由政府在农村投资建设基础设施工程，贫困农民参加工程建设获得劳务报酬，以此取代直接救济的一种农村扶贫政策。这个办法，既能改善贫困地区农业生产条件，为贫困地区人民脱贫致富创造良好的条件，又能直接增加贫困农民收入，给贫困地区政治、经济、文化的发展带来生机和活力，因而受到贫困地区人民的欢迎。

1983 年 1 月，中央一号文件《当前农村经济政策的若干问题》特别指出，帮助边远山区和少数民族地区尽快改变贫困面貌，要有效地利用国家财政扶持，"开展多种经营，以工代赈，改变单纯救济作法"，"注意改善交通条件"。

1984 年，根据中共中央、国务院《关于帮助贫困地区尽快改变面貌的通知》精神，根据农业连续几年获得丰收、粮食储备比较充足的实际情况，国家计委决定从 1984 年冬到 1987 年 3 年内，从商业库存中拿出粮食 100 亿斤、棉花 200 万担、棉布 5 亿米（粮、棉、布折价 27 亿元），加上地方配套部分，总金额在 50 亿元左右，拨给贫困地区，重点投向严重缺粮、缺衣被和交通十分闭塞的县、乡，主要用于修筑由县到乡（区或公社)以及由乡到农副产品集散地的道路,整修可以通航的河道,以及修建一些中、小型的农田水利工程。国家调拨给各贫困地区的粮、棉、布等物资,采取以工代赈的方式,作为参与上列工程的民工工资补助。实施范围重点是全国18个集中连片的贫困地区,特别是西南、西北贫困面较大的省、区及边远少数民族地区。这在当时是新中国成立以来投资最多、规模最大的一项对贫困地区公路、水利工程的基本建设,迅速收到良好成效。

水利工程建设方面,1985年,全国用于贫困地区修建水利工程的粮、棉、布中,有粮食4.8亿公斤、棉花1060万公斤、棉布4800万米,折价约2.6亿元;连同地方配套资金2.5亿元,共完成投资约5.1亿元。一年来,以工代赈共解决了408万人、297万头牲畜的饮水问题,新增灌溉面积74万亩,改善灌溉面积492万亩,完成除涝治理面积238万亩,水土保持治理面积708万亩,修复河堤1080公里,新增小水电装机5万千瓦。截至1987年年底,水利工程方面共解决了1440万人、971万头牲畜的饮水问题;新增灌溉面积259万亩,改善灌溉面积1055万亩;完成除涝治理面积362万亩,水土保持治理面积1701万亩;维修加固水库558座,新增小水电装机15.6万千瓦。这为解决贫困地区人民生产、生活困难,提高贫困地区自我发展能力,提供了有利条件。

"要想富,先修路",1984年至1987年,27亿元粮棉布以工代赈专项资金中用于公路建设部分折合成人民币约17亿元。截至1987年年底,共新建、改建公路、机耕道、驿道12万公里,其中新建等级公路4.6万多公里,新建大中型桥梁7200座(16.3万延米),整治航道1800多公里,新建码头65座。各贫困地区通过以工代赈建成大批公路,大大改善当地交通运输条件,增强"造血"功能,取得较好的经济效益和社会效益。

以工代赈扶贫工程的建设,对开发贫困地区特别是集中连片贫困地区的资源,繁荣山区经济,改善群众生产生活条件,加快脱贫致富的步伐起到了积极的推动作用，并为这些地区经济开发和进一步发展打下基础、创造了条件。正是由于以工代赈扶贫开发效果显著，这种方式才得到广大群众的热烈欢迎和衷心拥护，作为农村扶贫开发的一项主要办法一直延续下来。

## 三、减免贫困地区农业税收负担

除了专项扶贫资金投入之外，国家还对贫困地区实行减轻税收负担的政策。自1979年开始，国家为减轻穷队负担，支持他们发展生产、改变穷困面貌，对农业税实行起征点办法，得到免税照顾的农业人口为13292万人，平均每人免税折合人民币4.06元。1979年，国家减免农业税即公粮（包括地方附加）达473500万斤，折合人民币74600万元，约占1978年全国农业税征收任务的18%。这对于减轻贫困地区的负担、支持发展农业生产，起到了很好的作用。例如，山东省枣庄市得到减免税照顾的3300多个生产队，用减免的191万元税款，发展多种经营和工副业，一年增加收入600万元。①

经济条件差的革命老根据地、少数民族地区、边疆地区和山区，得到的减免照顾更多。经国务院批准，财政部规定，对于确属自然条件差，长期低产缺粮，收入水平低，维持简单再生产和最低生活有困难，而且改变这种状况需要较长时间的生产队，凡符合起征点免税条件的，从1980年开始，"实行免税一定3年的办法"。到1983年停止执行农业税起征点办法，但是对于贫困地区极少数口粮和收入水平仍然很低、不能维持基本生活需要、纳税确有困难的队和户仍然予以减免。②

1984年9月，中共中央、国务院在《关于帮助贫困地区尽快改变面貌的通知》中专门强调减轻贫困地区负担，给予贫困地区经济开发优惠。具体有五项内容：一是对贫困地区从1985年起，分情况减免农业

---

① 《帮助贫困社队尽快改变面貌　全国今年减免公粮47亿斤》，《人民日报》，1980年7月3日。
② 《财政部关于停止执行农业税起征点办法的通知》，《财政》，1983年第10期。

税。最困难的免征农业税5年,困难较轻的酌量减征1至3年。二是鼓励外地到贫困地区兴办开发性企业(林场、畜牧场、电站、采矿业、工厂等),5年内免交所得税。三是乡镇企业、农民联办企业、家庭工厂、个体商贩的所得税可以减免,减免的幅度和时间由县人民政府自定。四是一切农、林、牧、副、土特产品(包括粮食、木、竹),都不再实行统购、派购办法,改为自由购销,有关的国营部门和供销合作社应积极开展代购代销业务。五是部分缺衣少被的严重困难户,可由商业部门赊销给适量的布匹(或成衣)和絮棉,需要蚊帐的赊销给蚊帐,赊销贷款免息。

这项政策在全国各贫困地区普遍得到贯彻落实。例如,1985年6月22日,广西壮族自治区人民政府发出《关于对贫困地区减免农业税问题的通知》,对广西境内贫困地区的254个乡镇中常年现金收入人均在100元以上的困难农户,免征农业税一年,一年一定。①

这项政策一直持续到1990年。1990年,中央和国务院规定的免税期限已经到期,考虑到贫困地区经济已有较大发展,多数贫困地区人民温饱问题已基本解决,有的已经脱贫致富,因此从1990年起,对贫困地区原则上恢复了征税,但是对温饱问题尚未解决、纳税确有困难的农户,国家仍然会按农业税减免办法继续予以照顾。②

对贫困地区减免税收负担,不仅对帮助贫困地区改变面貌起到积极作用,而且产生了良好的政治影响。

## 第三节
## 全国性大规模农村扶贫开发全面展开

1986年5月,国务院贫困地区经济开发领导小组成立,将农村扶贫

---

① 《自治区人民政府关于对贫困地区减免农业税问题的通知》,《广西政报》,1985年第8期。
② 《财政部关于对贫困地区、国营华侨农场、劳改劳教单位征收农业税问题的通知》(1990年5月18日)。

开发工作推入新的阶段,全国范围内有计划、有组织、大规模的农村扶贫开发工作蓬勃开展起来。经过"七五"时期扶贫开发及国家八七扶贫攻坚,到20世纪末,贫困地区的面貌发生深刻变化,科技、教育、文化、卫生等社会事业得到较快发展,贫困群众的生产生活条件得到明显改善,贫困人口数量逐年下降,全国农村没有解决温饱的贫困人口已减少到3000万人,沂蒙山区、井冈山区、大别山区、闽西南地区等集中连片的贫困地区整体解决温饱问题。

## 一、20世纪80年代中期农村贫困状况

20世纪80年代中期,在改革开放政策的推动下,中国农村绝大多数地区凭借自身的发展优势,经济得到快速增长,但是少数地区由于经济、社会、历史、自然和地理等方面的制约,发展相对滞后,改革开放带动农村经济增长,但没能自动解决特殊贫困地区的困难。1985年,仍然还有1.25亿农村贫困人口没有解决温饱问题。这些人口主要分布在东、中、西部18个集中连片贫困地区,具体见表2-1:

表2-1　全国18个集中连片贫困地区

| 经济地带 | 贫困地区数量 | 贫困地区名称 | 涉及的省和自治区 |
| --- | --- | --- | --- |
| 东部 | 2 | 沂蒙山区 | 鲁 |
|  |  | 闽西南、闽东北地区 | 闽、浙、粤 |
| 中部 | 7 | 努鲁儿虎山区 | 辽、内蒙古、冀 |
|  |  | 太行山区 | 晋、冀 |
|  |  | 吕梁山区 | 晋 |
|  |  | 秦岭大巴山区 | 川、陕、鄂、豫 |
|  |  | 武陵山区 | 渝、湘、鄂、黔 |
|  |  | 大别山区 | 鄂、豫、皖 |
|  |  | 井冈山和赣南地区 | 赣、湘 |

续表

| 经济地带 | 贫困地区数量 | 贫困地区名称 | 涉及的省和自治区 |
| --- | --- | --- | --- |
| 西部 | 9 | 定西干旱地区 | 甘 |
| | | 西海固地区 | 宁 |
| | | 陕北地区 | 陕、甘 |
| | | 西藏地区 | 藏 |
| | | 滇东南地区 | 滇 |
| | | 横断山区 | 滇 |
| | | 九万大山地区 | 桂、黔 |
| | | 乌蒙山区 | 川、滇、黔 |
| | | 桂西北地区 | 桂 |

这些地区主要的贫困特征是：第一，地处高原、山区、丘陵、沙漠或喀斯特地貌等地区，生态环境恶劣，水土流失严重。第二，人均农业资源匮乏、质量差，尤其是西南石山和喀斯特地区可耕地少，土地瘠薄，西北则水资源严重不足。第三，地理位置偏远，基础设施落后。大多数地区都较为偏僻，远离政治经济中心地区，交通不便，对经济和社会发展十分不利。第四，缺乏基本的教育和医疗卫生等社会服务，从而影响贫困人口的基本素质和能力。第五，这些地区普遍农业生产力水平低下，市场化程度和非农产业发育程度低下，自我发展能力不足。

在这种情况下，为解决这些特殊贫困区域的贫困与发展问题，党和政府把农村贫困地区扶贫开发纳入国民经济和社会发展规划，在全国范围内开展有计划、有组织和大规模的开发式扶贫。

## 二、扶贫开发纳入"七五"计划

1986年，中共中央、国务院在中央一号文件《关于一九八六年农村工作的部署》，专门就切实帮助贫困地区逐步改变面貌做出部署，提出了"国务院和有关省、自治区都要建立贫困地区领导小组，加强领导"的建议。1986年4月，扶持"老少边穷"地区尽快摆脱经济文化落后状况作为一项重要内容，列入了《中华人民共和国国民经济和社会发展第七个五年计划（摘要）》。该计划第十九章专门规划"老、少、边、穷地区的经济发展"，明确指出："国家对老、少、边、穷地区继续在资金方面实行扶持政策；继续减轻老、少、边、穷地区的税收负担。进一步组织发达地区和城市对老、少、边、穷地区的对口支援工作。"①这对下一步农村扶贫开发工作提出了新的要求。

为了更好地开展农村扶贫开发工作，全国从上到下成立了专门的扶贫工作机构。1986年5月，国务院贫困地区经济开发领导小组成立，作为国务院关于扶贫开发工作的专门议事协调机构。领导小组由时任国务院秘书长陈俊生担任组长，成员由国家经委、国家计委、国家科委、国家教委、民政部、财政部、商业部、农牧渔业部、林业部、水电部、交通部、卫生部、中国农业银行、"三西"地区农业建设领导小组等有关部门同志担任。其基本任务是组织调查研究，拟定贫困地区经济开发的方针、政策和规划，协调解决开发建设中的重要问题，督促、检查和总结交流经验。之后，相关省、自治区、直辖市和地（市）、县级政府也成立了相应的扶贫开发工作机构，负责协调组织开展本地的扶贫开发工作。

新成立的国务院贫困地区经济开发领导小组立即着手制定"七五"期间的扶贫规划。1986年5月，国务院贫困地区经济开发领导小组召开第一次全体会议，讨论确定"七五"期间贫困地区经济开发的基本目标和主要任务。基本目标，就是争取用五年左右的时间，在"七五"期间解决大多数贫困地区人民的温饱问题，使贫困地区初步形成依靠自身力量发展商品经济的能力，逐步摆脱贫困，走向富裕。为实现这一目标，会议提出十个方面的主要任务：①实行特殊政策和措施，集中力量，重点解决集中连片的最贫困地区的问题；②坚持因地制宜的原则，实事求是地确定贫困地区经济发展方针，扬长避短，发挥优势，增强自我发展能力；③加强智力开发，提高贫困地区劳动者的素质；④积极发展农

---

① 《中华人民共和国国民经济和社会发展第七个五年计划（摘要）》，《中华人民共和国国务院公报》1986年第11号。

产品加工业,在税收、信贷等方面要积极支持适当照顾贫困地区发展乡镇企业;⑤疏通流通渠道,改善交通条件,活跃商品经济;⑥积极发展和不断扩大贫困地区与经济发展地区的横向经济联系;⑦将"星火计划"引入贫困地区,充分发挥科学技术治穷致富的巨大作用;⑧改革国家用于贫困地区资金的使用方式,彻底改变过去那种平均分散使用资金和单纯救济的办法;⑨加强领导班子建设,建立明确的目标责任制;⑩动员全社会的力量,采取不同形式,为贫困地区的经济开发做出贡献。

在广大的农村地区实施扶贫计划,首先要解决的是确定农村贫困标准。1986年,国家统计局农调总队依据对全国6.7万户农村居民收支调查资料计算贫困标准,确定1984年中国农村贫困标准为年人均纯收入200元,1985年农村贫困标准为年人均纯收入205元。

实施扶贫计划第二个要解决的是确定扶持对象。到"七五"期间,为了使区域性扶贫开发的瞄准对象更加精确,国家将扶贫开发的主要对象确定为贫困县。第一批全国重点贫困县是1986年确定的,主要是1985年全县人均纯收入150元以下的县,对革命老区县、民族自治县放宽至1985年人均纯收入150~200元,对井冈山、太行山等对革命贡献大、影响大的一部分革命老区县再放宽至1985年人均纯收入200~300元,全国重点贫困县共258个。1986年年底,国家设立的贫困地区专项贴息贷款就是向这258个全国重点贫困县发放的。1987年,又有15个县被列为专项贴息贷款扶持的全国重点贫困县,其中多数贫困县位于行洪区。1988年,海南建省。1989年,国家又在海南确定了3个专项贴息贷款扶持全国重点贫困县。这样,专项贴息贷款扶持的贫困县达到276个。1987年6月4日至9日召开的全国牧区工作会议确定把牧区扶贫列入全国的扶贫计划,国家在"七五"期间每年拨出5000万元扶贫专项贴息贷款,集中用于牧区的贫困地区。牧区扶贫专项贴息贷款从1988年开始发放,扶持6个省区的27个牧区重点贫困县。除这两类全国重点贫困县之外,原来"三西"地区农业建设专项资金重点扶持的甘肃中部干旱地区20个县和宁夏西海固干旱高寒山区的8个贫困县,也列入全国重点贫困县予以扶持。这样,三类全国重点贫困县达到331个,它们成为1986年至1993年国家扶贫的重点对象,俗称国家级贫困县。不符合上述标准的贫困县,则作为插花式贫困县由各省扶持,俗称省级贫困县。省级贫困县的确定,全国没有统一的标准,其标准和数量均由各省根据当地的经济发展情况和财政承受能力自行确定。有的省按农民人均纯收入一个指标来确定,有的省则按农民人均纯收入和人均占有粮食两个指标来确定。

全国重点贫困县的确定,使得扶贫开发工作对象更精确,扶贫资金投放更集中,扶贫开发工作整体更加有效。到1991年,国家重点扶持的331个贫困县,农民人均纯收入由1985年的208.6元增加到377.7元,近50%的县超过400元。从"三西"地区来看,农村没有解决温饱的贫困户,由原来占总农户的75%下降到10%。① 到20世纪90年代初,全国贫困地区基本实现了国家确定的"七五"末期解决贫困地区大多数群众温饱问题的目标,全国农村没有完全稳定解决温饱问题的贫困人口从1985年的1.25亿人减少到8000万人。

## 三、八七扶贫攻坚的开展

按照1987年10月中共十三大提出的中国社会主义现代化建设的总体战略部署,第一步目标,从1981年到1990年,实现国民生产总值比1980年翻一番,这在20世纪80年代末已基本实现;第二步目标,从1991年到20世纪末,实现国民生产总值再增长一倍,人民生活达到小康水平;第三步目标,到21世纪中叶,人均国民生产总值达到中等发达国家水平,人民生活比较富裕,基本实现现代化。1992年中共十四大指出:"贫困地区尽快脱贫致富,是实现第二步战略目标的重要组成部分。"② 然而,到1993年,仍有8000万农村贫困人口,年人均纯收入仍然

---

① 田纪云:《长期的艰巨任务 光荣的历史使命——在甘、青两省考察扶贫工作时的讲话》,《人民日报》,1992年12月14日。

② 《江泽民文选》第1卷,人民出版社2006年版,第235页。

在温饱线以下,其中有一少部分处于极端贫困状态。这些贫困人口,大部分居住在耕地资源贫乏、水源困难的石山地区,地处边沿交通不便的深山区、大山区和荒漠地区。这些贫困地区是扶贫的难中之难,它们能否脱贫致富,直接关系党的第二步战略目标能否如期实现。

为了进一步加快扶贫开发的步伐,1993年9月,国务院决定,国务院贫困地区经济开发领导小组更名为国务院扶贫开发领导小组。1993年9月22日,国务院扶贫开发领导小组召开第一次会议,提出了下一个阶段扶贫工作的主要任务。会议指出,今后一个时期扶贫工作的主要任务:一是做好8000万尚未脱离温饱线的贫困人口的扶贫工作。要在20世纪末,用7年时间,力争基本解决这部分人的温饱问题,这是一个难度很大的攻坚战。二是要巩固现有扶贫成果,在解决贫困地区人民温饱的基础上进一步脱贫致富。根据这个目标,制定并实施《国家八七扶贫攻坚计划(1994—2000年)》。

作为新中国历史上第一个具有明确目标、明确对象、明确措施和明确期限的扶贫开发行动纲领,《国家八七扶贫攻坚计划(1994—2000年)》的主要奋斗目标:一是到20世纪末,使绝大多数贫困户年人均纯收入按1990年不变价格计算达到500元以上,并形成稳定解决温饱、减少返贫的基础条件;二是加强基础设施建设,基本解决人畜饮水困难,使绝大多数贫困乡和有农贸市场、商品基地的地方通路、通电;三是改变文化、教育、卫生的落后状态,基本普及初等教育,积极扫除青壮年文盲,大力发展职业教育和技术教育,防治和减少地方病,把人口自然增长率控制在国家规定的范围内。

考虑到1986年确定贫困县以来贫困县和非贫困县在经济和社会发展方面的变化,国务院扶贫开发领导小组根据国情调整贫困标准,重新确定全国重点贫困县的数量和名单。国务院扶贫开发领导小组将1990年农民人均纯收入300元作为确定新贫困县的标准,调整后的全国重点贫困县从331个增加到592个。统计表明,592个国定贫困县在当时涵盖了全国72%以上的农村贫困人口。①

八七扶贫攻坚时间紧,任务重,难度很大。为了进一步统一全党认识,动员全社会力量加大扶贫开发力度,坚决完成国家八七扶贫攻坚计划任务,1996年9月23日至25日、1999年6月9日,中共中央、国务院先后两次召开中央扶贫开发工作会议,部署八七扶贫攻坚。两次中央扶贫开发工作会议均做出决定,增加八七扶贫资金投入,使得八七扶贫攻坚期间扶贫投入,由1994年的97.85亿元增加到2000年的248.15亿元,累计投入中央扶贫资金1127亿元,相当于1986年至1993年扶贫投入总量的3倍。②

根据中共中央、国务院的部署,贫困地区有关各省、自治区纷纷制定本地的八七扶贫攻坚计划,各级扶贫开发部门积极组织社会各界力量,带领贫困地区全体人民艰苦奋斗,坚持扶贫攻坚到村到户,开展东西扶贫协作,实施教育扶贫工程,并开展与国际组织的合作扶贫,八七扶贫攻坚取得卓越成效。

## 四、20世纪末基本解决农村贫困人口温饱问题

有耕耘必有收获。1994年至2000年这7年间,全党动手、全社会动员,各方支持、合力攻坚,农村扶贫开发取得显著成效,贫困地区的面貌发生巨大变化。在世界贫困人口每年增加1000万人的大背景下,中国的反贫困壮举备受瞩目。联合国开发计划署认为,中国扶贫攻坚的成就"为发展中国家,甚至整个世界提供了一种模式"③。

第一,到2000年,按照农民年人均纯收入625元的解决温饱的标准,全国农村没有解决温饱的贫困人口减少到3000万人,占农村人口的比重下降到3%左右。其中,国家重点扶持贫困县的贫困人口从1994年的5858万人减少到2000年的1710万人。④ 一些集中连片的贫

---

① 《中国农村扶贫开发概要》,中国财政经济出版社2003年版,第6—7页。
② 温家宝:《在中央扶贫开发工作会议上的讲话》,《人民日报》,2001年9月21日。
③ 彭俊:《扶贫攻坚计划基本实现》,《人民日报》,2000年9月23日。
④ 《中国的农村扶贫开发》,《人民日报》,2001年10月16日。

困地区,包括沂蒙山区、井冈山区、大别山区和闽西南地区等革命老区,整体解决温饱,经济社会面貌发生深刻变化。其他重点贫困地区包括部分偏远山区、少数民族地区,面貌也有了很大改变。历史上"苦瘠甲天下"的甘肃以定西为代表的中部地区和宁夏的西海固地区,经过多年的开发建设,基础设施和基本生产条件明显改善,贫困状况大为缓解。除了少数社会保障对象和生活在自然条件恶劣地区的特困人口以及部分残疾人以外,全国农村贫困人口的温饱问题已经基本解决。中共中央确定的在20世纪末基本解决农村贫困人口温饱问题的战略目标已基本实现。

第二,贫困地区的基础设施和生产生活条件明显改善。1994年,全国还有1700多个乡镇和1.7万多个行政村不通公路和汽车,这些不通公路的乡、村,绝大部分都在中西部贫困地区。因此,八七扶贫攻坚七年间,国家每年投入10亿元以工代赈资金,重点支持中西部21个省、区的交通建设,以改变贫困地区的落后面貌。实施八七扶贫攻坚计划期间,592个国家重点贫困县累计新增公路32万公里,架设输变电线路36万公里,通电、通路、通邮、通电话的行政村分别达到95.5%、89%、69%、67.7%,其中部分指标已接近或达到全国平均水平。[①] 基础设施建设为贫困地区的发展增强了后劲。

农村饮水困难是历史遗留的严重问题之一。1993年,国家将解决饮水困难作为扶贫攻坚的一项重要内容列入国家八七扶贫攻坚计划。各级水利部门因地制宜地采取各种措施,拦蓄地表水,开采地下水,改良劣质水,兴建了大批饮水工程,592个国家重点贫困县5351万人和4836万头牲畜的饮水问题得到解决。

20世纪90年代初,中西部不少边远、贫困、少数民族地区没有电。截至1992年年底,全国还有28个无电县,其中西藏21个,新疆6个,青海1个。有1453个乡、63120个村约1.2亿农村人口没有用上电。这1.2亿农民主要集中在内蒙古东部、陕甘宁、豫东皖西、三峡、贵州、滇

---

① 温家宝:《在中央扶贫开发工作会议上的讲话》,《人民日报》,2001年9月21日。

桂、川青、西部边疆等"八大片"。1994年,电力工业部针对上述情况提出实施"电力扶贫共富工程"。其目标是,到20世纪末用7年时间,消灭28个无电县;基本消灭无电乡和无电村,解决"八大片"无电人口集中区无电问题,使全国农村户通电率达到95%。根据国务院安排,西藏的21个无电县,水利部负责有小水电资源的9个县;电力部负责12个县,其中9个县利用太阳能发电解决,3个县采用电网延伸的方式解决。新疆的6个无电县,由新疆维吾尔自治区政府落实解决。青海的1个无电县,通过开发当地小水电资源解决。对"八大片"地区和国家确定的592个贫困县的无电乡、村、户的扶贫通电,由有关省(区)政府组织,集中扶持解决。经过各方近10年的不懈努力,电力扶贫共富工程圆满完成。从无电到有电,从有电但无用电保障到安全优质充足的用电,贫困地区生活用电发生了质的变化。

第三,贫困地区社会事业发展较快。文化教育落后与经济落后相互影响,严重制约着中西部贫困地区、少数民族地区农村经济发展和社会进步。国家贫困地区义务教育工程的大力实施,有力地推动贫困地区教育事业的发展。基本普及九年义务教育和基本扫除青壮年文盲成绩显著,592个国家重点扶持贫困县中有318个实现了"两基"目标。由此,贫困地区提高了义务教育普及程度,小学入学率、初中入学率大为提高,辍学率有一定程度的降低,贫困地区办学条件得到改善,教学设备也有所加强。

贫困地区医疗卫生条件普遍比较落后,农民因病致贫、因病返贫的现象时常发生。因此,扶贫开发高度重视贫困地区的卫生工作,把提高贫困人口的健康水平作为扶贫工作的一项重要内容。各级政府都把卫生扶贫纳入当地扶贫计划,安排必要的扶贫资金,重点解决基础卫生设施、改善饮水条件和防治地方病、传染病。经过努力,大多数贫困地区乡镇卫生院得到改造或重新建设,缺医少药的状况得到缓解。

## 第四节

# 新世纪全面建设小康社会进程中的农村扶贫开发

2000年,中国实现了现代化建设"三步走"发展战略的第二步战略目标,全国农村贫困人口的温饱问题基本解决,人民生活总体上实现了由温饱到小康的历史性跨越。然而,这时整个社会达到的小康还是低水平、发展很不平衡的小康,因此2002年11月召开的中共十六大,进一步提出全面建设小康社会的奋斗目标,力争国内生产总值到2020年比2000年翻两番。全面建设小康社会,重点和难点都在农村贫困地区。因此,在全面建设小康社会的进程中坚定不移地加大扶贫开发力度,成为新世纪新阶段农村扶贫开发的主要任务。

## 一、中共中央关于新世纪农村扶贫开发的部署

2002年召开的中共十六大提出了全面建设小康社会的目标,即"在本世纪头二十年,集中力量,全面建设惠及十几亿人口的更高水平的小康社会,使经济更加发展、民主更加健全、科教更加进步、文化更加繁荣、社会更加和谐、人民生活更加殷实"①。全面建设小康社会,最困难之处在广大农村特别是贫困地区的农村,在广大中西部地区特别是西部地区。为此,十六大强调积极推进西部大开发,支持贫困地区、革命老区和少数民族地区加快发展。

西部地区是中国贫困人口最集中、贫困程度最深的地区。与其他地区相比,西部贫困问题具有"一多三性"的特点。"一多"是指西部部分地区基础设施欠账较多,"三性"是指环境条件的严酷性、主导产业的脆弱性和劳务经济的局限性。西部地区致贫原因复杂,贫困问题与自然、地理、气候、民族、宗教、边境等诸多问题交织在一起,解决起来难度大,成本高。为了把东部沿海地区的剩余经济发展能力,用以提高西部

---

① 《十六大以来重要文献选编》(上),中央文献出版社2005年版,第14页。

地区的经济和社会发展水平并巩固国防,1999年9月,中共十五届四中全会明确提出实施西部大开发战略,为西部地区摆脱贫困提供新的机遇。

在部署西部大开发战略时,国务院明确将扶贫开发作为西部大开发一个很重要的内容。例如,2000年10月,国务院提出:"逐步加大中央对西部地区一般性转移支付的规模。在农业、社会保障、教育、科技、卫生、计划生育、文化、环保等专项补助资金的分配方面,向西部地区倾斜。中央财政扶贫资金的安排,重点用于西部贫困地区";"动员社会各方面力量加强东西对口支援,进一步加大对西部贫困地区、少数民族地区的支援力度,继续推进'兴边富民'行动";"继续实施贫困地区义务教育工程,加大国家对西部地区义务教育的支持力度,增加资金投入,努力加快实现九年义务教育。……加大实施东部地区学校对口支援西部贫困地区学校工程以及西部地区大中城市学校对口支援农村贫困地区学校工程的力度。"①

这样,新世纪扶贫开发工作扶持的重点,放在中西部的少数民族地区、革命老区、边疆地区和一些特困地区,国家级贫困县从这四类地区产生。2001年5月24日至25日召开的中央扶贫开发工作会议指出:"现在贫困人口主要集中在这些地区。中西部各省、自治区、直辖市的经济实力又比较弱,仅靠自身的力量很难解决贫困问题,国家必须给予重点扶持。……本着集中连片的原则,在中西部的上述四类地区内,综合考虑全县农民的收入水平、贫困人口数量、基本生产生活条件等因素,确定一批扶贫任务大的县,作为扶贫开发工作重点县,中央予以重点支持。这样做,重点更加突出,大多数贫困人口基本上得到覆盖。"②

根据中央精神,国务院制定《中国农村扶贫开发纲要(2001—2010年)》,并于2001年6月13日发出《关于印发〈中国农村扶贫开发纲要(2001—2010年)〉的通知》。纲要提出,2001—2010年扶贫开发总的奋

---

① 《十五大以来重要文献选编》(中),中央文献出版社2011年版,第528-534页。
② 温家宝:《在中央扶贫开发工作会议上的讲话》,《人民日报》,2001年9月21日。

斗目标是：尽快解决极少数贫困人口温饱问题，进一步改善贫困地区的基本生产生活条件，巩固温饱成果，提高贫困人口的生活质量和综合素质，加强贫困乡村的基础设施建设，改善生态环境，逐步改变贫困地区社会、经济、文化的落后状态，为达到小康水平创造条件。纲要确定了2001—2010年扶贫开发的五条基本方针：一是坚持开发式扶贫方针，这是贫困地区脱贫致富的根本出路，也是扶贫工作必须长期坚持的基本方针。二是坚持综合开发、全面发展，促进贫困地区经济、社会的协调发展和全面进步。三是坚持可持续发展。扶贫开发与资源保护、生态建设相结合，与计划生育相结合，实现贫困地区资源、人口和环境的良性循环。四是坚持自力更生、艰苦奋斗，主要依靠贫困地区自身的力量改变贫穷落后面貌。五是坚持政府主导、全社会共同参与。

根据农村贫困人口的分布状况和特点，国家重新确定592个国家扶贫开发工作重点县，作为扶贫开发的重点对象。这次贫困县的调整主要是取消沿海发达地区的所有国家级贫困县，同时增加中西部地区的贫困县数量并保持总数不变。国家在中西部21个省（区、市）的少数民族地区、革命老区、边疆地区和特困地区重新确定了592个县，作为新阶段国家扶贫开发工作重点县，592个县覆盖的绝对贫困人口占全国的61.9%[①]。辽宁、山东、江苏、浙江、福建、广东六省的33个贫困县调出。西藏作为一个重点扶持单元，其原有的5个贫困县调出。这些指标划分给其他中西部省份，其中湖南、四川增加数量较多。从绝对数来看，云南、贵州、陕西的贫困县有50个或超过50个，从重点县占全省总县数比重看，贵州、云南、甘肃都超过50%。

为了更好地瞄准贫困人口，《中国农村扶贫开发纲要（2001—2010年）》明确要求将扶贫开发的具体措施落实到贫困乡村。在国务院扶贫办的组织和指导下，地方各级政府通过参与的方式在全国共确定了14.8万个重点村，覆盖了全国76%的贫困人口。

《中国农村扶贫开发纲要（2001—2010年）》确定新世纪农村扶贫开

---

① 《中国农村扶贫开发概要》，中国财政经济出版社2003年版，第25页。

发解决温饱与巩固温饱并举,从而对那些发展能力弱、稍有不慎就可能陷入贫困的低收入群体给予了特别关注,在继续加大对绝对贫困人口扶持力度的同时,制定了农村低收入贫困标准,并相应确定了农村低收入贫困人群,将这些人的生产生活状况、地区分布、特征以及变化趋势等一并纳入了监测范围。中国农村低收入贫困标准是根据1997年的食物贫困线,假设在贫困状况下食物消费份额占总生活消费60%的基础上计算出来的,2000年正式公布。

## 二、支农惠农政策下加大财政扶贫力度

进入新世纪,国家实行统筹城乡经济社会发展的基本方略,坚持工业反哺农业、城市支持农村和多予少取放活的方针,出台一系列支农惠农政策。例如,2006年起全面取消除烟叶以外的农业特产税和牧业税,在中国存在2600多年的农业税走进了历史;全面实行种粮农民直接补贴、良种补贴、农机具购置补贴、农资综合补贴和农业保险保费补贴;减轻农村教育负担,全面推行农村最低生活保障、新型农村合作医疗和新型农村养老保险,逐步建立和完善农村社会保障体系;推进农村水电、道路等基础设施建设和农村危房改造。这些政策措施全面促进农村经济社会的发展,使贫困地区和农村贫困人口普遍受益。在支农惠农的政策下,扶贫开发的投入力度显著加大。

第一,提高国家扶贫标准。农村在2008年前有两个贫困标准:第一个标准制定于1986年,称作农村绝对贫困标准或贫困线,1985年贫困人口为1.25亿人,占农村总人口的14.8%。后来,此标准随物价调整,2000年为625元,贫困人口3209万人;到2008年为895元,贫困人口减少到1004万人,占农村总人口的1%。2008年以前,中央政府一直采用绝对贫困标准作为国家扶贫标准。第二个标准出台于2000年,一般称为农村低收入标准,对应的是低收入群体,低收入标准在一些较发达地区作为地方扶贫工作的参考依据。2000年,农村低收入标准为年人均纯收入865元,低收入人口为9422万人;到2008年,低收入标准

调整为1196元,低收入人口减少到4007万人。①

2008年中国农村年人均纯收入895元的绝对贫困标准,远远低于2008年世界银行确定的每人每日平均1.25美元的国际贫困标准。过去扶贫起点低、扶贫任务重,因而扶贫标准也相对较低。随着中国经济实力的不断增强和全国人民生活水平的大幅提高,国家有能力惠及更多贫困人口,这样,解决农村贫困标准偏低的问题、提高扶贫标准,提上了中共中央的工作日程。2008年10月召开的中共十七届三中全会决定提高扶贫标准,对农村低收入人口全面实施扶贫政策。这样,从2009年起,农村绝对贫困标准和低收入标准合一,统一以年人均纯收入1196元作为国家扶贫标准,2009年的贫困人口相应调整为3597万人。

第二,加大财政扶贫资金投入。扶贫标准的提高,不仅意味着扶贫开发的目标人群的增加,更意味着扶贫投入的增加。新世纪以来,中央政府和地方政府采取多项措施,加大扶贫资金投入,从2001年的127.5亿元增加到2010年的349.3亿元,年均增长率11.9%;10年累计投入2043.8亿元,其中,中央财政安排的扶贫资金投入从100.02亿元增加到222.7亿元,年均增长率9.3%,10年累计投入1440.4亿元。财政扶贫资金分配体现了重点倾斜原则,10年累计投向国家扶贫开发工作重点县和各省自行确定的扶贫开发工作重点县为1457.2亿元,占总投入的71.3%,县均投入1.36亿元;10年共在22个省(区、市)安排发展资金、以工代赈资金、少数民族发展资金、"三西"农业建设专项补助资金、国有贫困农场扶贫资金、国有贫困林场扶贫资金等中央财政扶贫资金1356.2亿元,其中西部12个省(区、市)达到877亿元。②

与此同时,从2001年至2010年,中央财政累计安排扶贫贷款财政贴息资金54.15亿元,引导金融机构发放近2000亿元扶贫贷款,有效改善了贫困群众贷款难的问题。③ 为了提高扶贫贴息贷款的使用效率,

---

① 《2011中国农村贫困监测报告》,中国统计出版社2012年版,第11-12页。
② 《中国农村扶贫开发的新进展》,《人民日报》,2011年11月17日。
③ 顾仲阳:《大扶贫 大变化——新世纪以来我国扶贫开发工作综述》,《人民日报》,2011年11月29日。

自2006年起扶贫贴息贷款分为"到户贷款"和"项目贷款"两部分进行操作。到户贷款的对象是592个国家扶贫开发工作重点县建档立卡的贫困户，该贷款主要用于扶持其发展生产，中央财政在贴息期内按年利率5%的标准予以贴息。项目贷款集中用于国家扶贫开发工作重点县和贫困村，重点支持对解决贫困户温饱、增加收入有带动和扶持作用的产业扶贫龙头企业，贷款执行年利率3%的优惠利率，优惠利率与央行公布的一年期贷款利率之间的利差，由省政府贴息。2008年4月，国务院扶贫开发领导小组办公室决定全面改革扶贫贴息贷款管理体制，将扶贫贷款用于国家和省扶贫开发工作重点县及非重点县的贫困村；同时下放管理权限，将扶贫贷款和贴息资金直接管理权限由中央下放到省，其中发放到贫困户的贷款（"到户贷款"）和贴息资金管理权限下放到县。中央财政在贴息期内，对到户贷款按年利率5%、项目贷款按年利率3%的标准给予贴息。

第三，"低保兜底维持生存，扶贫开发促进发展"两轮驱动。党和政府在农村实施的一系列扶贫攻坚计划和农村五保供养等制度，使农村贫困人口大幅减少，使特困户生活有基本保障。但由于疾病、残疾、年老体弱以及自然条件恶劣等原因，仍有部分农村困难群众不能通过扶贫解决温饱问题。2007年7月，国务院发出通知，明确要求在全国范围建立农村最低生活保障制度，将"家庭年人均纯收入低于当地最低生活保障标准的农村居民，主要是因病残、年老体弱、丧失劳动能力以及生存条件恶劣等原因造成生活常年困难的农村居民"纳入保障范围，由政府直接对困难群众给予"兜底"式定期定量救助，稳定、持久、有效地解决农村贫困人口温饱问题。

为了促使农村低保制度与扶贫开发政策衔接，形成政策合力，实现对农村贫困人口的全面扶持，2010年5月，国务院扶贫办、民政部等部门决定在中西部地区80%以上的国家扶贫开发工作重点县试点推进农村最低生活保障制度和扶贫开发政策有效衔接，首先是合理确定农村低保和扶贫对象。农村低保对象，是指家庭年人均纯收入低于当地最低生活保障标准的农村居民,主要是因病残、年老体弱、丧失劳动能力以及生存条件恶劣等原因造成生活常年困难的农村居民;扶贫对象,是指家庭年人均纯收入低于农村扶贫标准、有劳动能力或劳动意愿的农村居民,包括有劳动能力和劳动意愿的农村低保对象。其次是政策衔接。对农村低保对象,要力争做到应保尽保,按照政策规定发放最低生活保障金;对扶贫对象,要根据不同情况,享受专项扶贫和行业扶贫等方面的扶持政策,采取产业开发、易地扶贫搬迁、"雨露计划"培训、危房改造、扶贫经济实体股份分红等形式,确保扶贫对象受益。最后是管理的衔接。对农村低保和扶贫对象实行动态管理,对收入达到或超过农村低保标准的,要按照规定办理退保手续;对已实现脱贫致富的,要停止相关到户扶贫开发政策;对收入下降到农村低保标准以下的,要将其纳入低保范围;对返贫的要将其吸纳为扶贫对象。

此外,还把农村贫困地区作为新型农村合作医疗制度、农村医疗救助制度、新型农村社会养老保险制度等国家财政优先扶持领域。

## 三、专项扶贫与行业扶贫、社会扶贫相结合

新世纪,扶贫开发坚持专项扶贫与行业扶贫、社会扶贫相结合,形成有中国特色的扶贫方式,推动贫困地区发展,增加贫困农民收入。

一是以整村推进、劳动力转移培训和产业扶贫为重点,推进专项扶贫。进入新世纪,由于解决剩余贫困人口温饱问题难度明显增大,初步解决温饱问题的贫困人口每年都有部分人因灾返贫,全国贫困人口下降速度明显趋缓。为了改变这种局面,2005年3月,国务院扶贫开发领导小组全体会议提出,围绕减少贫困人口这个目标,专项扶贫突出整村推进、劳动力转移培训和产业扶贫三个重点,加大扶贫开发力度,加快贫困地区经济社会发展。

如前所述,《中国农村扶贫开发纲要(2001—2010年)》实施之初,全国确定了14.8万个贫困村作为扶贫开发工作的重点,采取"整村推进"扶贫开发的战略措施。2006年3月十届全国人大四次会议批准通过的

《中华人民共和国国民经济和社会发展第十一个五年规划纲要》明确提出,因地制宜地实行整村推进的扶贫开发方式。按照建设社会主义新农村的要求,"十一五"期间着力完成14.8万个贫困村的整村推进扶贫规划,即实现人均南方0.5亩以上、北方1~2亩基本农田;每个贫困户有1个以上劳动力接受劳务输出技能或农业实用技术培训,并有一项稳定的增收项目;基本实现行政村通广播电视,自然村通电,具备条件的建制村通公路;继续解决人畜饮水困难,努力提高饮水安全水平;基本实现行政村有卫生室;全面普及九年制义务教育。截至2010年年底,已在12.6万个贫困村实施整村推进,其中,国家扶贫开发工作重点县中的革命老区、人口较少民族聚居区和边境一线地区贫困村的整村推进已基本完成。①

加强人力资源开发,是提高贫困人口发展能力的有效手段。自2005年起,国务院扶贫办启动了专门针对贫困家庭劳动力转移的培训,帮助贫困地区青壮年农民解决就业的"雨露计划"。2006年年底,全国各类扶贫培训基地已发展到2323个。2006年至2010年,为实施"雨露计划",中央和地方共投入培训资金46亿元。其中,用于劳动力转移培训34亿元,641万人受训;用于农业实用技术培训6.8亿元,700多万人受训。②抽样调查显示,接受培训的劳动力比没有接受培训的劳动力月工资高300~400元。"雨露计划"使贫困劳动力学到新技术,接触新观念,开阔了视野,增强了发展能力。

脱贫致富,最终要靠强有力的扶贫产业带动。新世纪新阶段,各地着重在贫困地区建设产业基地,在劣势中寻找优势,不断壮大特色产业,使产业扶贫成为扶贫开发的突破口。例如,在一向"贫瘠甲天下"的宁夏固原市扶贫开发中,宁夏回族自治区确定以草畜、马铃薯、劳务输出和旅游为主导支柱产业,组织实施了"10万贫困户养羊工程"、"百万

---

① 《中国农村扶贫开发的新进展》,《人民日报》,2011年11月17日。
② 陈伟光:《"十一五"期间国家投入46亿元实施雨露计划》,《人民日报》,2011年1月17日。

亩人工种草工程"和菌草产业扶贫工程、小额贷款扶贫工程等一系列行之有效的扶贫项目,使固原市扶贫产业快速发展。从2005年开始,国务院扶贫办在全国认定一批扶贫龙头企业,重点支持它们在贫困地区建立原材料生产基地,为贫困户提供产前、产中、产后系列化服务,形成贸工农一体化、产供销一条龙的产业化经营,提高贫困地区农民组织化程度,引导贫困户有序进入市场,有效增加贫困户收入。

二是发挥各部门优势,积极开展行业扶贫。贫困问题是由经济、文化、教育、地理等诸多因素造成的,要解决贫困问题就必须从多方面入手进行综合治理。发挥各部门优势开展行业扶贫,这是改革开放以来农村扶贫开发的一贯做法,新世纪也不例外。例如,为使中西部贫困地区交通基础设施条件得到较好改善,1998年至2002年,国家计委安排国债资金98亿元(另有中央专项基金5亿元),专门用于贫困县与国道的连接公路建设。这些项目总建设规模2.2万公里,项目总投资300亿元。到2002年年底,中西部贫困县与国道的连接公路全部完成,有效解决了国家扶贫开发工作重点贫困县出口不畅的问题。2005年至2010年,中央财政累计投入590亿元建设农村饮水安全工程,加上地方政府和群众投资443亿元,社会融资12.2亿元,农村饮水安全工程总投入达到1045.2亿元,全国累计解决了2.1亿农村人口的饮水安全问题。农村饮水安全工程,不仅使贫困地区农民喝上了放心水,还极大地提高了抗旱减灾能力。"十一五"期间,国家下大力气补短板,安排中央预算内资金323亿元,总投资1455亿元,用于中西部农网完善工程和无电地区电力建设工程,每年减轻农民用电负担约350亿元,解决了3000多万无电人口用电问题。尤其是西藏雪域高原克服一系列地质灾害、气候难题,32个县、17万户、76万人的用电问题全部得到解决。为了推动贫困地区可持续发展,国家在加强贫困地区生态建设、改善贫困地区生态环境方面做出一系列努力。例如,2005年启动的青海三江源生态保护和建设工程是西部生态建设的标志性工程,推进退牧还草、封山育林育草、沙漠化土地防治、湿地生态保护、水土保持等工程,并确保工程质量，努力使工程区内草地退化、沙化得到有效治理；同时，把工程建设与脱贫致富、生态移民结合起来，帮助农牧民改变落后的生产方式，积极培育生态畜牧、藏医藏药、旅游等具有高原特色的绿色产业，不断提高农牧民的收入。

三是稳步推进社会扶贫。"众人拾柴火焰高"，社会力量参与扶贫是中国农村扶贫开发的重要特征。新世纪社会扶贫已初步形成了以定点扶贫、东西扶贫协作、军队和武警部队挂钩扶贫为引领，民营企业、社会组织和公民个人广泛参与的工作体系。党政机关定点扶贫方面，中央和国家机关各部门各单位、人民团体、事业单位、大型国有企业、金融机构、科研院校等，都加入对国家扶贫开发工作重点县定点扶贫行列中来，充分利用部门和系统的优势，各尽所能，努力为贫困地区办实事。东部发达省市与西部贫困地区结对开展扶贫协作，是国家为实现共同富裕目标做出的一项制度性安排。这项工作自1996年开始，起初是东部9个省市和4个计划单列市对口帮扶经济欠发达的西部10个省区，到2002年，国务院又决定让珠海市、厦门市对口帮扶重庆市。至此，东部共有15个发达省市对口帮扶西部11个省（区、市），东西扶贫协作已涉及26个省（区、市）。2001年至2010年，军队和武警部队在全国47个扶贫开发工作重点县、215个贫困乡镇、1470个贫困村开展定点扶贫，帮助210多万名贫困群众摆脱贫困。民营企业家主要通过参加光彩事业承担扶贫责任，截至2009年年底，光彩事业累计实施项目19969个，到位资金2047.86亿元，培训人员524.42万人，安排就业592.85万人，带动1334.9万人摆脱了贫困。

## 四、新世纪农村贫困变化与新一轮农村扶贫开发的调整

新世纪，各种惠农政策共同作用、各方力量合力攻坚的大扶贫工作格局逐步形成，农村扶贫开发事业取得新成就。一是农村贫困人口比重大幅度下降。全国农村贫困人口从2000年年底的9422万人减少到2010年年底的2688万人；农村贫困人口占农村人口的比重从2000年

的 10.2% 下降到 2010 年的 2.8%。① 其中,西部地区低收入以下贫困人口从 2000 年的 5731.2 万人减少到 2009 年的 2373 万人,10 年减少 3358.2 万人,西部地区贫困发生率从 2000 年的 20.4% 下降到 2009 年的 8.3%。② 二是贫困地区经济社会全面发展。贫困地区生产生活条件明显改善,到 2010 年年底,国家扶贫开发工作重点县农村饮用自来水、深水井农户达到 60.9%,自然村通公路比例为 88.1%,通电比例为 98%。贫困地区农村义务教育得到加强,扫除青壮年文盲工作取得积极进展,到 2010 年年底,国家扶贫开发工作重点县 7 岁至 15 岁学龄儿童入学率达到 97.7%,接近全国平均水平;青壮年文盲率为 7%,比 2002 年下降 5.4 个百分点,青壮年劳动力平均受教育年限达到 8 年。贫困地区新型农村合作医疗实现全覆盖,到 2010 年年底,国家扶贫开发工作重点县参加新农合的农户比例达到 93.3%,有病能及时就医的比重达到 91.4%,乡乡建有卫生院,绝大多数行政村设有卫生室。贫困地区生态环境恶化趋势初步得到遏制,2002 年至 2010 年,国家扶贫开发工作重点县实施退耕还林还草 14923.5 万亩,新增经济林 22643.4 万亩。③ 三是提前实现联合国千年发展目标中贫困人口减半目标。2004 年 3 月,联合国驻华机构在北京发表了中国实施千年发展目标进展情况的报告。这是联合国发布的第一个有关实施千年发展目标进展情况的国别报告。报告对中国千年发展目标的 8 项指标的实施情况做了详细的描述和评估,认为在消除极端贫困和饥饿方面,中国已将 1990 年的 8500 万贫困人口减少了一半,实现了千年目标中的减贫目标;基础教育的目标已提前实现,小学净入学率从 1990 年的 96.3% 上升为 2002 年的 98.6%,初中毛入学率从 1990 年的 66.7% 上升到 2002 年的 90%;中国在降低婴儿和 5 岁以下儿童死亡率、改善产妇保健等方面的

---

① 《中国农村扶贫开发的新进展》,《人民日报》,2011 年 11 月 17 日。
② 顾仲阳:《西部贫困人口十年减少 3300 多万 到 2020 年基本消除绝对贫困现象》,《人民日报》,2010 年 7 月 9 日。
③ 《中国农村扶贫开发的新进展》,《人民日报》,2011 年 11 月 17 日。

进展顺利。① 中国是第一个实现联合国千年发展目标、使贫困人口比例减半的国家,中国从 2006 年开始就已经不再接受联合国的粮食援助,为全球减贫事业做出了重大贡献。

2007 年 10 月,中共十七大提出全面建成小康社会的目标,指出:"我们已经朝着十六大确立的全面建设小康社会的目标迈出了坚实步伐,今后要继续努力奋斗,确保到二○二○年实现全面建成小康社会的奋斗目标。"②过去扶贫开发工作着力解决生存绝对贫困、极端贫困带来的低层次的基本衣食问题,而面对到 2020 年全面建成小康社会的目标要求,新一轮扶贫开发则要以提高发展能力、缩小发展差距等更高的标准来解决贫困问题,农村扶贫开发工作要求进一步提高。

根据新的要求,2011 年 11 月,中央扶贫开发工作会议全面部署《中国农村扶贫开发纲要(2011—2020 年)》贯彻落实工作。该纲要提出了"两不愁三保障"的扶贫开发总体目标,即"到 2020 年,稳定实现扶贫对象不愁吃、不愁穿,保障其义务教育、基本医疗和住房。贫困地区农民人均纯收入增长幅度高于全国平均水平,基本公共服务主要领域指标接近全国平均水平,扭转发展差距扩大趋势"。为了适应这一目标,中央扶贫开发工作会议宣布将农民年人均纯收入 2300 元(2010 年不变价)作为新的国家扶贫标准,这个标准比 2009 年 1196 元的标准提高了 92%。扶贫标准上调,把更多低收入人口纳入了扶贫范围。按新的扶贫标准计算,2010 年全国贫困人口数量和覆盖面由原来的 2688 万人扩大至 1.65 亿人,占农村人口的 17.2%。这也意味着,中国仍然属于发展中国家,人均发展水平偏低。

2012 年 3 月,国务院扶贫办公布 592 个国家扶贫开发工作重点县名单;2012 年 6 月,国务院扶贫办公布了全国连片特困地区分县名单。全国共划分出 11 个集中连片特困地区,加上已经实施特殊扶持政策的

---

① 吴志华、任彦:《联合国千年发展目标国际研讨会在京开幕 联合国发表中国实施千年发展目标进展情况的报告》,《人民日报》,2004 年 3 月 26 日。
② 胡锦涛:《高举中国特色社会主义伟大旗帜 为夺取全面建设小康社会新胜利而奋斗》,《人民日报》,2007 年 10 月 25 日。

西藏、四省藏区、新疆南疆三地州，共 14 个片区 680 个县，其中国家扶贫开发工作重点县有 440 个。这样，国家级贫困县包括国家扶贫开发工作重点县和集中连片特殊困难地区贫困县，一共达到 832 个。

扶贫标准的提高、贫困县和贫困人口的增加，对新一轮扶贫开发工作形成更严峻的挑战。全党全社会必须以更大的决心、更强的力度、更有效的举措，推进消除绝对贫困的步伐，才能坚决打赢新一轮扶贫攻坚战。

# 第三章
## 新时代脱贫攻坚的胜利推进(2012—2020)

中共十八大以后,以习近平同志为核心的党中央把农村扶贫开发摆到治国理政的突出位置,提升到事关全面建成小康社会、实现第一个百年奋斗目标的新高度,纳入"五位一体"总体布局和"四个全面"战略布局进行决策部署,加大扶贫投入,创新扶贫方式,出台一系列重大政策措施,全面打响脱贫攻坚战,迎来了农村扶贫开发的历史性跨越和巨变。到2020年,现行标准下的农村贫困人口全部脱贫,这在中华民族几千年历史发展上是首次整体消除绝对贫困现象,是对中华民族、对整个人类都具有重大意义的伟业。

## 第一节

### 习近平关于农村扶贫开发的重要论述和党中央对于新时代脱贫攻坚的政策部署

习近平关于农村扶贫开发的系列重要论述,是对新时代中国特色农村扶贫开发实践的最新认识和理论升华。它们一经提出,就有力指导了新时代农村扶贫开发工作不断创新机制、开辟脱贫攻坚战的全新局面。

#### 一、习近平关于农村扶贫开发的重要论述

习近平自1969年到延安农村插队、1982年担任河北正定县委副书记、1989年担任中共宁德地委书记一直到担任最高领导人,始终牵挂着贫困群众,关注扶贫工作。2012年担任中共中央总书记后,习近平几十次国内考察调研扶贫,走遍了全国14个集中连片特困地区;不仅在一系列中央会议上全面部署脱贫攻坚工作,还亲自主持召开7个打赢脱贫攻坚战的专题会议,有针对性地解决脱贫攻坚中存在的问题。习近平对如何打赢脱贫攻坚战、全面建成小康社会进行深入思考,就农村扶贫开发的战略地位(是什么)、农村扶贫开发如何开展(谁来扶、怎么扶)、农村扶贫开发具体内容(扶什么)等问题提出了一系列深刻观点,形成以精准扶贫、精准脱贫为主要特征的农村扶贫开发战略思想,对中国特色农村扶贫开发理论做出了新的贡献。

第一,习近平立足全面建成小康社会,深刻阐述农村扶贫开发重要性。按照农民年人均纯收入2300元的扶贫标准,2012年年底中国贫困人口还有近1亿人。这些贫困人口主要分布在集中连片特困地区,片区生存环境恶劣、生态脆弱、基础设施薄弱、公共服务滞后,片区贫困发生率比全国平均水平高15.7%,已经解决温饱的群众因灾、因病返贫现象突出。距离全面建成小康社会只有几年时间,扶贫开发任务艰巨而

繁重。为了提高党内外对农村扶贫开发工作重要性的认识,习近平立足于全面建成小康社会,从新的战略高度对农村扶贫开发的重要性进行充分阐述。一是指出农村扶贫开发是社会主义本质要求,强调"消除贫困、改善民生、逐步实现共同富裕,是社会主义的本质要求",党的责任就是要团结带领全党全国各族人民,不断解放和发展社会生产力,努力解决群众的生产生活困难,坚定不移走共同富裕的道路。① 二是明确脱贫攻坚在全面建成小康社会全局中的重要地位,提出了"全面建成小康社会,最艰巨最繁重的任务在农村、特别是在贫困地区。没有农村的小康,特别是没有贫困地区的小康,就没有全面建成小康社会"②的重要论断,强调"在扶贫的路上,不能落下一个贫困家庭,丢下一个贫困群众"。三是指出农村扶贫开发工作是"重中之重"。2012年12月,习近平在河北省阜平县考察扶贫开发工作时指出:"'三农'工作是重中之重,革命老区、民族地区、边疆地区、贫困地区在'三农'工作中要把扶贫开发作为重中之重,这样才有重点。"③2015年年初,习近平在云南考察时再次强调:"扶贫开发是我们第一个百年奋斗目标的重点工作,是最艰巨的任务。"④

第二,习近平强调农村扶贫开发坚持党的领导,坚持群众主体,全党全社会合力扶贫。2014年10月17日,在中国设立第一个"扶贫日"之际,习近平做出重要批示,提出了农村扶贫开发工作坚持党的领导,坚持群众主体,全党全社会合力扶贫的思想。指出:"全面建成小康社会,最艰巨最繁重的任务在贫困地区。全党全社会要继续共同努力,形成扶贫开发工作强大合力。各级党委、政府和领导干部对贫困地区和贫困群众要格外关注、格外关爱,履行领导职责,创新思路方法,加大扶持力度,善于因地制宜,注重精准发力,充分发挥贫困地区广大干部群

---

① 《十八大以来重要文献选编》(上),中央文献出版社2014年版,第70页。
② 习近平:《做焦裕禄式的县委书记》,中央文献出版社2015年版,第16页。
③ 《习近平论扶贫工作——十八大以来重要论述摘编》,《党建》,2015年12期。
④ 鞠鹏:《习近平在云南考察工作时强调:坚决打好扶贫开发攻坚战 加快民族地区经济社会发展》,《人民日报》,2015年1月22日。

众能动作用,扎扎实实做好新形势下扶贫开发工作,推动贫困地区和贫困群众加快脱贫致富奔小康的步伐。"①2015年11月27日至28日召开的中央扶贫开发工作会议上,习近平进一步论述农村扶贫"谁来扶"的问题,尤其明确了各级党委政府的责任,要求加快形成中央统筹、省(自治区、直辖市)负总责、市(地)县抓落实的扶贫开发工作机制,做到分工明确、责任清晰、任务到人、考核到位。这次会议上,中西部22个省区市的党政主要负责同志向党中央签署了脱贫攻坚责任书,在此基础上,省、市、县、乡、村层层签订脱贫攻坚责任书,从而形成"五级书记抓扶贫"的领导机制。做好扶贫开发工作,基层是基础,习近平非常重视基层干部在扶贫开发工作中的作用,指出要把扶贫开发同基层组织建设有机结合起来,抓好以村党组织为核心的村级组织配套建设,鼓励和选派思想好、作风正、能力强、愿意为群众服务的优秀年轻干部、退伍军人、高校毕业生到贫困村工作,真正把基层党组织建设成带领群众脱贫致富的坚强战斗堡垒。②

贫困人口是扶贫开发的主体,习近平强调脱贫要靠人民群众内生动力。习近平认为,幸福不会从天降,好日子是干出来的,脱贫致富终究要靠贫困群众用自己的辛勤劳动来实现。为此,习近平要求扶贫部门"要尊重扶贫对象主体地位,各类扶贫项目和扶贫活动都要紧紧围绕贫困群众需求来进行,支持贫困群众探索创新扶贫方式方法","要坚持以促进人的全面发展的理念指导扶贫开发,丰富贫困地区文化活动,加强贫困地区社会建设,提升贫困群众教育、文化、健康水平和综合素质,振奋贫困地区和贫困群众精神风貌";加强扶贫同扶志、扶智相结合,"要做好对贫困地区干部群众的宣传、教育、培训、组织工作,让他们的心热起来、行动起来,引导他们树立'宁愿苦干、不愿苦熬'的观念,自力更生、艰苦奋斗,靠辛勤劳动改变贫困落后面貌。"与此同时,习近平鼓励贫困群众人穷志不能短,要有脱贫志向,不能"靠着墙根晒太阳,等着

---

① 《习近平论扶贫工作——十八大以来重要论述摘编》,《党建》,2015年第12期。
② 《习近平论扶贫工作——十八大以来重要论述摘编》,《党建》,2015年第12期。

别人送小康",强调"没有内在动力,仅靠外部帮扶,帮扶再多,你不愿意'飞',也不能从根本上解决问题。"习近平鼓励贫困地区"弱鸟可望先飞,至贫可能先富,贫困地区完全可以依靠自身的努力、政策、长处、优势在特定领域先飞。"①

脱贫致富不仅仅是贫困地区的事,也是全社会的事,"万夫一力,天下无敌"。习近平强调:"扶贫开发是全党全社会的共同责任,要动员和凝聚全社会力量广泛参与。要坚持专项扶贫、行业扶贫、社会扶贫等多方力量、多种举措有机结合和互为支撑的'三位一体'大扶贫格局,健全东西部协作、党政机关定点扶贫机制,广泛调动社会各界参与扶贫开发积极性。"②中共十八大以来,全党全社会共同努力,不断创新完善人人皆愿为、人人皆可为、人人皆能为的社会扶贫参与机制,形成政府、市场、社会协同推进的大扶贫格局。

第三,习近平提出脱贫攻坚战的制胜之道在于精准扶贫、精准脱贫。习近平首次提出"精准扶贫"主张,是 2013 年 11 月在湖南湘西考察时指出:扶贫要实事求是,因地制宜。要精准扶贫,切忌喊口号,不能好高骛远。在精准扶贫的基础上,习近平又提出了精准脱贫。2015 年 6 月,习近平在贵州召开部分省区市党委主要负责同志座谈会上深刻论述了精准扶贫、精准脱贫总体思路和基本要求。他说:"扶贫开发贵在精准,重在精准,成败之举在于精准。各地都要在扶持对象精准、项目安排精准、资金使用精准、措施到户精准、因村派人(第一书记)精准、脱贫成效精准上想办法、出实招、见真效。要坚持因人因地施策,因贫困原因施策,因贫困类型施策,区别不同情况,做到对症下药、精准滴灌、靶向治疗,不搞大水漫灌、走马观花、大而化之。"③习近平在指导、部署精准扶贫的过程中,逐步形成了"五个一批"的工作思路,到 2015 年 11 月,习近平在中央扶贫开发工作会议上系统论述了实施"五个一批"的

---

① 《习近平扶贫论述摘编》,中央文献出版社 2018 年版,第 134-141 页。
② 《习近平论扶贫工作——十八大以来重要论述摘编》,《党建》,2015 年第 12 期。
③ 《习近平论扶贫工作——十八大以来重要论述摘编》,《党建》,2015 年第 12 期。

主要内容,其精准扶贫的工作思路越来越清晰。

为什么要讲精准扶贫?习近平形象地指出:"'手榴弹炸跳蚤'是不行的。新中国成立以后,50年代剿匪,派大兵团去效果不好,那就是'手榴弹炸跳蚤',得派《林海雪原》里的小分队去。扶贫也要精准,否则钱用不到刀刃上。抓扶贫切忌喊大口号,也不要定那些好高骛远的目标,要一件事一件事做。不要因为总书记去过了,就搞得和别处不一样了,搞成一个不可推广的盆景。钱也不能被吃喝挪用了,那是不行的。"①

为什么要讲精准脱贫?习近平指出:精准扶贫是为了精准脱贫,要设定时间表,实现有序退出,既要防止拖延病,又要防止急躁症。② 他强调,要坚持现行脱贫标准,既不拔高,也不降低;要严把贫困退出关,确保脱真贫,真脱贫。③ 习近平还就脱贫标准进行了分析说明,肯定了中国现行的农民年人均纯收入按2010年不变价计算为2300元,这一标准若按每年6%的增长率调整,2020年全国脱贫标准约为人均纯收入4000元,所代表的实际生活水平,大致能够达到2020年全面建成小康社会所要求的基本水平。④

## 二、党中央对于新时代脱贫攻坚的政策部署

中共十八大以来,以习近平同志为核心的党中央关于新时代扶贫开发的政策部署分为三个阶段:①2012—2014年打好扶贫攻坚战。党中央立足于扎扎实实打好扶贫攻坚战,确定精准扶贫方略,推进六项改革创新精准扶贫机制。②2015—2017年打赢脱贫攻坚战。2015年10月,党中央向全党全社会发起了打赢脱贫攻坚战的号召,并进行精心严密的部署,脱贫攻坚战全面展开。③2017—2020年决胜脱贫攻坚。

---

① 《习近平自述:我的扶贫故事》,中共中央网络安全和信息化领导小组办公室网站,2017年5月23日。
② 《十八大以来重要文献选编》(下),中央文献出版社2018年版,第44页。
③ 习近平:《在解决"两不愁三保障"突出问题座谈会上的讲话》,《求是》,2019年第16期。
④ 《十八大以来重要文献选编》(中),中央文献出版社2016年版,第779页。

2017年10月,中共十九大提出坚决打好、打赢脱贫攻坚战,把精准脱贫作为决胜全面建成小康社会必须打好的三大攻坚战之一做出新的部署,脱贫攻坚进入决胜阶段。具体如下。

第一,部署打好扶贫攻坚战。2012年12月习近平专门到太行山集中连片特殊困难地区的河北省阜平县,了解困难群众生产生活情况,探讨脱贫致富之策。当时习近平就提出了"深入推进扶贫开发,打好扶贫攻坚战"的要求。2013年11月,习近平同菏泽市及县区主要负责同志座谈指导下步工作,再次强调"要坚决打好扶贫开发攻坚战,不断改善贫困人口生活"。2013年12月召开的中央经济工作会议,强调扎扎实实打好扶贫攻坚战,让贫困地区群众生活不断好起来,贫困地区要把提高扶贫对象生活水平作为衡量政绩的主要考核指标,扶贫工作要科学规划、因地制宜、抓住重点,提高精准性、有效性、持续性。

2014年是新时代实行精准扶贫的启动之年。2014年1月,中共中央办公厅、国务院办公厅发布《关于创新机制扎实推进农村扶贫开发工作的意见》(简称《意见》),这是中共十八大以来中共中央指导全国扶贫开发工作的一个纲领性文件。2014年5月,国务院扶贫开发领导小组办公室、中央农办、民政部、人力资源和社会保障部、国家统计局、共青团中央、中国残联等7个部门联合印发《建立精准扶贫工作机制实施方案》(简称《实施方案》)。按照中央要求,各有关部门、各地方将上述《意见》和《实施方案》进一步细化,制定相关工作文件,努力构建创新扶贫机制,全面推进各项扶贫开发工作。扶贫攻坚迅速取得突出成效,截至2014年年底,中国农村贫困人口从2010年的1.66亿人减少到7017万,贫困发生率降低10个百分点。

第二,部署打赢脱贫攻坚战。2015年,脱贫攻坚形势依然复杂严峻,实现到2020年打赢脱贫攻坚战的目标,时间特别紧迫,任务特别艰巨。可以说,中国扶贫开发已进入啃硬骨头、攻坚拔寨的冲刺期。2015年10月召开的中共十八届五中全会,通过《关于制定国民经济和社会发展第十三个五年规划的建议》,提出了实施脱贫攻坚工程,坚决打赢脱贫攻坚战的任务。为贯彻落实中共十八届五中全会精神,对下一步脱贫攻坚任务做出部署,2015年11月,中央扶贫开发工作会议在北京召开,中西部22个省区市党政主要负责同志向中央签署脱贫攻坚责任书。自此,农村扶贫开发工作关键词从"扶贫攻坚"转为"脱贫攻坚",一字之变突显出脱贫攻坚决战决胜的勇气和信心。会议结束次日,中共中央、国务院印发《关于打赢脱贫攻坚战的决定》,对脱贫攻坚进行详细部署,成为指导脱贫攻坚的纲要性文件。2016年11月,国务院印发《"十三五"脱贫攻坚规划》,细化落实中共中央关于脱贫攻坚决策部署。此后,中共中央办公厅、国务院办公厅又出台多个配套文件,中央和国家机关各部门出台多个政策文件或实施方案,全国各地相继出台各自的"十三五"脱贫攻坚规划以及完善"1+N"的脱贫攻坚系列举措,严密构建打赢脱贫攻坚战的政策体系。脱贫攻坚本来就是一场硬仗,深度贫困地区脱贫攻坚更是这场硬仗中的硬仗。2017年6月23日,习近平在山西省太原市主持召开深度贫困地区脱贫攻坚座谈会,听取脱贫攻坚进展情况汇报,集中研究破解深度贫困之策。在以习近平同志为核心的党中央坚强领导指挥下,全党全社会广泛动员、合力攻坚的局面迅速形成,一场轰轰烈烈的脱贫攻坚战役在中华大地全面打响。

第三,部署决胜脱贫攻坚。2012年年末至2017年年末,中国的贫困人口累计减少6853万人,还有3000多万农村贫困人口需要脱贫。2017年至2020年,平均每年需要减贫1000万人以上。以习近平同志为核心的党中央向全国人民发起了决胜脱贫攻坚的号召。2017年10月,中共十九大召开,习近平在十九大报告中提出,从现在到2020年,是全面建成小康社会决胜期,要坚决打赢、打好精准脱贫攻坚战,确保到2020年中国现行标准下农村贫困人口实现脱贫,贫困县全部摘帽,解决区域性整体贫困,做到脱真贫、真脱贫,使全面建成小康社会得到人民认可、经得起历史检验。2018年6月,中共中央、国务院出台《关于打赢脱贫攻坚战三年行动的指导意见》,聚焦深度贫困地区和特殊贫困群体,进一步明确打赢脱贫攻坚战3年行动的工作要求,绘制脱贫时间表和脱贫路线图,成为此后3年脱贫攻坚工作的一个纲领性文件。到2019年年底,全国贫困人口减到551万人,贫困发生率降至0.6%。2019年年底,全国832个贫困县中已有601个宣布摘帽,179个在进行退出检查,未摘帽贫困县还有52个,2707个贫困村未出列。2020年3月6日,中共中央在北京召开决战决胜脱贫攻坚座谈会,决定对52个未摘帽贫困县和1113个贫困村实施挂牌督战,啃下最后的硬骨头,脱贫攻坚胜利在握。

## 第二节
### 新时代脱贫攻坚的全面展开

在以习近平同志为核心的党中央坚强领导指挥下,全党全社会广泛动员、合力攻坚的局面迅速形成,一场轰轰烈烈的脱贫攻坚战役在中华大地全面打响。

### 一、推进六项改革,完善创新精准扶贫机制

新的时代条件下,农村扶贫开发工作必须进一步解放思想、开拓思路、深化改革、创新机制,才能保障脱贫攻坚取得实效,如期实现中共中央提出的消除绝对贫困、消除区域性整体贫困的目标。

第一,推进贫困县三项机制改革。贫困县三项机制改革,是指贫困县考核机制、贫困县约束机制和贫困县退出机制的改革。

过去对贫困县的考核办法,基本上是以国民生产总值论英雄,农村扶贫开发工作基本没有进入考核体系。针对这一情况,中共中央办公厅、国务院办公厅在《关于创新机制扎实推进农村扶贫开发工作的意见》中明确要求改进贫困县考核机制,"由主要考核地区生产总值向主要考核扶贫开发工作成效转变,对限制开发区域和生态脆弱的国家扶贫开发工作重点县取消地区生产总值考核,把提高贫困人口生活水平和减少贫困人口数量作为主要指标,引导贫困地区党政领导班子和领

导干部把工作重点放在扶贫开发上。"①2014年12月,中组部、国务院扶贫办印发《关于改进贫困县党政领导班子和领导干部经济社会发展实绩考核工作的意见》,安排部署改进贫困县考核机制和领导干部政绩考核工作,要求把农村扶贫开发作为经济社会发展实绩考核的主要内容,着力考核通过精准扶贫、扶贫资金的使用、扶贫项目实施、扶贫产业发展,增强贫困地区发展内生动力和活力,带动贫困群众持续稳定增收的情况。2016年2月,中共中央办公厅、国务院办公厅又印发《省级党委和政府扶贫开发工作成效考核办法》,围绕落实精准扶贫、精准脱贫基本方略,设置减贫成效、精准识别、精准帮扶、扶贫资金四大项考核指标,再细化为若干子项目,并引入第三方评估,对中西部22个省区市党委和政府扶贫开发工作成效进行年度考核。至此,从省到县有关精准扶贫工作的精准考核网络体系已经形成。

以前由于没有明确的约束机制,一些贫困县超标准修建办公楼,超能力举办庆典,超水平建设标志性建筑,甚至公款吃喝、铺张浪费,一边享受贫困县政策一边过富裕县日子,在社会上造成不良影响。为了纠正这种不良风气,2014年年底,国务院扶贫开发领导小组办公室发出《关于建立贫困县约束机制的通知》,明确贫困县必须作为、提倡作为和禁止作为的事项,对贫困县的行为做出限制,确保贫困县把更多资源投入扶贫开发。贫困县约束机制的建立,为贫困县戴上了"紧箍咒",有效引导了贫困县把工作重点放到扶贫开发上来。

针对一些国家扶贫开发工作重点县不愿摘帽的问题,同时为了保障脱贫攻坚脱真贫、真脱贫,自2014年,国务院扶贫开发领导小组办公室会同有关部门研究制定贫困县退出机制。2016年4月,中共中央办公厅、国务院办公厅印发《关于建立贫困退出机制的意见》,对于贫困人口退出、贫困村退出、贫困县退出的标准和程序都作了明确而详细的规定。贫困退出机制的确立,对于保证扶贫脱贫有序化和精准性,防止出现不脱贫、假脱贫、被脱贫、数字脱贫等消极现象,具有一定积极作用。

---

① 《关于创新机制扎实推进农村扶贫开发工作的意见》,《老区建设》,2014年第1期。

第二，建立精准扶贫工作机制。要提高农村扶贫开发工作的精准性和有效性，首要工作就是建档立卡。2014年4月，国务院扶贫办发出《关于印发〈扶贫开发建档立卡工作方案〉的通知》，部署对贫困户、贫困村、贫困县和连片特困地区的建档立卡工作，要求2014年年底前，在全国范围内建立贫困户、贫困村、贫困县和连片特困地区电子信息档案，并向贫困户发放《扶贫手册》。以此为基础，构建全国扶贫信息网络系统，为精准扶贫工作奠定基础。2014年7月，中国残联、国务院扶贫办等五部门联合下发《关于创新农村残疾人扶贫开发工作的实施意见》，强调将农村残疾人扶贫对象全部纳入建档立卡范围。

2014年4月至10月，国务院扶贫办全面开展对贫困户、贫困村、贫困县和连片特困地区的建档立卡工作。2014年，全国扶贫系统共识别出12.8万个贫困村、2948万贫困户、8962万贫困人口，基本摸清了中国贫困人口分布、致贫原因、脱贫需求等信息，建立起了全国统一的扶贫开发信息系统。2015年8月至2016年6月，全国扶贫系统又开展建档立卡"回头看"工作，补录了贫困人口807万，剔除识别不准人口929万，进一步提高了识别精准度，精确锁定了脱贫攻坚的主战场。2017年2月，国务院扶贫办组织各地对2016年脱贫真实性开展自查自纠，245万标注脱贫人口重新回退为贫困人口。在对贫困人口的识别工作中，各地还总结出诸如"先看房，次看粮，再看学生郎，四看技能强不强，五看有没有残疾重病躺在床"等评定程序，让扶贫工作更具操作性。

建档立卡在中国农村扶贫开发历史上第一次全面实现贫困信息精准到户到人，第一次逐村逐户分析致贫原因和脱贫需求，第一次构建起全国统一的扶贫开发信息系统，为实施精准扶贫精准脱贫基本方略、出台"五个一批"精准扶贫政策措施提供了数据支撑，扣好了新时代脱贫攻坚工作的"第一颗扣子"。

第三，健全干部驻村帮扶机制。干部驻村帮扶既是有效的扶贫机制，又是带动群众脱贫的关键抓手。2014年1月，中共中央办公厅、国务院办公厅在《关于创新机制扎实推进农村扶贫开发工作的意见》中要求健全干部驻村帮扶机制,在各省(自治区、直辖市)现有工作基础上,普遍建立驻村工作队(组)制度。可分期分批安排,确保每个贫困村都有驻村工作队(组),每个贫困户都有帮扶责任人。2014年5月,国务院扶贫开发领导小组办公室等7个部门联合印发《建立精准扶贫工作机制实施方案》,要求各省(自治区、直辖市)普遍建立干部驻村工作制度,做到每个贫困村都有驻村帮扶工作队,每个贫困户都有帮扶责任人,并建立驻村帮扶工作队、贫困户帮扶责任人数据库,此项工作由各省(自治区、直辖市)负责,2014年6月底前派驻到位。据此,各地全面部署干部驻村帮扶工作。2014年,向贫困村派出12.5万个工作队,派驻干部43万人,使全国扶贫攻坚阵地上每个贫困村都有驻村工作队(组),每个贫困户都有帮扶责任人。

为了改变一些贫困村党组织软弱涣散、工作处于停滞状态的局面,2015年4月,中共中央组织部、中央农村工作领导小组办公室、国务院扶贫开发领导小组办公室联合发布《关于做好选派机关优秀干部到村任第一书记工作的通知》,要求中央和国家机关部委、人民团体、中管金融企业、国有重要骨干企业和高等学校选派优秀干部,到贫困村担任第一书记,切实承担建强基层组织、推动精准扶贫、为民办事服务、提升治理水平四项主要职责任务。第一书记的选派覆盖全部建档立卡贫困村。到2017年,全国共选派77.5万名干部驻村帮扶,选派19.5万名优秀干部到贫困村和基层党组织软弱涣散村担任第一书记。他们推动各项扶贫措施落实落地,打通精准扶贫"最后一公里",一些扶贫干部甚至还把生命献给了自己奋斗过的那片热土。

第四,推进财政扶贫资金管理机制改革。为了提升财政扶贫资金使用精准化水平,2014年8月8日,国务院扶贫开发领导小组印发《关于改革财政专项扶贫资金管理机制的意见》,将财政扶贫资金管理权限下放地方,规定从2015年起,绝大部分项目审批权限都要下放到县,由县级政府依据中央和省级资金管理办法规定的用途,自主确定扶持项目;同时,提高资金使用精准度,把资金使用和建档立卡结果相衔接,以激发扶贫对象内生动力、增强扶贫对象自我发展能力为目标,逐村逐户制定帮扶措施,实行产业发展扶持到村到户、生产生活条件改善到村到户、致富能力提升到村到户,切实使资金直接惠及扶贫对象。

为提高财政扶贫资金使用效率,2016年4月,国务院办公厅印发《关于支持贫困县开展统筹整合使用财政涉农资金试点的意见》,要求贫困县统筹整合使用各级财政安排用于农业生产发展和农村基础设施建设等方面资金,形成"多个渠道引水、一个龙头放水"的扶贫投入新格局。这一政策计划于2016年在不少于三分之一的贫困县试点,2017年在832个国家扶贫开发工作重点县和连片特困地区县全面推行贫困县涉农资金整合。这有利于进一步增强贫困县在资金使用方面的自主性和灵活性,能够将以往分散的资金集合起来使用,打出更有力的"组合拳",帮助贫困群众发展生产、增收脱贫。

为进一步突出资金精准使用的要求,真正做到"投入实、资金实、到位实",2017年3月13日,财政部会同国务院扶贫办等6个部门修订印发《中央财政专项扶贫资金管理办法》,对包括扶贫发展、以工代赈、少数民族发展、"三西"农业建设、国有贫困农场扶贫、国有贫困林场扶贫等在内的中央财政专项扶贫资金的分配、使用、管理、监督等做出全面规定。2017年9月,财政部、国务院扶贫办还制定《财政专项扶贫资金绩效评价办法》,将资金使用精准作为绩效评价的基本原则之一。资金绩效评价结果不仅纳入省级党委和政府扶贫工作成效考核,而且作为财政专项扶贫资金分配的因素之一。

农村扶贫开发资金使用中的违纪违规问题明显减少。审计查出问题金额占抽查资金的比例,由2013年的36.3%下降到2016年的25.8%,2017年降至7.93%。其中,严重违纪违规问题金额占抽查资金的比例,由2013年的15.7%下降到2016年的3%,2017年降至1.13%。①

---

① 蒲晓磊:《三年农村贫困人口由9899万减至4335万》,《法制日报》,2017年8月30日。

第五,推进金融扶贫方式创新。为了推动贫困地区金融服务体制机制创新,2014年3月,中国人民银行等7个部门联合印发《关于全面做好扶贫开发金融服务工作的指导意见》,提出"支持民间资本在贫困地区优先设立金融机构","稳妥开展农村土地承包经营权抵押贷款和慎重稳妥推进农民住房财产权抵押贷款工作","进一步优化主板、中小企业板、创业板市场的制度安排,支持符合条件的贫困地区企业首次公开发行股票并上市"等新的金融机制,畅通贫困地区和贫困群众的融资渠道。

为缓解贫困群众贷款难、贷款贵、发展生产缺资金问题,国家设立了新型扶贫小额信贷。2014年12月,国务院扶贫办等5个部门印发《关于创新发展扶贫小额信贷的指导意见》,规定对建档立卡贫困户发展扶贫特色优势产业提供5万元以下、期限3年以内的免抵押、免担保信用贷款,金融机构贷款参照基准利率,各地可统筹安排财政扶贫资金,对符合条件的贷款户给予贴息支持。新型扶贫小额信贷的"特惠"特征突出,受到广大贫困户的欢迎。2014年放贷超过1000亿元,比2013年翻了一番多。

2016年3月起,中国人民银行设立扶贫再贷款。扶贫再贷款的发放对象为832个国家级贫困县和未纳入上述范围的省级扶贫开发工作重点县的农村商业银行、农村合作银行、农村信用社和村镇银行等四类地方法人金融机构。投向用途是全部用于发放贫困地区涉农贷款,并结合当地建档立卡的相关情况,优先支持建档立卡贫困户和带动贫困户就业发展的企业、农村合作社,积极推动贫困地区发展特色产业,促进贫困人口创业就业。

此外,还创设发行扶贫金融债,为地方扶贫开发投融资主体提供易地扶贫搬迁等专项融资支持。

第六,创新社会扶贫参与机制。针对以往社会扶贫组织动员不够、政策支持不足、体制机制不完善等问题,2014年11月,国务院办公厅印发《关于进一步动员社会各方面力量参与扶贫开发的意见》,提出创新社会力量参与扶贫的帮扶方式,培育多元社会扶贫主体等指导意见。这是国家第一次印发社会扶贫指导性文件。

为了创新完善人人皆愿为、人人皆可为、人人皆能为的社会扶贫参与机制,国家采取了一系列积极措施。一是设立全国扶贫日活动。自2014年起,国务院将每年的10月17日设定为扶贫日,为广泛动员社会各方面力量参与扶贫开发搭建新的制度平台。二是探索民营企业、社会组织和公民个人参与扶贫的有效方式。为适应新时代互联网蓬勃发展并日益成为创新驱动发展的先导力量,国家积极探索新型"互联网+"社会扶贫。三是进一步强化定点扶贫工作。2012年11月,国务院扶贫办、中央组织部等8个部门印发《关于做好新一轮中央、国家机关和有关单位定点扶贫工作的通知》,中央和国家机关各部门、人民团体、企业事业单位、各民主党派中央、全国工商联等310个中央单位首次实现对592个国家扶贫开发重点县的定点扶贫全覆盖。到2016年年底,全国共有17.68万个党政机关、企事业单位参加了地方组织的定点扶贫工作,覆盖全国12.8万个建档立卡贫困村。四是完善东西部扶贫协作。2016年12月,中共中央办公厅、国务院办公厅印发《关于进一步加强东西部扶贫协作工作的指导意见》,对新一轮东西部扶贫协作优化结对关系、深化结对帮扶进行了指导,调整了东西部扶贫协作结对关系,开展携手奔小康行动,把西藏和四省藏区全部纳入对口支援工作。

2019年年初,国务院办公厅发出《关于深入开展消费扶贫助力打赢脱贫攻坚战的指导意见》,将消费扶贫纳入中央单位定点扶贫和地方各级结对帮扶工作内容,纳入东西部扶贫协作和对口支援政策框架,并积极动员民营企业等社会力量参与消费扶贫。

在深入推进社会扶贫工作的进程中,涌现出了一大批事迹感人、成效显著、具有鲜明时代特征的先进集体和先进个人。为表彰先进,倡导互助友善新风,广泛动员社会各方面力量参与新时代扶贫攻坚,中央决定每5年以国务院扶贫开发领导小组名义进行一次社会扶贫表彰。2014年9月,国务院扶贫开发领导小组印发了《关于表彰全国社会扶贫先进集体和先进个人的决定》,授予259个单位"全国社会扶贫先进集体"荣誉称号,授予260人"全国社会扶贫先进个人"荣誉称号。

## 二、建立八大制度体系,为打赢脱贫攻坚战提供制度保障

为确保实现2020年"我国现行标准下农村贫困人口实现脱贫、贫困县全部摘帽、解决区域性整体贫困"的目标任务,中央建立脱贫攻坚责任、工作、政策、投入、帮扶、动员、监督和考核八大制度体系,为打赢脱贫攻坚战提供"四梁八柱"坚实保障。

第一,建立脱贫攻坚责任体系。2016年10月,中共中央办公厅、国务院办公厅印发并实施《脱贫攻坚责任制实施办法》,强化"中央统筹、省负总责、市县抓落实"的工作责任机制,构建起责任清晰、各负其责、合力攻坚的责任体系。"中央统筹",是指党中央、国务院主要负责统筹制定脱贫攻坚大政方针,出台重大政策举措,完善体制机制,规划重大工程项目,协调全局性重大问题、全国性共性问题,指导各地制定脱贫滚动规划和年度计划;有关中央和国家机关按照工作职责,落实脱贫攻坚责任。"省负总责",是指省级党委和政府对本地区脱贫攻坚工作负总责,并确保责任制层层落实;中西部22个省份党政主要负责同志向中央签署脱贫攻坚责任书,立下军令状。"市县抓落实",是指市级党委和政府负责协调域内跨县扶贫项目,对脱贫目标任务完成等工作进行督促、检查和监督;县级党委和政府承担脱贫攻坚主体责任,负责制定脱贫攻坚实施规划,优化配置各类资源要素,组织落实各项政策措施,县级党委和政府主要负责人是第一责任人,从而形成了五级(省、市、县、乡、村)书记抓扶贫、层层签订责任书,全党动员促攻坚的局面。此外,为分解落实中共中央、国务院《关于打赢脱贫攻坚战的决定》中的重要政策举措,还明确了中央国家机关76个有关部门的任务分工。

第二,建立精准识别、精准脱贫的工作体系。扶贫必先识贫,通过建档立卡把真正的贫困人口弄清楚。2014年4月至10月,全国扶贫系

统组织了80万人进村入户,共识别12.8万个贫困村、8962万贫困人口,建档立卡、录入信息,实行有进有出的动态管理,把真正需要扶贫的人扶起来。2015年8月至2016年6月,全国扶贫系统又动员了近200万人开展建档立卡"回头看",补录贫困人口807万,剔除识别不准人口929万,识别精准度进一步提高,精确锁定了脱贫攻坚的主战场。精准扶贫是为了精准脱贫,2016年4月,中办、国办印发《关于建立贫困退出机制的意见》,制定了明确的贫困退出标准和程序。各省制定了精准扶贫、精准脱贫的实施方案。例如,黑龙江省印发《全省脱贫攻坚精准识别、精准退出实施方案》,对开展重新识别贫困户、重新核查脱贫户、重新核查退出村、规范贫困户档案等工作进行了具体规定,要求识别和退出结果都需核查人员、帮扶责任人、村第一书记、村书记、村主任、乡(镇)主要领导签字确认,并在县乡村三级范围内公示。县级负责安排部署、汇总和核查。为此,制定了贫困户识别标准、贫困户退出标准、贫困村退出标准、贫困户档案标准,使脱贫攻坚精准识别、精准退出工作有序进行。

第三,建立脱贫攻坚政策体系。围绕落实脱贫攻坚决策部署,着力构建适应精准扶贫需要、强力支撑的政策体系。从中共十八大到十九大,中共中央、国务院出台扶贫文件5个,中办、国办出台20个落实中央决定的配套脱贫攻坚文件,制定实施《"十三五"脱贫攻坚规划》。中央和国家机关各部门出台227个政策文件或实施方案,各地也相继出台和完善"1+N"的脱贫攻坚系列文件,内容涉及脱贫攻坚任务的方方面面(包括产业扶贫、易地扶贫搬迁、劳务输出扶贫、交通扶贫、水利扶贫、教育扶贫、健康扶贫、金融扶贫、农村危房改造、土地增减挂钩、水电矿产资源开发资产收益扶贫等),瞄准贫困人口,因地制宜,分类施策,很多"老大难"问题都有了针对性的措施,打出了政策组合拳。

第四,建立脱贫攻坚投入体系。中央明确,扶贫投入力度要与打赢脱贫攻坚战的要求相匹配。在财政投入上,财政扶贫资金大幅增加,2013—2017年,中央财政专项扶贫资金累计投入2787亿元,平均每年增长22.7%;省级财政扶贫资金累计投入1825亿元,平均每年增长26.9%。安排地方政府债务1200亿元,用于改善贫困地区生产生活条件。此外,2013—2017年,中央财政还安排专项彩票公益金69亿元,用于支持贫困革命老区产业发展和小型生产性公益基础设施建设,帮助贫困革命老区加快脱贫攻坚步伐。2018—2020年决战脱贫攻坚,中央财政专项扶贫资金大幅度增加,分别投入1060.95亿元、1261亿元、1396亿元。如果加上用在教育、医疗卫生、社会保障等方面的扶贫投入,财政综合扶贫资金规模就更大了。

在金融支持上,各类金融机构加大了对扶贫的支持力度。2014年至2018年年初,小额扶贫贷款已累计放贷4300多亿元,惠及了1100多万户建档立卡贫困户;对于带动建档立卡贫困人口脱贫的扶贫龙头企业发放扶贫再贷款,已放贷1600多亿元;国家开发银行和农业发展银行发行3500亿元以上金融债,支持易地扶贫搬迁。

此外,还广泛吸引社会资金参与脱贫攻坚,2016年整合社会扶贫资金达2000多亿元。

第五,建立因地制宜、因村因户因人施策的帮扶体系。新时代脱贫攻坚注重因村因户因人施策,分类指导、因势利导。对居住在自然条件特别恶劣地区的群众加大易地扶贫搬迁力度,对生态环境脆弱的禁止开发区和限制开发区群众增加护林员等公益岗位,对因病致贫群众加大医疗救助、临时救助、慈善救助等帮扶力度,对无法依靠产业扶持和就业帮助脱贫的家庭实行政策性保障兜底等。全国扶贫攻坚阵地上,每个贫困村都有驻村工作队(组),每个贫困户都有帮扶责任人。截至2019年4月,全国累计选派300多万县级以上机关、国有企事业单位干部参加驻村帮扶,在岗的第一书记20.6万人、驻村干部70万人,加上197.4万乡镇扶贫干部和数百万村干部,一线扶贫力量明显加强,打通了精准扶贫"最后一公里"。

第六,强化脱贫攻坚动员体系。新时代充分发挥社会主义制度集中力量办大事的优势,动员各方面力量合力攻坚。中央先后出台进一步加强东西部扶贫协作工作、中央单位定点扶贫工作的指导意见,细化深化新一轮帮扶任务;2014年,国务院将10月17日确定为全国扶贫日,为广泛动员社会各方面力量参与扶贫开发搭建新的制度平台;建立扶贫荣誉制度,设立全国脱贫攻坚奖,表彰脱贫攻坚模范,激发全社会参与脱贫攻坚的积极性。2012—2017年,发达地区和中央单位向贫困地区选派干部12.2万人,支持项目资金超过1万亿元;310家中央单位定点帮扶592个扶贫开发工作重点县,军队和武警部队定点帮扶3500个贫困村;调整完善东西部扶贫协作结对关系,明确京津冀协同发展中京津两市与河北省张家口、承德、保定三市的扶贫协作任务,确定东部267个经济较发达县市区与西部地区434个贫困县开展"携手奔小康"行动;对口支援新疆、西藏和四省藏区工作,在现有机制下更加聚焦精准扶贫精准脱贫,提高对口支援实效;中央企业设立贫困地区产业投资基金、开展"百县万村"扶贫行动,民营企业实施"万企帮万村"精准扶贫行动。

第七,建立脱贫攻坚监督体系。2016年7月,中共中央办公厅、国务院办公厅印发并实施《脱贫攻坚督查巡查工作办法》,要求对中西部22个省(自治区、直辖市)党委和政府、中央和国家机关有关单位脱贫攻坚工作进行督查和巡查。督查的重点内容包括脱贫攻坚责任落实情况,专项规划和重大政策措施落实情况,减贫任务完成情况以及特困群体脱贫情况,精准识别、精准退出情况,行业扶贫、专项扶贫、东西部扶贫协作、定点扶贫、重点扶贫项目实施、财政涉农资金整合等情况。

国务院扶贫开发领导小组连续组织开展督查巡查,8个民主党派中央分别对应8个贫困人口多、贫困发生率高的省份开展脱贫攻坚民主监督,扶贫部门加强与审计、财政等部门和媒体、社会等监督力量的全方位合作,综合运用各方面监督结果,加强对各地工作指导。中央巡视工作组把脱贫攻坚作为重要巡视监督内容。国务院扶贫办设立"12317"扶贫监督举报电话,畅通群众反映问题渠道,接受全社会监督。

第八,建立脱贫攻坚考核体系。为确保脱贫成效真实,得到社会和群众认可,经得起历史和实践检验,2016年2月,中共中央办公厅、国务院办公厅印发《省级党委和政府扶贫开发工作成效考核办法》,实行最严格的考核评估制度。2016年到2020年,国务院扶贫开发领导小组每年组织开展一次考核,主要考核减贫成效、精准识别、精准帮扶、扶贫资金使用管理等方面内容,涉及建档立卡贫困人口减少和贫困县退出计划完成、贫困地区农村居民收入增长、贫困人口识别和退出准确率、群众帮扶满意度、扶贫资金绩效等指标,树立脱贫实效导向,确保脱贫攻坚质量经得起实践和历史检验。考核结果作为对省级党委、政府主要负责人和领导班子综合考核评价的重要依据。在2017年的考核中,对综合评价好的8个省通报表扬,对综合评价一般或发现某些方面问题突出的4个省约谈省分管负责人,对综合评价较差且发现突出问题的4个省约谈省党政主要负责人。各地均开展了省级考核评估和整改督查巡查,对整改责任不到位、整改措施不精准、整改效果不明显的进行严肃问责,22个市州和150个县党政主要负责同志被约谈。

## 三、按照"五个一批"精准扶贫的工作思路,专项扶贫、行业扶贫、社会扶贫联动

"五个一批",即习近平同志所提出的"发展生产脱贫一批,易地搬迁脱贫一批,生态补偿脱贫一批,发展教育脱贫一批,社会保障兜底一批"。按照这一精准扶贫的工作思路,自2015年起,精准扶贫主打组合拳,实施了干部驻村帮扶工程、职业教育培训工程、扶贫小额信贷工程、易地扶贫搬迁工程、电商扶贫工程、旅游扶贫工程、光伏扶贫工程、构树扶贫工程、贫困村创业致富带头人培训工程、扶贫龙头企业带动工程等精准扶贫工程。2016年,有关部门组织开展教育扶贫、健康扶贫、金融扶贫、交通扶贫、水利扶贫、就业扶贫、危房改造和人居环境改善扶贫、科技扶贫、中央企业定点帮扶革命老区百县万村、民营企业"万企帮万村"、网络扶贫等精准扶贫行动。决胜脱贫攻坚阶段,又正式启动了消费扶贫行动。在这一过程中,形成专项扶贫、行业扶贫、社会扶贫联动

的大扶贫格局。

精准扶贫工程,目的明确,指向的都是具体的问题。

(1)干部驻村帮扶工程,注重因村派人精准,要求坚持因村选人组队。把熟悉党群工作的干部派到基层组织软弱涣散、战斗力不强的贫困村,把熟悉经济工作的干部派到产业基础薄弱、集体经济脆弱的贫困村,把熟悉社会工作的干部派到矛盾纠纷突出、社会发育滞后的贫困村,充分发挥派出单位和驻村干部自身优势,帮助贫困村解决脱贫攻坚面临的突出困难和问题。很多省份组织专门力量排查基层需求情况和干部队伍情况,"菜单式"遴选"对路"干部,使党政部门干部派驻软弱村、经济部门干部派驻穷村、政法部门干部派驻乱村、涉农科技部门干部派驻产业村的"一把钥匙开一把锁"模式在全国遍地开花。一些特殊类型村,如福建的选举难点村、河南的艾滋病防治帮扶重点村、新疆的维稳任务重点村,也实现了第一书记全覆盖。一大批优秀干部怀着激情、带着责任,奔赴脱贫攻坚战场奋发作为,战斗在脱贫攻坚第一线。经过五六年的干部驻村帮扶工程,"领导领着干,干部抢着干,群众跟着干"的脱贫攻坚良好氛围已经形成。

(2)职业教育培训工程。截至2013年年底,全国建档立卡贫困村中,初、高中毕业后未能继续升学的"两后生"398万人中,未参加职业教育的为352万人,占了绝大多数。加上贫困村外的贫困家庭,这类贫困人群规模约有700万人,每年新增"两后生"约100万人。针对这部分农村贫困家庭新成长劳动力,实施职业教育培训工程,能够提高他们的就业创业能力,增加贫困家庭工资性收入,对于阻断贫困代际传递十分必要。国务院扶贫办组织开展的以贫困劳动力转移培训为主要内容的"雨露计划",将"两后生"纳入了范围。与此同时,国家千方百计扩大贫困家庭子女接受职业教育的比重。2015年6月,国务院扶贫办等部门印发《关于加强雨露计划支持农村贫困家庭新成长劳动力接受职业教育的意见》,以子女接受中、高等职业教育的农村建档立卡贫困家庭为扶持对象,以每生每年3000元左右为标准进行补助,使农村贫困家庭子女初、高中毕业后接受中、高等职业教育的比例逐步提高,确保每个孩子起码学会一项有用技能,贫困家庭新成长劳动力创业就业能力得到提升,家庭工资性收入占比显著提高,实现"一人长期就业,全家稳定脱贫"的目标。截至2018年年底,全国共帮扶贫困家庭新成长劳动力500多万人,发放补助资金110多亿元。[1]

(3) 扶贫小额信贷工程。扶贫小额信贷是专门为建档立卡贫困户获得发展资金而量身定制的扶贫贷款产品,其政策要点是5万元以下、3年期以内、免担保免抵押、基准利率放贷、财政扶贫资金贴息、县级建立风险补偿金。已录入建档立卡信息系统的贫困户,凡有发展愿望、生产能力、发展项目和还款能力的,都有资格申请贷款。扶贫小额信贷工程自2015年开始实施,到2020年6月末,全国扶贫小额信贷累计发放4735.4亿元,累计支持贫困户1137.4万户次,覆盖全国建档立卡贫困户的三分之一以上;扶贫小额信贷余额1675.9亿元,支持贫困户434.7万户。[2] 小额扶贫信贷免担保免抵押,周期较长,而且还可以享受扶贫贴息,农户只要选好项目,就可以起步上路。因此,小额扶贫信贷备受贫困户青睐,很多人靠着小额扶贫贷款发展致富产业,摘掉了贫困户的帽子。

(4) 易地扶贫搬迁工程。易地扶贫搬迁,就是把缺乏基本生存条件的贫困人口,搬迁安置到条件相对较好的城镇,使他们能够从根本上解决生存和发展问题。2015年11月,国家发展和改革委员会、国务院扶贫办等五部门发出《关于印发"十三五"时期易地扶贫搬迁工作方案的通知》,要求用5年时间对"一方水土养不起一方人"地区的1000万贫困人口实施易地搬迁,总投资约6000亿元(其中2500亿元是政府拨付资本金,3500亿元是金融债)。2016年9月,国家发展和改革委员会发布《全国"十三五"易地扶贫搬迁规划》,明确了搬迁哪些人、搬到哪里

---

[1] 《关于政协十三届全国委员会二次会议第0871号(医疗体育类092号)提案答复的函》,http://www.cpad.gov.cn/art/2019/12/25/art_2203_108941.html。

[2] 《金融精准扶贫覆盖面持续扩大 更多支持政策"拍马赶到"》,《上海证券报》,2020年8月19日。

去、资金怎么来、房子怎么建、如何促脱贫等具体内容。到2020年7月,全国共搬迁贫困人口950多万人,搬迁入住率达到99.5%,还同步搬迁了500万非贫困人口。①

(5)电商扶贫工程。电商企业参与扶贫有独特的优势。电商企业经过多年发展,已形成包括产品供应、销售推广、物流配送、售后服务等环节的完整产业链,与传统营销体系相比,电商企业对市场变化更敏感,供应链更有弹性。2014年,国家把电商扶贫列为精准扶贫十项工程之一,将甘肃省陇南市9个贫困县区列为国家电商扶贫试点,探索电商扶贫的新路子。2016年11月,国务院扶贫办联合工业和信息化部、中国邮政等16个部门印发《关于促进电商精准扶贫的指导意见》,提出"到2020年在贫困村建设电商扶贫站点6万个以上,约占全国贫困村50%左右;扶持电商扶贫示范网店4万家以上;贫困县农村电商年销售额比2016年翻两番以上"的目标。2014—2016年,在全国共确定电子商务进农村综合示范县496个,其中贫困县261个,占52.6%。全国累计建设农村电子商务服务点40余万个,覆盖50%以上的县,快递乡镇覆盖率80%。② 电商扶贫成为全国创新扶贫举措的亮点之一。

(6)旅游扶贫工程。依托贫困地区特有的自然资源和人文资源,大力推动贫困地区发展旅游产业,是脱贫攻坚的主要措施之一。2014年,国务院扶贫办决定在全国选取2000个建档立卡贫困村实施旅游扶贫工程,2015年先在600个贫困村开展试点。在此基础上,2016年8月,国家旅游局、国务院扶贫办等12个部门发出《关于印发乡村旅游扶贫工程行动方案的通知》,提出"十三五"期间,力争通过发展乡村旅游带动全国25个省(自治区、直辖市)2.26万个建档立卡贫困村、230万贫困户、747万贫困人口实现脱贫,其中通过实施乡村旅游扶贫工程,全国1万个乡村旅游扶贫重点村年旅游经营收入达到100万元,贫困人口年

---

① 董少鹏、闫立良:《脱贫攻坚战,也是产业和金融升级的"协奏曲"——专访国务院扶贫办党组书记、主任刘永富》,《证券日报》,2020年7月8日。
② 《对十二届全国人大五次会议第1945号建议的答复》,http://www.cpad.gov.cn/art/2017/11/29/art_2202_74124.html。

人均旅游收入达到1万元以上。2018年1月,国家旅游局、国务院扶贫办又印发《关于支持深度贫困地区旅游扶贫行动方案》,聚焦深度贫困地区,组织实施旅游扶贫规划攻坚工程、旅游基础设施提升工程、旅游扶贫精品开发工程、旅游扶贫宣传推广工程、旅游扶贫人才培训工程、旅游扶贫示范创建工程等,切实加大旅游扶贫支持力度。经过各方努力,在一些地方,乡村旅游扶贫已成为贫困群众脱贫增收的主导产业。例如,2016年至2020年,海南全省有8个项目列为全国旅游扶贫示范项目,8个旅游扶贫村纳入全国乡村旅游重点村名录,在旅游景区和乡村旅游点共建旅游扶贫商品销售点116个,先后开发旅游扶贫商品50余种,通过旅游扶贫直接带动1.55万余户、5.79万余人脱贫。

(7) 光伏扶贫工程。在光照资源较好的贫困地区开展光伏扶贫项目建设,这也是产业扶贫的重要抓手、打赢脱贫攻坚战的重要举措。2014年,国务院扶贫办会同国家能源局启动了光伏扶贫试点工作,2015年在安徽、河北、山西、宁夏、甘肃、青海等6个省份30个贫困县开展贫困村光伏扶贫试点,以村为单位整体推进,在建档立卡贫困村、贫困户安装分布式光伏发电系统,并支持因地制宜开发光伏农业扶贫。2016年3月,国家能源局等5个部门联合印发《关于实施光伏发电扶贫工作的意见》,加大力度支持光伏扶贫项目建设,光伏扶贫工程在全国全面展开。到2020年,光伏扶贫工程累计建成投运2649万千瓦光伏扶贫电站,惠及全国1472个县、138091个村、418万贫困户[①]。青海省是全国光伏项目贫困村全覆盖的唯一省份。8个县150兆瓦光伏扶贫项目,带动8000户贫困户年均增收4000元。2018年8月,1622个贫困村471.6兆瓦光伏扶贫项目落地实施。项目建成后,每村每年收益在40万元以上。项目收益作为村集体经济收入,一方面用以工代赈、生产奖补等方式,带动农牧民增收;另一方面作为滚动资金,进一步发展壮大扶贫产业。可以说,光伏扶贫为壮大贫困村集体经济开辟了新路径,为确保贫困群众稳定脱贫提供了新手段。

---

① 章建华:《为决战决胜脱贫攻坚注入强劲动能》,《人民日报》,2020年7月10日。

(8)构树扶贫工程。构树具有适应性强、生长迅速、产量高等特点,通过种植构树推动草食畜牧业发展,既可以解决贫困地区蛋白饲料不足问题、促进贫困户增收脱贫,又能减少水土流失、促进生态脆弱地区的生态修复和重建,是经济效益、生态效益、社会效益相统一的利国利民工程。2015年,国务院扶贫办在全国11个省区开展了构树扶贫工程试点,该工程采用中科院植物所杂交构树品种以及产业化技术,重点在全国贫困地区实施杂交构树"林—料—畜"一体化畜牧产业扶贫。2017年,构树扶贫工程已在全国20多个省、自治区进行了试验示范,取得了良好效果。2018年7月,国务院扶贫办发出《关于扩大构树扶贫试点工作的指导意见》,提出在适宜种植杂交构树的地区,重点在黄河流域滩区、长江流域低丘缓坡地、石漠化地区,特别是深度贫困地区,合理布局构树种植,让贫困群众参与构树种植基地建设和发展养殖业,提高收入水平和自我发展能力,促进乡村产业兴旺,实现稳定脱贫。

(9)贫困村创业致富带头人培训工程。贫困村脱贫致富带头人成功创业、率先富裕的典型,对激发贫困群众的内生动力,具有很强的示范效应。2014年,为探索新时代东西对口帮扶培养贫困村创业致富带头人的"雨露计划"工作新方式,国务院扶贫办决定由福建、甘肃、宁夏三省(区)合作开展贫困村创业致富带头人培训,组织动员东部富裕村对接帮扶西部贫困村,培育村级微小企业,培养致富带头人。2015年8月,国务院扶贫开发领导小组办公室行政人事司发出《关于组织实施扶贫创业致富带头人培训工程的通知》,决定全面组织实施扶贫创业致富带头人培训工程,为每个建档立卡贫困村培训3~5名创业致富带头人。按照这一部署,各地纷纷制定扶贫创业致富带头人培训工程实施方案,建立培训基地,将这一工作切实开展起来。培训内容涉及农业创业致富、带动贫困户脱贫致富的思路和对策。通过培训,进一步增强致富带头人的创业致富本领,使他们真正成为推进产业扶贫的"实践者"、带领贫困群众走向市场的"领航员"、勤劳致富的"领头雁"、脱贫攻坚的"开路先锋"。

（10）扶贫龙头企业带动工程。扶持和壮大扶贫龙头企业是增强贫困地区经济发展活力、促进农民脱贫增收的重要途径。2015年，中共中央、国务院在《关于打赢脱贫攻坚战的决定》中要求，加强贫困地区农民合作社和龙头企业培育，发挥其对贫困人口的组织和带动作用。2016年3月，中国人民银行发出《关于开办扶贫再贷款业务的通知》，明确提出，扶贫再贷款资金优先和主要用于支持当地带动贫困户就业发展的企业，积极引导和促使龙头企业在贫困地区聚焦贫困户，开展精准扶贫。2017年4月，人力资源社会保障部办公厅、国务院扶贫办综合司联合发出《关于进一步做好就业扶贫工作有关事项的通知》，优先遴选能够提供岗位数量较多、劳动条件较好、权益保障到位的扶贫龙头企业作为全国就业扶贫基地。到2020年，中西部22个省份有扶贫龙头企业29632个，吸纳贫困人口就业85.8万人[①]。

与此同时，党和政府有关部门投入大量人力物力，组织开展了系列行业精准扶贫行动，主要如下。

（1）教育扶贫行动。教育扶贫行动是为了充分发挥教育在扶贫开发中的重要作用，培养经济社会发展需要的各级各类人才，促进贫困地区从根本上摆脱贫困而实施的一项重大民生工程。2016年，国务院扶贫办将教育扶贫纳入精准扶贫十大行动组织实施，并会同教育部等部门不断完善教育扶贫政策的顶层设计。教育部联合国务院扶贫开发领导小组办公室等部门印发了《教育脱贫攻坚"十三五"规划》《关于进一步扩大学生营养改善计划地方试点范围实现国家扶贫开发重点县全覆盖的意见》《关于免除普通高中建档立卡家庭经济困难学生学杂费的意见》《职业教育东西协作行动计划（2016—2020年）》，基本实现对贫困家庭子女从学前教育到高等教育的全程特惠扶持，为阻断贫困代际传递奠定了坚实的基础。中共十八大以来所开展的教育扶贫实践主要有：学前教育3年行动计划、面向集中连片特困地区定向招生专项计划、以

---

① 《我国脱贫攻坚重点工作取得重要进展》，http://www.cpad.gov.cn/art/2020/9/7/art_624_183199.html。

中西部农村贫困地区为主的义务教育"全面改薄"工程、乡村教师生活补助计划、"雨露计划"支持农村贫困家庭新成长劳动力接受职业教育、职业教育东西协作行动计划（2016—2010年）等，使贫困地区教育得到重大改善。

（2）健康扶贫行动。因病致贫、因病返贫是最为突出的致贫因素。相关数据显示，截至2015年年底，中国农村贫困人口中因病致贫、因病返贫占比达到44.1%。中共中央高度重视贫困人口医疗卫生保障工作，将健康扶贫工作摆在脱贫攻坚的重要位置，全面部署推进。2015年11月，中共中央、国务院《关于打赢脱贫攻坚战的决定》明确提出在中西部22个省（自治区、直辖市）实施健康扶贫工程，保障贫困人口享有基本医疗卫生服务，努力防止因病致贫、因病返贫。主要措施包括新型农村合作医疗和大病保险制度对贫困人口实行政策倾斜、加大农村贫困残疾人康复服务和医疗救助力度、建立全国三级医院（含军队和武警部队医院）与连片特困地区县和国家扶贫开发工作重点县县级医院稳定持续的一对一帮扶关系等。2016年以来，国家卫生计生委（现已更名为国家卫健委）、国务院扶贫办等单位深入落实中央决策精神，启动健康扶贫工程，扎实推进各项工作。贫困地区的健康扶贫行动是靠中央财政投入支持的。十八大之后的5年间，中西部地区卫生投入年均增速达到13.0%。2017年，中央财政对地方医疗卫生转移支付中，40.2%和39.9%的资金投向了中部和西部地区。①

（3）金融扶贫行动。新时代脱贫攻坚中，金融扶贫开拓了一片新天地，"金融水浇出扶贫果"，成为脱贫攻坚工作的一大亮点。2016年3月，国务院扶贫开发领导小组办公室会同中国人民银行等7个部门联合印发《关于金融助推脱贫攻坚的实施意见》，提出了22条金融助推脱贫攻坚的具体措施，为打赢脱贫攻坚战提供了有力支撑。2017年12月，中国人民银行等4个部门印发《关于金融支持深度贫困地区脱贫攻

---

① 赵永平、常钦：《决胜全面小康的"脱贫答卷"——写在第五个国家扶贫日到来之际》，《人民日报》，2018年10月17日。

坚的意见》,要求金融部门坚持新增金融资金优先满足深度贫困地区,新增金融服务优先布设深度贫困地区。除了前述对发展产业的建档立卡贫困户给予扶贫小额信贷支持,对带动建档立卡贫困户发展产业脱贫的龙头企业、农村合作社给予扶贫再贷款政策,发行金融债用于易地扶贫搬迁贷款项目外,还创新金融保险,为建档立卡贫困户提供多方位的保险保障。很多地方通过购买社会服务的方式,与保险公司合作,先后开展建档立卡贫困户农村扶贫小额保险、大病医疗补充保险和农村住房保险等试点工作,为贫困户提供了"保生命、保健康、保居所"的多方位保障,筑起一道稳固的风险防范墙。

(4) 交通扶贫行动。"小康不小康,关键看老乡,致富不致富,关键看公路。"贫困地区道路基础设施建设落后,引起习近平高度重视,他多次做出重要指示,要求把农村公路建好、管好、护好、运营好,为广大农民致富奔小康、加快推进农业农村现代化提供更好保障。交通运输部等有关部门积极做好交通扶贫顶层设计。2012年,国家制定实施《集中连片特困地区交通建设扶贫规划纲要(2011—2020年)》,"十二五"期间投入车购税资金约5500亿元,全面加快了集中连片特困地区交通建设。2016年7月,交通运输部印发《"十三五"交通扶贫规划》,把集中连片特困地区(14个片区)、国家扶贫开发工作重点县、革命老区县、少数民族县和边境县等1177个县(市、区)纳入政策支持范围,使贫困地区到2020年全面建成"外通内联、通村畅乡、班车到村、安全便捷"的交通运输网络。"十三五"时期投向贫困地区公路建设的车购税总金额将超过8400亿元,占全国车购税预计征收总规模的54%。2017年11月,交通运输部办公厅印发《关于支持深度贫困地区交通扶贫脱贫攻坚的实施方案》,明确新增资金、新增项目、新增举措主要向西藏、四省藏区、新疆南疆四地州和四川凉山州、云南怒江州、甘肃临夏州等"三区三州"倾斜,确保到2020年如期完成建制村通硬化路、通客车等交通扶贫兜底性目标。新时代交通扶贫注重创新实践,将"四好农村路"建设要求融入交通脱贫攻坚;创新交通精准扶贫理念,加快推动"交通+生态旅游"、"交通＋特色产业"、"交通＋电商快递"扶贫,使交通扶贫支撑特色产业发展的功能更加突出;创新交通精准建设模式,因地制宜地确定建设方案和减少对自然环境的破坏;创新交通精准服务标准,支持主要乡镇建设集客运、物流、商贸、邮政、快递、供销等多种服务功能于一体的乡镇客运综合服务站。

(5)水利扶贫行动。水利是重要基础设施和公共服务领域,"十二五"期间,水利部发挥行业优势,大力推进水利扶贫工作。2011年至2015年,贫困地区共安排中央水利投资2375亿元,占中央水利投资总规模的31.7%;累计解决1.15亿贫困地区农村居民和学校师生饮水安全问题,农村集中式供水覆盖率提高到75%以上;已开工60项重大节水工程惠及贫困地区。2016年,水利扶贫又被纳入了"十三五"脱贫攻坚行业扶贫十大行动,水利部印发《"十三五"全国水利扶贫专项规划》,着力加强农村饮水安全巩固提升工程、农田水利工程、防洪减灾工程、水资源开发利用工程、水土保持和生态建设、农村水电工程等六大任务,努力提升贫困地区的水利发展能力。

(6)就业扶贫行动。促进农村贫困劳动力就业对贫困户脱贫发挥着重要作用,往往就业一人,脱贫一户。因此,我国对就业扶贫高度重视,将之作为脱贫攻坚的重大措施进行部署。2016年12月,人力资源和社会保障部、财政部、国务院扶贫开发领导小组办公室发出《关于切实做好就业扶贫工作的指导意见》,要求围绕实现精准对接、促进稳定就业的目标,通过开发岗位、劳务协作、技能培训、就业服务、权益维护等措施,帮助一批未就业贫困劳动力转移就业,帮助一批已就业贫困劳动力稳定就业,帮助一批贫困家庭未升学初、高中毕业生就读技工院校毕业后实现技能就业,带动1000万贫困人口脱贫。2018年3月,人力资源和社会保障部、国务院扶贫办发出《关于做好2018年就业扶贫工作的通知》,要求以促进有劳动能力的贫困人口都能实现就业为目标,加大就业扶贫力度,确保零就业贫困户至少一人实现就业。脱贫攻坚中,就业扶贫注重整合各种扶贫资源,通过培训解决就业缺技能问题,为此先后启动实施农民工职业技能提升计划"春潮行动"、农民工等人员返乡创业培训5年行动计划(2016—2020年)、技能脱贫千校行动等,还大力推进东西部劳务扶贫协作,在贫困地区建档立卡贫困村设立扶贫车间等。

(7)危房改造和人居环境改善扶贫行动。帮助建档立卡贫困户等重点对象进行农村危房改造是实现脱贫攻坚"两不愁三保障"总体目标中住房安全有保障的重点工作。为此,国家启动农村危房改造工程,改造资金以农民自筹为主,政府补助为辅,中央财政补助标准从户均5000元提高到7500元,对贫困地区再增加1000元,帮助住房最危险、经济最贫困农户解决最基本的住房安全问题。2016年11月,住房和城乡建设部、财政部、国务院扶贫办发出《关于加强建档立卡贫困户等重点对象危房改造工作的指导意见》,把建档立卡贫困户、低保户、农村分散供养特困人员和贫困残疾人家庭作为"十三五"期间农村危房改造的重点和难点,确保2020年以前圆满完成585万户危房改造任务。建档立卡贫困村人居卫生条件十分落后,粪便暴露、人畜混居、饮水不洁、垃圾乱扔等问题非常严重,是贫困村村民致病致贫的重要原因之一。2016年7月,住房和城乡建设部等7个部门发出《关于改善贫困村人居卫生条件的指导意见》,将改善贫困村人居卫生条件作为贫困地区改善农村人居环境的首要任务,集中解决威胁农民群众身体健康的人居环境突出问题。由此,全国开展了贫困地区农村人居环境改善扶贫行动,全面实施厨房改造、厕所改造、圈舍改造、垃圾收运,开展环境卫生整治,落实污水治理以及改善村容村貌,让农村环境更整洁、村庄更宜居,让贫困农民有更多的获得感和幸福感。

(8)科技扶贫行动。科技扶贫是脱贫攻坚的重要组成部分。2016年4月,科技部发出《关于印发科技扶贫精准脱贫实施意见的通知》,脱贫攻坚期间,科技部每年向边远贫困地区、边疆民族地区和革命老区贫困县选派科技人员约1.8万名,引导科技成果向贫困地区转移转化。为充分发挥科技创新在产业扶贫中的支撑引领作用,2016年10月,国务院扶贫办会同科技部等7个部门联合印发《科技扶贫行动方案》,提出实施科技特派员创业扶贫行动和脱贫带头人培养行动,针对贫困地区需要就地脱贫的10万个贫困村,组织动员科技特派员进村入户,促进科技能人与致富带头人、技术成果与贫困地区需求、创业扶贫政策与扶贫项目紧密结合,推动第一、二、三产业融合发展。为进一步深化科技扶贫,2017年科技部又启动科技扶贫"百千万"工程,即在贫困地区建立"一百个"科技园区等平台载体,动员组织高校等机构与贫困地区建立"一千个"科技扶贫帮扶结对,实现"一万个"贫困村科技特派员全覆盖。各地把科技扶贫作为脱贫攻坚重中之重来抓,使精准扶贫插上了"科技翅膀"。

(9)中央企业定点帮扶革命老区百县万村行动。中央企业作为国有经济的重要骨干和中坚力量,在扶贫开发中一直积极开展行动,在定点扶贫工作中承担了40%的任务。2014年10月,国资委、国务院扶贫办决定联合开展"中央企业定点帮扶贫困革命老区百县万村"精准扶贫行动,组织动员68家中央企业用3年左右时间,发挥各自特色,创新扶贫模式,加大对老区扶贫的投入力度,集中时间、集中力量、集中资金,加快实施一批小型基础设施项目,帮助108个定点扶贫县14954个贫困村有效解决缺路、缺水、缺电等突出问题。这些央企发挥行业优势,帮助老区群众解决用电、供暖等难题。2016年,参与"百县万村"活动的有关中央企业投入资金4.05亿元,实施项目930个,修建乡村道路815公里,修建水窖水池等319座,惠及建档立卡贫困人口15.3万人。①

(10)民营企业"万企帮万村"行动。为广泛动员民营企业参与精准扶贫,2015年10月,国务院扶贫办、全国工商联、中国光彩事业促进会,组织开展民营企业"万企帮万村"精准扶贫行动。全国工商联、国务院扶贫办、中国光彩事业促进会和中国农业发展银行签订了《政策性金融支持"万企帮万村"精准扶贫行动战略合作协议》,为争取政策性金融资

---

① 《2016年中央企业扶贫开发工作成效》,http://www.sasac.gov.cn/n4470048/n4470081/n7447289/c7458655/content.html。

源支持民营企业参与行动打下了基础。截至2019年6月底,进入"万企帮万村"精准扶贫行动台账管理的民营企业有8.81万家,精准帮扶10.27万个村(其中建档立卡贫困村5.53万个);产业投入753.71亿元(其中购买农产品75.37亿元),公益投入139.1亿元;安置就业66.15万人,技能培训94.1万人,共带动和惠及1163万建档立卡贫困人口,为脱贫攻坚做出了重要贡献。①

(11) 网络扶贫行动。2016年,中国开启"网络扶贫元年"。2016年4月,习近平指出:可以发挥互联网在助推脱贫攻坚中的作用,推进精准扶贫、精准脱贫,让更多困难群众用上互联网,让农产品通过互联网走出乡村,让山沟里的孩子也能接受优质教育。② 2016年10月,中央网信办等部门制定《网络扶贫行动计划》,启动实施网络扶贫五大工程,即网络覆盖工程、农村电商工程、网络扶智工程、信息服务工程、网络公益工程,力争到2020年实现宽带网络覆盖90%以上的贫困村,电商服务通达乡镇,网络教育、网络文化、互联网医疗覆盖贫困地区。此后,各地在脱贫攻坚中大力开展互联网基础设施建设,有效推动了网络普及和水平提升,政府组织推动和互联网、物流企业等方面积极带动的局面基本形成。

(12) 消费扶贫行动。消费扶贫一头连着扶贫产业,一头连着消费市场,是缓解扶贫产品滞销卖难、促进扶贫产业持续发展的有效举措,是社会力量参与脱贫攻坚的重要途径。2019年1月,国务院办公厅发出《关于深入开展消费扶贫助力打赢脱贫攻坚战的指导意见》,要求动员社会各界大力实施消费扶贫,推动贫困地区产品和服务融入全国大市场。2020年3月,面对脱贫攻坚战和疫情防控阻击战的双重挑战,习近平在决战决胜脱贫攻坚座谈会上明确指示要开展消费扶贫行动。随后,国家发展和改革委员会联合27个部门印发《消费扶贫助力决战决

---

① 《关于政协十三届全国委员会第二次会议第2221号(农业水利类214号)提案答复的函》,http://www.cpad.gov.cn/art/2019/12/26/art_2203_109059.html.
② 习近平:《在网络安全和信息化工作座谈会上的讲话》(2016年4月19日),《人民日报》,2016年4月26日。

胜脱贫攻坚2020年行动方案》,对开展消费扶贫,助力打赢脱贫攻坚战做出具体安排。9月是扶贫产品开始大量上市的季节。为进一步推动消费扶贫行动,扩大扶贫产品销售,激发市场消费潜力,营造社会参与氛围,国务院扶贫办、国家发展和改革委员会会同中央宣传部、中央网信办、教育部、财政部、农业农村部、商务部、国务院国资委、中华全国供销合作总社、全国工商联等11个部门组织开展全国消费扶贫月活动,推进消费扶贫专柜专项推进活动、消费扶贫专馆专项推进活动、消费扶贫专区专项推进活动、"扶贫832"销售平台专项推进活动和中国农民丰收节金秋消费季活动这5个专项活动。这既标志着消费扶贫行动的正式启动,也标志着消费扶贫工作迈上了一个新的台阶。

## 第三节

## 新时代脱贫攻坚取得决定性成就

中共十八大以来,在以习近平同志为核心的党中央的坚强领导下,全党全社会采取超常规举措,以前所未有的力度推进脱贫攻坚,取得决定性成就,创造了中国减贫史上的最好成绩,为2020年中国整体消除绝对贫困,如期实现全面建成小康社会奋斗目标打下了坚实的基础。

### 一、脱贫攻坚目标任务完成

2012年年底,中国现行标准下的农村贫困人口是9899万人,2019年年底减少到551万人,贫困发生率由10.2%降至0.6%,连续7年每年减贫1000万人以上。与20世纪80年代到2000年年均减少600多万人、2001年到2010年年均减少700多万人相比,中共十八大以来农村扶贫开发创造了中国减贫史上的最好成绩。2020年年底,建档立卡贫困人口全部脱贫,成功实现2020年消除绝对贫困的目标。

从贫困县摘帽看,中国自1986年设立贫困县以来,经过3次调整,每次总量都是有增无减,到2012年年底时是832个贫困县。十八大以后,这种形势得到根本扭转。2016年,全国共有28个贫困县提出退出申请,其中江西省井冈山市、河南省兰考县率先通过国家专项评估检查,由省级政府批准退出;2017年年底,全国9个省区市的26个贫困县也顺利通过国家专项评估检查,由省级政府正式批准退出。脱贫攻坚的标准,就是稳定实现"两不愁三保障",即贫困人口不愁吃、不愁穿,贫困家庭孩子全部接受九年义务教育、无因贫失学辍学,基本医疗保险、大病保险和医疗救助全覆盖,全部实现住房安全有保障,既不降低标准、影响质量,也不调高标准、吊高胃口。2017年年底,28个贫困县脱贫摘帽,这既是1986年国家设定贫困县31年来,历史上第一次实现贫困县数量净减少,也是实现贫困县全部摘帽目标的良好起步,为其他贫困县退出树立了标杆,做出了示范。

此后贫困县脱贫摘帽步伐加快。到2020年2月底,全国832个贫困县中已有601个宣布摘帽,179个正在进行退出检查,未摘帽县还有52个。2020年3月,国务院扶贫办对52个未摘帽贫困县和1113个贫困村实施挂牌督战。中央财政在2020年年初安排财政专项扶贫资金的基础上,再向挂牌督战地区倾斜安排补短板资金184亿元。全国各挂牌县均有一名省级领导联县督导,挂牌村均有一名县级领导驻点包抓,并动员东中部地区2008家社会力量结对帮扶1113个挂牌督战村。2020年年底,52个未摘帽贫困县全部摘帽,区域性整体贫困全部得到解决。

## 二、贫困地区经济社会发展加快

中共十八大以来,贫困地区以脱贫攻坚统揽经济社会发展全局,呈现出新的发展局面。

第一,贫困群众收入水平大幅度提高。通过产业扶贫,推动旅游扶贫、光伏扶贫、电商扶贫等新业态快速发展,进而促进了经济发展,贫困农民收入大幅度增长。建档立卡贫困人口中,90%以上得到了产业扶贫和就业扶贫支持,三分之二以上主要靠外出务工和产业脱贫,工资性收入和生产经营性收入占比上升,转移性收入占比逐年下降,自主脱贫能力稳步提高。2013年至2019年,832个贫困县农民人均可支配收入由6079元增加到11567元,比同期全国农民人均可支配收入增幅高2.2个百分点。全国建档立卡贫困户人均纯收入由2015年的3416元增加到2019年的9808元,年均增长率30.2%。贫困群众"两不愁"质量水平明显提升,"三保障"突出问题总体解决。

第二,贫困地区基本生产生活条件明显改善。通过基础设施和公共服务的大量投入,贫困地区尤其是基层的生产生活条件明显改善,增强了发展后劲。具备条件的建制村全部通硬化路,村村都有卫生室和村医,10.8万所义务教育薄弱学校的办学条件得到改善,农网供电可靠率达到99%,深度贫困地区贫困村通宽带比例达到98%。960多万贫困人口通过易地扶贫挪穷窝、换穷业、拔穷根,搬迁摆脱了"一方水土养活不了一方人"的困境。贫困地区群众行路难(出行难)、用电难、上学难、看病难(就医难)、通信难等长期没有解决的老大难问题普遍得到解决,义务教育、基本医疗、住房安全有了保障。

第三,贫困地区经济社会发展明显加快。坚持以脱贫攻坚统揽贫困地区经济社会发展全局,贫困地区呈现出新的发展局面。特色产业不断壮大,产业扶贫、电商扶贫、光伏扶贫、旅游扶贫等较快发展,贫困地区经济活力和发展后劲明显增强。通过生态扶贫、易地扶贫搬迁、退耕还林还草等,贫困地区生态环境明显改善,贫困地区生态产品供给能力增强,生态保护补偿水平与经济社会发展状况相适应,可持续发展能力进一步提升,贫困户就业增收渠道明显增多。

第四,贫困治理能力明显提升。通过推进抓党建促脱贫攻坚,贫困地区基层组织得到加强,基层干部通过开展贫困识别、精准帮扶,本领明显提高,巩固了党在农村的执政基础。一个村特别是贫困村,如果没有一个有战斗力的党支部,没有村集体收入,要率领大家发展产业、脱贫致富是不可能的。中共十八大以来,全国共派出25.5万个驻村工作队、累计选派290多万名县级以上党政机关和国有企事业单位干部到贫困村和软弱涣散村担任第一书记或驻村干部,目前在岗91.8万人,特别是青年干部了解了基层,学会了做群众工作,在实践锻炼中快速成长。

党中央坚持把发展壮大农村集体经济作为打赢脱贫攻坚战的重要环节来推进。贫困村"一低五有"(贫困发生率低至3%以下,有集体经济收入、有硬化路、有卫生室、有文化室、有通信网络)的退出标准中,其中一个重要指标就是看有没有村集体经济。在实践中,贫困村都采取"党支部＋村集体经济"的方式,由村委会牵头组建股份经济合作社,通过发展产业项目,持续实现村集体创收、贫困户增收。党支部＋村集体经济,越来越成为破解贫困户永久性脱贫的抓手,党组织在贫困群众中的威望也越来越高。

# 第四章
# 中国脱贫攻坚成功分析

经过改革开放以来的大规模农村扶贫开发,尤其是新时代脱贫攻坚,中国农村扶贫取得了卓越成就,成为全球最早实现联合国千年发展目标中减贫目标的发展中国家,成为全球最早实现联合国《2030年可持续发展议程》的减贫目标的发展中国家,为全球减贫事业做出了重大贡献。中国脱贫攻坚的成功,积累了丰富的历史经验,可为其他发展中国家的减贫实践提供借鉴。

## ◇ 第一节 ◇
## 中国脱贫攻坚的出发点是实现共同富裕

### 一、共同富裕是中国扶贫始终坚持的根本价值原则

如前所述,新中国土地改革完成后,中国共产党明确提出了通过农

业合作化使农民实现共同富裕的思想。1959年,经毛泽东建议,国家专门设立财政资金,帮助穷社穷队发展生产、赶上富队,就是为了实现农村共同富裕而采取的一项扶贫措施。正如1960年新华社所报道的,"广东各地人民公社在改变农村面貌、引导农民走向共同富裕的道路上,显示了巨大无比的优越性。在短短一年间,全省七千多个'穷队'中,已经有30%左右赶上或者超过了当地的富队;暂时没有赶上富队的穷队,生产面貌和社员收入的情况,也起了巨大变化,和富队的差别越来越小了。"①

然而,在实现共同富裕的探索中,中国共产党人曾对社会主义初级阶段认识不足,不仅试图让农民在过于单一的集体经济形式下摆脱贫困、实现共同富裕,确信可以通过不断提高公有化程度来达到推动生产力发展的目的;而且,把同等富裕和同步富裕等同于共同富裕,结果出现吃"大锅饭"等平均主义现象,导致了人们的普遍贫穷。

改革开放之初,邓小平就提出了贫穷不是社会主义。改革开放就是要发展社会主义生产力,保证一切社会成员有富足的和一天比一天充裕的物质生活。正如邓小平在1982年11月16日指出:"我们现在就是做一件事情,使占人类四分之一的人口摆脱饥饿和贫困,达到小康状态。"②在邓小平和中共中央通过改革开放发展经济、鼓励先富带动后富最终实现共同富裕的战略构想中,给予西北、西南等贫困地区以各方面的帮助和支持是能够影响和带动整个国民经济的大政策的重要内容之一,农村扶贫开发则是走向共同富裕这个大政策的有机组成部分。也就是说,中国社会主义的根本目标是实现共同富裕,国家在促进富裕的同时也要扶助贫困。

20世纪90年代,邓小平对贫困地区实现共同富裕的问题更加关注。在1992年的南方谈话中,邓小平指出:"共同富裕的构想是这样提

---

① 《穷队变富队　公社万家春　上海甘肃广东一批原来比较贫困的生产队经济水平显著提高》,《人民日报》,1960年1月3日。

② 《邓小平年谱(一九七五—一九九七)》(下),中央文献出版社2004年版,第870页。

出的：一部分地区有条件先发展起来，一部分地区发展慢点，先发展起来的地区带动后发展的地区，最终达到共同富裕。如果富的愈来愈富，穷的愈来愈穷，两极分化就会产生，而社会主义制度就应该而且能够避免两极分化……可以设想，在本世纪末达到小康水平的时候，就要突出地提出和解决这个问题。到那个时候，发达地区要继续发展，并通过多交利税和技术转让等方式大力支持不发达地区。"①1999年，以江泽民为核心的党的第三代中央领导集体提出实施西部大开发战略，为西部地区实现共同富裕开辟了一条广阔的道路。

经过20多年努力，到20世纪末，中国基本解决了全国农村贫困人口的温饱问题，人民生活总体上达到小康水平，这无疑是中国在实现共同富裕道路上的一个重大成果。

## 二、消除农村绝对贫困是建设小康社会不可或缺的组成部分

21世纪初，虽然中国人民生活总体上达到小康水平，但是这种小康还是低水平的、不全面的、发展很不平衡的，尤其是西部农村地区农民迈进小康的路程刚刚走完一半，仍徘徊在温饱线上，他们在这个基础上实现小康、进而过上比较宽裕的生活，需要一个较长期的奋斗过程。2002年，中共十六大提出了"本世纪头二十年，集中力量，全面建设惠及十几亿人口的更高水平的小康社会"②的目标。根据这一目标制定的《中国农村扶贫开发纲要（2001—2010年）》，重申"缓解和消除贫困，最终实现全国人民的共同富裕，是社会主义的本质要求，是中国共产党和人民政府义不容辞的历史责任"。纲要还提出了全面建设小康社会进程中扶贫开发要"逐步改变贫困地区经济、社会、文化的落后状况，为达到小康水平创造条件"等目标。③ 可见，扶持贫困地区、贫困人口改变贫

---

① 《邓小平文选》第3卷，人民出版社1993年版，第373—374页。
② 《十六大以来重要文献选编》（上），中央文献出版社2005年版，第14页。
③ 《中国农村扶贫开发纲要（2001—2010年）》，《人民日报》，2001年9月20日。

困面貌是建设小康社会不可或缺的组成部分。作为一个农业人口大国,没有大多数农民的小康,就不可能有全国人民的小康。全国小康目标能否如期实现,关键在农村贫困地区。

中共十八大之后,以习近平同志为核心的党中央把农村扶贫开发放到事关全面建成小康社会的重要位置,强调:"到二〇二〇年全面建成小康社会,自然要包括农村的全面小康,也必须包括革命老区、贫困地区的全面小康","全面建成小康社会,13亿人要携手前进"①。2017年10月,在第十九届中央政治局常委同中外记者见面会上,习近平发出掷地有声的庄严承诺——全面建成小康社会,一个不能少;共同富裕路上,一个不能掉队。在习近平的视野中,加强集体经济实力是坚持社会主义方向、实现共同致富的重要保证,集体经济是农民共同致富的根基,是农民走共同富裕道路的物质保障。因此,在新时代脱贫攻坚中,发展壮大集体经济成为振兴贫困地区农业的必由之路,发展壮大集体经济成为贫困村退出机制的一项重要内容。

以上可以充分证明,脱贫攻坚自始至终都是中国共产党实现共同富裕伟大战略构想中重要的、不可或缺的组成部分,让贫困地区、贫困农民与全国人民一道实现共同富裕是农村扶贫开发的根本出发点。

## 第二节

## 中国脱贫攻坚的根本特征是党的领导和政府主导

农村扶贫开发始终坚持党的领导和政府主导,这是中国脱贫攻坚作为国家行动能够取得卓著成绩的根本所在,也是中国脱贫攻坚的最大特色。

---

① 习近平:《做焦裕禄式的县委书记》,中央文献出版社2015年版,第15页;《国家主席习近平发表二〇一六年新年贺词》,《人民日报》,2016年1月1日。

## 一、坚持党的领导为脱贫攻坚提供坚强的政治保障

中国共产党领导农村扶贫开发是党的宗旨所决定的。1922 年 7 月,《中国共产党第二次全国代表大会宣言》宣告为实现"与贫苦农民联合的无产阶级专政"而奋斗,将"为工人和贫农的目前利益计"作为制定纲领政策的出发点①。新民主主义革命时期,中国共产党苏维埃政府、抗日民主政府、解放区政府均采取减免农业税收、发放低息贷款的政策扶助贫苦农民发展生产。新中国成立后,为了进一步扶助贫困农民,中央人民政府对受灾农户、贫困农户和革命老根据地继续实施农业税减免政策,各级人民政府民政部门一直在利用救济款扶助农村贫困户发展生产,并成立专门机构,开展对贫困老根据地的扶持建设。人民公社建立后,又设立专项财政资金扶持穷社穷队发展农业生产,通过集体经济力量的壮大改善广大贫困群众的生活。之所以有这些举措,正是因为中国共产党时刻把贫苦劳动大众的利益放在首位。

改革开放以后,中国共产党把缓解和消除农村绝对贫困作为党和政府义不容辞的历史责任,向全国人民发出了消除绝对贫困的动员令,并充分发挥集中力量办大事的制度优势,从国务院到基层县市各级政府设立专门扶贫开发工作机构,领导组织扶贫开发工作。"七五"计划以来,农村扶贫开发被纳入政府发展规划;1994 年以来,国家有了专项农村扶贫开发工作计划,先后实施《国家八七扶贫攻坚计划(1994—2000 年)》《中国农村扶贫开发纲要(2001—2010 年)》《中国农村扶贫开发纲要(2011—2020 年)》,政府主导的农村扶贫开发工作不断加强。

中央领导人都把农村扶贫开发作为一项重要工作予以强调。例如,江泽民指出,扶贫开发是贯穿整个社会主义初级阶段的一项重要任务。② 胡锦涛强调,扶贫开发是建设中国特色社会主义事业的一项历史

---

① 《中共中央文件选集》第 1 册,中共中央党校出版社 1989 年版,第 115 页。
② 江泽民:《全党全社会进一步动员起来夺取八七扶贫攻坚决战阶段的胜利——在中央扶贫开发工作会议上的讲话》(1999 年 6 月 9 日),《人民日报》,1999 年 7 月 21 日。

任务,也是构建社会主义和谐社会的一项重要内容。① 习近平把农村贫困人口脱贫作为全面建成小康社会的基本标志,赋予扶贫开发前所未有的重要地位,并将其纳入治国理政工作日程。习近平尤其强调发挥各级党委领导作用,建立并落实脱贫攻坚一把手负责制,从而构建了新时代省市县乡村五级书记一起抓扶贫的治理格局。同时,坚持中国制度的优势,扶贫责任落实到人,形成中央统筹、省(区、市)负总责、市(地)县抓落实的扶贫开发工作机制,做到分工明确、责任清晰、任务到人、考核到位,既各司其职、各尽其责,又协调运转、协同发力。这些都为脱贫攻坚提供了坚强的政治保障。

## 二、坚持政府主导为脱贫攻坚提供充足的经济保障

脱贫攻坚中坚持政府主导,直接体现在脱贫攻坚的财政投入上。新中国成立后,中国共产党在扶贫工作中一直坚持政府投入的主体和主导作用,这是农村扶贫开发能够取得进展的经济保障。1959年至1978年,国家财政持续用于扶持穷社穷队发展农业生产摆脱贫困而拨付的投资达125亿元②。改革开放30年,中央财政累计投入专项扶贫资金近2000亿元③。2001年至2010年,中央财政10年累计投入1440.4亿元④。

与此同时,各级地方政府也根据各自的财力和条件,不断增加扶贫投入。1996年9月召开的中央扶贫开发工作会议指出:扶贫资金比例,根据各省、自治区不同的经济和财政状况,要达到占中央扶贫投入的30%~50%;财力再紧,也要首先保证解决群众温饱问题的投入到位,这是检验各省、自治区是否真正重视扶贫的重要标志。此后,地方投入的扶贫资金比例,根据各省、自治区不同的经济和财政状况,一般达到

---

① 顾仲阳:《广泛动员社会力量 加快扶贫开发进程》,《人民日报》,2005年5月29日。
② 《中国农业机械化财务管理文件汇编》,机械工业出版社1991年版,第94页。
③ 《改革开放30年:中央财政投入扶贫资金近2000亿》,中国新闻网,2008年11月17日。
④ 《中国农村扶贫开发的新进展》,《人民日报》,2011年11月17日。

中央财政扶贫投入的30%～50%。2001年至2010年,地方各级财政专项投入603.4亿元。

新时代打赢脱贫攻坚战,需要坚实的物质基础。习近平一直强调,农村扶贫开发投入力度,要同打赢脱贫攻坚战的要求相匹配;即使经济下行压力较大,财政增收不乐观,扶贫资金不但不能减,中央和省级财政还要明显增加投入。[①] 进入脱贫攻坚阶段,国家用于农村扶贫开发的资金和各类资源大幅度增长,尤其是财政扶贫投入不断增加。如前所述,2013年至2017年,中央财政安排专项扶贫资金累计投入2822亿元,平均每年增长22.7%;省级财政扶贫资金累计投入1825亿元,平均每年增长26.9%。2018—2020年决战脱贫攻坚,中央财政专项扶贫资金大幅度增加,分别投入1060.95亿元、1261亿元、1396亿元。

在党的领导和政府主导下,各行业扶贫都进行了大规模投入。例如,交通运输部开展的交通扶贫行动中,仅"十三五"时期投向贫困地区公路建设的车购税总金额超过8400亿元。此外,还广泛动员数额巨大的社会扶贫资金投入。这些都为脱贫攻坚的胜利提供了充足的经济保障。

## 第三节

## 中国脱贫攻坚始终坚持人民群众为主体力量

扶贫与济贫的根本不同,就在于扶贫工作中贫困群众不仅是扶贫工作的对象,更是脱贫致富的主体。农村扶贫开发,需要通过贫困群众的努力发展生产来摆脱贫困面貌。因此,中国共产党一直注重依靠人民群众,组织和支持贫困群众自力更生,发挥人民群众在扶贫开发中的主体作用。

---

① 《十八大以来重要文献选编》(下),中央文献出版社2018年版,第48页。

## 一、鼓励人民群众以自力更生为主,树立脱贫志向

1959年,毛泽东在建议国家投资支援穷队时就要求穷队要有志气脱贫,以自力更生为主,国家支援为辅,实现脱贫致富。毛泽东强调,穷社、穷队、穷户要有脱贫的志气。"无论如何,较穷的社,较穷的队和较穷的户,依靠自己的努力,公社的照顾和国家的支持,自力更生为主,争取社和国家的帮助为辅,有个三、五、七年,就可以摆脱目前的比较困难的境地,完全用不着依靠占别人的便宜来解决问题。我们穷人,就是说,占农村人口大多数的贫农和下中农,应当有志气……用我们的双手艰苦奋斗,改变我们的世界,将我们现在还很落后的乡村建设成为一个繁荣昌盛的乐园。这一天肯定会到来的,大家看吧。"①1963年1月5日,中央进一步强调,解决穷队的问题,"经济上的支援只能是补助的。只有调动穷队社员和干部的积极性,再加上必需的经济支援,才能又快又好地改变穷队的面貌。"②

在扶贫实践中,社队"自力更生为主,国家支援为辅"一直是支援农村人民公社投资使用的基本要求。例如,1962年8月28日中共中央、国务院《关于农业生产资金问题的通知》指出:支援穷队无偿投资等农业资金"必须贯彻执行'自力更生为主,国家支援为辅'的原则。今后生产队需要的生产费用,应当在收入分配中打够留足。应当先使用生产队自己的资金,后使用国家的资金;生产队有可以出售的产品,应当先出售自己的产品"。1963年11月,农业部、财政部等部门《关于农业资金的分配、使用和管理暂行规定(草案)》要求:得到国家支援的穷队,要奋发图强,勤俭办社,主要依靠自己的力量和集体经济的优越性,同时要有效地使用国家支援的资金,尽快地改变贫穷面貌。1979年5月,为了充分体现"社队自力更生为主,国家支援为辅"的原则,农林部、财政

---

① 《建国以来毛泽东文稿》第8册,中央文献出版社1993年版,第72-73页。
② 《建国以来重要文献选编》第16册,中央文献出版社1997年版,第79页。

部在《关于颁发〈支援农村人民公社投资使用管理暂行规定〉的通知》中强调:穷社穷队应当发扬自力更生精神,资金确有困难,要求国家支援时,必须自下而上申请,提出发展项目和措施,以及达到的经济目标,由公社审查汇总上报县级主管部门和财政部门审核批准。

新时代脱贫攻坚注重充分发挥贫困人口的主体作用。中国特色社会主义进入新时代,随着党和政府加大脱贫攻坚力度,一些地方出现了"干部干,群众看"的现象。一些贫困群众"等、靠、要"思想严重,"靠着墙根晒太阳,等着别人送小康",认为扶贫是干部的事,反正干部立了军令状,完不成任务要撤职。针对这种状况,习近平强调脱贫要靠人民群众内生动力。在习近平看来,幸福不会从天而降,好日子是干出来的,脱贫致富终究要靠贫困群众用自己的辛勤劳动来实现。习近平鼓励贫困群众人穷志不能短,要有脱贫志向,不能"靠着墙根晒太阳,等着别人送小康",强调"没有内在动力,仅靠外部帮扶,帮扶再多,你不愿意'飞',也不能从根本上解决问题。"习近平鼓励贫困地区"弱鸟可望先飞,至贫可能先富,贫困地区完全可以依靠自身的努力、政策、长处、优势在特定领域先飞"。

## 二、扶贫工作尊重扶贫对象主体地位,扶贫先扶志

正是因为尊重扶贫对象主体地位,扶贫工作强调扶贫先扶志。在社会主义革命和建设时期,一些地方在扶贫实践中就提出了"扶贫先扶志"的思想。1966年,山东省荣成县在总结扶助贫困户工作经验时,明确提出了"扶贫先扶志,帮人先帮心"。他们总结指出:"扶贫先扶志,帮人先帮心。过去从上到下只知发救济,不知抓政治思想,结果是救济发的不少,问题也没解决。通过这一段工作,有个深刻的体会就是,首先要帮助贫下中农困难户解决思想,帮助长志气,树立奋发图强、自力更

生的精神,与他们交知心朋友,树立感情,这才是真正的扶持。"①

新时代脱贫攻坚中,习近平要求扶贫部门"要尊重扶贫对象主体地位,各类扶贫项目和扶贫活动都要紧紧围绕贫困群众需求来进行,支持贫困群众探索创新扶贫方式方法","要坚持以促进人的全面发展的理念指导扶贫开发,丰富贫困地区文化活动,加强贫困地区社会建设,提升贫困群众教育、文化、健康水平和综合素质,振奋贫困地区和贫困群众精神风貌";加强扶贫同扶志、扶智相结合,"要做好对贫困地区干部群众的宣传、教育、培训、组织工作,让他们的心热起来、行动起来,引导他们树立'宁愿苦干、不愿苦熬'的观念,自力更生、艰苦奋斗,靠辛勤劳动改变贫困落后面貌。"

在扶贫开发中,最重要的生产力是人,广大贫困群众的积极性是脱贫攻坚成功与否的关键。"坚其志,苦其心,劳其力,事无大小,必有所成。"实践证明,在脱贫攻坚中,贫困群众的志气一旦树立起来,致富的办法和干劲自然就有了。江西省井冈山市贫困村神山村彭夏英的丈夫在外务工时摔伤了腿,干不了重体力活,一家人的生活重担全落在她肩上,但她不甘心被贫困撂倒。"我不想当贫困户,贫困户的小孩找对象都难",这是她经常同邻居讲的心里话。摆脱贫困、勤劳致富,成为她坚定朴实的梦想。彭夏英坚信"幸福生活是干出来的",她抓住2016年以来神山村旅游发展的大好势头,开办了全村第一家农家乐,2018年光这一项,家里就有10万元收入;她还注册"夏英米果"商标,开起神山特产小卖部,卖自家制作的米果、笋干、腊肉、竹篮、竹筷等山村土特产,每月又有一笔收入。彭夏英不仅自己主动申请脱贫,还积极带动村民一起脱贫,她经常讲"党和政府只能扶持我们,不能养着我们",帮助贫困群众消除对政府的依赖心理。②

---

① 《荣成县贫协筹委会关于院前大队党支部、贫协组织扶贫翻身的情况报告(1966年4月12日)》,山东省档案馆藏,档案号 A008-02-034。
② 《神山村,神气起来了(集中连片特困地区贫困村调研行)——江西井冈山市神山村脱贫调查》,《人民日报》,2019年9月20日。

## 第四节

## 中国脱贫攻坚的鲜明特征是精准扶贫、精准脱贫

### 一、农村扶贫开发注重扶贫对象的瞄准

在农村扶贫开发工作中,扶贫对象的选择以及扶贫资金的投放,直接关系到扶贫开发工作的成效。在资金有限的情况下,把有限的资金用在确实非常贫困的地区,瞄准目标集中使用,能够产生尽可能好的效益。

早在人民公社集体化时期的扶贫工作中,一些地方就注重调查摸底,确定扶贫对象,为穷队和贫困户建立档案。例如,中国农业银行山东省分行还对支援穷队工作提出了一些具体要求,包括摸清穷队底细,凡符合穷队标准的队就逐队进行卡片登记,建立档案。再如,山东省荣成县上庄公社党委在扶持贫下中农困难户经济翻身之前,组织了47名干部,由公社党委书记亲自挂帅,结合检查生产,分片逐队有重点地对贫下中农困难户的吃、穿、住、医、学等方面的情况,进行了一次认真的检查。在检查中,组织支部、管委和贫协干部进行登门访问,召开各种座谈会,逐户排队,具体分析,找出原因,公社在摸清底细之后,统一制作了卡片,对困难户的多种情况进行了逐户的登记。山东省海阳县为了掌握贫下中农困难户的情况,进行全面的摸底排查,建立困难户的档案,制定解决困难户的具体措施,分期分批地进行解决。扶贫对象确定后,为使对他们的扶持真正落实到位,一些地方实行了干部包干到户的办法,明确其具体帮扶责任。①

---

① 《荣成县贫协筹委会关于上庄公社帮助贫下中农困难户翻身规划的调查报告(1966年5月25日)》,山东省档案馆藏,档案号A008-02-034;《中共海阳县委批转县贫协关于区贫协干部座谈会纪要(1966年10月27日)》,山东省档案馆藏,档案号A008-02-034;《国家农业委员会、民政部转发安徽省委关于做好扶贫工作通知和来安县扶贫材料的通知(1981年9月20日)》,山东省档案馆藏,档案号A165-02-113。

然而，整体来看，人民公社时期的国家财政扶贫资金——支援人民公社投资按农业人口多少分配到各省份，各省份再分配给穷社穷队使用。在这一过程中，不少地方将资金平均分配，没有真正将资金用到穷队，影响了资金使用效果。1979年3月，财政部、农业部就改进支援农村人民公社投资使用管理向国务院提交报告，提出了"坚决纠正那种撒胡椒面、平均分配资金和其他不讲实效的做法"，"重点扶持长期低产缺粮的地区"的建议。1979年9月通过的中共中央《关于加快农业发展若干问题的决定》接受这一建议，确定对"长期低产缺粮，群众生活贫困"的西北、西南一些地区以及其他一些革命老根据地、偏远山区、少数民族地区和边境地区给予重点扶持的政策。

这样，改革开放新时期农村扶贫开发工作比较注重扶贫对象的瞄准。1984年9月，中共中央、国务院《关于帮助贫困地区尽快改变面貌的通知》中明确提出"解决贫困地区的问题要突出重点，目前应集中力量解决十几个连片贫困地区的问题"的指导原则。支援经济不发达地区发展资金在1980年开始设立时，就改变了原来支援穷队投资在全国各省（市）、自治区分配使用的做法，有重点地投向18个集中连片贫困地区所属贫困县。1986年进一步将扶贫开发的主要对象确定为国家级贫困县，以将有限的资源用到最需要的地方。这种以贫困县为扶贫开发工作主体、具体实施扶贫项目的瞄准机制持续到20世纪末。进入21世纪，为了改变非国家级贫困县贫困人口得不到国家扶持的状况，扶贫开发又进一步瞄准14.8万多个重点贫困村，推动扶贫资金进村入户，提高使用效益。

扶贫开发的成效与扶贫项目安排和扶贫措施是否适当、精准密切相关。从各地实践看，在吃透当地情况的基础上，搞对症下药、靶向治疗，扶贫开发常常成效明显。而搞大水漫灌、一刀切的地方，往往事与愿违。在一些地方，市场行情没摸清，本地特点又没把握住，通过行政力量，一窝蜂地兴起养兔热、种植热，结果在市场上栽了跟头，群众不但没富起来，还让大量投入打了水漂。

## 二、脱贫攻坚制胜之道在于精准

中国特色社会主义进入新时代,要努力夺取脱贫攻坚战全面胜利,就不能拿手榴弹炸跳蚤,扶贫开发制胜之道在于精准。2015年,习近平把脉扶贫攻坚,提出"六个精准",即扶持对象精准、项目安排精准、资金使用精准、措施到户精准、因村派人(第一书记)精准和脱贫成效精准。

扶持对象精准,是精准扶贫取得良好成效的前提,为此对贫困户建档立卡;项目安排精准,是精准扶贫的关键,为此将资金项目审批权限下放到县;资金使用精准,在于严格把握每种资金的发放对象和根本用途,绝不允许把不符合条件的人纳入扶持对象,绝不能把资金用于所规定生产之外的领域;措施到户精准,是指因地制宜对贫困户逐村逐户制定帮扶计划,一户一策解决贫困问题;因村派人精准,就是把熟悉党群工作的干部派到基层组织软弱涣散、战斗力不强的贫困村,把熟悉经济工作的干部派到产业基础薄弱、集体经济脆弱的贫困村,把熟悉社会工作的干部派到矛盾纠纷突出、社会发育滞后的贫困村,充分发挥派出单位和驻村干部自身优势,帮助贫困村解决脱贫攻坚面临的突出困难和问题;脱贫成效精准,就是要真脱贫,防止返贫,为此注重对贫困县、贫困村、贫困户脱贫的评价考核,构建详细的脱贫攻坚考核评估体系。"六个精准",将"大水漫灌"式扶贫开发变为"精准滴灌"绣花式扶贫,变重地区生产总值为重脱贫成效,解决好"扶持谁"、"谁来扶"、"怎么扶"、"如何退"的一系列问题。

全国贫困地区区域环境不同,贫困户贫困原因不同,解决贫困的举措不能一刀切。因此,习近平提出了"五个一批"的精准扶贫工作思路。对有劳动能力、可通过生产脱贫的实行"发展生产脱贫一批";对居住在生存环境恶劣、生态环境脆弱、不具备基本发展条件的地方,以及居住过于分散、基础设施和公共服务设施配套难的地方的贫困人口,实行"易地搬迁脱贫一批";对生态系统重要、需要保护修复的地区,让贫困户通过集体公益林生态效益补偿、贫困群众就地转为生态护林员等措施,实现"生态补偿脱贫一批";对教育落后和贫困地区与贫困家庭子女,通过实施义务教育"两免一补"政策、农村义务教育阶段学生营养改善计划、普通高中免除学杂费、中等职业教育免除学杂费等措施,实行"发展教育脱贫一批",使贫困户家庭子女都能接受公平有质量的教育,防止因贫困而失学、辍学,阻断贫困代际传递;对丧失劳动能力、无法通过产业扶持和就业帮助实现脱贫的,实行"社会保障兜底一批"。

有些地方还因地制宜,扩展探索了"帮助就业脱贫一批"、"医疗救助脱贫一批"、"灾后重建帮扶一批"等精准扶贫举措,使得脱贫攻坚取得显著成效。

## 第五节

## 中国脱贫攻坚始终坚持集结全体社会力量的全民行动

### 一、扶贫济弱是中华民族传统美德

扶贫济弱是中华民族的传统美德。儒家重视对社会弱势群体的伦理关怀,主张"利济苍生",扶贫济弱,提倡对社会弱者的同情、关心和帮助。《礼记·礼运》中论述何为大同社会时,把扶贫济弱作为天下大道的组成部分,指出:"大道之行也,天下为公。选贤与能,讲信修睦,故人不独亲其亲,不独子其子,使老有所终,壮有所用,幼有所长,矜寡孤独废疾者,皆有所养。男有分,女有归。货恶其弃于地也,不必藏于己;力恶其不出于身也,不必为己。是故谋闭而不兴,盗窃乱贼而不作,故外户而不闭。是谓大同。"

就儒家看来,不但圣人贤者和为政者要关心社会大众的疾苦,就普通社会成员而言,也应当富有同情心,具有扶贫济弱、扶危济困的精神。在儒家思想的影响下,历史上许多官员在赈灾、恤贫等方面竭尽全力,不少富裕者对穷人乐善好施,都在历史上留下美誉。例如,南宋钱塘吴自牧的《梦粱录》之《恤贫济老》一文,记载了当时杭州富商向孤苦老贫者施舍救济的慈善行为,指出:"数中有好善积德者,多是恤孤念苦,敬老怜贫,每见此等人买卖不利,坐困不乐,观其声色,以钱物周给,助其生理,或死无周身之具者,妻儿罔措,莫能支吾,则给散棺木,助其火葬,以终其事。或遇大雪,路无行径,长幼啼号,口无饮食,身无衣盖,冻饿于道者,富家沿门亲察其孤苦艰难,遇夜以碎金银或钱会插于门缝,以周其苦,俾侵晨展户得之,如自天降。或散以绵被絮袄与贫丐者,使暖其体。如此则饥寒得济,合家感戴无穷矣。俗谚云:'作善者降百祥,天神佑之;作恶者降千灾,鬼神祸之。天之报善罚恶,捷于影响。'世人当以此为鉴也。"①

到了近代,康有为等知识分子寻求救国富民之道,把扶贫济弱从道德提倡上升为政府和社会责任。康有为在"公车上书"中痛陈"京师四方观望,而乞丐遍地,其他孤老残疾,无人收恤,废死道路,日日而有。公卿士夫,车声隆隆,接轸不问"的情况,比较完整地提出了恤穷论。

中国共产党成立后,明确提出对贫老弱孤寡残疾人实施扶助、救助的主张。1927年11月中共中央临时政治局扩大会议通过的《土地问题党纲草案》,提出向农民提供低息农业贷款、废除军阀政府的苛捐杂税、一年只收一次农业税等扶助贫困的主张,对没有劳动能力的贫民则进行社会救助,"农民代表会议要措筹基金,保证无产而丧失工作能力的人(寡老病废等)的生活"②。从20世纪20年代末30年代初在革命根据地建立苏维埃政府开始,中国共产党就在局部执政过程中一直将扶助贫困、救助鳏寡孤独残疾人作为政府责任,采取了扶助极度贫困农民发展生产、救济无劳动能力贫困者的系列政策措施。

新中国成立后很长一段时间内,农村扶贫工作由党和政府主导,社会参与度很低。实际上,贫困地区的人民群众既需要国家大的开发工程,又渴望建一所学校、设一个诊所、修一里路、挖一口井、种一亩果园、

---

① [宋]吴自牧:《梦粱录》,浙江人民出版社1984年版,第175页。
② 《中共中央文件选集》第3册,中共中央党校出版社1989年版,第501页。

搞一项技术合作、办一个乡镇企业,甚至解决一个人的就业等具体实在的行动。所以,扶贫又是一项社会工程,只有靠全社会的力量才能最终消除贫困。

## 二、动员全社会力量积极参与扶贫

广泛动员全社会力量积极参与扶贫,是改革开放新时期扶贫开发工作的一项重要方针。1985年9月23日,中国共产党全国代表会议通过的《关于制定国民经济和社会发展第七个五年计划的建议》明确提出,要广泛动员社会力量,积极开展扶贫工作。1986年5月14日,国务院贫困地区经济开发领导小组第一次会议明确提出"动员全社会的力量,关心和支持贫困地区改变面貌",因为"改变贫困地区的面貌,是全党全国的一件大事,需要各方面的帮助和支持",许多地区已经创造了不少好的经验,值得提倡,欢迎社会各界尽自己的力量,采取不同形式,为贫困地区的经济开发做出贡献。①

动员社会力量扶贫,党政国家机关定点扶贫走在前列。1986年6月召开的国务院贫困地区经济开发领导小组第二次全体会议,要求国家机关把扶贫任务纳入议事日程,从实际出发,采取多种形式,支持和帮助贫困地区经济开发。会议对党政机关扶贫提出了三点要求:第一,凡有条件的部委,都应当抽派干部,深入一片贫困地区,定点轮换常驻,重点联系和帮助工作。在这方面已经先行一步的有:国家科委联系帮助大别山区,农牧渔业部联系帮助武陵山区,民政部联系帮助井冈山地区,水电部联系帮助三峡地区,商业部联系帮助沂蒙山区,林业部联系帮助黔桂九万大山地区。第二,有的部委可以相对稳定地联系一片贫困地区,定期组织干部下去调查研究,总结经验,并帮助贫困地区排忧解难,开发经济。例如国家教委计划相对稳定地联系帮助太行山区。第三,有的部委可以根据本部门的特点和条件,有计划、有选择地为贫

---

① 《国务院贫困地区经济开发领导小组第一次全体会议纪要(摘要)》,《中华人民共和国国务院公报》1986年第16号。

困地区做几件实事。如地质矿产部今年初就做出决定,为贫困地区群众采矿开展十项服务,已见到效果。① 在1996年召开的中央扶贫工作会议上,江泽民发出庄严号召:"全社会扶贫,党政机关要带头。"②

东部发达省市与西部贫困地区结对开展扶贫协作,也是国家动员社会扶贫的一种创新方式。这项工作从1996年开始,起初是东部13个省市对口帮扶经济欠发达的西部10个省区,2002年,国务院又做出珠海市、厦门市对口帮扶重庆市的决定。至此,东部共有15个发达省市对口帮扶西部11个省(区、市)。

众人拾柴火焰高。在党和政府号召之下,20世纪80年代中期以来,党政国家机关、各民主党派、社会团体、民间组织、私营企业和志愿者个人积极参与贫困地区的扶贫开发。1986年至2011年,已有247个中央单位定点帮扶447个国家扶贫开发工作重点县,仅2002年至2010年,中央单位定点扶贫直接投入资金和物资91亿元,帮助引进各类资金339亿元,项目10655个。党政机关定点扶贫已成为扶贫开发中不可替代的重要力量。此外,影响较大的有民主党派开展的"智力支边扶贫"、中国青少年发展基金会组织的"希望工程"、全国工商联主办的"光彩事业"、全国妇联组织的"巾帼脱贫行动"和"连环扶贫"、中国扶贫基金会创办的"天使工程"等。这些形式多样、有声有色的社会扶贫,不仅有力地推动了农村脱贫致富,而且增强了全体社会成员的责任感。据不完全统计,八七扶贫攻坚计划实施期间,社会力量参与扶贫的财物超过500亿元,占当时整个社会扶贫总投入的28%,为中国20世纪末基本解决农村贫困人口温饱问题立下了汗马功劳。

新时代脱贫攻坚中,把集中力量办大事作为战胜各种困难、啃下最难啃的"硬骨头"的重要法宝,积极动员和凝聚全社会力量参与扶贫助困。国务院自2014年起将每年的10月17日设定为扶贫日,号召努力

---

① 《国务院办公厅关于转发贫困地区经济开发领导小组第二次全体会议纪要的通知》,《中华人民共和国国务院公报》1986年第23号。
② 《江泽民文选》第1卷,人民出版社2006年版,第555页。

营造社会扶贫"人人皆愿为"的良好环境,倡导社会扶贫"人人皆可为"的共同参与理念,建立社会扶贫"人人皆能为"的有效参与机制和方式,从而为广泛动员社会各方面力量参与扶贫开发搭建了新的平台。2015年,习近平在中央扶贫开发工作会议上强调指出:"'人心齐,泰山移。'脱贫致富不仅仅是贫困地区的事,也是全社会的事。要更加广泛、更加有效地动员和凝聚各方面力量。……守望相助、扶危济困是中华民族的传统美德。要研究借鉴其他国家成功做法,创新我国慈善事业制度,动员全社会力量广泛参与扶贫事业,鼓励支持各类企业、社会组织、个人参与脱贫攻坚。"

新时代脱贫攻坚积极创新社会扶贫机制,开创社会扶贫新格局。一是培育多元扶贫主体。在政府主导基础上,积极鼓励民营企业以多种方式参与扶贫,在遵循市场经济规律的前提下,向贫困地区输入资金和技术,吸纳就业、捐资助贫。通过建立专业机构、完善工作机制,引导企业、社会组织和个人以项目投入、物资捐赠、扶贫消费等多种方式投入到减贫事业中。二是搭建多种扶贫互助平台。一方面,建立扶贫互助专业组织平台,引导社会各方力量有序参与扶贫济困志愿服务。另一方面,建立扶贫信息宣传推广平台,展示贫困地区产品、宣传贫困地区发展、对接贫困地区帮扶,不断提升扶贫信息化水平。此外,建立资金项目规范管理平台,规范扶贫公益资金管理,提高资金使用效率,真正把扶贫资金用在刀刃上。三是完善扶贫激励机制。建立和完善扶贫激励体系,动员全社会力量参与扶贫,让参与减贫事业的各类主体政治上有荣誉、事业上有发展、社会上受尊重。

## 第六节

## 中国脱贫攻坚始终坚持综合性开发建设

贫困不是经济贫困单一现象,而是经济、社会、文化贫困落后现象的总称。在贫困地区,经济发展滞后,人穷村也穷;基础设施和基本公共服务发展落后,交通不便,联络不畅;生态环境脆弱,自然灾害频发;社会事业滞后,医疗教育文化水平低。在这种情况下,采取单一减贫措施难以解决多种原因造成的贫困难题,中国农村扶贫开发相应地是进行多维的综合性开发建设,除通过各类项目进行经济开发扶持外,还有基础设施开发建设,教育智力开发,改善医疗、住房等社会安排,以及对生态环境的保护和治理,逐步形成贫困地区和贫困户的自我积累和发展能力,使贫困人口依靠自身力量脱贫致富,使贫困地区能够从整体上根本改变贫困面貌。

## 一、综合性开发建设是新中国扶贫(开发)一直坚持的原则

在新中国对革命老根据地等贫困地区进行扶持建设的方案中,在帮助老根据地"有计划地有重点地逐步恢复与发展农林畜牧与副业生产"的同时,对老根据地的交通基础设施、文化教育、医疗卫生等建设工作进行了规划,强调"恢复与开辟交通,这是改善老根据地人民生活的主要关键";"增设国家贸易机构与供销合作社,组织私商上山,建立山区商业网,促进物资交流";"老根据地人民的政治水平一般较高,对文化生活的要求尤为迫切,必须提倡文化下乡,电影上山,普及社会教育,并在这些地区增办小学、中学、工农速成中学和各种技术学校,以培养工农出身的知识分子及各种专门人才。为此,应以省为单位适当调剂教育经费与教员";老根据地人民的医药卫生要求也十分迫切,"卫生机关应协同有关部门在老根据地以大力开展卫生防疫运动,宣传卫生保育知识,设立卫生站与医院,派遣医疗队巡回治疗,开办卫生医疗人员训练班,新法接生训练班,帮助中医学习,设立中药铺。并注意供应海盐、海带等以避免粗脖子、柳拐子等病症,保护群众健康。"[①]

改革开放新时期,中共中央、国务院发出的第一个农村扶贫开发文件,即1984年9月发出的《关于帮助贫困地区尽快改变面貌的通知》,在指出对贫困地区实行比一般地区更灵活、更开放的土地承包、经营政

---

① 《中央人民政府政务院关于加强老根据地工作的指示》,《人民日报》,1952年2月1日。

策,免征农业税、企业所得税等优惠政策的同时,强调"贫困地区要首先解决由县通到乡(区或公社)的道路。争取在五年内使大部分乡(区或公社)都能通汽车或马车","要重视贫困地区的教育,增加智力投资。有计划地发展和普及初等教育,重点发展农业职业教育,加速培养适应山区开发的各种人才。山区的科技、卫生工作也应有切实的规划,各有关部门均应围绕山区开发的目标,采取措施,逐步实现。"①1994年发布的《国家八七扶贫攻坚计划(1994—2000年)》提出的解决贫困人口温饱的标准,也有绝大多数贫困户年人均纯收入有较大增长、扶持贫困户创造稳定解决温饱的基础条件、加强基础设施建设、改变教育文化卫生的落后状况等多方面的要求。

在实践中,农村扶贫开发成为一项综合性建设,重要的扶贫政策往往由当时的国家经委(现已并入商务部)、民政部、财政部、农牧渔业部(现更名为农业农村部)、教育部、对外经济贸易部(现已并入商务部)、国家物资局(现更名为粮食和物资储备局)等诸多部门共同制定下发,强调各部门协同扶贫。从"七五"计划时期开始,把扶贫工作与计划生育相结合,改变"越穷越生,越生越穷"的恶性循环;把交通基础设施建设与以工代赈扶贫工程结合,直接、间接多渠道增加贫困群众收入;把劳务输出与贫困地区就业结合,既治穷致富又能推动智力开发;把科技扶贫与解决群众温饱相结合,治贫又治愚;自1995年开始,实施"国家贫困地区义务教育工程",大力开展教育扶贫工作。到新世纪,农村扶贫开发进一步提出坚持综合治理原则,树立行业扶贫的理念,要求充分发挥各行业部门职责,将贫困地区作为本部门本行业发展重点,积极促进贫困地区水利、交通、电力、国土资源、教育、卫生、科技、文化、人口和计划生育等各项事业的发展。各部门重点开展了推广农业技术、改善贫困地区交通条件、加强贫困地区水利建设、解决无电人口用电问题、开展农村危房改造等工作。贫困地区社会事业尤其得到大力发展,教

---

① 《中共中央、国务院关于帮助贫困地区尽快改变面貌的通知》,《中华人民共和国国务院公报》1984年第25号。

育方面,建立健全农村义务教育经费保障机制,实施中西部农村初中校舍改造工程、全国中小学校舍安全工程和农村义务教育薄弱学校改造计划、农村中小学现代远程教育工程;医疗方面,加强国家扶贫开发工作重点县乡镇卫生院、村卫生室建设,重点为乡镇卫生院及以下的医疗卫生机构培养卫生人才;全面实行农村计划生育家庭奖励扶助制度,加快推进西部地区计划生育"少生快富"工程;组织开展全国文化信息资源共享工程、送书下乡工程,开展广播电视"村村通"工程、农村电影放映工程、"农家书屋"工程;实施退牧还草工程、岩溶地区石漠化综合治理工程等,加强贫困地区生态建设。国家还把对少数民族、妇女、残疾人的扶贫开发纳入规划,统一组织,同步实施,使扶贫开发切实成为一项改善农村贫穷落后面貌的综合性建设工程,并取得卓有成效的减贫效果。

## 二、脱贫攻坚全面破解贫困地区区域发展瓶颈制约

新时代脱贫攻坚的目标本身就是综合性要求。例如《"十三五"脱贫攻坚规划》中制定的"脱贫目标"中,"现行标准下农村建档立卡贫困人口实现脱贫"要求"贫困户有稳定收入来源,人均可支配收入稳定超过国家扶贫标准,实现'两不愁、三保障'",实际提出了收入、义务教育、基本医疗和住房安全的要求。"建档立卡贫困村有序摘帽",要求"村内基础设施、基本公共服务设施和人居环境明显改善,基本农田和农田水利等设施水平明显提高,特色产业基本形成,集体经济有一定规模,社区管理能力不断增强",实际提出了基础设施、公共服务设施、人居环境、农田水利设施、集体经济、社区管理等多方面要求。"贫困县全部摘帽",同样多方面要求"县域内基础设施明显改善,基本公共服务能力和水平进一步提升,全面解决出行难、上学难、就医难等问题,社会保障实现全覆盖,县域经济发展壮大,生态环境有效改善,可持续发展能力不断增强"。这决定了脱贫攻坚必然是各行业参与的综合性开发建设。

为此,中国特色社会主义新时代脱贫攻坚中,专项扶贫实行十大精

准扶贫工程:干部驻村帮扶工程、职业教育培训工程、扶贫小额信贷工程、易地扶贫搬迁工程、电商扶贫工程、旅游扶贫工程、光伏扶贫工程、构树扶贫工程、贫困村创业致富带头人培训工程、扶贫龙头企业带动工程;行业扶贫实施十大精准扶贫行动:教育扶贫、健康扶贫、金融扶贫、交通扶贫、水利扶贫、就业扶贫、危房改造和人居环境改善扶贫、科技扶贫、中央企业定点帮扶革命老区百县万村、民营企业"万企帮万村",后来又增加了网络扶贫行动、消费扶贫行动。

《"十三五"脱贫攻坚规划》还将提升贫困地区区域发展能力专门纳入其中,着重开展特殊类型地区发展重大行动(革命老区振兴发展行动、民族地区奔小康行动、沿边地区开发开放行动)和贫困地区重大基础设施建设工程,改善贫困乡村生产生活条件,全面缩小贫困地区与全国发展的差距。

总之,脱贫攻坚多管齐下,综合性地消除致贫因素,最终才能整体性地帮助贫困人口摆脱贫困,走上持续增收、共同富裕的道路。

# 第五章
# 中国脱贫攻坚精神及世界意义

农村贫困是世界各国从农业社会转向工业社会中出现的普遍现象,目前就世界上绝大多数发展中国家来说,在城乡二元经济下,都存在农村贫困问题。中国在2020年实现了农村整体消除贫困,书写了人类反贫困史的新篇章,培育了伟大的脱贫攻坚精神,可以给世界解决农村贫困问题提供中国经验、中国智慧和中国方案。

## ◇ 第一节 ◇
## 中国脱贫攻坚精神

脱贫攻坚是一项对中华民族、对整个人类都具有重大意义的伟大事业,同时也是一项艰苦卓绝的事业。广大干部群众在为实现脱贫目标进行的奋斗中培育和发扬了一种伟大的精神。这种精神是民族精神和时代精神的生动体现,必将成为中国人民在实现中华民族伟大复兴的道路上战胜各种困难和风险、不断夺取新胜利的强大精神力量和宝贵精神财富。因此,精准总结和提炼中国脱贫攻坚精神,并加以大力宣传和弘扬是十分必要的。

## 一、习近平深刻阐述中国脱贫攻坚精神

2018年6月,中共中央、国务院《关于打赢脱贫攻坚战三年行动的指导意见》提出"适时对脱贫攻坚精神进行总结"的要求。2021年2月25日,习近平在全国脱贫攻坚总结表彰大会上的讲话深刻阐述了中国脱贫攻坚精神。

习近平把中国脱贫攻坚精神概括为24个字,即"上下同心、尽锐出战、精准务实、开拓创新、攻坚克难、不负人民"。习近平指出:脱贫攻坚精神,是中国共产党性质宗旨、中国人民意志品质、中华民族精神的生动写照,是爱国主义、集体主义、社会主义思想的集中体现,是中国精神、中国价值、中国力量的充分彰显,赓续传承了伟大民族精神和时代精神。习近平要求全党全国全社会都要大力弘扬脱贫攻坚精神,团结一心,英勇奋斗,坚决战胜前进道路上的一切困难和风险,不断夺取坚持和发展中国特色社会主义新的更大的胜利。

"上下同心",就是在以习近平同志为核心的党中央坚强领导下,全党全社会齐心协力,共同向贫困宣战。东西部地区开展扶贫协作和对口支援;中央和国家机关各部门、民主党派、人民团体、国有企业和人民军队在贫困地区开展定点帮扶;各行各业发挥专业优势,开展产业扶贫、科技扶贫、教育扶贫、文化扶贫、健康扶贫、消费扶贫;民营企业、社会组织和公民个人热情参与,举国上下形成脱贫攻坚的共同意志和共同行动,党、政、军、民、学劲往一处使,东、西、南、北、中拧成一股绳,汇聚起排山倒海的磅礴伟力。

"尽锐出战",就是在党中央的集中统一领导下,集结全党全社会的精锐力量投向脱贫攻坚主战场。中共十八大以来,以习近平同志为核

心的党中央把脱贫攻坚摆在治国理政的突出位置上,强化中央统筹、省负总责、市县抓落实的工作机制,层层压实脱贫攻坚责任,构建起五级书记抓扶贫、全党动员促攻坚的局面。全国累计选派25.5万个驻村工作队、300多万名第一书记和驻村干部,同近200万名乡镇干部和数百万村干部共同奋战在扶贫一线,越是困难多、任务重的地方,越是派出能力强、作风硬的干部,不获全胜决不收兵。

"精准务实",就是实事求是,从实际出发,找准"穷根"、对症下药、靶向治疗,在精准施策上出实招,在精准推进上下实功,在精准落地上见实效。中共十八大以来,习近平同志提出精准扶贫精准脱贫基本方略,成为打赢脱贫攻坚战的制胜法宝。围绕"六个精准"、"五个一批"的要求,全党下足"绣花"功夫,真抓实干,把一切工作都落实到为贫困群众解决实际问题上,做到真扶贫、扶真贫、真脱贫,真正让脱贫成效经得起历史和人民检验。

"开拓创新",就是立足国情,把握减贫规律,改革创新扶贫体制机制,采取创新性、超常规的政策举措,坚定走中国特色减贫道路。中共十八大以来,针对新形势新要求,以习近平同志为核心的党中央创造性地提出精准扶贫精准脱贫基本方略,不断改革扶贫路径、扶贫方式;加强顶层设计,建立和完善脱贫攻坚制度体系;坚持开发式扶贫方针,注重激发内生动力,既扶贫又扶志;坚持经济发展与社会建设并重,不仅要求人均收入达到脱贫标准,还要求实现"两不愁三保障";构建政府、社会、市场协同推进的大扶贫格局,充分彰显党的领导和社会主义制度的政治优势。

"攻坚克难",就是面对脱贫攻坚进程中难啃的"硬骨头",以及"入之愈深,其进愈难"的情况,不畏艰险,迎难而上,以响鼓重锤推进脱贫攻坚,确保取得最后的胜利。脱贫攻坚进入决胜阶段,以习近平同志为核心的党中央瞄准"三区三州"等深度贫困地区,集中力量攻克贫困的难中之难、坚中之坚。2020年,面对突如其来的新冠肺炎疫情影响,党中央立即做出部署,要求努力克服疫情影响,确保如期完成脱贫攻坚目标任务,坚决夺取脱贫攻坚战全面胜利。

"不负人民",就是牢记中国共产党的初心和使命,坚持人民至上,让贫困群众和全国人民一起迈向小康社会,兑现党对人民的庄严承诺。中共十八大以来,以习近平同志为核心的党中央坚持以人民为中心,把脱贫攻坚作为保障全体人民共享改革发展成果、实现共同富裕的重大举措,作为党坚持全心全意为人民服务根本宗旨的重要体现。党中央始终把群众满意度作为衡量脱贫成效的重要尺度,集中力量解决贫困群众基本民生需求,确保全面小康路上,一个也不能少,共同富裕路上,一个也不能掉队。

在脱贫攻坚伟大斗争中锻造形成的脱贫攻坚精神,是中华民族的宝贵财富。在全面建设社会主义现代化国家新征程中,大力弘扬和传承好脱贫攻坚精神,必将激励全党全国各族人民不忘初心、牢记使命、接续奋斗,创造人民群众更加期待的幸福美好生活。

## 二、践行脱贫攻坚精神的时代楷模

在脱贫攻坚工作中,数百万扶贫干部倾力奉献、苦干实干,同贫困群众想在一起、过在一起、干在一起,将最美的年华无私奉献给了脱贫事业,涌现出许多感人肺腑的先进事迹。2016年,国家设立全国脱贫攻坚奖,表彰脱贫攻坚涌现出来的模范个人和单位。到2020年,全国有505个先进个人和先进单位(其中2016年38个、2017年40个、2018年139个、2019年140个、2020年148个)。2021年,在全国脱贫攻坚总结表彰大会上,党中央、国务院又授予毛相林等10名同志、河北省塞罕坝机械林场等10个集体"全国脱贫攻坚楷模"荣誉称号。他们都是在脱贫攻坚工作中践行脱贫攻坚精神的时代楷模,脱贫攻坚精神在他们身上熠熠生辉。

在脱贫攻坚中,上下同心,皆能众志成城。1997年4月,闽宁协作对口帮扶领导小组做出战略决策,将西海固不宜生存地区的贫困群众吊庄搬迁到银川河套平原待开发的地区,命名为"闽宁村"。到2020

年,闽宁两省区干部群众遵循"优势互补、互惠互利、长期协作、共同发展"的指导原则,引企业、育产业、惠民生,形成葡萄酒、菌草、黄牛、劳务经济等特色产业,从最初8000人发展成6.6万人的移民示范镇,移民年人均可支配收入由搬迁之初的500元跃升到2020年的14960元,村集体经济收入超过600万元,走出一条东西协作的脱贫之路、产业支撑的致富之路、生态优先的发展之路、民族团结的和谐之路。

在脱贫攻坚中,尽锐出战,就能效果非凡。江西省瑞金市叶坪乡有7个贫困村,建档立卡贫困人口2308户、8908人。脱贫攻坚战以来,叶坪乡坚持以脱贫攻坚统揽经济社会发展全局,传承红色基因,弘扬苏区精神和苏区干部好作风,担当实干、尽锐出战。推行"党建＋精准扶贫"模式,全乡创办领办致富带富项目124个,建立党员创业基地16个,带领780户贫困户实现就业。创新精准扶贫"五个一"管理模式,实现"识别精准、管理精准、帮扶精准";率先探索贫困人口商业补充医疗保险,筑起健康扶贫"第四道保障线";实施产业扶贫"五个一",形成万亩蔬菜、万亩脐橙、万亩白莲、十万生猪、百万蛋鸡的"五个万"基地。

在脱贫攻坚中,精准务实,方能百战不殆。湖南省花垣县双龙镇十八洞村,是习近平首倡开展"精准扶贫"的地方。2013年11月3日,习近平考察调研十八洞村,做出了"实事求是、因地制宜、分类指导、精准扶贫"重要指示,这极大地鼓舞了十八洞村精准扶贫工作的开展。2014年1月,花垣县委抽调5名党员干部组成了十八洞村精准扶贫工作队,同时选派干部任村党支部第一书记,全力支持村支两委班子开展工作。在村委会换届选举中,把讲政治、有文化、"双带"能力强、群众信任的能人选进班子,并创新增设建制专干和主干助理。通过竞争上岗,3名产业带头人成为村主干,9名能人当上主干助理。十八洞村两委班子坚持一户一策、精准帮扶,在就业扶贫、产业发展、兜底保障、互帮互助上精准发力,坚持因地制宜、壮大产业,先后形成种养、苗绣、劳务、旅游、山泉水五大产业体系。2016年,十八洞村成为湖南省第一批出列的贫困村。2013年至2020年,该村人均纯收入由1668元增长至18369元,村集体经济收入从零到突破200万元,成为中国精准扶贫对外交流窗口。

脱贫攻坚中,"开拓创新"一直是制胜法宝。中国工程院院士、吉林农业大学教授李玉,是"小木耳大产业"的领路人,是国内"南菇北移"、"北耳南扩"等食用菌产业发展战略的首倡者。他探索出"科技专家+示范基地+农业技术员+科技示范户+辐射带动农户"的食用菌科技扶贫模式。2012年以来,他率团队深入全国40多个深度贫困地区,每年280余天奔走在河北、山西、安徽、贵州、云南、陕西等地传授种植技术。他推动建立31个食用菌技术推广基地,扶持食用菌龙头企业22个,帮扶800余个村3.5万余贫困户实现彻底脱贫,年产值达350多亿元。

脱贫攻坚中,"攻坚克难"才能拔穷根。重庆市巫山县竹贤乡下庄村党支部书记毛相林立志改变全村贫穷闭塞的"宿命",1997年起带领乡亲以"愚公移山"的决心和毅力,历时7年,在绝壁上凿出一条8公里长的"绝壁天路"。路修通后,他又带头引路、誓拔穷根,因地制宜,历时15年,带领村民探索培育出柑橘、桃、西瓜等产业,发展乡村旅游,推进移风易俗,提振信心士气,让乡亲们改变了贫困落后的面貌。2020年,村民人均纯收入达13785元,是修路前的43倍。

脱贫攻坚中,"不负人民"是诸多楷模坚定不移的信念。中国社会科学院原外事局研究员夏森,14岁开始投身革命,15岁加入中国共产党,多年来,她一直过着艰苦朴素的生活。她离休后仍心系贫困地区教育事业,累计捐出自己靠省吃俭用积攒下来的203.2万元,用于改善陕西省丹凤县、江西省上犹县贫困乡村学校的教学条件,其中100万元设立"夏森助学金",目前已资助182名贫困大学生圆了"大学梦"。黄文秀是在习近平新时代中国特色社会主义思想指引下成长起来的优秀青年代表,北京师范大学研究生毕业后,她放弃大城市高薪工作,毅然回到家乡,主动请缨到广西壮族自治区乐业县新化镇百坭村担任驻村第一书记,勇敢挑起全村脱贫重任,挨家挨户上门走访,跑项目、找资金、请专家,组织村民大力发展产业,带动全村实现整体脱贫。2019年6

月,她在从百色市田阳区返回乐业县途中遭遇山洪因公殉职,年仅30岁。

脱贫攻坚战场上涌现的诸多楷模,带领、帮助群众攻坚克难摆脱贫困,用热血和实干诠释了对党和人民的忠诚,用无悔的坚守点亮了贫困群众通向幸福的明灯。他们的事迹感人至深,他们的精神催人奋进。

## 第二节
## 联合国引领的世界反贫困

### 一、世界绝对贫困状况

目前,在国内外反贫困的实践和理论视野中,贫困分为绝对贫困与相对贫困两类。绝对贫困又称极端贫困,"从生产方面看,指劳动力缺乏再生产的物质条件,难以维持自身的简单再生产,生产者只能进行萎缩再生产的这样一种生产状况;从消费方面看,是指人们无法得到满足衣、食、住等人类生活基本需要的最低条件,以致食不果腹,衣不遮体,房不避风雨的状况。"[①]绝对贫困是有标准的。在一定的时间、空间和社会发展条件下,维持人们基本生存和社会公认标准所必须消费的物品和服务的最低费用,称为绝对贫困线或者贫困标准。"在一定的时间、空间和社会发展条件下"意味着绝对贫困标准是有差异性的,各国之间的贫困标准有差异性,每个国家不同阶段的贫困标准也有差异性。

相对贫困,是将一部分人的生活境遇与另一部分人的生活境遇或者社会公认的生活标准相比较而得出的一种概念,它区别于绝对贫困的特征在于其相对性和差异性。相对贫困是按比例衡量的。有些国家把收入低于平均收入40%的人口归为相对贫困,世界银行则将收入只

---

① 《绝对贫困》,《中国贫困地区》,1995年第1期。

有(或少于)平均收入的 1/3 的社会成员视为相对贫困。①

评估世界贫困状况,首先要制定绝对贫困标准。1976 年国际劳工组织在国际就业会议上曾制定过相关的贫困标准,如西欧的标准是人均年收入 500 美元,拉美是 180 美元,非洲是 115 美元,亚洲是 100 美元。1979 年联合国确定的国际贫困标准为人均年收入 200 美元,按照这个标准测算,全世界在 20 世纪 80 年代初有 8 亿多人生活在这一标准之下。

1990 年,世界银行选取当时一组最贫穷国家的贫困线,采用购买力平价将它们换算成美元,通过计算出平均值将绝对贫困线设定在每人每日平均收入 1 美元左右。按照这一标准,1990 年全球绝对贫困人口有 12 亿人,其中四分之三在农村地区生活劳作。

2008 年,世界银行依据来自 100 个发展中国家的 500 多个住户调查结果,基于 2005 年购买力平价,将国际贫困线上调到每人每日平均 1.25 美元。按照这一标准,1990 年全球生活在绝对贫困中的人数变成 19 亿,到 2015 年,全球绝对贫困人口下降至 8.36 亿,其中大多数进展是在 2000 年后取得的。

2015 年 7 月,世界银行又根据 2011 年购买力平价,将国际贫困线标准上调至每人每日平均 1.9 美元。按照世界银行的统计,2016 年,全球绝对贫困人口 7.66 亿,其中绝大部分分布在南亚与撒哈拉以南非洲,分别为 2.56 亿、3.88 亿,共 6.44 亿,约占 84.1%;东亚和太平洋地区 7100 万,约占 9.2%;东欧和中亚 1000 多万,约占 1.3%;拉美和加勒比地区 3300 万,约占 4.3%。

总体来说,世界银行制定的贫困标准主要用于国别比较和研究,通常大多数国家都会参考这一标准,并根据自身的经济社会发展水平和自己国家的货币购买力来制定、调整自己国家的贫困标准。

---

① 《相对贫困》,《中国贫困地区》,1995 年第 1 期。

## 二、联合国倡导的反贫困

反贫困是中外治国理政的大事,当今世界四分之三的贫困人口在农村地区生活劳作,联合国倡导引领的全球减贫工作就是以农村贫困人口为重点的。联合国大会第六十届会议指出,全世界贫穷妇女、男子和儿童中大多数人,也就是四分之三的人在农村地区生活劳作。为了实现千年发展目标,减贫工作必须以农村的贫穷人口为重点,也就是必须在农村和农业发展方面进行大规模投资。联合国系统的一些部门正谋求实现这一目标,办法是加强农村贫穷人口及其组织的能力,使人们更能公平取得生产性自然资源和技术以及更易获得金融服务和市场。①

2000年9月召开的联合国千年首脑会议通过了《联合国千年宣言》,各国承诺将建立新的全球合作伙伴关系以降低极端贫困人口比重,并设立了一系列以2015年为最后期限的目标,即"千年发展目标"。关于消除贫困,具体目标是"在2015年年底前,使世界上每日收入低于1美元的人口比例和挨饿人口比例降低一半,并在同一日期之前,使无法得到或负担不起安全饮用水的人口比例降低一半。"②世界银行将贫困标准提高到1.25美元后,联合国采纳了这一新的贫困标准,宣布到2010年,全球"依靠每日低于1.25美元维生的人口比例从1990年的47%降至2010年的22%,提前5年实现规划目标。"③

2015年9月,世界各国领导人在联合国峰会上通过了《2030年可持续发展议程》,该议程涵盖17个可持续发展目标以及169个相关具体目标,其中目标1是"在全世界消除一切形式的贫困","到2030年,

---

① 《秘书长关于联合国工作的报告》,https://www.un.org/chinese/ga/60/docs/1/index.htm。

② 《联合国千年宣言》,https://www.un.org/zh/documents/treaty/files/A-RES-55-2.shtml。

③ 《我们能够消除贫穷:千年发展目标及2015年后进程》,https://www.un.org/zh/millenniumgoals/pdf/Goal_1_fs.pdf。

在全球所有人口中消除极端贫困"。该议程中绝对贫困标准保持恒定，没有采纳世界银行1.9美元标准，标准仍然是每人每日生活费不足1.25美元。①

## 第三节
## 国际社会对中国消除农村绝对贫困的关注和研究

自1992年起，世界银行开始对中国实施的扶贫项目做出系列专题报告，比较详细地介绍了中国消除农村绝对贫困的政策和实践，为国外社会了解中国反贫困状况奠定了初步基础。2000年9月8日，联合国大会第55/2号决议通过《联合国千年宣言》，决心"在2015年年底前，使世界上每日收入低于1美元的人口比例和挨饿人口比例降低一半"。② 中国不仅作为主要观察对象纳入联合国视野，而且2004年年初提前实现了将1990年的8500万贫困人口减少一半的减贫目标③，从而吸引了更多的国外学者聚焦中国消除农村绝对贫困实践。2015年9月，联合国大会第七十届会议正式通过《2030年可持续发展议程》，所制定的17个可持续发展目标中第一项为"在全世界消除一切形式的贫困"。2020年中国完成脱贫攻坚任务后，有1亿左右贫困人口实现脱贫，提前10年实现联合国《2030年可持续发展议程》的减贫目标，世界上没有哪一个国家能在这么短的时间内帮助这么多人脱贫，这吸引着更多的国外学者对中国消除农村绝对贫困展开进一步研究。

---

① 《变革我们的世界：2030年可持续发展议程》，https://www.un.org/ga/search/view_doc.asp? symbol = A/RES/70/1&referer = http://www.un.org/sustainabledevelopment/development-agenda/&Lang=C。

② 《联合国千年宣言》，https://www.un.org/zh/documents/treaty/files/A-RES-55-2.shtml。

③ 吴志华、任彦：《联合国千年发展目标国际研讨会在京开幕》，《人民日报》，2004年3月26日。

## 一、持续关注中国消除农村绝对贫困的历程和成就

新中国成立后尤其是改革开放以后,中国消除农村绝对贫困的实践,在农村经济体制改革的推动下,经过有计划、有组织的大规模扶贫开发,很快取得突出成就。从1978年到1985年,中国农村没有解决温饱的贫困人口从2.5亿人减少到1.25亿人,到1993年年底进一步减少为8000万人[①]。自20世纪90年代初期开始,中国的减贫历程、成就吸引了世界银行、联合国以及诸多专家学者持续的关注和研究。

改革开放后,国外对于中国努力消除农村绝对贫困的关注始于世界银行。1992年6月,世界银行在中国20世纪90年代减贫战略的报告中充分肯定了新中国成立以来的减贫成就,指出:"在过去40年中,中国在整体经济增长的同时,改善了全体人民的教育、健康和营养水平,中国在减少绝对贫困方面取得了令人瞩目的成绩。中国人口整体福祉改善最有说服力的指标是预期寿命的增加,从20世纪50年代初期的34岁到当前的67岁,几乎翻了一番。社会发展的其他指标也证明了巨大的进步。自20世纪50年代初以来,粗死亡率和婴儿死亡率均下降了约3/4;文盲率已从20世纪50年代初的成人人口的80%下降到当前的约30%。这些中国社会发展指标与印度、印度尼西亚、巴西以及其他中低收入国家的平均水平相比具有优势"。2001年,世界银行发表题为《中国战胜农村贫困》的报告,介绍了中国第一个专项扶贫计划《国家八七扶贫攻坚计划(1994—2000年)》的实施情况,评估了20世纪90年代末中国农村绝对贫困的状况,报告高度评价了中国政府的减贫实践,指出:"中国政府对减贫做出了坚定承诺,其减贫计划的规模和资金投入以及在过去20年改革中持续显著减少绝对贫困的成绩,用任何标准衡量都堪称典范"。

---

① 《中国的农村扶贫开发》,《人民日报》,2001年10月16日。

2000年9月《联合国千年宣言》发表后,联合国对中国消除农村绝对贫困的进展和成就进行了持续关注与充分肯定。2004年3月25日,联合国驻华机构发表了中国实施千年发展目标进展情况的报告,这是联合国发布的第一个有关实施千年发展目标进展情况的国别报告。报告指出,自1980年以来,中国就制定了自己实现小康社会的发展目标和指标。在这方面,中国走在了《联合国千年宣言》的前面。报告认为,中国在实施千年发展目标方面取得了巨大进展,在消除极端贫困和饥饿方面,中国已实现了千年目标中的减贫目标。① 2010年,联合国宣布在全球范围内千年发展目标中关于极端贫困人口比重的具体目标已实现,这比原定实现日期提前了5年。当时,联合国有关人员就指出,这一判断主要是基于中国减少绝对贫困的成就而做出的。"仅在中国,贫困人口数量就从1981年的8.351亿人下降到2005年的2.077亿人,这意味着中国的贫困率从84.0%急剧下降到15.9%"。2015年,联合国在《千年发展目标报告》中也高度肯定了中国在全球减贫中发挥的重要作用。

世界银行等机构以及国外高校的专家学者也以个人名义发表了一些研究中国农村扶贫开发和减贫成就的著述。1998年,世界银行经济学家皮安澜等人在《中国减少绝对贫困的现状与问题》一文中,介绍了国务院扶贫开发领导小组的成立、中国农村贫困标准的确定、国民经济和社会发展第七个五年计划和第八个五年计划中农村扶贫开发工作内容,以及《国家八七扶贫攻坚计划(1994—2000年)》的主要目标和措施。1999年,美国当代世界事务研究所丹尼尔·莱特撰写文章,不仅记述了中国政府各部门的扶贫行动,还介绍了社会扶贫组织、东西部扶贫协作和对口支援等全社会的扶贫努力以及世界银行、联合国等国际组织在中国开展的扶贫项目等,比较全面地呈现了中国消除农村绝对贫困情

---

① 吴志华、任彦:《联合国千年发展目标国际研讨会在京开幕》,《人民日报》,2004年3月26日。

况。2000年,姚树杰发文高度评价了改革开放后中国所取得的减贫成就,指出:1978年至1996年,中国农村贫困发生率从75.5%～100%(5.96亿～7.9亿人)下降到6.7%～13.2%(5700万～1.14亿人),这一减贫纪录在世界发展史上是前所未有的。

## 二、重点关注新时代脱贫攻坚新举措和突出成就

近年来,以习近平同志为核心的党中央把脱贫攻坚作为全面建成小康社会的底线任务和标志性指标,以前所未有的决心和力度全面打响脱贫攻坚战,并取得了决定性进展,创造了中国消除农村绝对贫困史上的最好成绩,谱写了人类反贫困历史的辉煌篇章。国外学者关注新时代中国脱贫攻坚的新举措、新进展,并开展了相关研究。

2011年,中国将农村绝对贫困标准提高为人均年纯收入2300元(2010年不变价),当时国内一些媒体认为,这一标准低于世界银行于2008年制定的每人每日平均1.25美元的国际贫困标准。① 但国外学界发表了不同意见,认为中国贫困标准高于世界银行的国际标准。如2014年10月20日,英国的《经济学人》周刊发表了《国家扶贫日:中国经济》一文,指出:"中国的农村贫困线是每人每年2300元,或每日6.3元,按当前汇率计算,仅为每日1.03美元,看起来比世界银行划定的每人每日1.25美元贫困线低出很多。按照国际标准,中国仍有超过2亿贫困人口,实际上,中国并没有2亿人的生活水平低于世界银行的全球贫困线,因为世界银行的贫困线是按购买力平价汇率而非市场汇率计算"。"证明中国贫困线高于世界银行贫困线的最简单方法是比较落在每条贫困线以下的人口数量。2011年,根据世界银行1.25美元标准,中国农村贫困人口数量是8170万,中国政府发布的2011年贫困人口

---

① 顾仲阳、范小建、蔡华伟:《扶贫标准上调至2300元》,《人民日报》,2011年11月30日;《新扶贫标准出台农村贫困人口破亿 专家称仍偏低》,http://f.china.com.cn/2011-11-30/content_24037673.htm。

数据则是 1.2238 亿。在中国贫困线标准以下人口数量更多,这一事实证明,中国的贫困线高于世界银行标准。如果世界银行要想把中国政府 2011 年统计到的贫困人口全部划入国际标准贫困人口,其贫困线就不得不提升到每人每日 1.45 美元"。

国外社会对近年来中国脱贫攻坚成就给予高度评价。2016 年 8 月,联合国人权理事会极端贫困与人权问题特别报告员菲利普·阿尔斯顿指出:"中国在减轻贫困领域值得骄傲","近年来,中国在减轻极端贫困以及实现改善社会福祉的宏伟目标方面取得了令人瞩目的成就"。他强调,中国共产党面临着经济增速放缓、贫富差距拉大、环境恶化等巨大挑战,但是其建立没有绝对贫困的小康社会的决心是毋庸置疑的,"这种政治意愿令人印象深刻,在当今世界上太罕见了"。

## 三、用国际减贫理论分析中国消除农村绝对贫困措施

中国农村扶贫开发本身是一项综合性建设工程,既着手经济开发,又建设基础设施,还包括开发教育智力、改善医疗和住房条件、对生态环境的保护和治理等,注重增强贫困地区、贫困户的自我积累和发展能力,使之能够根本改变贫困面貌。这种综合性实践为国外学者从各种理论视角分析中国减贫实践提供了研究范本。

一是农村社会保障在消除绝对贫困中的基础性作用。国外学者对这些社会保障举措在中国消除农村绝对贫困中所发挥的作用予以高度关注。2019 年 2 月,澳大利亚新南威尔士大学经济学院纳纳克·卡克瓦尼亚等人发表的文章《中国农村最低生活保障制度有效性评估》,分析了农村最低生活保障对于减贫的作用和影响。文章通过数据模型发现:"最低生活保障确实为减少贫困做出了贡献,按人均实际可支配收入衡量,农村低保有助于将贫困人口的百分比降低 0.42 个百分点;按人均消费支出衡量,贫困人口的减少幅度更高,达到 0.63 个百分点"。

也有国外学者习惯性地质疑最低生活保障对于消除农村绝对贫困

的作用。例如,2017年5月,英国出版的爱思唯尔国际期刊《世界发展》刊发了《中国的无条件现金转移支付:谁从农村最低生活保障中受益?》一文,对农村最低生活保障制度的来龙去脉进行了讨论,并利用2007—2009年中国农村住户调查数据和民政部门的有关数据,研究了农村最低生活保障是否或在何种程度上为中国减贫做出了贡献。文章指出:"尽管最低生活保障为贫困受益人提供了可观的收入利益,但它对消除农村贫困总水平的影响是有限的;尽管低保的总支出是相当大的,但该制度并未从人数或贫困差距的角度大幅度减少贫困"。文章之所以质疑最低生活保障制度的减贫效果,很大程度上是因为该文作者错误地以为"中国放弃了先前对贫困地区的扶贫计划,而采用了低保计划"。实际上,最低生活保障等社会保障措施,在中国农村消除绝对贫困的实践中只是基础性措施,不能把它与扶贫开发政策放在同等位置来衡量其对于减贫的效果。

二是农业发展在消除绝对贫困中的关键作用。不少国外学者把农业发展视为中国消除农村绝对贫困的关键抓手。1992年,世界银行指出:"广泛的农业改革促进农业发展是1978—1984年中国农村绝对贫困减少三分之二的主要因素"。2004年,世界银行经济学家马丁·拉瓦雷等在《从成功中学习:解读中国的反贫困进展》一文中概括了改革开放25年间中国消除绝对贫困的成就,总结了其中的主要经验。文章指出:"当一个国家的贫困主要集中于农村地区时,农业发展在减贫中就会发生重要作用。虽然中国农业增长是在公正分配土地这一独特历史条件下所取得的,但是中国的经验与过去许多研究观点是一致的,即在大多数发展中国家推进农业和农村发展是影响扶贫的关键因素,消除农村贫困不可能绕开发展农业和农村经济的关键步骤"。还有学者专门研究了中国退耕还林政策在消除农村绝对贫困中的作用。2007年8月,美国罗德岛大学环境经济学与自然资源经济学系内田惠美等人发表了《贫困人口从退耕还林工程中受益了吗?》一文,指出:"作为发展中国家最大的自然保护工程,中国的退耕还林工程主要在农村贫困地区实施,参加该工程的贫困农户比非参加者的收入增长显著,而且参加该工程的农户家庭已开始将其劳动力转移到非农业部门。总体而言,该工程不仅在环境保护方面取得成效(大多数观察家都认为水土流失已大大减少),还增加了大多数贫困人口的财富,在实现其扶贫目标方面取得了一定程度的成功"。

三是经济增长与减少贫困的关系。21世纪以来,国际经济学界的主流观点认为,经济增长是长期减少贫困的必要条件和最主要因素。在对中国消除农村绝对贫困的研究中,也有国外学者用中国减贫实践来验证经济增长与减少贫困之间的关系。新加坡管理大学约翰·唐纳森重点考察了经济增长与减少农村贫困之间的联系,并试图揭示更多有关经济增长与贫困之间关系的信息。在他2007年发表的《贵州、云南的旅游、开发与减贫》一文和2011年出版的《小工程:贫困与西南经济发展》一书中,集中研究了20世纪90年代以来云南、贵州两省的反贫困实践,发现贵州省经济增长缓慢,农村贫困率却持续下降,贵州农村绝对贫困率从1990年的41.9%下降到1996年的24.5%,到20世纪90年代末下降到20%以下;而云南省20世纪90年代的地区生产总值增长很快,农村贫困率却从1990年的30.3%增加到1996年的近33%,经济的快速增长不仅没有惠及该省的农村贫困人口,贫困人口比例反而更高。为了探究其中的原因,约翰·唐纳森从交通基础设施建设、劳动力移民、旅游和煤炭资源开发四个领域比较了两个省的不同做法:云南省重点发展现代化高速公路、重工业、城市旅游业和大型煤矿,这些政策有益于该省的城市地区和一些较富裕的农村地区,但其经济结构导致该省最贫困的农村人口被排除在经济增长受益范围之外;贵州省重点发展廉价土路、贫困县旅游和小规模、低技能经济,使贫困人口获得交通、煤炭开采和旅游业的好处,即使缺乏教育、缺少启动资金和经验的人也能参与其中,因此尽管经济增长缓慢,却有效减少了贫困。约翰·唐纳森认为,世界上很多贫困地区经济增长的前景不佳,贵州经验为这些不可能依靠经济增长来解决贫困问题的地区揭示了一条可行的扶贫途径。

## 四、注重总结中国减贫经验

2020年完成脱贫攻坚任务后,中国将彻底消除绝对贫困,进入解决相对贫困的新阶段。然而,世界其他发展中国家消除绝对贫困的状况不容乐观,据联合国《2018年可持续发展目标报告》,全球饥饿人口从2015年的7.77亿增至2016年的8.15亿。在这种情况下,全面总结中国解决绝对贫困的有效经验来为其他发展中国家提供借鉴,并密切关注中国未来进一步减贫所面临的挑战,成为国外研究中国消除农村绝对贫困的重要内容。

中国消除农村绝对贫困的减贫方案,以其卓越成效逐渐获得国际社会的肯定。2018年11月1日,世界银行行长金墉在北京召开的改革开放与中国扶贫国际论坛上发表讲话,是迄今为止国际社会关于中国减贫经验最全面的总结。他指出,随着改革开放的进行,农村扶贫开发成为中国增长政策的旗帜。我们可以从中国扶贫工作的主要特征中汲取一些重要的经验。第一,从改革开放开始到现在,扶贫始终得到最高层领导强有力的支持,这种强有力的领导为各级政府在其所在地区寻求减贫奠定了基调。第二,中国成立了专门的消除贫困组织,国务院扶贫开发领导小组办公室和各地扶贫办一直是减贫的主要倡导者,他们制定消除贫困的政策,并根据当地情况实施扶贫开发工程。第三,中国绝对贫困集中于农村地区,因此农业的增长对减轻贫困最为有效。1981年至2017年,GDP每增长1%,贫困发生率就减少0.97%。第四,中国将扶贫资源集中用于最贫穷、最脆弱的贫困地区。新时期中国农村扶贫开发以"三西"建设为起点,20世纪90年代集中开展八七扶贫攻坚,新世纪着力构建和谐社会。中国扶贫开发注重瞄准机制,从一开始的全国性扶贫到西部大开发等广泛的区域政策，从起先贫困县的选择到贫困村，再到确定贫困户，进行精准贫困定位。第五，政策制定者注重解决不平等加剧这一公众关注的问题。近年来，40%的最底层人口收入增长超过了全国平均水平，消费增长达到每年8.1%，略高于7.9%的全国平均水平。第六，中国专注于建设人力资本。1979年采用拼音进行语言教学后，识字率大大提高，改革开放以后逐步扩大义务教育，自2000年以来，高等教育迅速发展，为中国目前作为一个创新型国家的崛起奠定了基础；医疗保险快速发展，现已覆盖几乎所有公民，改善了中国人民的健康水平。中国在人民健康和教育方面的投资高于大多数中等偏高收入国家，与经济合作与发展组织（OECD）国家的水平接近。

此外，一些国外学者不断总结中国减贫经验，以期为世界其他贫困地区提供可借鉴的经验。2011年，得克萨斯大学奥斯汀分校詹姆斯·加尔布雷斯在《减少贫困：我们可以学到什么？》一文中对中国的减贫经验进行了总结：大众教育和公共卫生项目；家庭责任制引入农业，乡镇企业吸收农村剩余劳动力；推动城市化并建立基础设施；控制人口流动，防止出现拉丁美洲地区的贫民窟；对外开放与技术升级，控制资本流动；使中国经济免受全球金融冲击的影响；等等。还有一些国外学者总结了中国特色减贫做法，为发达国家解决相对贫困问题提供借鉴。美国伯米吉州立大学约瑟菲娜·李专门研究了20世纪80年代开始实施的宁夏生态移民工程（西海固生态移民工程），总结出以下几点成功经验：①工人技能和生产率的提高导致生活水平的提高；②增加就业投入能够造就更多的商业企业和更高的经济增长；③做好贫困农村人口登记，使他们从非正规部门转移到正规部门；④公共基础设施建设和资源开发，能够再次提高生产力水平和产出；⑤改善和保护有益于后代的经济环境和生态环境。约瑟菲娜·李指出：宁夏生态移民工程与美国政府实施的就业保障计划有相同之处，宁夏的真实经验值得实施就业保障计划借鉴。

## 第四节

## 中国消除农村绝对贫困的国际影响

中国作为世界上农村人口多、区域发展非常不平衡的多民族发展中国家,中国的减贫事业是世界减贫事业极为重要的一部分,中国的成功是对全人类进步的重要贡献。

### 一、中国实现农村整体消除贫困,得到国际社会的充分肯定

中国农村整体消除贫困的成功实践,虽然生长于中国经济社会土壤,具备本土独特性,但中国实现工业化与乡村振兴并举、市场化转型与消除绝对贫困同步、成功跨越"中等收入陷阱"的经验,以及从中体现的国家治理体系和治理能力,都是人类社会发展进程中创造的有益成果,具有理论意义和现实借鉴作用。中国的减贫事业得到了世界银行、亚洲开发银行、国际农发基金、联合国粮农组织、世界粮食计划署等多边开发机构的积极参与和有力支持,但最终是通过自身有效的反贫困治理,创造性地培育出持续内生动力以实现农村整体脱贫,绝大多数曾经处于贫困状态的农民,以自主劳动为主提高了生活水平,避免了完全依赖援助实现脱贫的"输血式"脱贫。

新中国成立时中国还是一个农村人口占90%的落后农业大国,经过70余年的经济发展与农村脱贫探索和实践,中国成为世界上减贫人口最多的国家,对全球减贫的贡献率超过70%,在世界上率先完成联合国千年发展目标,并将成为首个实现联合国可持续发展目标之一的"无(绝对)贫困"的发展中国家。鉴于中国的体量和贫困程度,这个贡献十分不易,弥足珍贵。

在2000—2015年联合国千年发展目标期间,联合国高度评价中国

减贫成就。中国是世界上减贫人口最多的国家,是第一个完成联合国千年发展目标、使贫困人口比例减半的发展中国家,对全球减贫贡献率超过70%。2004年3月,联合国驻华机构在北京发表了中国实施千年发展目标进展情况的报告,这是联合国发布的第一个有关实施千年发展目标进展情况的国别报告。报告认为,中国在实施千年发展目标方面取得了巨大进展。报告对中国千年发展目标的8项指标的实施情况做了详细的描述和评估,其中在消除极端贫困和饥饿方面,报告认为,中国已将1990年的8500万贫困人口减少了一半,实现了千年目标中的减贫目标。①

到制定《2030年可持续发展议程》时,联合国的设想中不乏中国减贫方案的有关内容。例如,在可持续发展目标1"在全世界消除一切形式的贫困"和目标2"消除饥饿,实现粮食安全,改善营养状况和促进可持续农业"的具体目标中,中国解决农村贫困问题的举措都有充分的体现。例如,目标1的五项具体目标中,第三项"执行适合本国国情的全民社会保障制度和措施,包括最低标准,到2030年在较大程度上覆盖穷人和弱势群体",第四项"到2030年,确保所有男女,特别是穷人和弱势群体,享有平等获取经济资源的权利,享有基本服务,获得对土地和其他形式财产的所有权和控制权",第五项第二点"根据惠及贫困人口和顾及性别平等问题的发展战略,在国家、区域和国际层面制定合理的政策框架,支持加快对消贫行动的投资",分别对应中国解决农村贫困的救济保障、土地制度、扶贫开发政策。目标2的第三项具体目标再次强调"到2030年,实现农业生产力翻倍和小规模粮食生产者,特别是妇女、土著居民、农户、牧民和渔民的收入翻番,具体做法包括确保平等获得土地、其他生产资源和要素、知识、金融服务、市场以及增值和非农就

---

① 吴志华、任彦:《联合国千年发展目标国际研讨会在京开幕》,《人民日报》,2004年3月26日。

业机会"。① 这在联合国倡导减贫的历史上是前所未有的举措。

联合国有关负责人多次赞赏中国的减贫实践与经验。联合国秘书长古特雷斯在致2017减贫与发展高层论坛贺信中,高度评价中国精准扶贫成就,称赞"精准减贫方略是帮助贫困人口、实现《2030年可持续发展议程》宏伟目标的唯一途径。中国已实现数亿人脱贫,中国的经验可以为其他发展中国家提供有益借鉴。"②联合国粮农组织驻华代表马文森也指出:"由于拥有相似的发展环境,中国的减贫经验对于其他发展中国家十分宝贵,许多国家对借鉴中国减贫经验表示出强烈兴趣。"③

## 二、中国努力帮助其他国家反贫困,为世界反贫困做出贡献

当今世界,国际治理越来越转向促进发展,消除贫困成为普遍共识。由贫穷所直接导致或者衍生的一系列社会问题是当今世界最具挑战的问题。在国际治理合作中,民生改善无疑是最能够达成共识、最能够产生共鸣的核心指标。中国共产党始终关注本国的民生,努力做到了经济发展和社会稳定,而这与实现发展成果共享是分不开的。中国不仅解决了自身的农村贫困问题,正在实现工业化后的乡村振兴,而且支持和帮助其他贫困国家摆脱贫困,为世界减贫做出卓越贡献。

随着综合国力的持续增长,中国从反贫困国际公共产品的消费者,逐渐成为修正者、建设者,以及供给者、创新者。中国在解决贫困问题方面的不断探索,随着经济建设、社会发展和改革开放进程而不断校正、深化和完善。经历了从最初的救济式扶贫到开发式扶贫。救济式扶贫弊端明显,容易因为救济的中断而再度陷入贫困状态,无法从根本上解决贫困问题。从自身的经验出发,中国参与全球贫困治理的重点

---

① 《变革我们的世界:2030年可持续发展议程》,https://www.un.org/ga/search/view_doc.asp? symbol = A/RES/70/1&referer = http://www.un.org/sustainabledevelopment/development-agenda/&Lang=C。
② 《脱贫攻坚砥砺奋进的五年》,《人民日报》,2017年10月17日。
③ 马文森:《中国减贫经验十分宝贵(国际论坛)》,《人民日报》,2017年6月27日。

在于提供力所能及的国际公共产品,提升合作伙伴国家减贫能力,注重公路、铁路、电站、电力设施、公共卫生设施的建设,注重减贫成果惠及当地民众。近年来,"一带一路"倡议以"人类命运共同体"为理论依据,在其框架下达成多边或双边协议,积极进行国际减贫合作。

在南南合作的框架下,中国推动建立以合作共赢为核心的新型国际减贫交流合作关系,落实《中国和非洲联盟加强中非减贫合作纲要》和"东亚减贫合作倡议"等,发挥中国国际扶贫中心等国际减贫交流平台作用,为国际减贫事业注入了有效资源和强劲动力。到2019年,中国已与100多个亚洲、非洲和拉丁美洲国家合作开展了100个减贫项目和100个农业合作项目。中国和许多国际组织共同设立了南南合作信托基金。中国建立了20多个农业技术示范中心,派出了3万多名中国专家和技术人员,在农业生产方面培训了5万多名发展中国家的学员。

2014年,中国提议实施"东亚减贫合作倡议",开展乡村减贫推进计划,建立东亚减贫合作示范点。为落实该倡议,中国组织实施东亚减贫示范合作技术援助项目,项目选择老挝、柬埔寨、缅甸为试点国家,用3年时间,在每个国家2个项目村共计6个村实施。项目建设内容包括:基础设施建设(包括村内道路、桥梁、供水、供电、住房改造、防洪堤等)、公共服务设施建设(包括学校、卫生室、村民活动中心等)、生计改善(包括发展种植、养殖业、小型加工厂、手工业、庭院经济、劳务输出等)、能力建设以及技术援助(管理人员及村民培训、考察、专家咨询、监测评价等)。2017年7月30日,柬埔寨项目正式启动;2017年9月30日,老挝项目正式启动;2018年1月23日,缅甸项目正式启动。项目正在有序推进,基础设施和公共服务设施建设、生计改善项目及能力建设项目均取得了阶段性成果,项目村生产生活条件得到显著改善,示范作用逐步显现,得到了老挝、柬埔寨、缅甸三个受援国有关部门和群众的积极评价。

# 下篇

上犹

丹凤

乌兰察布

蔚县

雷波

# 江西省上犹县脱贫攻坚调研报告

## 一、上犹县脱贫攻坚概况

### （一）上犹县概貌

上犹县隶属于江西省赣州市，地处江西省西南部，赣州市西部，罗霄山脉诸广山支脉东麓。东邻南康区，南连崇义县，西接湖南省桂东县，北毗遂川县。全县面积1543平方公里。截至2019年年末，上犹县辖6镇、8乡、131个行政村16个居委会，总人口32.38万人。上犹县地形从西北向东南倾斜，南、北、西和西南多高山，东南为丘陵、河谷盆地；属亚热带季风湿润气候区，气候温和，雨量充沛，日照充足，四季分明，无霜期长。上犹县森林覆盖率达81.8%，空气质量始终保持在优等，水质均达到二类以上。上犹县有国家一级景点4处，二级景点12处，三级景点31处，四级景点55处，五级景点60多处，素有"水电之乡、茶叶之乡、旅游之乡、观赏石之乡、中国天然氧吧"美誉。

南唐保大十年(公元952年)升上犹场置县,使用上犹场名。此后,历代王朝设县,都沿用"上犹"作名。上犹是客家人聚居繁衍和客家文化重要的发祥地之一,属纯客家县,具有独特的客家文化和风俗人情,有着"九狮拜象"、"客家门匾"等客家传统文化精品,异彩纷呈,保留了民间灯彩、土法造纸等一大批民间文化和技艺。上犹有着光荣的革命传统,新中国成立后,上犹县被中央政府确立为革命老区县。上犹人民一直保持着革命老区人民的光荣传统,形成了以爱党信党、无私奉献、不屈不挠、求真务实、开拓创新、自强不息、艰苦奋斗等为核心的革命老区精神。

### (二)上犹县的致贫之因

上犹县历史悠久,自然资源和人文资源较为丰厚,但"老区＋山区＋林区＋库区"叠加的特殊县情造成贫困面大,贫困人口多,贫困程度深,自我积累能力差,扶贫难度大,属国家扶贫开发工作重点县。

一是,具备革命老区贫困县的典型特征。上犹是革命老区,赣南原中央苏区河西苏区中心区,是苏区精神的孕育地之一。全县有名有姓的革命英烈2199名,开国将军4名。老区人民为新民主主义革命胜利和新中国的诞生做出的牺牲巨大,人口锐减,直接导致劳动力缺失。

二是,新中国成立后支援国家建设留下的林区、库区贫困问题。20世纪60年代初,国家修建了一条赣州至上犹县的森林运输铁路专线,上犹大量木材以极其便宜的价格运输到全国各地支援国家建设,直至20世纪90年代才停止林木开采。过度开采让林业资源几近枯竭,并造成一定程度的水土流失。同时,由于上犹县属赣江源头,建设有上犹江水电站工程、国营犹江林场等,属于赣州饮用水源保护区、国家重点生态功能区。工业建设受到限制,难以依靠工业完成积累。

三是,上犹县地形属丘陵边缘地带,"八山半水一分田,半分道路和庄园"是上犹地形地貌的生动写照,人均耕地不足半亩。国家和地方先后在上犹江梯级建设了5座大中型水电站,库区面积相当于全县耕地面积。陡水电站蓄水后,阳明湖淹没大量良田,未被淹没的都是大山。上犹成为江西第三大移民库区县,全县14个乡镇中有10个乡镇是库区乡镇,库区面积达到了12.6万亩,库区移民达到3.8万人。

四是,交通极为不便,物流成本高,发展十分不易。上犹县直到2012年才结束没有高速公路的历史,2017年才结束没有国道的历史,此前没有高速公路,没有国道,仅有两条过境省道,县内仅赣丰线达到三级公路标准,其余均为四级或等外公路。

正是由于以上诸多原因,上犹县是国家扶贫开发工作重点县、罗霄山区集中连片特困地区扶贫攻坚县,也是国家"十三五"贫困县。据统计,上犹县建档立卡贫困人口12954户44606人,"十三五"省级贫困村50个(其中6个深度贫困村,安和乡鄱塘村既是省级贫困村,也是深度贫困村)。总体上说,上犹县基础薄弱、群众贫困,脱贫任务十分艰巨。

### (三)上犹县脱贫成果

党中央做出打赢脱贫攻坚战的决策部署以来,上犹县深入贯彻落实习近平总书记扶贫开发重要战略思想,牢记总书记"决不能让老区群众在全面建成小康社会进程中掉队"、"江西要在脱贫攻坚上领跑"的殷殷嘱托,坚持把脱贫攻坚作为头等大事和第一民生工程来抓。按照"核心是精准、关键在落实、实现高质量、确保可持续"的目标要求,充分结合国家给予的各项政策,实施了针对产业、就业、教育、健康、安居、兜底等十大扶贫工程的专项行动,脱贫攻坚战采取超常规举措,全力攻坚,最终取得了关键性胜利。2015年,脱贫4292户133541人;2016年,退出5个贫困村,脱贫2657户9099人;2017年,退出20个贫困村,脱贫2801户9957人;2018年,退出20个贫困村,脱贫3711户12218人;2019年,退出5个贫困村(深度贫困村),脱贫865户2065人。2020年,剩余的41户110名未脱贫人口全部脱贫。农村人均可支配收入由2014年的6835元上升到2020年的12683元(预计),较上年同比增长10.5%。2019年2月,上犹县顺利通过脱贫攻坚第三方测评,同年4月,上犹县以"零漏评、零错退、高满意度"的成绩顺利实现脱贫摘帽,正式退出贫困县。

## 二、上犹县脱贫攻坚的措施

### （一）党建引领脱贫攻坚战

上犹县委、县政府坚持以党建统揽脱贫攻坚战全局，健全党建工作机制，强化责任担当。上犹县切实抓好县级顶层设计和精准部署，召开各类会议研究、调度脱贫攻坚工作，出台了一系列推动政策落实、工作落实、责任落实的文件，量身制定了关于产业、就业、教育、健康、安居、兜底等十大扶贫工程的专项行动方案。通过脱贫攻坚，上犹县广大群众深切感受到了党和政府的温暖，切实体会到了党和政府"全心全意为人民服务"的宗旨。

一是把最强的人员力量向脱贫攻坚工作聚集。坚持"县委书记、乡（镇）党委书记、村支部书记"三级书记抓扶贫，逐级签订责任状，严格落实党政"一把手"负责制。建立了县领导挂点包乡（镇）、县直单位驻点包村、帮扶干部联系到户的"三包"帮扶责任机制。把优秀干部、精干力量派往脱贫攻坚主战场，全县112个县直（驻县）单位、11个市派单位、4个省派单位和1个中央部委机关，向131个行政村派出了第一书记和驻村工作队，形成了县、乡、村三级推进脱贫攻坚的力量体系。同时，大力整合市场、社会的各类资源力量，形成了决战脱贫攻坚、决胜同步小康的强大合力。驻村工作队和选派的第一书记充实到贫困村，极大地提高了村级干部的队伍素质，使最基层村级干部能力明显提高，有力助推了村里各项事业的发展。通过脱贫攻坚工作，一大批干部攻坚克难的能力得到了锻炼和提高，特别是青年干部熟悉了基层、学会了做群众工作，拉近了党群、干群关系。

二是把最多的时间精力向脱贫攻坚投放。大力实施"765"结对帮扶制度，压实结对帮扶责任，县级领导帮扶7户、科级干部帮扶6户、一般干部帮扶5户，组织全县2901名帮扶干部实现了结对帮扶贫困户和走访联系非贫困户"全覆盖"。在常态化开展结对帮扶的基础上，集中在每个星期六开展"周末扶贫日"活动。县委书记带头遍访贫困村，县党政主要领导、县委副书记还挂点深度贫困村，乡镇党委书记遍访贫困户。推行"332"工作机制，全县帮扶干部3天做业务工作（周一至周三）、3天集中扶贫（周四至周六）、2天晚上开展"乡间夜（午）话"活动，做到时间精力"一边倒"，确保时间有保障、工作有落实。脱贫摘帽后，保持第一书记驻村工作队不变，每周至少保证一天时间集中扶贫（原则上是每周三），严格落实"四个不搞"要求。

三是用最严的纪律作风为脱贫攻坚护航。坚持奖优与罚劣相结合，常态化开展上户抽查、明察暗访、视频曝光等督查，大力开展扶贫领域腐败和作风问题专项治理，集中整治形式主义、官僚主义等问题，2016年以来，县纪检监察系统累计查处扶贫领域腐败和作风问题199起481人，打造了"风清气正、廉洁扶贫"的优良环境；累计提拔重用扶贫一线干部158人，树立了鲜明的选人用人导向，营造了"众志成城、聚力攻坚"的良好氛围。

四是以党建引领村集体经济发展，用活村里山、水、田、地资源，狠抓村集体经济发展，增强村党支部的战斗堡垒作用，提高村级组织服务群众的能力，让村子有了"兜底"。上犹县凝聚发展村集体经济事关巩固党在农村的执政基础的共识，在村集体经济发展过程中提升基层党组织的组织力，提升农村干部队伍整体素质。农村有些事情缺乏推动主体和平台抓手，村集体发展了，就有了财富可以兜底。上犹县破除村级干部"等、靠、要"、"搭便车"思想，根据村情，一村一策，将发展村集体经济摆在抓党建促脱贫攻坚重中之重，列入基层党建质量提升行动的重点任务来推动。营前镇蛛岭村通过光伏发电、土地增减挂钩、公益林补助等政策，为村集体带来了一大笔兜底财富。

## （二）以"七步工作法"开展精准识别、精准退出

精准扶贫，精准是要义。精准扶贫工作开展以来，上犹县把精准识别作为精准施策的前提和基础，多次召开精准扶贫工作专题调度会议，要求摸清贫困人口底数，搞准扶贫对象、盘清家底，夯实精准扶贫基础。

上犹县严格遵循精准识别的"七步法",即农户申请、村民小组评议、组级公示、村民代表大会审核、村委会公示、乡镇人民政府复核和县扶贫和移民办批准、村公告及扶贫对象签字,采取全程拍照、录像的方式,通过乡村干部走访农户、谈话交流、调查问卷等形式,按照"两不愁三保障"下线标准,紧盯低保户、残疾户、大病户、无劳力户、住危房户等重点人群,做到符合条件的按程序"应纳尽纳",不符合条件的"一户不进",确保不"漏评"。对建档立卡的贫困对象逐村逐户进行拉网式排查和精确复核,从因灾、因病、因学、缺技术、缺劳力、缺发展资金等方面,综合考虑家庭收入和就学、就医、住房等支出情况,建立信息化、大数据比对机制,确保不"错评"。2015年,科学划分出扶贫户24505人、扶贫低保户9707人、低保户8851人、五保户1543人。为了防止出现"优亲厚友"等不公平现象,全县建立了扶贫对象纠错机制,通过在县乡两级设立举报邮箱、电话和群众来访办公室等方式,对有异议的识别对象,由帮扶责任人、村委会、小组长和驻村工作队联合调查核实处理。2014年年底,全县12954户44606名贫困人口已基本识别到位,并建档立卡。并且,严格动态管理,把脱贫质量摆在首位,坚决杜绝"数字脱贫"、"虚假脱贫",通过持续、定期开展"回头看",用大数据平台、规范业内资料、实行返贫预警等措施,实现贫困人口进退有序、分级管理、动态监测,确保不"错退"。对已脱贫贫困人口落实"脱贫不脱政策",避免出现返贫现象,做到应扶尽扶。

### (三)划分出"三类"对象,突出精准施策

为了提高帮扶工作的针对性和实效性,上犹县根据群众的意愿,把精准扶贫对象划分成"给点帮扶就能脱贫的、给了帮扶也较难脱贫的、再怎么帮扶也脱不了贫的"三种类型,其中"给点帮扶就能脱贫的"23159人,"给了帮扶也较难脱贫的"16676人,"再怎么帮扶也脱不了贫的"4771人。分类采取产业帮扶、移民帮扶、教育帮扶、就业帮扶、保障帮扶等精准帮扶措施。

对"给点帮扶就能脱贫的"建档立卡贫困户,主要采取三个方面的

帮扶措施：一是把"两茶一苗"（茶叶、油茶和珍贵苗木）及生态鱼、休闲农业及乡村旅游、电子商务、光伏等产业作为重点扶贫产业，以"企业＋合作社＋贫困户"的形式，积极引导贫困户参与产业开发。为了解决贫困户发展产业资金困难问题，全县筹集了近2亿元的精准扶贫资金专项用于产业帮扶，并在此基础上积极开展产业扶贫担保贷款试点工作，给每个试点村合作组织提供20万元风险补偿金，由银行按照1∶8的比例发放贷款。二是在县城、工业园附近、圩镇和中心村启动实施6个易地扶贫搬迁安置点、9个"水上漂"专项集中安置点建设，帮助库区、深山区、地质灾害易发区等恶劣环境下的贫困户彻底"挪穷窝"。全县563户"水上漂"群众全部上岸，3124户1.16万库区、深山区、地质灾害易发区群众实施了搬迁。三是实施教育、就业等多种帮扶。综合采取提高贫困生补助标准、发放助学金、安排就业培训等措施帮扶贫困户。通过职业中专、培训机构、"雨露计划"等各种途径，对贫困劳动力进行烹饪、家政、工匠、种养等培训，提高贫困户就业技能。

对"给了帮扶也较难脱贫的"，采取"开源节流"双向措施，促进贫困户改善生活状况。一是给缺少劳力的贫困户安排公益性岗位，增加固定收入。增加应急性帮扶措施，如扩大消费扶贫，新增以工代赈等。二是引导丧失劳动能力的低保户以土地入股的方式参与产业开发，通过分红获得稳定的收入。三是加强对"等、靠、要"贫困群众的教育引导，通过社会舆论倒逼增强脱贫意愿。四是通过提供廉租房、提高新农合补偿标准和减免起付线等措施，压缩贫困户的刚性支出。

对"再怎么帮扶也脱不了贫的"，综合利用好低保、社会救助机制，在最低生活、养老、医疗、救助等方面进行保障兜底，确保特困群体脱贫。

### （四）依托"三化"，增强造血功能

脱贫致富关键要找对路子。上犹县把扶贫开发放在"新型工业化、新型城镇化和农业现代化"的大局中去谋划，把最好的政策资源向脱贫攻坚倾斜。围绕培育壮大两大工业主导产业集群、以旅游为龙头的现

代服务业和现代生态休闲农业,加快推进贫困群众脱贫致富。2016年以来累计投入22.83亿元(其中2020年投入2.52亿元)用于精准扶贫、精准脱贫,全力保障脱贫攻坚工作需要。

一是围绕贫困村退出标准,把项目建设作为加快推进扶贫攻坚的重要支点,全面推进"七改三网"基础设施建设和"8+4"公共服务功能配套,增强扶贫开发的物质基础。在交通基础设施上,大力推进有利于上犹县及沿线乡镇经济发展的项目建设。累计投入近10亿元资金用于贫困村和非贫困村基础设施改善,25户以上自然村组全部修通了水泥路,各类道路全面升级。围绕"融入赣南公路网,打通出境连接线,完善县内联络线"目标,上犹县大力实施G220国道、三中至南塘公路、220千伏输变电站、双溪风力发电等一批事关上犹县发展的基础设施项目。特别是把改善农村公路作为脱贫攻坚的首要工程,着力联通"主动脉"、畅通"支血管"、疏通"微循环",打通贫困地区交通基础设施"最后一公里",加快县省、县乡道改造升级,完善上犹县公路交通网络。上犹县积极实施农村公交和农村客运公交化改造试点工作,重点实施"上太线"安和乡、寺下镇、紫阳乡、双溪乡4个乡镇的农村客运班线公交化改造,开通社溪至大安、社溪至蓝田、社溪至石崇3条镇村公交线,为县城乡客运班车向行政村延伸打下基础,解决"出行难"问题,让百姓有更多获得感。一路通,百业兴。交通的改善激活了上犹县农村产业发展,相继有企业投资脐橙基地、油茶基地等农业基地。上犹县打通了南河湖、五指峰、双溪草山等重点景区的旅游通道,天沐温泉、南湖国际垂钓中心、桃花源等13个亿元以上特色旅游项目串珠成线,加速形成全域旅游公路圈。从东山镇沿湖村出发,沿南河湖西北骑行,往阳明湖去,除了宽8.5米的两条机动车道外,临湖还增设3.5米宽的自行车道供骑行。到2018年,上犹县出境公路已是四通八达,全域旅游公路圈加速形成,"四好农村路"建设快步推进,绿色能源保障水平不断提升,有力助推了全域旅游,促进了脱贫攻坚。

通过项目建设,上犹县大力实施水利扶贫,农田灌溉能力、江河防洪能力、水资源配置水平进一步提高;100%的农户通了生活用电,100%的村委会通了动力电;村村都有卫生室、活动场所、综合公共文化服务中心;组建了公共设施管护(维护)队伍,加强对"四好农村路"等基础设施的管护。此外,对6个深度贫困村按每村1000万元标准增加投入,破解贫中之贫、困中之困。

二是大力发展县域经济,提升产业扶贫全覆盖质量,壮大扶贫开发的产业支撑。把扶贫开发与推动以旅游为龙头的现代服务业、工业和农业产业转型升级结合起来,不断壮大县域经济综合实力,增强县财政民生保障能力和水平,从根本上解决贫困落后的现状。在2019年第四次全国经济普查中,上犹县GDP总量在全市排名上升4位。

上犹县根据贫困户自身实际,立足产业基础和特色优势实施产业扶贫,为贫困户定制帮扶菜单,积极引导帮助贫困户发展产业、参与产业建设。以"选准一个产业、打造一个龙头、建立一套利益联结机制、扶持一笔资金、健全一套服务体系"的"五个一"产业扶贫机制为抓手,制定了3个大类17项23条产业奖补政策,引导贫困群众因地因户制宜发展产业。上犹县创新产业扶贫利益联结机制,通过发展蔬菜产业、食用菌产业、茶叶和油茶产业、特色种养产业、光伏产业、电商产业等6项扶贫主导产业,落实到户奖补、扶贫信贷、扶贫专岗、贷款入股、业务培训等5项扶持措施。发挥龙头企业、大户和合作社的带动作用,引导贫困户通过土地流转、劳务务工、资源资产资金入股等多种形式,使资源变资产、资金变股金、农民变股东,增加资产性、工资性收入。在此基础上,全面建立起蔬菜产业大棚租金收益分红、食用菌产业收益分红、贫困户家庭式产业收益、大户链接收益、村集体资产收益分红、光电产业就业务工收益、电商产业链接收益、旅游扶贫收益等贫困户增收渠道,帮助贫困户在家门口实现脱贫梦,持续增收、稳定脱贫。

为让失能弱能贫困群众共享产业发展红利,上犹县以蔬菜和光伏产业为重点,通过县级产业扶贫基地链接失能弱能贫困户。上犹县大力支持光伏扶贫,将光伏扶贫做成上犹县产业扶贫的朝阳产业和民心工程。具体措施是:采取建设5千瓦奖补1万元、3千瓦奖补0.6万元,不足资金实行"10年等额本息偿还"方式向农商银行申请"光伏贷"。两项政策一组合,贫困户不仅无须掏一分钱即可建成电站,而且还充分保障了贫困户前3年每年有3200元以上的收入。光伏电站建成验收后,由县政府组建的国有监管和运维企业负责全县电费结算、设备保养和故障维修,保证贫困户利益。同时,光伏电站以村民为业主做好固定资产登记,实行单独设账、独立核算,规定电站收益只能用于扶贫产业和事业,确保电站收益用到最急需的地方。脱贫攻坚期间,上犹县建成总装机容量15.03兆瓦的光伏电站,其中175个村级光伏电站总装机容量14.58兆瓦,每年可实现收入1200万元左右,可链接128个行政村的全部特困群体。

上犹县重视食用菌等蔬菜产业扶贫工作,力图做大做强。组建了县级蔬菜产业合作社,建设标准化基地1030亩。按照"乡村+基地+贫困户"等模式帮助建成多个食用菌产业智能扶贫示范基地,通过日常管理收入、务工采摘收入和村集体收益分红收入等途径有效链接贫困户实现增收。全县规划建设了食用菌产业智能车间74间(占地15亩)、普通栽培棚基地85亩,总投资4180万元,覆盖14个乡镇的126个村,共订购了袖珍菇、茶树菇、香菇、黑木耳栽培袋约300万袋。

上犹县还不断激发贫困户内生动力,发展产销对路的家庭产业,借助各类平台解决有劳动能力的贫困户发展产业难、销售产品难的问题,实现长久、稳定脱贫致富。全县156家企业(商会)通过产业、就业、公益、消费等不同形式的扶贫行动参与脱贫攻坚,签约帮扶企业(商会)66家,辐射带动贫困户5200余户,投入帮扶资金1680万元,实施帮扶项目165个。全县在社溪镇、寺下镇、油石乡等乡镇10个行政村开展试点,录入115户有农产品的贫困户信息,开展农产品义购508次,实现交易额10万多元,获益贫困户81户,户均增收1284元。

三是聚焦短板攻坚,着力保障和改善民生,涵盖教育扶贫与健康扶贫,完善扶贫开发的公共服务。在精准扶贫推进中,上犹县大力保障和改善民生,把解决就业、社会保障、住房、教育、医疗卫生等民生问题作为政策扶持和扩大内需的重点,加大新增财力向民生领域的倾斜力度,围绕上学、就医、住房、用水、用电、出行等方面,推进思源学校、"梦想家园——城南社区"、保障性住房等民生工程,稳步推进库区、深山区群众向县城集中、向圩镇集中、向聚居区集中,有效缓解了群众住房难、上学难、吃水难、行路难、看病难等民生难题。脱贫攻坚补齐了民生短板,公共服务得到了极大完善。卫生室、学校、有线电视、宽带等覆盖率大幅提高,群众生产生活条件有了明显提升,增强了人民群众的幸福感、获得感。

在教育扶贫方面,上犹县坚持把教育扶贫作为"斩穷根"的治本之策,补齐教育短板,提升乡村教育质量。全面落实义务教育和各项教育资助、免费教育政策,严格落实学校校长与乡镇属地双负责制度,整合教育资源,完善扶持政策,阻断贫困代际传递,决不让一个学生因贫失学、因贫辍学。2016年以来,全县发放各类资助金8629.06万元,资助学生11.09万人次,为15930名高校学生办理助学贷款(含续贷)12669.11万元。其中,2019年发放资助金1919.51万元,资助学生27957人次。开展"千名教师访万家"活动,积极探索送教上门新模式,为69名重度残疾儿童提供送教上门服务,全县没有学生因贫失学、因贫辍学。在实现"两基"目标,义务教育迈向优质均衡发展基础上,上犹县改善乡村学校办学条件,加强乡村教师队伍建设,发展"互联网+教育",促进优质资源共享。上犹县教育逐步走向信息化、现代化,到2019年,基本实现宽带网络"校校通"、优质教育资源"班班通",推进网络学习空间"人人通"和县域教育城域网建设。

在健康扶贫方面,上犹县在大力实施健康扶贫"四道保障线"的基础上,创新基层医疗健康服务模式,加强与贫困人口的联系和沟通。第一,立足"精准":精准摸清贫困人口患病情况,尤其是为患病的贫困人口提供更加精准的健康服务和支持,精准解决扶贫困难户的实际困难。确保健康扶贫政策落实到人,精准到病,患病贫困人口应治尽治,不落一人。第二,展开县级医院医生进万家、家庭医生签约服务等措施,要求每位县级医生走访10户以上贫困患者家庭,提供贴心服务。以家庭医生为核心,以家庭医生服务团队为支撑,通过签约的方式,实施家庭医生签约服务。签约服务采取团队服务形式,由家庭医生、护士和公共卫生医生组成家庭医生服务团队,同时县级医院选派医生参加家庭医生服务团队,为家庭医生签约服务提供全方位的技术支持和业务指导。上犹县已有2万多户家庭签约了家庭医生。将优质医疗资源配置到一线,让困难群众享受到安全、方便、经济的基本医疗服务和基本公共卫生服务。第三,落实健康教育、健康咨询及疾病防治等健康服务,及早干预和防范重大疾病的发生。上犹县组织县人民医院、县中医院、县妇保院等医院医生成立义诊队伍,加入当地的家庭医生服务团队,深入贫困患者家中,通过开展义诊、发放宣传资料、跟踪签约服务等形式,让贫困户足不出户就能享受县级医疗服务。义诊队为平富乡、营前镇、五指峰乡、水岩乡、陡水镇、梅水乡、东山镇等山区精准扶贫困难户集中办理大病免费救治审批、专项救治疾病审批、门诊慢性病审批工作,宣传相关健康扶贫政策,对确有行动困难的个别精准扶贫对象,提供上门审批。减少建档立卡贫困户办理慢性病备案跑腿的次数,解决"最后一公里"问题。

近年来,上犹县大力改善人居环境。坚持贫困村与非贫困村一体化推进,以"三清洁四整治"、"五净一规范"为抓手,建设"整洁美丽、和谐宜居"美丽乡村。一是大力整治农村危旧"空心房"。严格执行"一户一宅"、"五必拆"、"拆旧建新"的政策规定,大力推进农村"空心房"整治,全县累计拆除"空心房"435万平方米。二是集中攻坚环境短板。按照"不漏村组、不留死角、户户过筛、处处必整"的要求,实现全县25户以上村组环境整治全覆盖,庭院整治覆盖80%以上的农户,全县农户用上了卫生厕、饮上了安全水、住上了安全房。三是持续关注饮水安全。近几年新建、改建、扩建农村饮水安全工程200多处,全县共有农村集中供水工程581处,形成了以7个"千吨万人"集中供水工程为核心,小型供水工程为辅,水井、引泉工程补齐工程短板的农村供水体系,解决了 13.2 万农村居民的饮水安全问题。2020 年,上犹县对所有村水质进行了检测,检测合格率为 100%;开展了农村贫困人口饮水安全大排查和动态清零行动,安装了 233 套水质净化消毒设备,农村小微供水工程水质保障水平不断提升。四是加快推进农村垃圾污水治理。累计投入 7600 万元用于农村生活垃圾治理,13 个乡镇有压缩式垃圾中转站,14 个乡镇均配备了垃圾清运车辆,25 户以上自然村均安排有保洁员,实现了垃圾日产日清;建成集中式农村污水处理设施 44 座、分散式农村污水处理设施 56 个,农村污水处理能力整体提高,村容村貌大为改善,农村人居环境整治成效显著。

### (五)生态扶贫,水土保持减贫模式

上犹县的水土污染和流失有其历史原因。20 世纪 90 年代,上犹江库区开始出现围网、网箱养殖,在一段时间内对库区渔民生活起到了脱贫致富作用并受到鼓励。但是随意侵占水域、投放网箱和设置拦江网等现象逐步增多,水域中的饲料、鱼药等养殖投入物给上犹江库区的生态环境带来严重的污染,水资源遭到破坏,土地生产力下降。上犹县村庄整体环境普遍存在的脏乱差现象,也直接影响了乡村旅游资源的开发利用,严重影响农村和农业经济的发展。从 2012 年开始,为保护生态环境,上犹县深入开展以清洁家园、田园、水源及整治建房、渔业、林业、河道秩序为主要内容的"三清洁四整治"行动,坚持治山、治水、治污"三治同步",取得显著成效。各级干部知难不畏难,他们下湖听取群众意见,上岸商量政策措施,提升脱贫攻坚的内生动力。一条条兼顾"温饱"与"环保"的转产上岸政策迅速出台,得到了群众的理解和支持,库区湖面上聚集着的几万套网箱网具被逐一清理,数十家鱼棚餐馆全部搬迁上岸,560 多户渔民告别了近半个世纪的"水上漂"生活。经过全面的环境整治,库区湖面环境得到修复,水质逐渐变优。

生态环境的改善不断为脱贫攻坚释放红利,上犹县依托生态优势和丰富的渔业资源,加速延伸拓展"生态鱼+体育+旅游+休闲"的产业链,推进"生态休闲百里长廊"建设,以鱼产业、渔文化、水上运动为主

题的新业态蓬勃发展,形成了一条以品鱼宴、听渔歌、赏渔景、观鱼趣、钓湖鱼为一体的渔业产业链。不少渔民和农户也跟着吃上了"旅游饭",开特色鱼馆、精品民宿、农家乐等,大大加快了脱贫的步伐。

## 三、上犹县脱贫攻坚的特色亮点

### (一)就业扶贫的"6+1"模式

上犹县在就业帮扶中,不大包大揽、不包办代替,千方百计调动群众的积极性。为带动更多村民脱贫致富,上犹县探索就业扶贫新模式,采取企业主导、政府扶持、贫困户受益的举措,重点打造集就业、创业、培训"三位一体"的六大就业创业平台,为建档立卡贫困户打开了一扇脱贫致富新窗口,走出了一条贫困劳动力就地就近就业实现脱贫的新路子。扶贫车间、社区工厂等平台和载体的建设,不仅为贫困群众提供了脱贫致富的重要渠道,更赋予了贫困家庭创造美好生活的新希望。

2017年以来,上犹县开创就业扶贫"6+1"模式①,积极引导帮助全县建档立卡贫困户直接发展产业或参与产业建设,全面实现产业就业扶贫全覆盖目标。让千千万万市场主体的"微行为",汇聚成就业扶贫的"众力量",不断激发贫困户内生动力,贫困人口家庭就业率达到100%。

一是搭建六大就业创业平台,让贫困户就业有岗位、创业有舞台。六大就地就近就业创业平台,包括就业扶贫园区、龙头企业扶贫基地、乡村就业扶贫车间、新型农村合作社、非正规就业组织和就业扶贫专岗托底平台。如以"乡村就业扶贫车间+贫困户"模式,建设乡村就业扶贫车间。针对扶贫车间货源不稳定、持续发展难的问题,将产业中后端产品分发到乡村进行手工制作,引进光电、服装等亿元产业,发展了100多个持续稳定的车间,链接了1047名贫困人口就业创业。引进光电企业投资商组建全球首个新型铜线灯科技园、全国就业扶贫示范园

---

① "6"是搭建六大就业创业平台,"1"是建立一套扶贫不扶懒的工作机制。

区——中国·上犹光电科技产业园,闯出了一条高科技企业与脱贫攻坚有机结合的新路子。

同时,上犹县还推出了"农业基地＋贫困户"模式,建立订单式就业扶贫农业基地;"合作社＋贫困户"模式,建立政企共帮就业扶贫合作社;"农村能人＋贫困户"模式,建立资源共享劳动就业组织;"公益岗位＋贫困户"模式,开发扶贫就业专岗;"小微企业＋贫困户"模式,打造"四有五保"小微企业园等就业创业平台,带动贫困户就业创业。上犹县充分利用"6＋1"模式,助力就业扶贫。元鱼村为带动村民增收,村里成立了油茶合作社;为发展集体经济,建了一个30千瓦光伏发电站。仅2019年,元鱼村集体收益就有23万元左右。

二是建立一套扶贫不扶懒的工作机制,让贫困户就业有激情、创业有能力。针对贫困劳动力无资金、无技术、无门路,以及就业流动性大、管理难度大等现状,上犹县建立健全了涵盖政策扶持、资金奖补、就业培训、金融支持、督促考核动态管理等一套扶贫不扶懒的双向奖补激励工作机制,对在平台项目就业的贫困人口给予扶持政策,为就业扶贫工作提供有力保障。同时,通过加强培训提升就业创业能力,充分发挥上犹职业中专的作用,实施"订单式"培育模式,部分数控机床专业中专毕业生起薪达到每月6000元;针对当前农村实用人才紧缺的现象,上犹县还开办了种植、养殖、电商、缝纫、烹饪等培训班,并鼓励引导贫困群众转移就业。在制定产业奖补、就业补贴等各项扶持政策时,充分考虑群众预期,鼓励多劳多得、多劳多补。在政策的指导下,千家万户自主发展了产业,山上、田上、水上、栏上、网上等资源都被激活。

2020年突如其来的新冠肺炎疫情,外出务工困难,农户农产品销售难度加大,这都增加了返贫的风险。上犹县政府驻村工作队、村两委多次上户开展外出务工人员动态、农产品种养及销售情况调研,及时与企业协商,促成企业与建档立卡贫困户中的外出务工人员签约,实现在家门口本地就业,增加收入贴补家用。东山镇广田村甜蜜蜜农庄与12户贫困户进行了集中签约。签约的12户贫困户中,包含劳务输出3户、农产品购销助销9户。正是因为有处理突发情况的好政策,让很多因疫情可能致贫、返贫的人,大大减轻了负担,获得通过辛勤劳动致富的保障。

三是规范设置公益性岗位,激发贫困群众内生动力。2019年以来,为防止出现"一些地方就业扶贫公益性岗位开发不够、管理不到位"等类似问题,上犹县对就业扶贫公益性岗位实行"三规范三明确",不断激发相关人员脱贫致富内生动力,让全县4013名就业扶贫公益性岗位人员有位置、有票子、有面子,取得政治、经济、社会三大效益,得到国家财政部、江西省委改革办和人社厅的充分肯定。上犹县就业扶贫"6+1"模式的创建,不仅探索出就近就地转移就业的新路径,还充分挖掘了贫困乡镇在劳动人口、特色产业、闲置土地等方面的优势资源。将贫困人口转移就业的先天劣势转化为人力资源的后发优势,意义深远。

2017年7月份以来,来自中央、国家部委和省委、省政府的10多名省(部)级领导,以及全国260多个调研组,先后到上犹县调研就业扶贫"6+1"模式并给予高度评价;人民日报、新华社、中央电视台等中央主流媒体,纷纷聚焦报道上犹县就业扶贫"6+1"模式。2017年9月,在全国首届创业就业服务主题展活动上,时任中共中央政治局委员、国务院副总理马凯莅临江西(上犹)就业扶贫"6+1"模式展厅调研并给予充分肯定。2019年11月,中共中央政治局常委、国务院总理李克强在江西考察调研时,也对上犹县就业扶贫"6+1"模式给予充分肯定。

## (二)"乡间夜(午)话"弘扬苏区干部好作风

在推进脱贫攻坚工作中,上犹县坚持精神扶贫与物质扶贫并举并重,充分发挥"乡间夜(午)话"(简称夜(午)话)、新时代文明实践中心等宣传教育平台优势,积极开展扶贫扶志感恩教育行动、乡风文明行动和"赣南新妇女"运动,不断强化群众的"进取"意识和"感恩"意识,激发脱贫致富内生动力。从2014年起,上犹县常态化开展"乡间夜(午)话"活动。上犹县有着客家人闲暇走家串户、围桌闲谈的习俗,组织党员干部利用工作之余深入基层,通过围桌座谈拉家常等方式,打开群众的"心门",倾听群众的"心声"。干部群众"同照一盏灯、同围一张桌、同坐一张凳、同谈一席话",谈政策、访民情、解民难、议发展,促使党员干部在一线办公、一线解决问题、一线服务群众。"乡间夜(午)话"成为干部的"练兵场"、干群的"连心桥"、发展的"助推器",得到广大群众的点赞。

一是领导齐上阵,干部全参与。由县级干部带头,结对帮扶单位干部全员参与,深入挂点联系的1个贫困村、多个非贫困村开展"乡间夜(午)话";乡(镇)党政正职、部门(单位)主要负责人,按照每周不少于2次的要求,组织本乡(镇)、本部门(单位)干部职工到挂点村组开展"乡间夜(午)话"。全县每年开展"乡间夜(午)话"活动2000多场次,实现了全县所有行政村、组全覆盖,各级干部基本实现与每一名在家的村民见面、交流1次以上。

二是形式多样化,内容接地气。在"乡间夜(午)话"形式上,立足工作实际,精心策划了围桌闲谈、文艺活动、个别走访、现身说法、群众评议、电影下乡、观看视频等群众喜闻乐见的形式,充分调动广大群众的参与热情。在"乡间夜(午)话"内容上,紧紧围绕当前中心工作、重点任务,特别是紧扣打好脱贫攻坚战,梳理了政策宣讲、征求意见、环境整治、乡风文明、产业发展、项目建设、释疑解惑、化解矛盾、党性教育、文化下乡等10个方面主要内容,真正让"乡间夜(午)话"话出活力、话出成效。

"乡间夜(午)话"上,既拉家常,更讲发展。上犹县是茶叶、油茶种植大县,但土地流转、种植技术、产品销售等问题一直困扰着产业发展。为此,当地干部不定期开展"两茶"产业发展的"乡间夜(午)话"专题会,有针对性地与村民商议解决遇到的问题。目前,上犹县"两茶"种植面积达53.8万亩,在"两茶"产业村,几乎家家有茶园。不仅如此,村民还结合"两茶"产业的发展,利用当地良好的生态环境,发展起了乡村旅游。"乡间夜(午)话"上,农村村民、社区居民通过阳光故事会等形式,说身边人身边事,感受脱贫攻坚给城乡百姓带来的改变,通过一个个典型案例,宣传中国共产党的制度优势,引导广大群众铭党恩,激发村民、居民的爱党爱国情怀。

三是群众有呼声,干部有回应。始终坚持问题导向,把发现问题、解决问题贯穿"乡间夜(午)话"活动始终,存在什么问题就商讨解决什么问题,什么问题突出就重点研究解决什么问题。同时,由县"两办"督查室会同纪检、组织、精准办等部门,定期对销号办结情况进行督查,确保件件有落实、事事有结果。对于排水设施修缮、乡村环境整治、粮食生产等问题,干部都能向参加"乡间夜(午)话"的村民一一做出解答,能现场解决的现场解决,需要调查了解的做出时间承诺。2018年以来,共收集到基础设施建设、农村环境治理、村集体经济发展、医疗卫生、便民服务、乡风文明等方面意见建议8463条,解决贫困群众增收、道路维修、水利设施、环境整治等问题3930个,一大批历史遗留问题和影响群众生产生活的节点难点问题得到有效破解。贫困群众既是脱贫攻坚的对象,更是脱贫致富的主体。在"乡间夜(午)话"活动的帮助下,干部群众"掏心窝子"说交心话,党员干部积极为贫困户找政策、谋思路、想对策,提供致富"金点子",有效引导村风民风,活动给群众带来了甜头,激发了贫困户自力更生、干事创业的劲头,因地制宜发展茶叶、油茶、民宿等致富产业。

四是从严抓管理,督查促长效。为保证活动效果,提高乡镇工作效率,促进乡村和谐稳定,要求干部做到"四必须、四不准"。即必须说清会议意图、必须认真倾听、必须认真做笔记、必须耐心解答,不准随意接打电话、不准打断群众说话、不准顶撞指责群众、不准打官腔说套话。同时,对活动开展情况进行常态化督查,既注重活动到岗到位情况,更注重问题解决情况,根据掌握情况对单位和个人实行分类考核,纳入年度考核内容,使"乡间夜(午)话"活动由"软任务"变成"硬约束"。晚上成群结队到农村开展"乡间夜(午)话"活动,变群众上访为干部下访,变干部被动服务为主动服务,已经成为上犹县广大干部的基本工作状态。

### (三)"精准防贫保险"筑牢防贫"截流闸"

贫困县摘帽后,上犹县为进一步巩固脱贫成果,着力构建农村防止返贫致贫机制,按照"未贫先防"的部署要求,对农村"非贫低收入户"和"非高标准脱贫户"两类重点人群开设"精准防贫保险"。针对"因病、因学、因灾(含意外事故)、因赔偿责任、因生产资料损失"五类返贫致贫风险事项,由县财政按"参保对象不事前确定、不事先识别"的原则、全县农村人口 10% 左右的规模、每人每年 60 元的保费标准和"对发生五种赔偿责任的对象提供每人最高 20 万元"的赔付标准,承保农村人口 30000 人,有效减轻了低收入家庭的经济负担,防止脱贫户返贫和贫困边缘户致贫,从源头上筑起了防止贫困发生的"截流闸",稳定了脱贫质量和成效。

一是防贫对象不事前确定,符合条件应保尽保。防贫对象不事前确定、不事先识别,以防贫预警线进行实时监测,"两非户"出现因病、因学、因灾(含意外事故)、因个人责任无力赔偿、因生产资料损失发生后,家庭正常生活受到影响,有致贫或返贫的风险产生的,均可申请精准防贫保险金。二是申报时间不受限制,即时发生即时申请。采取即发生即申报原则,采取防贫保险救助金申报"七步法"操作程序,即个人申请、收集材料、村委开会评议、乡镇确认、保险公司核实、拟赔付公示、保险公司理赔;全面建立完善了"精准防贫保险"申报、审批、赔付操作体系,目前已接受申报 16 例,有效减轻低收入家庭的经济负担,防止贫困边缘户致贫,稳定了脱贫质量和成效。三是在实施成效上实现了"两减一升"。减少了因病、因灾等高风险返贫致贫现象。"两非户"群众享受基本医疗保险、大病保险、民政救助、商业补充保险"四道保障线"报销,并对年内累计自付医疗费用超出免赔额且经调查认定符合条件的,按照阶梯式比例发放;对遭受自然灾害的防贫对象,在享受临时救助、社会救助、商业保险等政策后,还可以享受保险保障。减轻了争评低保户、贫困户的压力。"精准防贫保险"政策出台后,因多了一条救助渠道,城乡居民因病、因学、因灾(含意外事故)、因赔偿责任、因生产资料损失等情况而要求吃低保、当贫困户的现象明显减少。提升了群众满意度。2020年,组织开展精准防贫保险涉及重点人群情况调查摸底工作,初步摸底排查出366户,目前正在开展核实工作,已赔付54例36万元。对困难群众进行了"四道保障线"之外的有效补充,群众满意度不断提升。

### (四)生态扶贫为贫困群众打造"绿色银行"

山水资源是上犹县最突出的优势资源,近年来,上犹县以推进生态扶贫试验区建设为契机,全面开展生态扶贫工作,大力推广"三治同步"(治山、治水、治污)、"三清洁四整治"、"森林添彩"、"四旁绿化"等工程,持续加强生态建设、落实生态补偿、壮大生态产业、创新链接路径,让贫困人口共享生态建设红利,更多的贫困群众喝上了干净的水,吃上了放心的食品,享受到了优美宜居的环境。生态扶贫为贫困群众打造了一个可持续发展的"绿色银行",实现减贫脱贫与生态环境保护的"双赢"。

一是抓实生态工业。构建了以玻纤新型复合材料、精密模具及数控机床、灯饰为主导的绿色工业体系,首位产业企业已达116家。上犹是江西省首批"亩产效益"综合评价试点县,万年青新型材料有限公司被工信部认定为绿色工厂,澳客家居、旭联新材等13家工业企业通过国家高新技术企业认定。

上犹县在贫困村大力兴办扶贫车间,带动贫困群众"家门口就业",闯出一条工业发展与脱贫攻坚同步发展的新路子。全县发展持续稳定的工业扶贫车间64个,农业扶贫车间6个,劳动就业组织扶贫车间6个,链接贫困人口就业创业1392人。

二是抓实生态农业。不断壮大农业首位产业(茶叶),2019年新签约茶叶项目开发主体4个,总投资3.5亿元,新建标准茶园共9500亩。县茶叶交易市场第一期共21家店铺已陆续开始对外营业。全县1万多户农户直接或间接参与茶叶产业发展,实现户均增收1500元。

三是抓实生态旅游业。重点围绕6张上犹旅游名片①做文章,全力

---

① 上犹县的6张旅游名片是:"一幅画、一块石、一杯茶、一条鱼、一列小火车、一泓温泉"。

推进项目建设,天沐温泉、南湖垂钓、阳明湖景区和奇石小镇等一大批投资大、体量大、影响力大的重点项目得以快速推进。紧扣"生态休闲旅游度假区"功能定位,发挥上犹自然山水、田园风光、特色农业、客家古村民居、民俗风情等乡村旅游资源优势,深入践行"旅游＋扶贫"发展战略,打造了园村等一批旅游扶贫示范村(点),构建了以核心项目引领、示范乡(镇)支撑、示范点(村)带动的生态旅游扶贫体系,让游客深入体验"住农家屋、吃农家菜、干农家活、购农产品"的乐趣,使乡村变景区、农户变商户、土特产品变旅游商品。"美丽经济"直接带动贫困户48户160人,实现家庭年均收入15000多元。

## (五)构建"互联网＋扶贫"的电商扶贫模式

"互联网＋"不仅是新的经济模式,也是新的扶贫模式。为了让贫困户优质的农副产品走出大山,搭上电商"快车",上犹县以实施国家级电子商务进农村综合示范县项目为契机,让有发展意愿和发展能力的贫困户实现电商梦,促进贫困户脱贫增收。几年来,上犹县以贫困村和建档立卡贫困户为重点,汇聚多方力量,积极构建"公共服务体系＋农产品营销体系＋村级电商服务站点＋贫困户"的电商扶贫新模式,探索电商脱贫路子,促进"互联网＋"新经济形态与农村特色产业相融合。

上犹县出台电子商务扶贫专项实施方案,明确了电子商务进农村扶持政策,建设了一批"电商＋合作社(或企业)＋贫困户"模式的电商服务站点。给予"农村e邮"服务站2万元以内、电商产业平台15万元以内的资金扶持,对获得电商扶贫示范乡(镇)、村的电商企业分别给予奖励。把培训作为电商扶贫的重要内容,在全县14个乡镇分别举办了电商精准扶贫培训班。优先安置贫困户子女到县电子商务产业园落户就业、创业,并协助解决小额创业贷款等需求。通过"特色馆＋贫困户"、"网销牵引＋贫困户"、"龙头引领＋贫困户"的模式,上犹县的电商扶贫成效显著。依托全县电子商务公共服务中心,建成了1个农产品运营中心和102个乡村电商服务站和益农社、1个"邮乐购"县级服务中心,重点销售茶叶、茶油、生态鱼、笋干、蜂蜜等本地特色农产品。各服务中心及站点吸纳642名贫困人口在电子商务产业链中就业,为贫困户销售农副产品820万元,带动全县1000户以上贫困户增收脱贫。

上犹县还积极探索由政府牵头,淘宝、京东、神买优品、"去扶贫"、"公益中国"等有影响力的电子商务平台承办的各种类型的电商节模式,助推贫困户农副产品走进千家万户,累计销售额突破300万元。2018年,在首届以"追忆犹味待君来·电商扶贫过大年"为主题的电商扶贫年货节暨京东中国特产·上犹馆开馆仪式上,展现了上犹农业产业化经营发展成果和特色优势农产品,首日便吸引市民近万人次,实现销售额4万多元。2019年,在江西省消费扶贫展销会上现场销售农产品10多万元、预约订单20余万元。2020年,在梅水、社溪、寺下、平富等地举办的消费扶贫现场会,累计订货达到80多万元,打响了"上犹富硒绿茶"、"上犹山茶油"、"紫阳生态米"等一批上犹扶贫产品品牌,获得了广泛赞誉。上犹县通过实践,探索出一条"以买代扶·以销定产"的精准扶贫新路径,吸引社会各界线下购买贫困户农副产品,激活了农村消费扶贫市场,有效破除上犹农副产品线上线下融合发展的壁垒。在此过程中,还推动了社会企业、城市居民、爱心人士与贫困户建立"一对一、一帮一"的精准帮扶关系,并发展电子商务爱心购、网络捐赠、订制化种植、认购订养等新型消费扶贫模式,有效激发贫困群众发展产业的信心与决心。

### (六)创新实施河(湖)长制

《江西省实施河长制湖长制条例》自2019年1月1日起施行。上犹县牢固树立"绿水青山就是金山银山"的发展理念,开展了全力呵护生态环境的系列生动实践,创新实施河(湖)长制就是其中重要一环。上犹县将河(湖)长制模式与脱贫攻坚、流域治理、全域旅游结合起来,助力水生态的系统治理与保护,探索实行水陆共治、部门联治、全民群治的保护管理长效机制。为使"河长制"层层落实,上犹县健全河湖管护责任网络,建立了县、乡、村三级河长全覆盖责任体系,对全县28座大小水库、35条主要河流,设立县乡村河(湖)长275名。深入实施清河、护岸、净水、保水等行动,深入开展河道乱占乱建、乱围乱堵、乱采乱挖、乱倒乱排等"八乱"专项整治,持续开展渔业资源保护专项整治,每年在上犹江流域投入数十万元进行生态渔业人工增殖放流。上犹县在实施河(湖)长制的实践中,推动全社会共同参与河湖保护,聘请"民间河长"、"企业河长"等254名。上犹县注重水生态保护与脱贫攻坚、农业农村发展实现共融共赢,并结合脱贫攻坚,从建档立卡贫困户中聘请具有一定劳动能力、责任意识较强的贫困群众作为河道、水库协管员,负责河道、水库的巡查、卫生监督保洁等日常工作,目前,全县累计创新设立生态扶贫就业专岗4179个,每人每月给予200元至1200元不等的务工补贴。

上犹县"河(湖)长制"工作成效显著,境内九大河流水系水质均达到二类以上(其中阳明湖水质常年保持一类标准),水源水质安全达标率达100%,获评全国"全面推行河(湖)长制先进单位"。坚持将湖、河、渠、溪、塘等水系治理向全流域美化发展,走出了一条水系治理与脱贫攻坚和谐共融之路。梅水乡园村是一个水土流失严重的村庄,小流域内水土流失面积共有12.32平方公里。为彻底改变这种面貌,近年来,上犹县把小流域综合治理与推进以生态修复、水土资源保护、防治面源污染和生活污水、垃圾处理为主要内容的生态清洁型小流域建设紧密结合起来,开展清洁家园、清洁田园、清洁水源活动,全力打造洁净有序、和谐宜居的美丽乡村,高标准打造水土保持秀美乡村建设点和让群众"望得见青山、看得见绿水、守得住乡愁"的水土保持生态新村。园村通过恢复治理,生态系统得到显著改善;通过开展生态修复、河道整治、房前屋后绿化、农村垃圾处理、水污染防治、农田面源污染防治等工作,村庄环境得到明显改善,小流域面源污染明显减少,农村生活垃圾无害化处理率达到95.3%,生活污水处理率达到92.6%。通过河(湖)长制的推行,上犹县园村不仅提升了生态"颜值",还推动了乡村旅游发展,实现治水与治穷"双赢"。

## 四、上犹县脱贫攻坚与乡村振兴的有效衔接

随着全面脱贫、全面建成小康社会宏伟目标的实现,我国将进入全面建设社会主义现代化国家、向第二个百年奋斗目标进军的新发展阶段,反贫困事业也将进入新阶段。为应对我国乡村发展不平衡不充分尤其突出的问题,国家适时启动了乡村振兴战略,要求到2020年乡村振兴取得重要进展,做好实施乡村振兴战略与打好精准脱贫攻坚战的有机衔接。从"十四五"时期开始,我国将在整体上消除绝对贫困并进入扶持相对贫困的历史阶段,这将对脱贫攻坚与乡村振兴战略的衔接提出更高的要求。

2019年4月,上犹县顺利实现脱贫摘帽,这是脱贫攻坚战一个阶段的结束。摘帽后,上犹县坚持目标导向和问题导向,进一步细化各项措施,做到脱贫攻坚不停顿、不大意、不放松,确保高质量完成脱贫攻坚各项目标任务。在指导思想上,注重把握脱贫攻坚到乡村振兴有效衔接中的总趋势,持续发力稳就业、强产业、补短板,全面巩固脱贫成果,提升脱贫质量,向着全面小康的新征程砥砺前行。上犹县提出"四个不摘"。

(1)坚持摘帽不摘责任,攻坚行动进一步推进。持续压实县乡村脱贫攻坚主体责任、相关部门监督责任、行业部门扶贫责任以及挂点帮扶、驻村帮扶、结对帮扶责任,持续加大"两不愁三保障"帮扶力度。一是持续关注饮水安全问题。重点对贫困户饮水问题是否解决、供水方式是否稳定进行再核实,对23处"百吨千人"规模以上农村饮水安全项目进行重点管理,确保农村供水工程良性运行、发挥效益。加大水利扶贫力度,新投入资金3525.45万元(建设饮水安全项目55处,水利基础设施101处),进一步改善了农村安全饮水条件。二是持续关注住房安全问题。对全县近万套农村土坯房进行了一次全面的安全鉴定工作,彻底排查住房安全隐患。保障了农村保障房管理规范化、制度化、常态化。三是持续关注政策落实问题。重点排查教育资助、控辍保学、"四

道保障线"、签约服务等政策落实,每月开展送教服务不少于2次,每年为签约对象提供1次免费健康体检,对重点人群开展随访服务,打通了政策落实"最后一公里",确保了贫困群众各项政策"应享尽享、不漏一人"。

(2)坚持摘帽不摘政策,资金投入进一步加大。一是政策措施不变。2019年、2020年均出台了上犹县脱贫攻坚巩固提升实施方案和产业扶贫工作实施方案,从制度层面保证了脱贫攻坚"思想不松、队伍不散、政策不变、力度不减"。二是资金投入不减。2020年安排2.52亿元用于脱贫攻坚项目。其中,用于产业扶贫5900万元、就业扶贫4000万元、教育扶贫160万元、健康扶贫2710万元、基础设施扶贫4076万元、金融扶贫800万元、生态扶贫1050万元、整村推进扶贫6297万元、农村社会养老保险230万元。

(3)坚持摘帽不摘帮扶,造血功能进一步增强。脱贫后,上犹县保持县级领导挂点帮扶、单位驻村帮扶、干部结对帮扶贫困户不变,注重激发贫困群众内生动力,鼓励贫困户参与产业就业发展,不断增强自身"造血"功能。一是加快产业发展。强力推进茶叶、蔬菜、食用菌产业发展,新增茶叶基地8000亩,完成新造高产油茶林4004亩、改造低产油茶林1万亩、抚育油茶幼林2万亩,采用"飞地模式"在社溪镇、油石乡计划集中建设1000亩标准设施蔬菜产业基地,现已建成832亩;集中式建设的光伏电站全年现已实际到账收益940万元,链接了128个行政村的全部特困群体。加快创业致富带头人技能培训,全县培育创业致富带头人174名,链接贫困户1673人。进一步规范合作社运行,对带贫益贫能力强的合作社给予支持,对运行不规范的予以清理。坚持引导贫困群众自主发展产业,沿用2018年的产业奖补到户政策,标准更合理,程序更简化。二是拓宽就业途径。全面落实就业扶贫政策,2020年已发放各类就业扶贫补助2894.7万元。其中,工作场所补贴783.6万元、创业补贴34.5万元、公益性岗位人员务工补贴1488万元、交通补贴282万元、就业基地奖补75万元、企业社会保险补贴56万元、培训生活费补贴14.3万元、求职补贴5.5万元、技能培训补贴155.8万元。全面规范公益性岗位管理,优化人员设置,明确管理主体,切实开展岗前培训,确保公益性岗位人岗相适,管理有序。积极开展就业扶贫培训,现已对全县2790名就业扶贫车间工人开展了岗位技能提升培训,其中建档立卡贫困劳动力874人。

(4) 坚持摘帽不摘监管,脱贫成效进一步提升。一是在工作管理上,坚持原有的考核评估办法和监督指导体系不变,全力支持41户110人脱贫。推进持续攻坚和防止返贫同步,重点关注289户981名"两类人群"。其中,边缘易致贫户142户494人,脱贫不稳定户147户487人。加强动态监测,确保不返贫。二是在成效管理上,构建长效机制,出台精准防贫保险制度,将"因病、因学、因灾(含意外事故)、因赔偿责任、因生产资料损失"五大返贫致贫风险事项纳入防贫保险范畴,以农村"非贫低收入户"和"非高标准脱贫户"为参保对象,以全县农村人口的10%左右确定"精准防贫保险"参保比例,按照每人每年60元标准承保农村人口30000人,降低已脱贫人口返贫和非贫困人口致贫风险。同时,建立完善党建引领机制、动态监测返贫机制、稳定增收机制、扶贫项目运维管护机制、志智双扶教育机制、持续投入保障机制、防止返贫保险保障机制等七大长效机制,不断巩固提升脱贫攻坚成果。三是在长效管理上,持续完善基础设施,改善农村发展条件。投入2620万元资金改造农村公路,进一步提升了道路通行效率;投入2799.18万元资金实施10千伏中低压配电网改造,进一步完善通信电力设施;持续开展农村人居环境整治,对全县131个行政村2449个自然村组进行全面治理,村庄环境实现了质的提升。

此外,按照中央、省、市工作部署,上犹县推进"春季整改"、"夏季提升"、"秋冬巩固",聚焦"两不愁三保障"突出问题,扎实开展脱贫质量"回头看",积极探索稳定脱贫的长效机制,进一步巩固提升脱贫攻坚成果,稳妥推动扶贫工作体制转型。具体来说,一以贯之坚持党建引领,落实攻坚责任,坚持三级书记抓扶贫,严格督查、考核、问责,狠抓责任落实、政策落实和工作落实；一以贯之投入工作力量，持续推进基层组织建设，继续执行驻村帮扶制度，大力培养农村创业致富带头人，推动帮扶重点由解决基本生活保障向高质量、可持续发展转变；一以贯之强化政策扶持，按照"脱贫不脱政策"的要求，扶上马、送一程，全力化解疫情影响，继续实施好十大扶贫工程，进一步加强基础设施建设，提升公共服务水平，完善巩固提升长效机制，让上犹人民与全国人民同步奔小康；一以贯之衔接乡村振兴，将脱贫攻坚理论成果及实践经验有机融入乡村振兴政策体系和制度框架中，将以精准扶贫为目的的产业扶贫、易地搬迁、转移就业等方面的接续性工作融入乡村振兴战略中。有序推动特惠性政策向普惠性政策转变、临时性帮扶政策向常态化支持政策转变，实现脱贫攻坚与乡村振兴"同频共振"、"一张蓝图绘到底"。

## 五、小结

习近平总书记在十九大报告中指出，要动员全党全国全社会力量，坚持精准扶贫、精准脱贫，确保到2020年我国现行标准下农村贫困人口实现脱贫，贫困县全部摘帽，解决区域性整体贫困，做到脱真贫、真脱贫。摆脱贫困是中华民族千百年来的梦想与期盼，中国共产党将脱贫攻坚作为全面建成小康社会的底线任务和标志性指标，破解绝对贫困问题，创造了中华民族发展史上的奇迹，并为世界解决贫困问题提供了中国经验、中国智慧和中国方案。中共十八大以来，在以习近平同志为核心的党中央坚强领导下，新时代脱贫攻坚成就显著，充分彰显了中国特色社会主义制度的优越性。我国不断加大脱贫攻坚力度，推动了一系列伟大实践，积累了许多宝贵经验，为开启全面建设社会主义现代化国家新征程创造了有利条件。

上犹县的脱贫攻坚就是其中之一，回顾脱贫攻坚实践，深刻总结经验，对于与乡村振兴的衔接具有重要的现实意义。中共十八大以来，在与贫困艰苦抗争的伟大实践中，上犹人民深入贯彻落实党的精神，以习近平新时代中国特色社会主义思想为指导，以昂扬的斗志、豪迈的激情、不懈的奋斗,扎实推进精准扶贫精准脱贫工作,决战决胜脱贫攻坚。上犹县群众住房难、吃水难、上学难、就医难、出行难、用电难等问题得到系统解决,群众生产生活条件大为改善,公共服务水平全面提升。除了看得见的变化,更为重要的是看不见的变化。广大干部在脱贫攻坚一线战场上锤炼了作风、提升了能力,收获了实现价值的荣誉感、自豪感,锻造了一支能吃苦、素质高、业务硬的干部队伍。同时,上犹县在脱贫攻坚的实践中形成了独特的精神特质:"不达目的不罢休"的攻坚克难精神、"不破法规破常规"的改革创新精神、"精益求精创一流"的能工巧匠精神、"立说立行不拖延"的只争朝夕精神、"众人拾柴火焰高"的团结协作精神、"执政为民守规矩"的无私奉献精神。

未来的新发展阶段,如何做好全面脱贫与乡村振兴战略的有效衔接、如何推动扶贫工作方式从集中作战向常态化推进、扶贫政策从特惠性向普惠性转变、扶贫目标从实现精准帮扶向推动共同富裕发展等,都有待理论和实践的结合。我们有理由相信,在中国共产党的领导下,"产业兴旺、生态宜居、乡风文明、治理有效、生活富裕"的中国乡村振兴必将到来,党的十九届五中全会提出的2035年远景目标必将实现。

# 附 江西省上犹县脱贫攻坚的特色典型案例

## 一、传统地方产业与乡村旅游扶贫的结合——犹江绿月食品有限公司的发展

好山好水出好茶,上犹县属于山地丘陵地带和亚热带季风区,日照充足,山地资源丰富,生态保存完好。全县山地面积18.0万亩,森林覆盖率达81.8%,林地面积19.96万亩。土壤肥沃、气候温和湿润,形成了适宜茶叶种植的优质条件。上犹茶叶品质优良,产茶历史悠久。绿茶种植是上犹的传统地方产业。早在明朝,上犹茶叶就被列为"贡品",

茶乡茶韵特色鲜明。同时,上犹旅游资源丰富,拥有五指峰、陡水湖两个国家级森林公园,达到国家1~5级标准的景点162处,尤其是茶园风光秀丽,乡村旅游休闲资源十分丰厚。

打响脱贫攻坚战以来,上犹县委、县政府把"上犹绿茶"茶叶产业作为优先发展的农业首位产业来抓,探索知名品牌企业带动、贫困户参与的模式,犹江绿月就是其中的佼佼者。上犹犹江绿月食品有限公司位于上犹县梅水乡园村,园村是"江西生态新农村"及"江西省乡村旅游示范点",全村山地面积13000亩,四面环山,是远近闻名的茶叶专业村。园村距离上犹县区约20分钟车程,离赣州市区1个小时车程,交通方便,且具备客家门匾第一村、茶业特色村、九曲生态漂流、千年造纸坊、全国保存最完整的森林小火车等乡村旅游资源优势,是江西省最具魅力的休闲旅游乡村之一。近年来,上犹犹江绿月食品有限公司将传统地方产业与乡村旅游扶贫结合,串起周边景区及万亩茶园景观带,助力脱贫攻坚较为典型。

犹江绿月积极探索"公司＋合作社＋基地＋农户"的形式发展茶叶产业,将过去分散低效、质量把控难、对市场反应迟缓的小作坊生产变成育苗、种茶、制茶、销售一条龙产业链。同时,采取"基地＋合作社＋贫困户"的模式,让贫困户通过土地流转的租金,基地务工的报酬,带动发展产业致富等形式增收致富,形成茶产业扶贫路径,带动当地困难群众走上小康路。井头组贫困户吉发育的2亩田都种上了茶叶,每亩每年仅鲜叶的家庭收入就有4000多元。在茶叶种植初期,犹江绿月食品有限公司针对贫困户自我发展缺项目、缺资金、缺技术,抗市场风险能力弱等实际问题,为打消村民顾虑,不用贫困村民投入,通过租赁农民耕地和山场600亩,每亩每年租金500元,免费提供茶苗、技术。受益贫困户48户。每年每季收购贫困户的茶叶鲜叶6000多斤,支付资金50多万元。吸纳贫困户务工员工28名,年支付工资70多万元。农民负责管理好茶树,采摘的鲜叶,犹江绿月食品有限公司以市场价全部统一收购。村民在山上、农田、荒地里种茶。到2019年,园村全村拥有茶叶面积5680亩、茶叶加工厂15家，人均茶叶面积1.43亩。茶乡茶韵激活了农村经济，2017年，基地有50户106名贫困户获得土地流转租金；有20户贫困户在基地务工，带动138户发展致富产业，人均年收入增收达2700元以上。通过基地产业扶贫实现脱贫186人，占全村年度脱贫人口的53%以上。近两年，全村又有100多人以"茶"脱贫。

犹江绿月食品有限公司生产的"犹江绿月"牌剑绿茶、白茶、仙芽、毛尖、手工茶等系列产品因其自然生态、绿色健康而深受广大消费者的喜爱。公司的"犹江绿月"名优茶，形成了"形如弯月、扁平挺秀、匀齐光润、茶香若兰、清高持久、滋味鲜爽、汤色清澈和叶底嫩绿"的独特品质。但是，对于茶产业来说，传统的发展思路是制作档次不同的茶叶供人们饮用，茶园单产的价值更多地体现在茶叶的单价上。从价格来说，每亩约为3000元收入，茶叶的附加值并不高，对于脱贫攻坚的整体带动作用也有限。要将作为主导和特色优势产业的茶产业真正发展壮大为重要的产业扶贫项目，有力地保障贫困户脱贫不返贫、致富有后劲，还是要与精深加工、观光旅游、文化交流、休闲养生等功能的开发相结合，茶叶专业合作社走强一产、优二产、活三产的路径，精准施策出实招，做到三产融合发展。

近年来，在精心种植好茶叶，打造品牌的同时，犹江绿月依托得天独厚的自然资源，不断延伸茶产业链，把茶园基地发展成为一处集采茶、做茶、茶艺表演、农家乐、乡村旅游为一体的生态园区，通过科普游、亲子游等茶旅融合，现在茶园每亩收入8000多元。产业链拉长了，茶叶的附加值大大提高，对当地农村脱贫攻坚有着长效作用。犹江绿月食品有限公司在梅水乡、五指峰乡、油石乡、寺下镇、营前镇、水岩乡、陡水镇等7个乡镇建立3个茶叶专业合作社，签订茶叶种植合同，与29个茶叶种植点的5800户茶农签订了茶叶收购协议，共建生产基地19000亩，带动周边4000多户农户脱贫致富。在犹江绿月食品有限公司的带动下，园村新建了茶艺表演中心、茶园游步道和观景台，组建了客家茶艺表演队，景区占地面积已经达到1200多亩，有园村绿茶品茶馆、九曲河漂流、东坑造纸坊、休闲垂钓渔场、森林小火车、餐饮农家乐等休闲项目,初步形成具有茶乡特色的茶叶观光、体验性旅游项目。犹江绿月还推出"互联网+私人订制茶园"项目,一排排整齐的茶树旁边都立着小木牌,上面写着这一片茶园的"订制"人。客户花16800元,就可以在这里选中一亩专属自己的茶园,交给农户培育管理,一年里出产的茶叶都归客户所有。客户可以携亲朋好友到自己订制的茶园中体验采茶、制茶、品茶,到茶园休闲度假,了解上犹有机茶园的文化特色,感受中国传统茶文化。通过三产融合,茶产业的价值链条得到极大延伸。这既增加了企业的效益收入,也带动贫困户脱贫,实现多渠道增收就业。

目前,犹江绿月食品有限公司基地的固定员工有百余人,在茶叶采摘生产的高峰期为400余人。吸纳的贫困户忙完采茶后,平时就在茶园兼职旅游服务工作,赚取更多收入,当地困难群众走上脱贫致富路。梅水园村犹江绿月食品有限公司被评为赣州市"脱贫攻坚先进帮扶企业"等。小茶叶已然成为村民致富的"金叶子"。

## 二、生态扶贫的安置与后续保持——水岩乡"水上漂"移民村等的发展与规划

上犹是库区移民大县,由于经济建设的需要,国家先后在上犹江上兴建了5座水电站,使上犹县形成了5大库区,全县14个乡(镇)中有10个库区乡(镇)。库区面积达12.6万亩,库区乡(镇)人口20万,有大中型水库移民8645户38334人。库区乡(镇)离中心村和圩镇较远,贫困发生率高。

在上犹江库区,有这样一个特殊的群体,他们或依水而居,或生活在船上,常年漂泊在水上以捕鱼为生,被称为"水上漂"。还有部分农户居住在深山,外出需要摆渡出库区,形成"双渡"现象。"水上漂"群体出门唯一的交通工具就是船。即便是邻居,相互来往也要划船。另外,生病看医生、购买日用品、小孩上学,都要划船近2公里到附近的龙门圩

上,非常不方便。因为交通极其不便,很多孩子读了小学就不再读书,形成贫困的代际转移。

上犹县水岩乡井仔村三面环水,是有名的库区村、省级深度贫困村。据几代人都是"水上漂"的村民张育才介绍,20世纪50年代,因为国家在这里建设水电站,村里的大部分房屋和良田被淹,村民们便纷纷在库区水面搭起木棚栖身,以船为家,过着捕鱼度日的"水上漂"生活。夏天酷暑难耐,水面木棚就像蒸笼;冬天寒风凛冽。最怕大风大雨,风稍微大点摆渡用的小船就晃动得厉害。船上的孩子必须绑上泡沫做成的救生包,还要用绳子把他们跟大人系在一起。风浪太大就要去背风水域避风。上犹县的统计数据显示,上犹江库区共有"水上漂"(含"双渡")移民1246户4988人,其中在上犹县的分布较广。长期以来,"水上漂"和"双渡"农户在库区住着简易的木棚和简陋的土坯房,生命财产存在严重的安全隐患。

在国务院《关于支持赣南等原中央苏区振兴发展的若干意见》(简称《若干意见》)出台后,上犹县政府抓住时机,结合农村危旧土坯房改造,依托《若干意见》出台后的政策叠加优势,鼓励和引导符合条件的"水上漂"、"双渡"人员、深山区移民落户,实现"搬得出、稳得住、能发展、可致富"的目标。2013年,上犹县把移民搬迁集中安置点作为改善"水上漂"村民生产生活条件的头号工程,建设了梦想家园——城南社区、水岩乡龙门(圩)移民新村等8个集中安置点,560多户水上人家全部搬迁上岸。"水上漂"的村民搬离了水上木棚,陆续结束艰苦的"水上漂"生活,实现上岸安居乐业。在搬迁安置上,上犹县水岩乡龙门(圩)建设的中储粮移民新村较为典型。按照统一规划,一栋栋白墙黛瓦、极具客家风情的民居在陡水湖岸错落有致地排列开来,建成的两层半住宅小区,每层都是85平方米,设施全、品位高、环境优。

上犹县不仅做好生态扶贫的安置,而且积极前瞻,做好了后续规划。上岸安置的贫困户不仅要有房子,还要有工作,解决医疗和上学问题,才能真正实现"水上漂"农户们的安居乐业,真正实现脱贫目标。因此，上犹县十分注重安置点的后续规划，解决就学、就医、就业等问题，阻断脱贫返贫和贫困代际转移的潜在风险。

## （一）规划完善安置点周边医疗教育设施

上犹县将"水上漂"群体上岸作为改善农村贫困人口居住环境的重要举措来抓。在集中安置点选址时，综合考虑群众的生产生活需求，在中心镇和中心村选择交通便利、地势开阔、土地资源集中的地方设立安置点，并向各安置点实行政策倾斜，完善幼儿园、卫生所、文化室等配套服务。群众反映：居住环境好，用电用水方便，学校、诊所等公共设施齐全，而且离移民新村都很近，孩子再也不用每天靠划船上学了。"水上漂"农户在实现岸上定居的同时，享受到政府周到的公共服务。彻底改变了深山缺医少药、信息闭塞、上学困难、致富无路的落后状况。

## （二）妥善安排安置后的岸上生活

安置后，要有活干，有收入，贫困劳动力脱贫才有可能。为配合做好"水上漂"安置工作，针对"水上漂"群体普遍文化程度不高、技能单一的实际情况，上犹县对上岸搬迁安置后移民的后续发展，做到了早谋划、早安排，努力解决好移民上岸后的生产生活问题。一是对符合低保条件的移民户做到应保尽保，安排公益性岗位；二是制定"水上漂"移民产业发展扶持规划和扶持政策；三是对上岸移民劳动力开展了就业培训，并依托有实力的企业，鼓励移民户上岸后进企进城务工；四是建立了单位定点帮扶和"三送"干部结对帮扶制度；五是协调金融部门对"水上漂"移民建房、发展产业给予贴息贷款支持。

为进一步拓宽"水上漂"移民的致富门路，上犹县多管齐下，或招商引资，或扶持兴办农家乐，或扶持发展乡村旅游等，千方百计为移民创造就业和增收机会，一项项帮助"水上漂"移民拓宽致富门路的生动实践火热展开。上犹县水岩乡龙门（圩）中储粮移民新村配套建设了水产品交易市场和湖鲜一条街，让上岸"水上漂"移民不仅安居，还能乐业，并动员他们参与发展各项产业，拓宽增收渠道。

上岸安置后，"水上漂"移民的生产生活方式发生了根本性的变化，接触的人多了,各种信息来得更快,视野也开阔了。村民黄义平凭着以前"水上漂"时的养鱼经验,上岸后一边在池塘养鱼,一边跑市场,做起了鱼生意,妻子胡红英则在村里的脐橙基地上班。一年下来,靠水产经营和务工工资以及土地流转收入,他一家纯收入有6万多元,实现了高质量脱贫。2019年,井仔村退出贫困村,实现整村脱贫。

## 三、中国社会科学院在上犹县扶贫扶智的成功实践

2015年12月8日,习近平总书记就机关企事业单位做好定点扶贫工作做出重要指示。习近平总书记强调,党政军机关、企事业单位开展定点扶贫,是中国特色扶贫开发事业的重要组成部分,也是中国政治优势和制度优势的重要体现。2015年起,中国社会科学院对接上犹县实施定点扶贫,党组书记、院长谢伏瞻同志多次亲临上犹调研,亲自调度定点帮扶工作。中国社会科学院拥有一支涵盖社会发展各大领域的专家队伍,始终坚持开发式扶贫方针,充分发挥思想库、智囊团在扶贫中的作用和优势,以"扶贫扶智"为特色,深入实施产业扶贫、教育扶贫、健康扶贫和提供智力支持,为打好脱贫攻坚战贡献智慧和力量。

一是提供智力支持。定点帮扶以来,中国社会科学院充分依靠自身的人才优势、平台优势、成果优势、知识优势,提供源源不断的智力支持,向上犹县连续选派具备一定专业知识水平和实践能力的挂职干部投入脱贫攻坚一线,并选派专业人员驻村(蛛岭村、红星村),开展定点帮扶和精准施策,带动贫困人口脱贫致富,受到当地政府和人民的一致好评。同时,中国社会科学院注重发挥学科门类齐全、学术研究深入、知名学者云集的特点,组织专家举办高端讲座,派出专家组开展专项调研和组织县乡村干部培训。先后9次组织41名专家学者前往上犹县开展扶贫调研和国情调研,并做相关报告。干部群众普遍感到,通过培训和讲座,自身的思想素质和工作能力得到提升。中国社会科学院连续向上犹县赠阅《中国社会科学报》,协助上犹县领导班子了解全国扶贫现状,以便吸收有益经验,助推地方发展。组织社会科学文献出版

社、中国社会科学出版社、中国社会科学院图书馆和语言研究所向上犹县捐书1.8084万册，价值78.3631万元（折合），还积极协调共青团中央主管的中国光华科技基金会向上犹县捐赠图书3.3028万册，价值93.1万元（折合）。这都形成了以科研扶贫为引领的良好局面，有效激发了上犹县脱贫攻坚的内生动力。

二是以示范项目带动培育产业，不断增加扶贫资金投入，消费扶贫数额大幅增长。脱贫户、村级干部、扶贫干部、相关学者共同参与到上犹县脱贫攻坚战中，中国社会科学院"扶贫扶智"贯穿了上犹县精准扶贫的全过程，从规划到资金、项目，到持续措施等方面，全方位对上犹县脱贫攻坚提供支持。中国社会科学院帮助上犹县解决了一批事关长远发展的节点难点。2018年5月，上犹县元源新材料有限公司等企业因无天然气用气指标，玻纤复合材料生产线不能如期投产，发展陷入困境。中国社会科学院党组成员一同筹划破解之策，协调相关企业同意每年为上犹县提供806万立方米平价天然气。投产后，企业每年降低成本1500万元以上，实现主营业务收入35亿元、税收2.6亿元以上，并提供1000多个就业岗位，一举成为上犹县龙头企业，带动相关企业生产成规模、上档次。

2015年以来，中国社会科学院安排近千万元资金、精准实施了近39个扶贫项目，包括紫阳乡秀罗村种植优质稻项目、陡水镇红星村毛竹林低改项目、陡水镇食用菌产业项目、寺下镇珍珠村肉牛养殖产业扶贫项目、五指峰乡茶叶建园产业项目、水岩乡蕉坑村油茶建园项目、梅水乡上坪村养牛产业项目、双溪乡卢阳村油茶低改项目等。发展了一批稳定可持续增收的特色产业，帮扶贫困村壮大村集体经济，帮助贫困群众拓宽了增收致富路。

上犹县营前镇蛛岭村是省级贫困村，从2015年年底开始，中国社会科学院挂点联系蛛岭村扶贫工作。在反复调研的基础上，中国社会科学院扶贫工作队资助250万元（县级层面整合配套资金270万元），利用废弃鱼塘兴建了蛛岭村村级光伏扶贫电站。光伏扶贫电站依托江西晶科能源有限公司,采取"公司＋合作社＋贫困户、产供销一条龙"模式,探索出一条"造血致富、滚动脱贫"的光伏扶贫新路子。该模式主要通过并网输电产生经济效益,2016年5月并网发电以来,年均发电约55万度,每年产生收益约60万元。收益主要用于确保全村建档立卡贫困户每年有3000元左右的收益。项目累计已使蛛岭村297户912名贫困户脱贫,2017年,蛛岭村顺利实现退出贫困村行列。村集体在2020年前每年有10万左右的收益,2020年后有80万左右的收益,村集体经济得以壮大。蛛岭村光伏扶贫项目在整个江西省具有很高的知名度,为上犹脱贫甚至是江西省脱贫建设起到了示范作用。2019年,中国社会科学院帮助建设的上犹县光伏发电新项目继续落实到位。消费扶贫是推动农民脱贫致富的重要途径。中国社会科学院党组协调中国银行,搭建了"公益社科院"电商平台,通过工会为职工购买节日慰问品的方式,购买农产品。

三是创新思路帮扶就业,扶贫到贫困户、扶贫到贫困人口,引导和支持所有有劳动能力的贫困人口依靠教育和劳动摆脱贫困。中国社会科学院深入贯彻习近平总书记"脱贫攻坚既要扶智也要扶志,既要输血更要造血,建立造血机制,增强致富内生动力"的要求,坚持对上犹的定点帮扶结合外部帮扶与内生动力,形成正向引导激励机制,把扶贫脱贫和贫困群众的自我发展能力建设有机结合起来。

上犹县寺下镇富足村地处偏远,资源匮乏,如今有了个远近闻名的"富足之家",这是中国社会科学院扶持的电商扶贫综合项目。该项目利用老村部进行改造升级,成为一个集农副产品收购、销售为一体的消费扶贫平台。平台通过线下订购、线上直播的销售模式,拓宽茶油、笋干、笋衣、辣椒干、香菇、黑木耳、杨梅干等10余种农副产品销售渠道,从根本上解决贫困群众购买和销售难的问题,大幅度提高贫困群众收入水平,实现贫困户"收入有提升、收入能稳定、收入可查询"。2018年6月底运营以来,"富足之家"逐步完善农副产品销售、贫困户就业、技能培训、扶贫车间等一体化,践行"供销社＋村两委＋综合服务站"的村庄发展模式,汇集农村电商、农资供应、日用品销售、农产品购销、医疗及信息中介等服务功能,将服务终端延伸到田间地头。将"富足之家"与全国供销总社"供销e家"、"扶贫832"电商平台对接,进一步拓展了农产品销售渠道,共帮助农户销售46.8万元农副产品,惠及建档立卡贫困户46户。并开展就业培训10余次,有效提升了贫困户的工作技能,近20名贫困户在扶贫车间工作,每人每月可增收800余元。2019年10月,江西省扶贫产品展示对接会在南昌举行。"富足之家"农副产品受到南昌市民高度欢迎,所有样品全部抢购一空,成功预购茶树菇、笋干、辣椒酱、牛肉等产品达万元,并建立起长期供货意向协议。2019年12月,经村级申请、乡镇自查验收、县级复核验收,寺下镇富足村深度贫困村成功脱贫。

四是注重健康扶贫、教育扶贫,解决了一批就学就医的实际问题。为满足基础教育发展的迫切需要,上犹县准备兴建上犹中学南湖校区,但经费问题一直未能解决。2019年上半年,中国社会科学院党组联系央企银行低息贷款3亿元,学校基础建设资金短缺难题迎刃而解。中国社会科学院干部群众积极捐资助学,离休干部夏森同志创立的"夏森助学金"捐资44.5万元,资助家庭贫困大学生56名(人次),使他们不因家庭经济困难而失学,并捐资为县社溪中学配置教学广播设备;设立"社科育才助学金",文学研究所一位知名学者和中国社会科学出版社分别捐资10万元和20万元。2019年,为帮助上犹县驻村第一书记创办乡村公益图书馆,全院职工踊跃捐献书刊达8000多册。中国社会科学院还多次组织首都医疗专家培训上犹县医护人员,为营前镇、东山镇等边远山区群众义诊,为贫困群众送医送药。

(王蕾)

# 陕西省丹凤县脱贫攻坚调研报告

## 一、丹凤县概况和贫困状况

### (一) 丹凤县概况

丹凤县位于陕西省东南部,秦岭东段南麓,因县城襟带丹江、背依凤冠山而得名。县域东西长62.1公里,南北宽65.5公里,总面积2438平方公里。县城距省会西安市170公里,312国道、西合铁路和沪陕高速公路穿境而过。全县辖11个镇、1个街道办、155个村(社区),2019年年末户籍人口31.3万人①。2019年,全县生产总值98.02亿元,比上年增长6.0%,城乡居民人均可支配收入分别达到21910元、9409元,

---

① 《丹凤县2019年国民经济和社会发展统计公报》,http://tjj.shangluo.gov.cn/default/detail/3897/535。

增长8.8%和10%。①

丹凤县地势西北较高,东南偏低,山峦起伏,河谷纵横。丹江是县内第一大河,系汉江一级支流、长江二级支流,自西北流向东南,流经丹凤县境内干流长度94公里,流域面积1134.46平方公里。丹江以北主要是山地,系秦岭支脉蟒岭,由西北向东南延伸,在县境内长75公里,主脊平均海拔1500米,最高峰玉皇顶海拔2057.9米是全县海拔最高点。老君河和武关河由蟒岭主脊发源,由北向南汇入丹江。丹江以南的东部地势较为平缓,西部有秦岭支脉流岭和鹘岭坐落,银花河从两座山脉之间流过,在县境南端汇入丹江。

丹凤县是一个"九山半水半分田"的土石山区县,属北亚热带向暖温带过渡的季风性半湿润山地气候,冬无严寒,夏无酷暑,气候湿润,物兼南北,森林、生物资源十分丰富。全县耕地总面积34万亩,常用耕地面积18.1万亩,农作物以小麦、玉米、大豆为主。全县林业用地面积251万亩,森林覆盖率70.86%,丹凤县流岭油松飞播林是西北地区连片面积最大、造林成效最好、林相最为整齐的飞播林基地,也是我国长江以北最大的飞播林区。②经济林种类繁多,林特产品资源丰富,其中有药材250余种,山茱萸是主要的药用树种,山萸肉产量占全省的70%左右,还有天麻、五味子、杜仲、金银花、柴胡等;干鲜果类主要有核桃、葡萄、柿子、板栗等;还有木耳、香菇、木炭等其他林特产品。野生动物种类繁多,有林麝、豹、大灵猫、豪猪、环颈雉、松鼠、狐、果子狸、锦鸡、野猪、大鲵等。全县探明的矿产资源有38种,储量较大的有铁、铜、锑、钒、铀、石墨、云母、石灰石、硅线石等,产地遍布全县各个乡镇。

丹凤县开发历史悠久。据考古发现,六千年前丹江沿岸已有先民聚落,《史记》以此为殷商始祖契所封之国。先秦时期,先后归属晋、楚、秦,公元前340年为商鞅封地。商鞅死后,改置商县。隋代时改商县为

---

① 《2019年丹凤县年鉴》,http://www.danfeng.gov.cn/zjdf/dfnj/23820.htm。
② 《"鸟瞰新商洛"摄制组带你走进百万亩飞播林区,欣赏这里的独特风貌!》,http://www.sxslnews.com/pc/index/article/64214。

商洛县,清代设商州州同驻龙驹寨,民国时期设商县县佐驻龙驹寨。1949年,以龙驹寨为中心建立丹凤县,属商洛市。

丹凤县有千岭屏障,万溪襟带,幽林菁谷,最易伏戎,历来是兵家必争之地,史称"关中门户"、"陕南锁钥"。丹凤县境内的武关,是"关中四塞"之一,有非常重要的战略地位。通过这一枢纽地带,可以撬动西北与中原的格局,进而影响天下形势。汉初刘邦、唐末黄巢、明末李自成先后转战屯兵于丹凤地区。宋金、宋元之间的多次军事行动都围绕这一通道展开。至民国时期,军阀混战,这里被乱军洗劫摧毁。丹凤地区也是革命老区。1927年,中共陕甘区委在龙驹寨设立特别支部;1932年,徐向前等率红四方面军、贺龙等率红三方面军先后入境;1934年,程子华、徐海东等率领红二十五军长征入境,创建了鄂豫陕革命根据地(苏区);1946年,郑位三、李先念、王震等率中国人民解放军自中原突围入境,在商山建立鄂豫陕革命根据地(边区)。①

丹凤县城龙驹寨地处商於古道中段,是连接关中平原和江汉平原的咽喉,春秋时期就是水旱码头。这里"地连秦楚,物兼南北",荆州贡品沿丹江水运至此,转换陆运到关中与冀州。此后,历代东南丝、茶、糖、米、瓷器等,通过船舶沿长江、溯汉江进入丹江,汇集于此,再驮运经西安至山西、甘肃、内蒙古等地。甘肃的绿丝烟、山西的食盐等驮运至此,连同当地的桐油、药材、核桃等货物,船载而下,畅销东南。明、清及民国初期,为龙驹码头鼎盛时期,车水马龙、商贾云集。明代在此设税司,到清代,厘金岁额达纹银15万两,居全陕之冠。新中国成立以后,随着公路、铁路等交通网络建成,加上丹江失去水运能力,商业码头作用随之消失。

**(二)丹凤县贫困状况**

新中国成立以前,丹凤地区长期处于战争和贫困状态。新中国成立以后,丹凤县的生产得到了发展,人民生活水平大大提高,特别是改

---

① 《丹凤县志》,陕西人民出版社1994年版,第2页。

革开放以来,丹凤经济社会发展取得了显著成就。但由于多重因素综合影响,丹凤县的发展速度、生产生活水平与发达地区差距较大,第二、第三产业不发达,劳动生产率和人均收入偏低,长期处于贫穷落后状态。丹凤县是国家扶贫开发重点县、秦巴山区集中连片特困县、陕西省11个深度贫困县之一,有扶贫任务的行政村148个,其中建档立卡贫困村89个(深度贫困村26个),建档立卡贫困人口23994户83527人,贫困发生率43.73%。

丹凤县在打响脱贫攻坚战之前面临诸多挑战。第一,产业规模效益不足,带贫致富能力弱。农业产业方面,贫困户生产分散,积累很少,种植技术薄弱,抵御市场风险的能力非常差,种植经济作物的能力和意愿都不高。相当一部分村集体没有经济收入。第二、第三产业总体规模偏小,尤其因丹凤县处于秦岭-大巴山生物多样性保护与水源涵养重要生态功能区,承担着南水北调中线生态涵养的任务,限制开发,工业发展受到严重制约,传统矿业企业属于落后产能,面临淘汰,全县产业升级压力巨大。第二,受自然环境条件限制,基础设施建设滞后。丹凤县地处秦巴山区腹地,山大沟深,基础设施建设维护成本非常高。丹凤县农业人口27万多人,绝大部分居住在山区,多沿河道和依山而居,人员居住分散,村内村际道路不畅,已有道路"油返砂"严重。饮水基础设施不足,相当部分农村居民存在饮水安全问题。第三,基本公共服务严重不足。医疗卫生公共服务不足,因病致贫、因病返贫现象严重。据丹凤县扶贫局统计,到2017年全县建档立卡贫困户因病致贫的比例仍高达39.39%。人均教育支出偏低,贫困人口教育问题没有得到彻底解决,存在因学致贫和因贫辍学的现象。

脱贫攻坚以来,丹凤县全县上下坚持以脱贫攻坚总揽发展全局,深入学习贯彻习近平总书记关于扶贫工作的重要论述精神,落实中央、陕西省和商洛市的各项决策部署要求,精准施策、尽锐出战,全力攻克深度贫困堡垒。到2019年年底,全县89个贫困村全部出列,累计脱贫23313户81447人,贫困发生率降至1.02%。通过县级自查自评、市级核查、省级专项评估,2020年2月,陕西省人民政府批复同意丹凤县退出贫困县序列,丹凤县历史性地实现了整县脱贫摘帽。

## 二、丹凤县脱贫攻坚的主要措施和成就

丹凤县坚持把脱贫攻坚作为最大政治任务、最大发展机遇、最大民生福祉,贯彻精准方略,强化系统思维,聚集所有资源、动员一切力量攻坚克难,全县脱贫攻坚质量效益大幅提升。

### (一)产业脱贫

丹凤县在产业脱贫方面紧扣户有脱贫项目、村有集体经济、镇有产业园区的"三有"目标,深入推行"三联三带三创"产业扶贫模式,大力实施龙头企业带一批、新型主体帮一批、农村改革促一批、自主创业脱一批的"四个一批"脱贫方略,扎实发展脱贫产业、壮大市场主体、培育集体经济、做好技术服务指导工作,全力抓好产业脱贫工作。2014年至2019年年底,全县累计脱贫23313户,其中产业脱贫20162户,占86%。

丹凤县始终把产业脱贫作为脱贫攻坚的治本之策,形成了肉鸡、核桃、食用菌、中药材、乡村旅游"五大主导产业"和茶叶、魔芋、葡萄、光伏发电、电子商务"五大新兴业态",布局蟒岭山区菌业产业园、流岭山区药业产业园、国道沿线旅游产业园三大园区,形成"政府主导、贫困户主体、新型主体带动"的扶贫体系。2019年,为加速推进"摘帽年"产业脱贫工作,整合资源,布局项目,着重发展以双孢菇为主的食用菌、以天麻为主的中药材和核桃、肉鸡、艾草、毛驴6个优势特色产业,重点实施了500个双孢菇大棚基地项目、秦岭天麻小镇建设项目、新雨丹中药材种植及储备库建设项目、西部农特产品(核桃)交易中心建设项目、500万羽肉鸡养殖及有机肥加工项目、毛驴产业示范园建设项目等6个项目,带动全县产业持续升级,推动产业脱贫。至2019年年底,全县建成双孢菇大棚434个,发展代料香菇3000万袋;肉鸡饲养量3000万只;核桃建园51万亩,中药材种植面积达到25.5万亩(其中天麻1.5万亩),毛

驴存栏2000头;种植艾草5000亩;种植葡萄8000亩,标准化茶园突破1.2万亩;全县魔芋种植面积稳定在1.5万亩;建成镇村电商服务站点92个,47个村级光伏电站全部并网发电;2019年全县实现农林牧渔及农林牧渔服务业总产值23亿元,覆盖贫困户23396户,户均增收2600元。

丹凤县依托良好的自然生态资源和独具特色的历史文化资源,大力发展旅游产业。丹凤县现有国家AAAA级景区2个(棣花古镇文化旅游区、丹江漂流景区)、国家AAA级景区4个(凤冠山、桃花谷、金山旅游度假区、万湾美丽乡村景区),省级乡村旅游示范村7个(棣花村、竹林关村、万湾村、冠山村、保定村、马炉村、毛坪村),省级特色旅游名镇3个(竹林关镇、棣花镇、龙驹寨街道办)。脱贫攻坚以来,丹凤县以精品景区、乡村旅游和特色小镇"三大建设"为重点,突出生态和人文两大主题,旅游环境明显改善,旅游业发展势头良好,依托既有优势资源,将观光和文化旅游、休养休闲结合在一起,定位受众精准,具有比较好的差异体验和吸引力。目前,已建成棣花古镇文化旅游区、秦岭飞行小镇、竹林关美丽乡村等乡村旅游集群,打造丹凤全域旅游"金字招牌"。建设北部坡塬地带现代农业大园区、棣花古镇文化旅游区、万湾生态休闲区"三大板块",建成千亩葡萄、万亩核桃、千亩樱桃"三大主题公园"和宋金街、清风街"两条特色街区",促进乡村旅游与现代农业深度融合,带动周边792户贫困户就业,户均增收2000元以上,成为全省三产融合的示范样板。2019年,棣花古镇获"年度最受欢迎文旅小镇"和"年度最具潜力民宿集群"奖,庾岭镇、竹林关镇入选"陕西100处红色旅游地"名单,武关毛坪入选中国美丽休闲乡村,桃花谷被中国水土保持学会评为全国水土保持科普教育基地。牛背梁、天竺山空中观光项目对外运营。全县2019年接待游客912万人次,增长12.13%,实现旅游综合收入52.9亿元,增长16.13%。

为推动脱贫产业发展,丹凤县出台扶持政策、加大资金投入、开展技术帮扶,产业脱贫效果得到有效提升。在政策扶持方面,丹凤县围绕

"五大主导产业"和"五大新兴业态",编制了丹凤县"十三五"特色产业精准扶贫规划和丹凤县2018—2020年产业扶贫规划,引领全县产业科学发展。县政府及主管部门先后出台了《丹凤县财政专项扶贫资金产业项目管理办法》及《实施细则》,明确了产业扶贫项目的申报标准、资金使用方式及验收程序,从政策层面保障脱贫产业快速发展。在资金投入方面,丹凤县坚持将项目带动作为产业脱贫的主要抓手,落实产业项目,推动脱贫增收。2017—2018年,落实贫困户生产发展项目4980万元,通过直补方式带动贫困户20017户;落实产业扶贫项目39个,通过入股分红、发放实物两种方式带动贫困户1693户;落实现代农业精准扶贫试点项目9个2030万元,通过入股分红方式带动贫困户736户。2019年,落实贫困户生产发展项目148个3807万元,通过直补方式带动贫困户22709户;22个产业扶贫项目共投入资金1220万元,带动贫困户772户。2017—2019年累计为122个村(社区)注入集体经济发展资金1.7亿元,其中2017年0.2亿元、2018年0.4亿元、2019年1.1亿元,122个村实现村集体经济收益分红。在技术帮扶方面,丹凤县制定《丹凤县建立贫困户产业发展指导员制度实施方案》和《丹凤县贫困户产业发展指导员管理办法》,2019年全县选聘了贫困户产业发展指导员269名,每村落实1~2名贫困户产业发展指导员,加强对贫困户发展产业的业务指导。同时,以产业扶贫技术服务110指挥体系为载体,组织农业系统9个下属单位采取"分片包抓"方式负责12个镇(街道办)贫困户实用技术培训工作。2017—2019年,按照"理论+实训"方式累计培训120场次,涉及89个贫困村10323户贫困户;开展技术服务315场次,为贫困户提供咨询48073人次;发放产业技术"明白卡"2.7万余份,技术问答宣传挂图4.5万余份,涉及食用菌、中药材、生态养殖等优势主导产业,为贫困户产业发展提供了技术支撑。

为促进集体经济发展,丹凤县积极推进农村集体产权制度改革,实现集体经济全覆盖。抢抓被确定为全国农村集体产权制度改革试点县的机遇,全县155个村(社区)股份经济合作社全部组建到位,89个贫困村集体经济组织由市县认定达标,建立健全资金整合、投入机制。2017—2019年,全县累计为122个村(社区)注入集体经济发展资金1.7亿元,建成47个光伏电站。截至2019年年底,全县村集体经济总收入951万元,积累5万元至10万元的有41个村,积累10万元至30万元的有45个村,积累30万元以上的有3个村。

## (二)就业扶贫

丹凤县坚持"就业一人、脱贫一户"的总体目标,多措并举推进就业扶贫工作,以加大就业技能培训为基础,以深入实施就业扶贫"五个五"工程(省内外大型劳务输出基地转移就业500人,开发利用公共就业服务机构网络信息资源引导500名贫困劳动力实现就业,县内扶贫基地和社区工厂吸纳贫困劳动力就业500人,扶持自主创业带动贫困劳动力实现就业500人,开发公益性岗位安置贫困劳动力500人)为载体,以苏陕扶贫协作为链接,全方位促进贫困群众脱贫增收。在具体工作中,丹凤县制定实施了八项措施,打出就业扶贫"八式拳"。

一是实施"菜单式"培训。详细制定就业培训计划,形成涵盖种植、养殖、编织、烹饪、家政等22个工种的就业培训"菜单",由贫困户根据自身情况"点菜",县就业部门对单"下厨"。

二是实现创业促就业"串珠式"带动。通过创业担保贷款贴息政策的杠杆撬动,对有创业意愿且有一定创业能力的贫困户,采取鼓励自主创业、引导联合创业的办法。通过创业政策扶持,帮助其发展种植、养殖产业或参与到商贸流通、开办农家乐等餐饮服务三产的创业中来,实现创业促就业,获得稳定收益。

三是实行"订单式"上岗。借助业已成熟的南京拉面、西安小杨烤肉等形成的"丹凤厨工"劳务品牌优势,通过政府搭台、社会参与的模式,在外出务工人员聚集的西安、韩城、陕北、灵宝、南京、温岭、嘉兴、杭州、苏州、深圳等地,建立了十大劳务输出工作站,由劳务输出工作站负责收集当地企业用工信息,建立劳务合作关系,提供"订单式"岗位。

四是实行"保姆式"就业信息服务。利用人社系统的人力资源市场信息网络平台征集县内外用工和务工信息,通过专场招聘会、信息发布会、微信就业服务平台等形式,将供需信息传送到用工单位和村组户;同时,与多家市场化人力资源企业达成长期合作协议,为贫困劳动力提供工作有保证、工资有保障(正常工作时间年收入不低于5万元,低于标准则由人力资源公司补足)、人身有安全(每名务工人员均有指定专人负责帮助处理其劳动维权纠纷)的全程专人一管到底的"保姆式"中介就业信息服务。

五是实现"平台式"承载。一方面,通过支持县内各类创业人员在贫困户移民搬迁集中安置点开发扶贫基地、开办社区工厂或加工车间,鼓励企业在各镇建立社区分厂,就地就近吸纳贫困劳动力实现就业脱贫;另一方面,依托县域工业集中区、农业产业园区、旅游服务景区等承载的企业工厂和服务业,吸纳贫困群众就地就近就业。

六是实行公益性岗位"对口式"安置。针对无法离乡、无业可扶、无力脱贫的"三无"贫困劳动力,设置包括农村环卫、公路维护、水利设施看护、公益林管护岗位,以及城镇化发展、新农村建设、移民小区安置、部门机关工勤服务中新增的安保、保洁、炊事等辅助性公益岗位,通过兜底安置就业。

七是推进"协作式"扶贫。深化雨丹对口扶贫劳务协作,向雨花台提供有就业意愿贫困劳动力信息,组织召开雨丹劳务协作座谈会,举办雨丹劳务协作大型招聘会和下乡巡回招聘会;联合认定苏陕协作扶贫车间15家,举办专场招聘会和下乡巡回招聘会16场次。

八是推行"引导式"扶持:外出务工超过6个月的贫困劳动力可申请一次性求职补贴500元,并且每人每年可申报不超过500元的一次往返交通补贴;自主创业的贫困户,可享受一次性创业补贴3000元。

各项举措同步发力,推动就业扶贫工作取得显著成效。2016—2019年,建成南京、深圳、杭州等劳务基地11个,形成以西安为中心辐射长三角、珠三角的劳务输出星状纽带;对农村"三无劳动力"安置公益性岗位1338人,户均实现年增收4800元;累计培训贫困劳动力7712

人，1582人通过培训实现了就业，2645人在产业发展中实现了稳定增收；建设社区工厂、扶贫基地等25家，带动贫困劳动力在家门口实现就业513人，其中15家带动效果较强、社会效应较好的企业被认定为雨丹协作就业扶贫示范基地，兑现雨丹扶持资金57万元；开展"送信息、送岗位、送服务"进社区活动30余场，提供就业岗位8万多个；持续推进政策兑现工作，累计兑现贫困群众就业补贴资金2000多万元；建成武关镇阳阴村、龙驹寨镇白庄村、棣花镇万湾村等13个创业担保贷款信用村，发放贷款资金198户1281万元，其中贫困户贷款26户136万元；鼓励创业带动就业，年扶持小微商户及企业150多户，发放担保贷款资金3000多万元。截至2019年年底，全县贫困劳动力实现转移就业29394人（其中公益性岗位安置就业1338人），带动18280户70409人实现稳定增收，1093户3683人通过产业实现就业，基本实现了全县有劳动能力贫困家庭至少一人稳定就业目标。

### （三）生态脱贫

根据原环境保护部①和中国科学院于2015年发布的《全国生态功能区划（修编版）》，丹凤县处于秦岭-大巴山生物多样性保护与水源涵养重要生态功能区。县委、县政府通过严格保护当地生态环境，盘活绿水青山，立足林业生态脱贫的独特优势，把生态建设、林业改革、产业发展与精准扶贫融合，按照"生态补偿脱贫一批"总体要求，紧紧围绕生态护林员选聘、生态效益补偿、退耕还林实施任务，全面开展生态扶贫工作。

依托林业项目扶贫，让贫困户变成"上班族"。丹凤县鼓励贫困人口参与林业项目建设，设置管护岗位，优先提供给建档立卡贫困户，护林员每人每年可领取工资3600元。同时，优先安排有能力从事工程建设的贫困人口参与栽植、抚育、管护等营造林工作，增加其劳动收入。从2016年6月全县生态护林员选聘工作开展以来，县林业局严格实行

---

① 2018年3月，第十三届全国人民代表大会第一次会议批准了《国务院机构改革方案》，组建生态环境部，不再保留环境保护部。

"县建、镇(办)聘、镇(办)站管、村用"的管理机制,截至2019年9月底,在全县建档立卡贫困户中共选聘生态护林员1388名,发放工资1299.5869万元。

落实生态补偿扶贫,让贫困户领到"生态钱"。将全县25度以上坡耕地全部纳入退耕还林范围,向贫困村、贫困人口倾斜,优先安排坡耕地面积大的贫困户。全部补贴款通过一折通拨付到群众名下,县纪检监察部门对相关补助、补偿等涉林重点项目资金的申报、分配、使用进行全程跟踪督查。2015—2019年累计兑现退耕还林政策补助资金11141.3354万元,累计兑现给贫困户退耕还林政策补助资金1005.1839万元;累计兑现森林生态效益补偿资金6771.81万元,累计兑现给贫困户森林生态效益补偿资金791.2071万元。

发展林业产业扶贫,为贫困户种下"摇钱树"。丹凤县借助林权改革,培育多种形式的林业经营主体,激活林地资源,提升林业对富民增收的贡献率。成立各种专业合作组织,将农户、土地集中起来实现规模化生产。安排专项资金用于发展林下经济,引导发展林菌、林药、林禽等林地立体复合经营模式,以龙头企业或合作社为主体,积极带动脱贫。2015—2019年,全县核桃栽培面积51万亩(1100万株),其中挂果树33万亩(710万株),年产干核桃2万余吨,产值3.5亿元;从外县调回青皮核桃5.4万吨,占全县青皮核桃总量的56.9%,加上自产核桃,每年销售核桃仁总量约1万吨,产值6亿元。全县板栗栽培面积27.4万亩,挂果面积27万亩,产量1680吨,产值1008万元,从业人数12375人,带动贫困户4125户,户均增收210元。全县中药产业种植面积达22万亩,总产量1.86万吨,产值4.5亿元。2019年全县新发展中药材种植4.1万亩,从业人数35000人,带动贫困户8400户,户均增收1210元。全县有核桃加工企业2家,年加工各类优质食用植物油4500余吨、加工核桃壳50000吨,产值5.8亿元。

### (四)志智双扶

"扶贫先扶志,扶贫必扶智。"丹凤县坚持技术、文化帮扶、精神激励多轮驱动、"扶志"与"扶智"双管齐下的工作思路,一年确定一个主题活动,压茬推进扶志扶智工作,不断激发群众摆脱贫困、迈向新生活的内生动力,为决战决胜脱贫攻坚凝聚强大的精神力量。

搭建平台、创新方式宣传扶贫政策。利用丹凤大讲堂、农民夜校、社区大讲堂、流动党校等平台,编印《脱贫攻坚农民夜校读本》《脱贫攻坚惠民政策汇编》等书籍5000余册,组建宣讲团、授课队伍等,根据群众的需要确定授课内容,采用群众喜闻乐见、乐于接受的方式,每个月进行1次授课。组织专业技术人员通过各类平台,采取庭院会、专题培训、田间授课等方式,围绕种植、养殖等产业,加强实用技术培训,提升群众自身发展能力,让每个贫困户至少掌握1门就业创业技能、至少有2个致富项目,为贫困群众稳定脱贫奠定了良好的基础。为了让群众看得懂、记得住、忘不了扶贫政策,丹凤县组织专业人员创作了图文并茂的脱贫攻坚政策解读漫画作品56幅,编辑发放《漫解脱贫攻坚》连环画册7万册,并在此基础上,组建了理论骨干、党员志愿者、先进模范、人才服务团、乡贤人士等5支"志愿服务队",以"十个一"活动为抓手,深入镇村寓教于乐进行宣传宣讲。同时,采取"宣讲+文艺"宣传模式,精心编排以先进典型人物和脱贫致富事迹为素材的小戏、舞蹈、小品等文艺节目,先后推出了以脱贫攻坚为主题的微电影《段家湾的笑声》、方言碎戏《小高书记》、原创歌曲《谁也别落下》,通过"小文艺"讲好"大道理",有效提振了贫困群众的精气神。编印的《漫解脱贫攻坚》连环画册获得全省宣传思想文化工作创新奖二等奖,原创脱贫攻坚主题歌曲《谁也别落下》荣获全国"村歌十年·江山盛典"展演曲目金奖。

开展主题活动,建设爱心超市,倡导文明乡风。策划组织了"四扶五风六化"主题行动、"四帮四扶"和"四讲四强"主题活动,将扶志扶智工作与文明村镇创建"携手联姻",在各村(社区)以红白理事会、孝老敬亲、禁赌禁毒、垃圾分类等内容为抓手,组织开展勤劳致富、健康卫生、诚实守信、邻里和睦、孝老爱亲、文明礼仪、自强励志、热心公益等"八大家庭"评选表彰活动,将评选结果与爱心超市积分兑换相结合,开展"晒家风、亮家训、守家规"主题活动,带动村民自觉养成守村规、遵民约、讲文明的行为规范,推动形成了淳朴厚道、向上向善的乡风民风,推进乡风文明大提升。利用多方捐赠资金,在每个村建立爱心超市。设立爱心积分制,与主动参与村庄事务、道德评议红黑榜挂钩,全体村民均可凭爱心积分换取生活物资。如此,物质奖励与精神激励相配套,既激发了群众脱贫致富的动力,也缓和了贫困户与非贫困户之间的矛盾,营造出团结和睦、文明友善的良好氛围。

丹凤县以刘西有精神作为新时期全县干群脱贫攻坚学习标杆,营造见贤思齐、崇德向善、艰苦奋斗、脱贫光荣的氛围,变"要我富"为"我要富"。刘西有"十二把镢头闹革命",带领马炉村群众修田造地,摆脱贫困,丹凤县把这种精神作为脱贫的动力源,将马炉村打造成精神脱贫教育基地和村级干部教育培训基地,建成劳模纪念馆、村史馆,缅怀先辈、激励后人。

"扶贫先扶智、治贫先治愚。"丹凤县全面开展教育扶贫工作,紧扣"改善办学条件、精准学生资助、深化结对帮扶、残疾送教上门"四大抓手,奋力实施"扩大政策宣传、加强队伍建设、深化雨丹协作、开展扶志扶智"四条措施,全面落实学前教育、义务教育、高中教育、中等职业教育和高等教育从入学到毕业全程资助,实现全县建档立卡贫困人口教育基本公共服务全覆盖,确保学生有学上、上好学。

落实控辍保学制度。逐级签订《控辍保学目标责任书》,分解控辍保学任务,有效落实县长、科教局局长、镇长(主任)、村长、校长、家长、师长"七长"责任制,形成了控辍保学"县政府统筹协调、科教局组织实施、镇办依法督促、村委会动员劝返、学校监控监管、家长监护履责、教师关爱引导"强大合力,确保义务教育阶段建档立卡贫困学生按时入学就读或返校复读。科教局严格学生转入转出、休学复学等学籍管理,各中小学加大学生动态监测和重点监控,建立辍学学生台账,实行销号管理,坚持周报、月报、季度总结。镇(办)各职能部门、村组干部、学校教师组成控辍保学劝返联合小组,深入辍学学生家庭,宣传《教育法》《义务教育法》，落实辍学学生"一人一案"，因人施策。截至2019年年底，全县义务教育阶段无辍学学生，实现了"0辍学"目标。

精准落实学生资助。一是精准摸清资助对象。建立了困难学生信息库，实现了建档立卡学生资助全覆盖、家庭经济困难学生资助无遗漏的目标。二是精准落实国家资助。全面落实学前教育"一免一补"、义务教育"两免一计划一补"、普通高中"一免一助"、中职教育"一免一助一补"、高等教育奖、助、减、免、贷等教育资助政策。2016—2019年共资助学生85998人5622.03万元。其中，义务教育阶段资助学生50156人2662.32万元。三是精准实行社会救助。加大资助项目整合力度，对民政、关工委、工会、爱心企业等部门的学生资助项目进行了有效整合，避免了重复资助、贫而无助的问题。针对经济困难家庭因子女就读大学而出现的因学致贫、因学返贫问题出台了大学生资助资源整合实施意见，由县资助中心对民政、妇联等部门的困难学生资助采取"一门受理，多门实施"办法，确保贫困大学生资助"不重、不漏"，确保"不让一名学生因家庭经济困难而失学"，帮助所有贫困学生顺利完成学业。

### （五）易地搬迁和危房改造

易地搬迁是解决贫困户住房安全问题的有效途径，也是精准脱贫工作中难啃的"硬骨头"。丹凤县围绕"住上好房子，过上好日子"的目标，按照"五位一体"（移民搬迁、产业园区建设、城乡统筹发展、精准扶贫、消费市场培育）和"四区同建"（循环工业园区、现代农业园区、精品旅游景区、新型城乡社区）的工作思路，推进"宜居、宜业"移民搬迁双示范社区建设，全县安置易地扶贫搬迁户7077户28284人，占全县建档立卡贫困人口的33.9%，建设集中安置点11个（17期项目），全部为集中上楼安置，集中安置率100%，重点打造商镇老君村及龙驹街道办凤冠新城（赵沟）2个3000户大型安置点，大点安置率80%以上。截至2019年4月20日，11个集中安置点全部完成工程建设任务，达到国家考核验收及入住标准；8月10日全部完成装修入住任务。全县易地搬迁应腾退旧宅6783户，其中应拆除5388户，截至2020年8

月13日,全县易地搬迁旧宅腾退工作全面清零,腾退率100%,拆除率100%。

搬得出,精准识别打基础。丹凤县采取"谁调查、谁负责、谁签字背书"办法,组织县、镇、村、组四级帮扶干部入村组、进农户宣传移民搬迁新政策,围绕家庭收入、居住条件、住房情况、人员结构、致贫原因、脱贫途径等重点内容调查群众家庭实际情况,了解搬迁需求和搬迁意愿;按照群众申请、村组评议、镇办审核、县级审批公示等程序,全县12个镇办识别审定易地扶贫搬迁对象7077户28284人。同时,按照"以人定搬、以户定建、以点定产"的思路,针对不同的家庭人口、人口结构和脱贫计划进行分类甄别梳理,确定搬迁安置地点、安置户型、安置年度,签订搬迁安置、脱贫致富和宅基地腾退"三项协议",为搬迁安置工作奠定了基础。

稳得住,创新优化后续服务。着眼解决搬迁群众的后顾之忧,积极推进社会治理体系创新,设立全县移民搬迁社区服务中心,把党的管理向移民搬迁安置小区和移民户延伸,发挥搬迁公司与政府、物业、移民搬迁户之间的桥梁纽带作用。同时,组建物业公司、专职保洁队伍,设立警务室、便民服务大厅、日间照料中心等服务机构,把城乡低保、新农合等与人口和房屋相关的权利、义务从户籍上分离出来,做好搬迁、扶贫和社会救助等政策衔接,建立贫困搬迁户水电费、物业费等费用政府补助制度,有效增强了搬迁群众的归属感、获得感。

能致富,发展产业促增收。整合培训资源,举办各类技能培训200余场次,累计培训2.9万人次,搬迁群众每户至少有1人掌握了1项劳务技能或实用技术。在集中安置点同步建设工业园区、特色农业园区及社区工厂,有6000多名搬迁群众就地就近转化为产业工人。在集中安置点配建了商铺,采取政府担保,无息贷款的办法支持贫困户创业,400余户移民实现了增收。设立了环卫保洁、物业管理等扶贫特色公益专岗,有1200余名搬迁群众通过公益专岗稳定就业。通过技能培训,提升就业能力,做好就业岗位"菜单式"对接、就业状态清单式管理,确保每户有一个主要劳动力稳定就业。

危房改造也是解决贫困户住房安全问题的重要措施。丹凤县采用危房户自主选择危房改造或易地搬迁的办法,在推进易地搬迁工作的同时,做好危房改造工作。聚焦建档立卡贫困户、低保户、农村分散供养特困人员和贫困残疾人家庭"四类重点对象",进行全面、细致的"拉网式"排查,确保不掉一户、不漏一人。2016年以来,全县共实施建档立卡等"四类重点对象"危房改造2880户(2016年实施450户,2017年实施688户,2018年实施1483户,2019年实施259户),实施非贫困户777户(2016年实施60户,2019年实施717户),共拨付补助资金6895.87万元,群众住房安全问题得到有效解决。丹凤县危房改造工作作为陕西省唯一典型案例入选国家改革开放40周年成果展,2018年危房改造工作受到国务院督查激励表扬。

### (六)社保兜底和健康扶贫

在社会保障兜底脱贫方面,丹凤县因户因人施策,发挥政策叠加效应,织牢兜底脱贫保障网。2019年,全县纳入农村最低生活保障对象5427户14313人,其中低保贫困户4522户12204人,占低保总人数的85.27%,占贫困人口的25%。全县纳入农村特困人员救助供养范围1739人,实施集中供养390人,分散供养1349人。全年发放低保金5437.1万元,特困供养资金1215.70万元。实施临时救助4539人次539.09万元。发放残疾人两项补贴847.91万元,其中:生活补贴6129人329.17万元,护理补贴6255人518.74万元。资金全部兑付到户,达到动态管理、应保尽保、应兜尽兜。

农村低保实现应保尽保。全力确保符合低保条件的建档立卡贫困户,特别是重病、重残贫困户家庭能够及时纳入低保保障范围,组建"尖刀班"逐镇逐村进行排查,全面织密织牢"保障网",努力实现兜得住、兜得严、兜得实。逐年提升农村低保标准,2019年已达到每人每年3990元保障标准,高于扶贫标准。实施精准救助,落实分类施保、渐退帮扶政策。

特困供养实现应兜尽兜。进一步加强管理,着力提升特困供养人员管理服务水平,将符合条件的全部纳入供养范围,实施兜底脱贫。开展特困人员生活自理能力评估,全面夯实监管责任,精准发放特困人员照料护理费。对分散供养对象采取新建、危改、租赁、入住敬老院等措施,着力解决安全住房问题,确保分散供养特困对象住房安全达标。加大集中供养力度,畅通入住渠道,全县集中供养390人,其中失能、半失能人员232人,占入住人数59.5%。

临时救助实现应救尽救。对因遭遇突发事件、意外伤害、重大疾病,或其他特殊原因导致基本生活陷入困境的,全部纳入临时救助范围,给予应急性、过渡性救助。全面提高临时救助的针对性和时效性,简化审批程序、提高救助标准,将镇办的救助标准权限提高,由之前的1000元提至2000元,可直接进行救助,县级层面做到随报随批。

残疾人两项补贴精准落实。扎实履行牵头部门职责,按照残联每季度向民政局和各镇办反馈的持证残疾人信息,及时衔接,做到信息共享、管理规范、精准到人。

在健康扶贫方面,丹凤县以解决贫困人口看病"有地方、有医生、有制度保障"为目标,以"四个100%"和"三个一批"为基准,扎实落实医疗保障"一站式"即时结算、"先住院后付费"、30种大病专项救治、贫困人口慢病签约管理、健康扶贫政策宣传、健康知识普及等工作,建立了以落实健康扶贫政策减存量与疾病预防控制控增量的"减存量、控增量"长效机制,确保健康扶贫工作责任落实、政策落地、措施得力、群众受益。

实施"三精服务",抓施治减存量。一是精准识别。按照"三个一批"精准分类管理、动态监测,逐人建立健康档案,区分不同颜色标注档案盒,方便查阅、靶向施治。针对高血压、糖尿病、严重精神障碍、结核病等四种重点慢性疾病患者每季度开展一次面对面随访、健康指导等服务,为脑血管病、冠心病、慢阻肺、类风湿关节炎、骨关节炎、重型老慢支等6种多发性慢病患者发放个性化健康教育处方,并开展针对性随访服务。二是精准救治。通过摸底、筛查、研判，对符合救治条件的30种大病患者建立救治台账、制定诊疗计划和临床路径管理，"一对一"帮扶诊治，确保贫困大病患者一人一策、一病一方。三是精准签约。深入开展健康扶贫"八个一"工程，成立了71个镇村医生服务团队，贫困人口家庭医生签约服务全覆盖，组建3个专家组会诊疑难重症，有效保障了贫困群众身体健康。

落实"三大措施"，减负担惠民生。着力构建支撑有力、便捷高效的医疗保障体系。一是建立"三重保障"体系。通过建立新农合、大病保险、医疗救助"三重保障"，贫困人口住院合规费用报销比例80%以上，保障了患病贫困人口看得起病。几年来，一是实现贫困人口参保100%。二是严格落实医保政策。严格执行"一降两消三提高"政策，贫困人口住院大病保险起付线降至5000元，取消县域内定点医疗机构住院押金及门诊一般诊疗费，提高基本医保报销比例10%，提高大病保险报销比例5%，提高慢病报销封顶线20%，群众看病费用负担明显减轻。三是快捷结算支付费用。全面推行医疗机构"先住院、后付费"和医疗保障"一站式"结算服务，简化就诊程序，优化服务流程，第一时间结算支付惠民资金，有效解决了群众"看病难、看病贵"问题。

加强"三个建设"，提能力优服务。加强医疗设备配置、医疗队伍建设，有效提高医疗服务能力。一是加强医疗网络建设。扎实推进医疗机构标准化、规范化建设，全县医疗机构设备配置、专业科室建设、诊疗服务能力全面加强，建立起以县级医院为"纲"、镇卫生院为"目"、民营医院为补充、村卫生室为网底的三级医疗服务网络，方便群众就近就医。二是加强医疗队伍建设。把医疗专业人才队伍建设列为县委人才工作重要内容，2017—2019年，通过定向招聘、公开招考等形式，为全县医疗机构补充260余名专业技术人员，委托第四军医大学、西北妇女儿童医院等领军医疗机构培养230余名医疗人才，基层医疗人才短缺问题得到有效解决。三是加强合作体系建设。借鉴南京雨花台区"医联体"建设经验，抓住西安交大一附院帮扶机遇，建成县医院远程会诊系统,11个镇卫生院分别与江西九峰影像诊断中心合作建成远程医疗系统,实时开展远程影像诊断、业务教学、手术指导等工作,促进优质医疗资源下沉,提高了诊疗服务水平。

做好"三个结合",重预防控增量。丹凤县坚持把疾病预防作为全民健康的重要内容,关口前移、防治并举,提升"健康丹凤"建设水平,有效控制了因病致贫返贫增量。一是与基本公共卫生服务项目相结合。疾病预防控制"八大行动"与国家基本公共卫生、重大公共卫生服务项目有机衔接,采取超前防范、及时诊治等"一揽子"措施,有效减少了传染病、地方病、慢性病发生。二是与健康细胞创建相结合。扎实推进健康细胞创建、国家公共卫生健康素养项目健康促进县创建活动,建成集健身、运动、健康教育为一体的健康运动主题公园,推动全民健身生活化、常态化。三是与提升人口素质相结合。全面实施免费产前筛查、新生儿疾病筛查、健康体检等项目,早预防、早诊断、早治疗。加强健康知识普及宣传教育,公众自我保健意识和能力明显提升。

**(七)定点扶贫**

1993年起,丹凤县就成为中国社会科学院的定点扶贫开发对象。长期以来,中国社会科学院结合丹凤县实际情况,发挥"思想库、智囊团"的优势,持续开展帮扶工作。中共十八大以来,中国社会科学院认真贯彻落实习近平总书记重要讲话精神和关于扶贫工作的重要论述精神,切实做到精准扶贫、惠及民生,助力丹凤县脱贫攻坚。中国社会科学院党组始终高度重视定点扶贫工作,探索形成了"党组领导抓总、扶贫工作领导小组协调组织、挂职干部和驻村第一书记承担项目第一责任人、院属单位共同发力"[①]的工作格局,推动各项帮扶措施有效落实。

开展专题扶贫调研考察,为干部群众作报告。充分发挥中国社会科学院优势,组织专家学者到丹凤县进行专项扶贫调研考察,邀请专家学者就农村经济政策、商於古道文化、中央一号文件等内容向干部群众

---

① 明海英:《发挥智库优势 合力定点攻坚——访中国社会科学院扶贫办主任王晓霞》,《中国社会科学报》,2020年1月17日。

作专题报告,为促进丹凤县脱贫攻坚,以及经济社会发展出谋划策。2012年、2013年完成的《丹凤县竹林关镇旧城区改造策划》《丹凤县竹林关镇旅游策划》和《丹凤县竹林关镇生态宜居旅游发展区总体策划》报告,对于竹林关镇成为"生态、宜居、旅游示范区",陕西省最大移民安置点之一,发挥了积极作用。①

基础设施建设扶贫。中国社会科学院筹集资金,为丹凤县修路架桥。为多个村组修建村组公路,修复水毁桥梁和公路,修建水泥便民桥,有效解决村民行路难、过河难的问题,畅通了物流运输通道,为脱贫致富创造了条件。为棣花镇棣花村贫困户修缮、改造危房,解决了贫困户住房安全问题的同时,改善了棣花镇棣花村环境面貌,促进了当地文化旅游事业的发展,也为贫困户获得旅游收入、脱贫致富创造了条件。

教育扶贫。在丹凤县社科希望小学和棣花镇万湾小学分别设立了"社科育才基金"和"优秀师生奖励金";为蔡川镇九年制学校等购置电脑、电子琴等教学器材;为龙驹寨镇赵沟小学等建操场;资助贫困大学生;赠阅《中国社会科学报》,捐赠图书、赠送《现代汉语词典》和《新华字典》。中国社会科学院离休干部夏森同志从2006年开始,长期捐赠资助丹凤县教育事业,2013年,夏森捐献100万元设立"夏森助学金",用于资助贫困家庭大学生上学和改善教学条件。2018年10月,夏森同志荣获"全国脱贫攻坚奖奉献奖"荣誉称号。2021年2月,夏森同志荣获"全国脱贫攻坚楷模"荣誉称号。

实施产业扶贫项目。依托丹凤县华茂公司的肉鸡产业扶贫项目,在龙驹寨镇赵沟村和土门镇龙泉村帮扶100户贫困户、371名贫困人口发展散养鸡。依托毛坪村茶叶扶贫项目,出资改造茶园,修建茶叶加工厂,改善道路交通和电力设施,帮扶115户贫困户、426名贫困人口通过种茶、制茶,实现脱贫。资助峦庄镇街坊村、河口村建设秦岭特色天麻小镇,在竹林关镇东炉村(深度贫困村)实施茶叶种植项目。

---

① 钟代胜:《党的十八大以来中国社科院在丹凤县定点扶贫工作纪实》,《社科院专刊》,2016年1月8日。

开展消费扶贫活动。搭建"公益社科院"电商平台,通过工会为职工购买节日慰问品的方式,购买农产品。2018年11月20日,院扶贫办协调院服务局、院工会和丹凤县人民政府,共同举办了"陕西省丹凤县农产品展销活动",向全院干部职工推介和销售丹凤县优质农产品。①

## 三、丹凤县脱贫攻坚的主要经验

### (一)夯实责任链条是高效推进脱贫工作的根本保障

丹凤县坚持深入学习贯彻习近平总书记关于扶贫工作的重要论述精神,提高政治站位,始终把脱贫攻坚作为树牢"四个意识"、落实"两个维护"的现实检验,充分发挥县委"一线指挥部"作用,县四套班子主要领导带头包抓,"四责联动"压紧夯实责任链条,构建高效有序的指挥推进机制,加强统筹调度、协调督导、工作保障,全方位推进脱贫攻坚工作。

一是县委主动扛责。县委主动担当脱贫攻坚政治责任、主体责任,成立了由县委书记任第一组长、县长任组长的县脱贫攻坚领导小组,并组建了由县级领导任组长的15个行业部门和县级领导任组长的12个镇办一线推进工作组,构建起了在县委统一领导下,县脱贫攻坚领导小组指导推进,行业主管和帮扶部门、镇办、村组上下贯通、协调联动、衔接紧密、落实有力的指挥推进机制。

二是领导带头担责。县委书记认真履行脱贫攻坚"一线总指挥"职责,遍访所有贫困村,研究制定方案、协调解决问题、督导检查落实。所有县级领导带头包抓深度贫困村、贫困村、非贫困村,部门和镇办科级领导带头包村包户,扎根一线解难题、补短板、促提升,形成了县镇村三级齐抓共管的攻坚责任体系。

三是压茬推进夯责。制定全县脱贫攻坚《三年行动实施方案》,逐年度签订"军令状",推行党政同责、县级领导与包抓镇办及村同责、县

---

① 钟代胜:《对标中央决策部署　扎实推进两县定点扶贫》,《社科院专刊》,2019年4月19日。

"八办两组"在负责工作上与问题镇办同责、督查人员与被督查单位同责、镇办主要负责人和辖区村问题同责、驻村工作队员和第一书记与村干部及镇办包村干部同责"六个同责",坚持"周有主题、月有重点、季有行动"压茬推进,促进了脱贫责任、工作、政策"三落实"。

四是精准帮扶尽责。出台驻村帮扶工作4个主体同步考核办法,对县级帮扶单位、镇办包村科级领导、第一书记和工作队员、村两委班子成员等4个驻村帮扶工作主体,实行考核同步组织、成效同步评价、结果同步运用、奖惩同步兑现,夯实各级脱贫攻坚工作责任;创新推行"238"精准分类帮扶,通过155名第一书记、438名驻村队员驻村工作和5500余名帮扶干部倾心用力帮扶,推动了各项扶贫举措精准落实到村到户到人。

同时,深入开展"党旗引领脱贫路"主题实践活动,深化扶贫领域腐败和作风问题专项治理,严格落实贫困县约束机制,制定《丹凤县决战决胜脱贫攻坚常态化督查办法》等纪律规定,成立4个督查督战组,严肃督责问效。

由此,丹凤县构建起县委、县政府统一领导、县级领导牵头推进、县直部门驻村包抓、镇村组织实施、驻村工作队扎根扶贫、包扶干部倾力帮扶、贫困群众发挥主体作用的"七位一体"责任落实链条,形成了运行顺畅的脱贫攻坚工作指挥推进体系。在这一体系的强力推动下,丹凤县各项脱贫任务落地落实得到根本保障。

## (二)创新产业扶贫模式是带动贫困群众持续增收的有效途径

发展产业是实现稳定脱贫的根本之策,产业扶贫是增强贫困地区造血功能、帮助贫困群众就地就业的长远之计。丹凤县坚持长线短线产业结合、产业就业同时发力,全产业链谋划发展产业,支持产业延链条、建基地,强化链接带动。在推进产业扶贫工作的实践中,丹凤县不断创新产业扶贫模式,逐步形成了龙头企业带动型的"华茂模式"、现代产业园承载型的"棣花模式"、合作组织联盟型的"万湾模式"、集体经济带动型的"毛坪模式",有效带动贫困群众持续增收。

华茂模式。丹凤县华茂牧业公司是陕西省农业产业化重点龙头企业,陕西省供销集团以3000万元产业扶贫专项资金作为股权资本金注入华茂,组建了混合所有制的供销华茂集团公司,省供销集团与原华茂公司签订脱贫责任状,以契约形式保证3年内使900贫困户3000贫困人口实现脱贫。供销华茂集团公司采取"订单模式",帮助贫困户建设养殖棚,发展肉鸡产业。对缺乏养鸡条件的贫困户劳动力,公司延长产业链创造岗位予以就业安置。积极实施保底分红和保险保障,公司设立产业扶贫合作社,采取扶贫资金折股、公司按比例配股和贫困户带资入股、企业承贷承还等方式,将贫困户变为股东,对贫困户保底分红;由公司出资对所有贫困户所建鸡棚购买财产保险。由此,丹凤县探索出"政府股权投资、龙头企业运营、产业链条带动、收益保底分红"的产业扶贫新机制,实现了企业壮大与贫困户脱贫"双赢"的良好局面。

棣花模式。丹凤县依托棣花现代农业产业园,按照"精品景区+乡村旅游+精准脱贫"的思路,通过园区变景区、资金变股金、农民变股东,初步探索出了三产融合发展新路子。以重点企业和合作社为龙头,以每亩900元的租金流转许家塬、陈家沟、巩家河3个村1520个农户的4210亩土地,发展以核桃、葡萄、樱桃为主的休闲观光农业,建设市级现代农业产业园区,带动220户贫困户通过土地入股分红和获得土地流转租金,实现户均年增收4000元。在棣花古镇景区建设管理和现代农业产业园区建设中,吸纳景区周边130名贫困劳动力从事园林管护、田间管理、景区保洁、安保服务,实现稳定就业,人均年收入7000元。

万湾模式。万湾社区是全国文明村、全国"一村一品"示范村,也是丹凤县规模最大的农家乐集群点。2017年,万湾社区牵头成立了丹凤县万湾山泉休闲农业旅游发展有限公司,县政府以50万元产业扶贫资金,通过"资金变股金"量化到69户贫困户名下,镇村以5亩黄金地段土地作价作为集体的股本金,同时引导本村大场大户投资入股,形成了一个村集体控股的混合所有制旅游公司。公司经营收益按股分红，到2020年69户贫困户稳定脱贫后，其名下股金转为集体股，全体村民共同享有。丹凤县探索出了财政补助、土地入股、联股联营的合作组织联盟型的"万湾模式"，实现了当地群众脱贫致富。

毛坪模式。毛坪村依托秦鼎茶叶公司和华薇、金茗茶叶专业合作社，采取"公司＋合作社＋基地＋贫困户"的模式，鼓励引导贫困户以土地流转、资金入股、入股分红、入园打工、茶叶收购等方式加入合作社，把贫困户牢牢吸附在产业链上。毛坪村探索出"支部引领、股份合作、共赢分红"的集体经济带贫益贫机制，加快当地群众脱贫致富。

另外，网络扶贫成效明显，成为产业扶贫新方式。围绕农村网络设施建设、"互联网＋"产业发展、信息服务改善民生三个重点领域，用力打基础、建机制、搭平台、优服务。在设施农业中推广智能温室物联网应用系统，建成了以"互联网＋农产品销售＋物流配送"等为内容的电商产业园区，建成县级电子商务公共服务中心、物流配送中心。截至2020年年底，全县建成镇（办）级电商服务站12个、村（社区）级电商服务站81个，实现镇（办）电商服务站全覆盖，村（社区）服务站覆盖率达到60%，贫困村服务站49个，覆盖率55%以上；电商从业人员12000余人，物流和快递企业发展至28家、电商企业36家，个体网商600余家，微商5000余人，申请注册了"醉美丹凤"农特产品县域公共品牌，不断提升丹凤及其农特产品的对外知名度和品牌影响力。自建"丹凤严选"、"丹凤淘宝特色馆"、"醉美丹凤抖音小店"等多个网销平台店铺，整合全县30余家企业的200多款优质农特产品入驻平台，拥有三级服务代理商千余家。通过"公共服务中心＋电商服务站点＋供应链企业＋贫困户"模式，带动贫困户开展农产品网络销售，销售额达580万元，带动创业就业8682人，带动全县1200余户贫困户实现户均增收300余元。丹凤县2018年被评为全国电子商务进农村综合示范县，2019年商洛市网络扶贫现场推进会在丹凤县召开。

### （三）壮大村集体经济是振兴贫困地区的必由之路

丹凤县按照"全面部署、试点先行、重点突破、稳妥推进"的思路，扎实推进农村集体产权制度改革，村集体经济积累不断增加。突出摸实家底、严实评估、翔实核查"三个真实"搞好清产核资；按照尊重历史定、民主评议定、依据现实定"三定程序"确认成员身份；通过设置人口股、配置资源资产股、量化资金股"三类股份"明确股权结构；探索集体经济领办型、集体经济参股型、发展资金推动型"三种模式"深化股份合作；有效防范自然风险、市场风险、制度风险"三种风险"，规范推进产权制度改革，全县有66个村集体经济收入5万元以上，带贫益贫效果明显。

梅庄村不断探索村集体经济增收新路径，形成"梅庄模式"在陕西省推广。梅庄村积极发挥党支部、村干部、党员作用，以"三带"引方向，搭建集体经济框架。一是支部带领，选定长效产业。经武关镇党委、梅庄村驻村工作队、驻村第一书记和村两委会反复研究，根据丹凤县"六大产业"发展方向和武关镇"北药南菌中园区"产业布局，梅庄村选择了环境资源适宜、产业传统悠久、技术成熟的香菇产业作为主要发展方向。二是干部带头，打造龙头企业。村干部拿出自己的积蓄，自筹资金28万元，于2018年3月率先投入香菇场地建设，为集体经济开了头、起了步。之后，村股份经济合作社注资60万元占股55.6%，将村集体经营性资产折资54.87万元入股且三年不参与分红，2018年5月梅庄村的产业龙头——丹凤县丹菇食用菌开发有限公司注册成立（简称丹菇公司）。三是党员带动，鼓励群众就业。村党支部发动党员干部分头入户走访贫困户，讲产业形势、讲扶贫政策、讲自己已经投资入股，建立了贫困户对集体经济的信任，动员全村40户无产业贫困户在村互助资金协会各贷款5000元入股丹菇公司。

梅庄村积极采取"组织联建"、"利益联结"、"品牌联创"，以"三联"夯实基础，最大限度地确保集体经济增收保值。一是搭建"三位一体"

架构,促进组织联建。经村两委会组织党员代表、村民代表深入讨论,梅庄村研究制定了村集体经济合作社和丹菇公司章程及其管理制度,构建了"党支部+股份经济合作社+公司"三位一体组织结构,形成了村两委会对集体经济事务全面领导、全方位管理的格局。二是建立"收益共享"机制,促进利益联结。村干部引导群众通过股份实现利益联结,在公司股权结构上干部带头入股、群众出资入股、集体经济注资入股,以股份为纽带形成利益联结集体。三是实行"八个统一"标准,促进品牌联创。统一布局规划,统筹全村林木采伐指标和香菇建棚地址;统一流转土地60亩,作为香菇场建设用地;统一菌种,采购三处菌种分别培育,择优统一接种,并着手兴建梅庄村菌种场;统一制袋,由本村技术能手为集体香菇制袋、灭菌,逐步为全村香菇产业提供制袋服务;统一技术培训,香菇技术指导团队通过统一集中培训、组织菇农到丹菇公司参观学习;统一管理服务,就近聘用本村香菇大户屈志银从事香菇种植技术管理,并准备接收其8万元入股资金,提升管理效能;统一品牌,注册"秦岭丹菇"商标并授权全村菇农共享;统一销售,依靠丹菇公司的体量优势,通过洽谈引进大客商3户,掌握香菇议价权,全村香菇售价从52元/千克提升到64元/千克,实现了品牌效益最大化。在股份经济合作社和丹菇公司的带动下,2018年人均纯收入9737元,比2014年提高了3772元,一举甩掉了村集体经济"空壳村"的帽子。

**(四)加大资金投入是实现脱贫目标的坚强基石**

2016—2019年,丹凤县累计筹集各类扶贫资金54.73亿元,有力满足了脱贫攻坚需要,为"户脱贫、村出列、县摘帽"目标任务完成做好基础保障。围绕"筹资金、用资金、管资金"三个重点,丹凤县创新机制,健全制度,严格监管,确保做好资金保障服务工作,积累了有效经验。

加强领导夯责任。一是成立领导小组。成立了由县长担任组长、分管县级领导为副组长、相关部门负责人为成员的县脱贫攻坚资金保障工作领导小组,领导小组办公室设在县财政局,财政局局长兼任办公室主任,具体负责资金保障工作的组织、协调、管理工作。二是夯实工作责任。实行领导小组统一领导、财政部门统筹协调、各部门分工负责、镇村具体实施的工作机制,强化主管部门和镇村的工作任务、管理权限和监管职责,有效理顺了财政部门与项目主管部门之间、部门与镇村之间的关系。并要求镇办和部门定期向财政部门反馈资金使用情况,真正把监管触角延伸到了产业现场和项目工地,切实解决了拨款和用款"两张皮"的问题。

多措并举筹资金。一是积极安排县级配套资金。财政部门坚持扶贫力度不减的原则,优先保障扶贫资金投入,每年按照不低于地方一般预算收入2%的比例安排财政专项扶贫资金,并确保每年增长不低于20%。二是积极争取项目资金。积极督促相关部门向上争取项目,同时加快推进扶贫项目立项、评审、招投标、资金拨付等工作,力争项目早立项、早实施,保证扶贫资金早安排、早见效。三是积极争取金融贷款。建立财政金融融合的集聚机制,设立0.63亿元风险补偿金,扩大信贷资金投放,银行累计发放小额贷款4.2亿元,撬动引导金融资源向扶贫产业集聚。抢抓开发性金融支持贫困基础设施建设机遇,在国开行申请贷款3.99亿元,重点支持村组道路、小型水利和公共基础设施建设。四是积极统筹整合资金。加大资金统筹整合力度,优化财政涉农资金供给机制,严格按照"应整尽整"的原则,对纳入统筹范围的所有财政涉农资金予以整合。

精准使用提效益。一是大力发展集体经济。近年来累计筹措投入各类财政资金1.68亿元,引导村集体通过自主经营或联合经营,全面消除集体经济"空壳"村。2017—2019年,投入光伏扶贫资金1.262亿元,建设47座村级光伏电站(总装机容量13.36兆瓦),实现了89个贫困村全覆盖。二是积极培育市场主体。坚定实施龙头带动战略,将政策资金重点用于扶持龙头企业、专业合作社和能人大户等经营主体,为26个深度贫困村和年度出列村分别落实1~2个产业帮带主体,将全县10497户产业脱贫户全部镶嵌在产业链上。三是强化资金绩效管理。

对扶贫领域资金项目使用情况开展财政项目绩效评价。依照"花钱必问效、低效必问责"的绩效目标,由财政部门牵头,切实发挥绩效评价作用,对资金使用不精准、管理不规范、效益不高的项目,及时纠正归还原资金渠道,统筹安排到当年其他扶贫项目,促进了项目资金的效益发挥。

健全制度严管理。一是健全管理办法。丹凤县出台了《丹凤县财政扶贫资金使用管理工作导引》《丹凤县专项扶贫资金管理办法》《丹凤县扶贫资金县级项目主管部门报账制实施细则》等文件,对财政扶贫资金的范围、用途、使用、管理、监督等作了明确的规定,建立健全覆盖全方位的财政扶贫资金管理制度体系。二是严格执行制度。严格执行"3—5—5"限时办结制度,加快了资金支出进度,提高了资金的时效性。同时,执行财政扶贫资金支出周报告月通报制度、扶贫项目资金和项目公告公示制度和扶贫资金责任追究制度,切实增强了资金管理的严肃性。三是建立四级台账。建立"县级、部门、镇办、村"四级扶贫资金管理使用台账,县级台账主要反映资金来源及投向,部门台账按资金来源反映项目审批立项及资金分配情况,镇办台账按资金投向反映项目建设和资金到村补助情况,村级台账主要反映项目受益对象。

### (五)激发干部群众的奋斗精神是打赢脱贫攻坚战的强大动力

培育贫困群众自力更生的奋斗精神,激发群众脱贫致富的内生动力是脱贫攻坚的强有力支撑。丹凤县着力做好扶贫扶志工作,精心策划组织了"四扶五风六化"主题行动、"四帮四扶"和"四讲四强"主题活动,组建扶志扶智"四讲四强"示范宣讲团巡回镇村进行宣讲,广泛开展勤劳致富、健康卫生、诚实守信、邻里和睦、孝老爱亲、文明礼仪、自强励志、热心公益等"八大家庭"评选表彰活动,将评选结果与爱心超市积分兑换相结合,规范建设运营149个爱心超市,深度挖掘全国劳模刘西有先进事迹与脱贫攻坚的契合点,建成马炉村精神脱贫和党员干部教育培训基地,党员干部群众干有目标、学有标杆,重奖脱贫攻坚先进典型,有效激发了贫困群众的内生动力。创新开展的扶志扶智"十个一"活动成为全省精神脱贫典型案例,编印的《漫解脱贫攻坚》连环画册获得全省宣传思想文化工作创新奖二等奖,原创脱贫攻坚主题歌曲《谁也别落下》荣获全国"村歌十年·江山盛典"展演曲目金奖,精神脱贫走在全市前列。

在脱贫攻坚的过程中,全县干部群众不懈努力、共同奋斗,产生了鼓舞人心、催人奋进的脱贫攻坚精神。丹凤县政府及时加以总结宣传,发挥了良好的激励作用。一是一诺千金、说到做到的诚信精神。打赢脱贫攻坚战是我们党向全国人民做出的庄严承诺。从中央到地方层层签订了脱贫攻坚责任书、立下了军令状。实现脱贫摘帽也是县委、县政府向全县30多万人民的庄严承诺,为了实现诺言,全县各级各部门持续保持攻坚态势,采取超常规举措,凝心聚力、尽锐出战,形成了全县一盘棋,朝着打赢脱贫攻坚战这一目标前进的生动局面。二是迎难而上、艰苦奋斗的拼搏精神。丹凤县作为国家级贫困县、全省11个深度贫困县之一,立地条件落后、基础薄弱,脱贫攻坚面临着搬迁群众多、产业散小弱等诸多想象不到的困难和挑战,加之"收官战"遭遇疫情"阻击战","老问题"叠加"新问题",要想啃下贫中之贫、坚中之坚的硬骨头,必须坚定"不破楼兰终不还"的意志,以"钢牙啃硬骨头"的劲头,深入挖掘学习刘西有精神实质,汲取精神力量,迎难而上、知难而进,不松劲、加把劲、用实劲,体现在实际中就是领导主动担责作为,镇办、部门主动扛责履职,形成一级抓一级、层层抓落实的局面,汇聚起攻坚决胜的强大合力。三是"功成不必在我"的精神境界和"功成必定有我"的历史担当。要以对历史负责、对人民负责的使命感,坚持"久久为功,利在长远"的标准,确保脱贫攻坚质量不断提升。这就要求全县上下要有"功成不必在我"的精神境界和"功成必定有我"的历史担当,全面落实"四个不摘"要求,一年接着一年干、一任接着一任干,持之以恒、坚持不懈、善作善成,保证脱贫成果经得起历史和人民的检验。

## 四、丹凤县巩固脱贫攻坚成果,推动与乡村振兴有效衔接

2020年2月,陕西省人民政府批复同意丹凤县退出贫困县序列。这标志着丹凤县顺利实现脱贫摘帽,脱贫工作取得决定性成就。但脱贫摘帽不是终点,省级政府宣布贫困县退出后,还要准备接受国务院扶贫开发领导小组抽查、国家脱贫攻坚普查、脱贫攻坚成效考核,检验退出程序的规范性、标准的准确性和结果的真实性,直到党中央宣布现行标准下农村贫困人口全部脱贫,打赢脱贫攻坚战。而且,党的十九届五中全会把"脱贫攻坚成果巩固拓展,乡村振兴战略全面推进"作为"十四五"时期经济社会发展的主要目标之一。打赢脱贫攻坚战之后,还要进一步巩固脱贫攻坚成果,实现与乡村振兴有效衔接。丹凤县尽管已经脱贫摘帽,但脱贫成果还需要巩固,脱贫攻坚过程中暴露出的问题还需要解决。为此,丹凤县仍坚持以脱贫攻坚总揽发展全局,严格落实"四个不摘"要求,制定《丹凤县后续帮扶计划和巩固提升工作实施方案》等政策规划,巩固脱贫攻坚成果,全面完成剩余贫困人口脱贫任务,不让一人一户掉队,并推进与乡村振兴有效衔接,促进丹凤县经济社会持续发展。

### (一)统筹推进疫情防控和脱贫攻坚,完善防返贫监测机制

突如其来的新冠肺炎疫情增加了返贫风险,为巩固脱贫攻坚成果带来了挑战。丹凤县迎难而上,进一步完善防返贫监测机制,着力做好稳定就业和产业风险防范化解工作,坚决防止脱贫人口再返贫。

脱贫攻坚以来,丹凤县逐步建立起"红、橙、黄"动态监测预警机制,把牢"返贫关口"。对全县已脱贫建档立卡贫困人口和常住非贫困人口,设定7个方面监测指标,进行动态监测预警。对存在致贫返贫风险的农户,按严重程度、轻重缓急,分为红色、橙色、黄色三个级别,对"两不愁三保障"有任意一项不达标,存在返贫致贫风险的5种情形进行红

色标识预警;对"两不愁三保障"存在风险的16种情形进行橙色标识预警;对"两不愁三保障"存在风险的12种情形进行黄色标识预警,对标风险点,实行精准施策,同时建立由政府主导、社会广泛参与的公益性、救助性防返贫致贫基金,对穷尽各项政策外仍然有困难的家庭,给予防返贫致贫基金资助,为遇到大病、重大家庭变故的家庭解决实际困难,将防返贫致贫关口前置,确保不返贫致贫。为应对疫情调整,丹凤县制定了《丹凤县防返贫和新增贫困人口监测处置办法》,进一步完善"红、橙、黄"防返贫和新增贫困人口监测预警帮扶机制,并健全完善了基础设施后续管护、易地扶贫搬迁后续扶持、扶贫资产管理等72个长效机制,县直行业主管部门、镇办和村(社区)也配套建立了长效机制,巩固脱贫成果。

为防止脱贫群众返贫,丹凤县在做好疫情防控工作的同时,千方百计做好稳就业工作。成立稳就业工作专班,部门间做好政策衔接,对疫情期间复工企业在税费缴纳、证照办理、社会保险缴纳、资金保障方面提供支持,对中小微企业采取"免、减、缓、返、补",确保中小企业顺利渡过难关。主动与县内外企业对接联系,收集优质岗位信息;紧抓东西部扶贫协作机遇,联系南京市雨花台区、西安市碑林区人社部门,收集企业用工信息;多渠道发布就业信息,覆盖148个村500多个微信群,就业岗位信息已送达每一个有劳动能力的家庭。着力推动农民工返岗复工,针对部分农民工返岗存在的突出困难,加强输出地和输入地信息对接、运输对接、健康检测对接,畅通"点对点、一站式"复工服务通道。安置公益岗位保障困难群体就业,对受疫情影响就业困难户,通过就业兜底安置,彻底消除受疫情影响就业困难户的就业问题。

为应对新冠肺炎疫情影响,支持产业发展,丹凤县出台了《丹凤县做好疫情防控增加农民收入防止返贫政策支持办法》,从产业、就业、金融三个方面制定了27条"硬核"措施,激励扶持贫困户和一般农户发展8个重点产业,对贫困户降低补助规模限制,加大补助力度,让有劳动能力、有发展条件的贫困户扩大种植规模,增加收入;对一般农户发展重点产业达到一定规模也给予一定补助,促进重点产业上规模,实现群众收入稳增长。推行"一企一策"措施,助推企业复工复产。针对疫情期间企业用工、资金周转、原料供应、运输保障、产品营销等困难,安排项目资金320万元用于鼓励经营主体克服疫情影响的复工复产补助,为双孢菇企业寻找销路,办理各类通行手续60余份,主动协调饲料调运,确保农产品供给充足,春耕备耕、动植物疫情防控和养殖生产物资供应不断档。到2020年4月底,各类扶贫龙头企业32家全部复工,复工总人数980人,其中已复工的贫困人口413人;带贫合作社97家全部复工,复工总人数5500人,其中已复工的贫困人口3090人;复工企业疫情防控平稳,生产运营稳健。

## (二)产业发展继续扩规延链,进一步增强带贫益贫效益

脱贫摘帽后,丹凤县仍面临产业持续发展后劲不足,农民增收持续性不强的问题。目前,龙头产业市场效益还不高,上规模的袋料香菇、山茱萸产业没有深加工企业;农民产业发展融入产业链不够,参与实用技术、职业技能培训的主动性不高,投身市场化发展产业能力不足;务工稳定性不强、就业层次相对较低,县内企业提供岗位不足,易地搬迁户就地就近就业保障能力不足;集体经济规模还不够大,自主发展产业少,对村内群众产业发展的带动性还不足。为解决这些问题,丹凤县计划着力抓产业促增收,抓项目强带动,抓机制促巩固,产业发展扩规延链,持续增强带贫益贫效益。

要持续加快产业发展。结合国家"十四五"规划和乡村振兴战略,立足现有产业基础,因地制宜,按照"南药材、北菌菇、川林果、畜进壑"的产业布局,重点支持扩大中药材、食用菌、肉鸡、核桃等"八个重点产业"上规模、提效益,建成产业集群。确保有劳动力、有发展条件、发展意愿的贫困户至少有1项稳定增收产业,使产业脱贫户占脱贫户总数的80%以上,保障贫困群众有稳定的产业收益。

具体而言,要形成食用菌产业集群,将其打造为西北地区一二三产

融合发展的新亮点。推进食用菌产业园建设，新建双孢菇爱尔兰棚100个以上，推广食用菌"百万袋"发展模式，全县"百万袋"模式生产基地增加到6个，代料香菇稳定在3000万袋以上。要推动中药材产业从单纯种植向精深加工迈进，让其成为全县农民稳定增收的重要支撑之一。以"丹凤县良种天麻产业园"为龙头，提升天麻栽培水平和生产效益，带动全县天麻稳定发展1.7万亩。进一步推动茯苓、猪苓等中药材扩规提质增效，使全县中药材种植面积稳定在25.5万亩。要打造以葡萄、肉鸡、核桃等深加工为主的食品工业集群。以312国道浅山区域为重点，扩大酿酒葡萄种植面积，加快丹凤酒庄、东凤酒庄建设，全县年产葡萄酒1万吨以上、储酒能力2万吨以上。以裕昌隆工贸、华茂牧业为龙头，持续抓好核桃肽口服液、肉鸡熟食等精深加工产品研发。要提升旅游产业对丹凤经济发展贡献份额。以文化、生态为重点，以商於古道旅游开发为主线，以打造精品景区为抓手，形成旅游产业集群，重点抓好棣花古镇、丹江漂流、桃花谷和凤冠山等高A级景区提档升级，加快鱼岭水寨、武关古城、秦岭飞行小镇等旅游项目建设，提升商镇保定、武关毛坪、龙驹马炉等乡村旅游品质内涵。

要推进一二三产融合。要抓好产业基地建设。加快食用菌产业园、棣花产业强镇、良种天麻产业园、丹凤酒庄等重点项目建设进度，推进优势产业向精深加工迈进，促进生产、加工、物流、研发和服务相互融合。要培育集农产品生产、体验、消费、休闲、观光等多功能为一体的生态休闲农业综合体，形成生态休闲农业集群。充分利用自然、生态、文化资源，探索发展创意农业，开发农业文化产品，举办农业节庆活动。要完善产品营销体系，形成完善的销售网络体系。实施"互联网＋农业"行动，积极发展农产品电子商务，建设丹凤生态农产品专营店；规划建设集市场贸易、仓储物流、农产品信息服务、检测管理服务等为一体的农产品物流集贸中心。

要完善利益联结机制。鼓励和扶持现代农业产业园区、龙头企业、农民专业合作社、家庭农场、专业大户等新型经营主体通过租赁劳务、托管经营、资产入股、订单收购、技术服务等方式,形成一批以龙头企业为引领、农民专业合作社和现代农业产业园区为纽带、家庭农场和农户为基础的农业产业化联合体,与贫困户建立紧密的利益联结机制。培育现代农业全产业链,实施农产品加工业提升行动,切实把农产品分拣、包装、加工、冷藏、运输、品牌营销、售后服务等环节做实做好,不断延伸产业链条,把1万户以上的贫困户紧密嵌入"产、供、销"链条中,实现新型农业经营主体通过联贫、带贫跨越发展,贫困户依托新型经营主体带动稳定增收,让农民在全产业链中增加收益。

要进一步壮大村集体经济。深入推进农村集体产权制度改革,进一步盘活农村资产资源,健全资金管理、收益分配、利益联结等机制,加大村集体经济第三方审计和账务管理力度,做好47个村级光伏电站规范化运营管理,实行镇办党政主要领导包抓集体经济责任制,每人至少包抓1个村集体经济示范村,进一步提升发展村集体经济的综合能力。

要拓宽群众就业门路。进一步完善以转移就业和公益专岗为重点的多元就业扶贫体系,加强雨丹劳务协作;积极组织岗前培训、订单培训,让有劳动能力的贫困人口至少掌握1门实用技术;持续培育劳务品牌,增强"丹凤厨工"劳务品牌带动效应;继续加大社区工厂、扶贫基地建设力度;积极扩展县内就业岗位,在现有已建成的扶贫车间的基础上结合招商引资引进劳动密集型加工企业在丹凤建设分厂,通过资金扶持刺激企业助力脱贫攻坚。

## (三)保持财政扶持力度,提高资金使用效率

尽管丹凤县已经实现脱贫摘帽,但经济社会发展和居民生活水平与全国其他地区相比仍有差距。县级经济基础薄弱、工业经济滞后,没有支柱型、主导型产业,加之债券转贷、国开行贷款还贷压力很大,县级财政困难、财力紧张,后续投入严重乏力。丹凤县地处生态功能区,经济开发受到限制。另外,农村产业发展、基础设施建设、环境整治、公益事业维护管理方面,后续投入不足,巩固脱贫成果难度较大。针对以上

问题,在国家政策层面,建议进一步加大均衡性转移支付和重点生态功能区转移支付力度,给予丹凤县更大力度的资金支持,缓解县级财政困难。丹凤县自身也要尽可能提高财政收入,拓宽融资渠道,提高资金使用效率。

要促进财政高质量发展。创新投入方式,充分发挥财政资金的引导作用,撬动更多金融和社会资本对实体经济的投入。制定《大力培植财源增强财政实力的意见》,支持传统骨干企业做大做强,促进县域经济提质增效。充分发挥革命老区和"省管县"财政优势,积极研究上级改革和投资政策,进一步加大争取资金力度,联合项目主管部门认真策划申报项目,积极争取项目资金支持,不断夯实财政增收基础。

要保障重点支出需要。加大资金盘活、整合力度,集中财力办要事、办大事、办紧事,把有限的资金用在巩固脱贫攻坚成果、推进乡村振兴的重点领域和重点环节上,着力解决好资金分散"撒胡椒面"的问题,优先扶持重点产业发展,确保产业提质增效。

要规范项目资金管理。严格遵守项目管理、资金管理和报账支付的相关规定,坚持精准扶贫、效益优先、程序规范、资金安全的原则,按照新制定的一系列办法进一步规范扶贫资金管理,切实把项目资金管好、用好,确保资金使用效益最大化,资金使用合法化。

要强化监督执纪。按照"资金跟着项目走,责任跟着资金走"的原则,健全扶贫资金安排、拨付、使用、管理全方位、全口径、全过程的监督体系,确保"事前"有人抓、"事中"有人管、"事后"有人问,坚决防止冒领、挤占、截留、挪用等现象发生。严肃执纪问责,对扶贫资金使用管理中出现的各类违纪违法行为,严格责任追究,确保扶贫资金规范高效安全运行。

## (四)持续加强基础设施建设,完善后续管理机制

丹凤县在脱贫攻坚过程中投入大量资金,建设了一大批基础设施,为下一步乡村振兴打下坚实的基础。但是在管理上,仍存在项目资金

不足、后续管理不到位等问题。一是项目建设资金不足。上级补助资金有限，地方配套资金难以到位，加之原材料价格上涨，项目建设成本增加，水、路等项目超计划较多，资金缺口不断增大。村标准化卫生室建设资金还有缺口。二是后续管理不到位。水、路、电等基础设施建设项目，建成后移交给镇村，没有专项维护资金。集体性质的村卫生室占比较低，不利于以后医疗卫生形势发展的需要。通村公路管护职责落实不到位。按照农村公路养护管理体制要求，县农村公路管理局负责县道养护管理工作，镇办负责乡道养护管理工作，村组道路由村委会负责养护管理工作。但农村公路养护经费投入不足，养管机构不健全，管护职责难以落实到位，部分通村公路长期失管、失养，而且超限超载车辆较多，对公路损坏较大，路域环境较差。为此，必须保证资金投入，建立后续管理长效机制，永续发挥基础设施作用。

要积极对接省市，争取更多项目资金支持，补齐基础设施欠账。各行业部门要积极主动对接省市主管部门，争取更多的项目、资金落户丹凤，助力脱贫攻坚和乡村振兴。要多方筹措建设养管资金，整合各方面资金，加大农村基础设施维修管护的投入力度，解决农村公共基础设施"有钱建、无钱管"问题。在申请省级补助资金的同时，积极争取县级财政补助资金，加大对农村公路建设、养管的投资力度，落实地方财政配套资金，破解农村公路建、养资金难题。

要建立基础设施后续管理长效机制。目前，丹凤县已经制定了村级组织活动场所、农村公路、农村小型水利工程等9类基础设施管理维护办法，之后重点在于将各项政策落实到位。同时，要创新管护方式，着力实现农村基础设施"民有、民管、民受益"的目标。在完成全县资产确权登记移交基础上，明确管护责任、标准和规范，强化日常管护，切实解决农村基础设施"有人用、无人管"的问题。实行"属地管理＋行业管理"模式，解决农村基础设施"有心管、无力管"的问题，确保农村基础设施长期发挥作用。

要落实农村公路管护职责，大力推行县、乡、村三级公路路长制，全面落实县、乡、村三级农村公路养护管理主体责任,完善镇办农村公路管理机构,落实人员和经费;同时加强督查考核,推进农村公路养护日常化,开展农村公路超限超载及乱占乱建治理,建立公安交警、交通、检察、镇村联合整治的工作机制,大力维护路产路权安全,保障通村公路正常运行,更好地服务沿线群众。以创建"四好农村路"为抓手,争创"四好农村路"示范县,提高全县农村公路建、管、养、运整体质量和水平,不断巩固提升交通脱贫攻坚成果。

**(五)坚持扶志扶智,建设文明乡风**

脱贫攻坚,不仅要摘掉"穷帽子",更要挖掉"穷根子"。相比物质扶贫,精神扶贫更加根本,更需要长期坚持。从脱贫攻坚迈向乡村振兴,更需要提高群众各项素质技能,充分调动群众发展致富的主动性和积极性,建设文明乡风,从扶志扶智迈向文化振兴。丹凤县在扶志扶智工作中取得了显著成就,但仍然存在一些问题。比如,少数群众依然存在"等、靠、要"思想;个别群众急于眼前利益提高技术技能的积极性不高;个别群众将老人赡养义务推给政府;个别贫困户家庭环境脏乱差;部分易地搬迁群众就地就近就业的主动性不强,融入城镇适应性不足。教育扶贫方面,存在教育扶贫政策宣传尚未达到全覆盖;偏远山区留守学生、贫困学生心理健康教育跟进不及时,部分学生仍有厌学心理。为解决这些问题,进而有效衔接乡村振兴,丹凤县要坚持扶贫扶志,持续增强群众内生动力。

要创新采取多种形式进行精神扶贫。通过集中培训、入户宣传、文艺演出、文化下乡和评优树模等群众喜闻乐见的方式,树立乡贤模范,鼓励其依靠自己的双手致富增收,提升群众自我发展内生动力。强化政策宣讲,组织评选表彰一批脱贫示范户、"十星级文明户"等先进典型,组织农村贫困劳动力开展就业技能、农村实用技术培训,组织开展文化惠民演出等系列送文化下乡活动,大力开展移风易俗活动,建立完善爱心超市管理制度,激发群众"比着干、争着干"的内生动力。

要加大资金投入力度。一是加大人员密集区域农村文化设施的投入力度,为脱贫后的乡村居民提供优质文化服务。二是支持有积极性的村级组织开展文化活动,在物资、资金、器材等方面给予补助。三是持续开展技术培训和各类典型的讲评,建立信息服务工作站,搞好为农服务工作。

教育扶贫方面,要进一步采取形式多样的教育脱贫政策宣传,提高群众知晓率和满意度;坚持持续落实"七长责任制"控辍保学责任,确保义务教育阶段贫困学生无失学辍学;全面落实学生资助政策,精准发放资助资金,保障符合政策的贫困学生应助尽助、应享尽享;不断优化师资队伍建设,推进贫困镇村教育资源的优质均衡;协调推进苏陕协作、高校帮扶项目快速实施落地,为丹凤经济社会发展做出更大贡献。

(贾子尧)

# 内蒙古乌兰察布市脱贫攻坚调研报告

贫困问题一直是困扰乌兰察布市的一个难题,这里既有绝对贫困问题,又有相对贫困问题;既有深度贫困问题,又有整体贫困问题。

乌兰察布市是内蒙古12个盟市中距离首都北京最近的城市。位于内蒙古自治区中部,北部与蒙古国接壤,边界线长100多公里,东南、西南分别同河北、山西交界,人口287万人,面积5.45万平方公里。受自然资源、地理环境、经济、历史等因素影响,长期以来乌兰察布市缺乏优势主导产业支撑,农村牧区贫困面较大,经济实力和发展潜力难以显现,属于内蒙古自治区深度贫困盟市,是精准扶贫、扶贫开发的主战场。

乌兰察布市贫困面广,贫困程度深,脱贫难度大。党中央部署脱贫攻坚战以来,乌兰察布市扶贫成效颇丰,受到中央、自治区及各级各部门关注,也受到社会和媒体广泛关注。在此次攻坚战中,乌兰察布市党政上下同心,精准发力,综合施策,全面攻坚,目前,市辖11个旗县市区实现全部脱贫。可以说,在这场注定要载入史册的攻坚战中,乌兰察布市的扶贫、战贫、脱贫工作取得了显著成效,积累了宝贵经验。在这场史无前例、举国誓师的攻坚战中,乌兰察布市涌现出了许多感人至深的范例,通过这场惊心动魄、战天斗地、生动鲜活的持续实战,锤炼打造出一支支、一队队扶贫一线的铁军,无不体现出各级党政领导、基层组织骨干、脱贫攻坚队伍和贫困地区群众不达目的不罢休、不破楼兰终不还、不到长城非好汉的强大的精神动力、强烈的攻坚意识和强劲的脱贫合力。无数个日日夜夜、千百回凝心聚力,凝结成了熠熠生辉、气势恢宏、万般珍贵的中国脱贫攻坚精神,它成为伟大的中国共产党带领人民向贫困宣战、夺取全面建成小康社会最后胜利、实现中华民族伟大复兴的新时代最强音。

## 一、乌兰察布市脱贫攻坚基本情况

乌兰察布市是一个多民族聚居之地,少数民族人口11.79万人,其中蒙古族8.99万人,占全市总人口的3.13%。摆脱贫困、走向富裕一直是全体乌兰察布市人民群众不懈奋斗的美好愿望,也是摆在乌兰察布市各级党委、政府面前的首要任务。

乌兰察布市所辖11个旗县市区中,察哈尔右翼前旗、察哈尔右翼中旗、四子王旗、卓资县、兴和县、商都县、化德县、察哈尔右翼后旗为国家级贫困旗县,凉城县和丰镇市为自治区级贫困县市,其中革命老区9个。2015年年底全市共有国家标准下建档立卡贫困人口6.1万户,13.7万人,贫困发生率为6.84%。乌兰察布市共有贫困村750个,2017年,乌兰察布市贫困人口总数为84215人,国家级贫困旗县均为自治区级深度贫困旗县,占全区的53.3%;有深度贫困嘎查115个,占全区的44.6%;有深度贫困人口5.96万人,占全区的46.2%,是内蒙古贫困程度最深、脱贫攻坚任务最重的盟市之一。①

---

① 数据源自《乌兰察布市"十三五"脱贫攻坚规划》,乌兰察布市人民政府网站;《乌兰察布市委、市政府关于脱贫攻坚工作的汇报提纲》,2020年11月。

## （一）贫困原因

人类文明进步发展的历程也是一个与贫困斗争、摆脱贫困的过程。贫困的内涵是丰富而复杂的,它是一个具有动态性、历史性的概念,也是一个复合、相对、多维的概念。习近平总书记在太原座谈会上谈到深度贫困是"贫中之贫,困中之困"、"硬仗之中的硬仗"和"必须完成的任务",他在会上指出:"现有贫困大多集中在深度贫困地区。这些地区多是革命老区、民族地区、边疆地区,基础设施和社会事业发展滞后,社会文明程度较低,生态环境脆弱,自然灾害频发,贫困人口占比和贫困发生率高,人均可支配收入低,集体经济薄弱,脱贫任务重,越往后脱贫成本越高、难度越大。"①1998年诺贝尔经济学奖获得者阿马蒂亚·森提出"能力贫困"理论,美国学者戴维·S.兰德斯认为要素短缺是贫困的原因,他在《国富国穷》第一章"大自然的不平等"中谈到环境简单而直接的影响,包括气候和地理因素。"干渴的土地变为沙漠,沙漠的沙尘成为难以平息的侵略者,吞噬着沙漠边缘的肥土沃地"、"恶劣气候下的生活充满了危险、沮丧和残酷。人类所犯的错误,即使出于善心,也会加重大自然的冷酷无情。有时甚至善无善报,毫不奇怪的是,这些地区依然贫穷;许多甚至比以前更穷了"。②

乌兰察布市贫困人口主要分布在丘陵山区、阴山风蚀沙化区、黄土高原台地贫困区及革命老区和边境牧区,生态环境脆弱、老少边穷贫困面大。乌兰察布市贫困人口多的原因归纳起来主要有以下几个。

一是立地条件差,自然环境恶劣。乌兰察布市处于阴山山脉大青山东段灰腾梁横亘中部,地貌类型多样,气候寒冷干燥,属阴山重度风蚀沙化带,年降水量300毫米左右,年平均气温0～8℃,其夏季平均气温罕见地明显低于周边所有区域(包括其北部地区),年平均风速2.2～

---

① 《习近平主持召开深度贫困地区脱贫攻坚座谈会 提出8条要求》,央广网,2017年6月25日。

② [美]戴维·S.兰德斯著,门洪华等译:《国富国穷》(第2版),新华出版社2007年版。

5米/秒,8级以上大风日数多。十年九旱,乌兰察布市的生态条件非常脆弱。①

二是经济基础差,投入不足。乌兰察布市属于传统农耕区与草原牧区交汇的地区,是中国农畜产品的重要生产基地,同时也是中国主要的生态脆弱带和贫困地区。该区域拥有农畜产品产业化发展的优势,但是由于区域生态环境不断退化,生态承载力严重下降,产业结构单一,产业多元化水平较低,这些严重制约了地区农畜产品产业化和经济社会健康协调发展。乌兰察布市政府依据地区农业发展的资源条件,结合各旗县实际情况,制定了农业产业化、品牌化发展的战略,确定了杂粮杂豆、冷凉蔬菜生产加工,肉牛羊、生猪饲养加工以及草料种植业作为乌兰察布市现代农牧业主导产业并将其发展与产业扶贫有效结合,为乌兰察布市打赢脱贫攻坚战奠定了坚实的基础。但通过调研,专家们发现乌兰察布市农业产业扶贫还存在产业化政策体系不够完善、产品创新不足、重点龙头企业市场影响力有限、贫困户与企业利益链接机制有待完善、贫困户利益缺乏保障、贫困户自主引进资金困难、农畜产品规模化发展不强、产业化发展未能形成完整的产业链、产品市场竞争力不足等一系列问题。②

三是致贫因素多,返贫现象时有发生。乌兰察布市财政扶贫资金大多数用于建档立卡贫困户发展生产,希望扶贫资金能够准确配置到能够促进稳定脱贫的农户中去。但是,规模小、分散化的资金利用容易使贫困户陷入传统落后的自给自足的农村自然经济低水平循环发展,脱贫效果往往难以令人满意,动态返贫现象比较突出。

四是贫困地区农牧民文化素质普遍偏低,自我发展能力差,脱贫致富门路和办法不多。乌兰察布市前期的扶贫产业扶助中,普遍存在着以赠送鸡苗、猪息及其他良种为特征的直接扶贫模式,这样的扶贫模式

---

① 数据源自《乌兰察布市"十三五"脱贫攻坚规划》,乌兰察布市人民政府网站。
② 周笑非:乌兰察布打赢脱贫攻坚战的难点问题研究报告,2019年。

最大的缺陷在于生产效率低下,不能形成完整的产业链,有效抵御风险能力不足以及价值创造能力有限,贫困户脱贫内生动力明显不足。

五是人口"空心"村的出现,加剧乌兰察布市农村贫困化。农村人口流动导致两类两极化村庄出现,一类是人口"空心"村,另一类是人口"实心"村。农村贫困人口有相当一部分流入经济发达的农村地区,从而形成人口"实心"村。乌兰察布市的农村牧区因其净流出人口比例高,基本上都属于人口"空心"村,青壮年高素质农村劳动力短缺,农业生产效率和创新能力不高。

戴维·S. 兰德斯从经济发展的角度指出,边远地区最显著的特征是空间辽阔、土壤肥沃和原材料丰富,这些特征决定了发展的机会和限制:这些土地能够生产丰富的人均初级产品,但须有必要的劳动力。① 乌兰察布市地处北疆少数民族地区,地域辽阔,土地资源丰富,2014 年全市有耕地 1363 万亩,其中水浇地 273 万亩,人均占有耕地 4.8 亩,粮食总产量达到 102.5 万吨;草原总面积 5522 万亩,可利用面积 5178 万亩;森林面积 1868 万亩,森林覆盖率 22.88%,是我国北方重要的生态屏障。乌兰察布市有矿产资源 80 种,已探明储量的有 49 种。② 丰富的土地矿产资源为乌兰察布市提供了广阔的发展空间,但由于人口流出大于流入,随着人口"空心"村的出现,农村劳动力明显不足,从而进一步牵制了脱贫致富的步伐。在人口"空心"村,50 岁以上的人口占 90%以上,政府政策兜底的贫困户比例较高。

### (二)脱贫攻坚措施及成效

中共十八大以来,乌兰察布市委、市政府深入学习贯彻习近平关于扶贫工作的重要论述,全面落实中央、自治区的决策部署,把脱贫攻坚作为最大政治任务和第一民生工程来抓,聚焦深度贫困这一突出问题,持续加大脱贫攻坚工作力度。狠抓"两不愁三保障",认真落实"五个一

---

① [美]戴维·S. 兰德斯著,门洪华等译:《国富国穷》(第 3 版),新华出版社 2010 年版。
② 数据源自《乌兰察布市委、市政府关于脱贫攻坚工作的汇报提纲》,2020 年 11 月。

批"、"六个精准"要求,全面推进责任、政策、工作、督导的落实。为此,市委、市政府成立了由市委书记任组长的脱贫攻坚领导小组,建立了市委常委包联旗县市区的工作机制,成立了18个脱贫攻坚专项工作推进组,切实加强对旗县市区及各领域行业的督促与指导,在工作"深度、力度、温度"上下大功夫,推动脱贫工作"走心、走深、走实",出高成效,求新进步。

2020年年底,全市8个国贫旗县、2个区贫县(市)全部退出,750个贫困村全部出列,贫困人口由2014年的29.1万人下降到2019年的0.2万人,贫困发生率从14.54%下降到0.12%。农牧民可支配收入由2016年的9085元增加到2019年的11971元,增长31.77%,①乌兰察布市脱贫攻坚工作取得了历史性伟大成就,全市农牧区环境、农牧业经济和农牧民生活发生了翻天覆地的变化。

### 1."两不愁三保障"问题得到根本解决

(1)饮水安全问题得到有效解决。乌兰察布市把持续改善供水饮水安全条件作为扶贫脱困重头戏,在不同阶段有力推进饮水安全工程建设,着力解决水质不达标问题和贫困地区集中供水全覆盖。截至2019年年底,实施饮水安全巩固提升工程1305处,建牧区集水窖2600个,集中供水率达到89.4%,供水保证率在90%以上,直接受益贫困人口2.75万人,饮水安全问题得到彻底解决。2020年,集中整治问题和补短板,精准排查饮水安全问题村庄,积极争取加大资金投入,对问题村挂牌督战,跟踪解决群众反映的细节问题,进一步夯实贫困地区饮水安全链条联动机制,努力实现农村牧区安全饮水工程建得成、管得好、长受益,巩固"清零达标",圆满收官。

(2)义务教育全部控辍保学。全面落实国家和自治区教育资助扶贫政策,确保补贴资金及时足额到位。2014年以来,资助建档立卡贫困家庭学生8.58万人次,累计发放资助资金3.97亿元。同时,认真做好

---

① 数据源自《乌兰察布市委、市政府关于脱贫攻坚工作的汇报提纲》,2020年11月。

控辍保学工作,加强学校基本建设,改善就学条件,保证问题整改成效,加强组织和制度保障,强化政策宣传和资金落实,开展政策兜底和社会救助,提升办学水平和乡村教师队伍素质,督导落实贯穿始终,实现全市义务教育阶段学生无因贫辍学失学。

(3) 贫困户住房得到全面保障。乌兰察布市农村牧区危房存量大,占住房总量的75%以上,改造任务十分繁重。全市农村牧区危房改造工作从2009年开始,到2020年共实施危房改造29.2万户,完成投资117亿元,惠及64万农牧民,其中完成建档立卡贫困户危房改造4.3万户,惠及贫困人口10万人。自2016年脱贫攻坚以来,全市共实施危房改造13.6万户,其中"4类重点对象"8.6万户。完成投资54.4亿元,其中中央、自治区下达补助资金17.2亿元,市、县配套资金25.6亿元,农户自筹11.6亿元。截至2020年6月底,全市81202户建档立卡贫困户住房已全部保障,其中实施农村危房改造43002户。全市完成32.9万户危房改造、易地搬迁任务,整合小村1162个。乌兰察布市多年来危土房多的问题得到了全面解决,建档立卡贫困户住房得到了全面保障。

(4) 基本医疗实现了全保尽治。聚焦精准施策,贫困人口全部纳入城乡居民基本医疗保险、大病保险、医疗救助保障范围,享受政策建档立卡贫困人口17.08万人,贫困人口参保率100%,实现制度全覆盖和应保尽保。同时,在落实医保待遇、大病政策倾斜、救助互助体系建设、一站式服务管理方面持续用力,极力破解因病致贫返贫的困扰,着力解决各类困难群体纳入医保的难题,保障各级各类资金有效投入,积极推进"三个一批"行动计划,对大病实行应治尽治,对慢病提供家庭医生签约服务,"三个一批"救治率在99%以上。

**2. 脱贫攻坚成果不断巩固**

(1) 全面抓好产业扶贫。依托资源优势,发展特色产业。乌兰察布市依托区域资源优势,发展壮大冷凉蔬菜、杂粮杂豆、肉羊、肉牛等特色主导产业,产业覆盖有劳动能力贫困户50329户,占有劳动能力贫困人口的92.5%，户均生产性收入达到1.5万元。不断加大龙头企业、合作社等新型经营主体培育力度，实施龙头企业减贫带贫工程。乌兰察布市269家企业、合作社与贫困人口建立了利益联结机制，共带动833个贫困村集体经济增收，直接带动贫困人口3.13万户、7.24万人。2020年，乌兰察布市1318个嘎查村集体经济收入全部在5万元以上。全面实施"菜单式"扶贫项目。2020年共覆盖3.36万户建档立卡贫困户，惠及贫困人口6.86万人。截至2020年，各旗县市区发放补贴资金1.16亿元，大力发展庭院经济。2020年，乌兰察布市已有3.17万户建档立卡贫困户发展了庭院经济，累计投入各类扶持资金4196.52万元。加强产业扶贫项目风险防控，严格按照农业农村部、国务院扶贫办、国家林草局《关于加强产业扶贫风险防范的指导意见》要求，建立了以旗县为单位的产业带贫主体目录，将带贫企业、农民合作社等经营主体纳入评估对象，有效预防和应对产业发展面临的风险。

（2）全面抓好金融扶贫。2018年，乌兰察布市与自治区农牧业扶贫产业基金合作设立乌兰察布市扶贫产业发展基金，总规模10亿元，并在全区率先实现基金项目投资落地。基金项目重点围绕畜牧业全产业链和本地农牧业产品投资，累计投资达5.4亿元，充分延长了农产品消费产业链，提升了农产品附加值。各龙头企业通过设立扶贫车间、与贫困户签订订单合同、发展村集体经济、建立利益联结机制，带动了农牧户、贫困户就业增收。

（3）全面抓好光伏扶贫。乌兰察布市共建设集中式光伏扶贫电站6个，总规模16.6万千瓦，覆盖无劳动能力和残疾贫困户6640户。共建成村级电站170个，总规模27.816万千瓦，关联贫困村592个，覆盖贫困户49062户。截至2020年，乌兰察布市村级电站累计收益达5346万元，用于公益岗位、小型公益事业及劳务用工、奖励补助等支出1242万元；全市集中式电站已累计发放收益2214万元。

（4）全面抓好电商扶贫。对接各大商业平台，提高产品议价能力，打通乌兰察布市当地扶贫产品出乡进城门槛。拓展网销渠道，激活可持续的精准扶贫路径。2020年,乌兰察布市建成县级电商服务中心和物流分拨中心各11个,镇村(嘎查)电商服务点582个。2020年,电商交易额达21.13亿元,农村电商网络零售额达3.49亿元。

(5)全面抓好消费扶贫。加强与中央定点扶贫单位、京蒙扶贫协作区县、自治区定点帮扶单位等社会各界力量的沟通衔接,积极调动社会各方资源,全力推进消费扶贫工作,全面推动参与消费扶贫各类主体的需求与贫困地区特色农产品供给信息精准对接。2020年10月16—18日,在全国农业展览馆召开了京蒙消费扶贫集采推介会,收到了良好效果。2020年,乌兰察布市消费扶贫销售额达8.34亿元,直接带动9609名贫困人口增收。

(6)全面抓好生态扶贫。做好护林、护草员选聘工作。积极兑现公益林和退耕还林政策性补偿。2020年全市共落实国家公益林生态效益补偿资金1.6亿元,覆盖贫困人口8.1万人。乌兰察布市已建成特色经济林38万亩,覆盖贫困户13814户,其中村集体经济发展特色经济林184处,3.5万亩,持续发展特色经济林带动贫困户增收致富。

(7)全面抓实社会保障兜底。截至2020年,建档立卡贫困人口纳入兜底保障范围12.1万人,占建档立卡贫困人口的59.6%。继续提高专项救助能力,加大对困难老年人、未成年人和残疾人的帮扶力度,特别是将符合条件的残疾贫困人口全部纳入政策补贴范围,2020年共有28958名建档立卡贫困人口享受临时救助和残疾人两项补贴。用实、用足、用活兜底政策。针对家庭人均收入超出低保标准的低保贫困户,根据"渐退期"特惠政策,待贫困户收入逐年稳定增长后逐步取消低保待遇。2020年,乌兰察布市建档立卡贫困人口中共有12262人享受特惠政策。

(8)全面推动智志双扶。加强农村牧区信用体系建设。常态化开展基层综合志愿服务,组织乌兰牧骑小分队、扶贫政策宣讲团等深入农村牧区开展送文艺、送政策、送服务活动,引导群众营造积极向上、诚实守信的良好氛围。积极开展乡风文明建设。2020年,全市400多个嘎查建立了村规民约,创建县级以上文明村镇703个,创建率达55%。增强自我发展能力,在农牧区推广建立"文明爱心超市",把文明行为、好人好事、明德守礼等通过量化"储蓄"后,按照积分兑换生产生活用品,带动形成自强自立、勤劳脱贫的良好风尚。

(9) 全面构建返贫致贫防线。一是针对重点人群加强动态监测。2020年,乌兰察布市共有脱贫监测户3110户7038人,贫困边缘户7910户14510人。通过入户走访调查及扶贫业务系统和部门数据对比等方式,每季度对重点人群进行一次动态监测,重点监测家庭收入、"两不愁三保障"情况,建立动态监测台账。随时掌握返贫致贫风险点变化情况,及时采取有针对性的帮扶措施,防止产生新的返贫致贫。二是全面推进"防贫保"项目。各旗县均与保险公司签订了"防贫保"合作协议,进一步筑牢返贫致贫防线。2020年,共投入项目资金2134万元,覆盖11个旗县市区。

(10) 全面抓好京蒙协作和社会帮扶。加强与中央定点帮扶单位沟通协调。引导机关企事业单位广泛参与消费扶贫,推动中央各定点帮扶单位积极参与消费扶贫,推动京蒙消费扶贫。

(11) 全面抓好扶贫资产管理。2012年以来,乌兰察布市对投入的财政扶贫资金进行了全面梳理核准,组织各旗县市区开展了扶贫资产摸底清查工作,截至2019年各级累计投入财政扶贫资金108.9亿元,形成各类扶贫资产67.3亿元,其中,到户类扶贫资产23.8亿元,公益类扶贫资产20.3亿元,经营类扶贫资产23.2亿元,基本布局形成了后续发展力量。全市11个旗县市区、92个苏木、1321个嘎查全部建立了扶贫资产管理"三本账"。对扶贫资产实行公司化管理,保证扶贫资产的安全运营。

(12) 全面探索形成了县域扶贫发展格局。按照国家整体脱贫攻坚战略目标,自治区统筹统领,市县抓好落实的攻坚推进机制,乌兰察布市综合分析各贫困旗县的优势和短板,克服自然和客观不利条件,着力弥补长期以来的要素缺陷,在精准扶贫实践中摸索出了一条适合当地起步发展、逐步推进、稳步壮大、激发内生发展的路子,各旗县市区整合各类扶助项目资金,集合配置多种资源要素,千方百计培育特色产业、做强做大优势产业、稳定发展集体经济、大力发展合作经济、鼓励充实家庭经济、多方拓展互动供需交易的县域扶贫协作内生发展路子。①

## 二、乌兰察布市脱贫攻坚经验总结

### (一)坚持党的领导,形成统一指挥的强大合力

中国共产党是全心全意为人民服务的政党,始终坚持把消除贫困、改善民生、实现共同富裕作为社会主义的本质要求,把为人民谋幸福作为自己的初心,勇敢地把实现脱贫攻坚目标和全面建成小康社会写在了党的旗帜上,向全国人民、向全世界做出了庄严承诺,开辟了中国特色社会主义精准扶贫、摆脱贫困的崭新道路,形成了习近平新时代中国特色反贫困理论。正是因为有党的坚强领导,才能迅速而高效地动员各方力量、各种资源,对脱贫攻坚中出现的各种风险和困难及时做出决策,如期完成脱贫攻坚目标任务。

乌兰察布市切实加强党对脱贫攻坚的统一领导和指挥,增强各级党组织和领导干部全面深入学习习近平关于脱贫攻坚的重要论述的思想动力,提升在实践中认真贯彻落实党中央关于脱贫攻坚的决策部署的能力,教育引导党员干部在取得脱贫攻坚成效中强化宗旨意识与担当精神,持续深入组织群众、发动群众、依靠群众。层层压实攻坚责任,建立健全了强有力、系统化的组织领导体制机制,发挥了群众能动性。

#### 1. 各级党政主要领导既挂帅,又出征,强化责任链条

习近平要求"发挥各级党委领导作用,建立并落实脱贫攻坚一把手负责制,实行省市县乡村五级书记一起抓,为脱贫攻坚提供坚强政治保障"。乌兰察布市充分发挥书记任组长的各级脱贫攻坚领导小组核心作用,认真履行"前线指挥"责任,市委书记遍访全市92个苏木、旗县市

---

① 参见《乌兰察布市委、市政府关于脱贫攻坚工作的汇报提纲》,2020年11月。

区委书记遍访了750个贫困嘎查,苏木乡镇党委书记和嘎查村党组织书记把主要精力投入到脱贫攻坚中,遍访了全部建档立卡贫困户。同时,34位市级领导联系旗县市区、苏木和贫困嘎查,带头推动责任落实,层层拧紧责任螺丝、传导压力,真正做到了一级带着一级干。①

2017年,时任乌兰察布市委组织部副部长的史芳受命兼任乌兰察布市扶贫办主任,"干部管理工作与扶贫工作相结合"的举措使乌兰察布市脱贫攻坚工作又上了一个新台阶。史芳主任充分发挥组织优势,创新干部选派方法,把最优秀、最适合的干部选派到县乡领导班子及驻村工作队中,建立起一支有思路、敢担当、善作为的扶贫工作队,创新"强、学、考"模式,解决了"干什么、怎么干"的问题。她协调建立起"多部门数据对比"机制,实现了建档立卡疑点数据动态清零,数据质量居全国前列,她创新组建"脱贫攻坚指导人才库",带队深入脱贫攻坚一线调研指导,有效推动了政策措施落实落细。

### 2. 以党建为牵引,有效发挥基层党组织的战斗堡垒作用

深入推进党建促脱贫攻坚、促乡村振兴,增强基层党组织服务脱贫功能。习近平在中央扶贫开发工作会议上指出:"抓好党建促脱贫攻坚,是贫困地区脱贫致富的重要经验"。② 基层党组织在宣传、凝聚和服务群众方面,在"精准施策,稳扎稳打"方面都发挥出了示范引领作用和战斗堡垒作用,如兴和县城关镇二台子村党支部通过抓党建打了一个漂亮的"翻身"仗。他们认真落实"三会一课"、"主题党日"、组织生活会、星级管理和民主评议党员制度,建立了晨学、周学、半月夜校制度,组织党员开展结对帮扶、设岗定责、承诺践诺等活动,帮助群众解决实际困难;为了发展壮大集体经济,村党支部一班人千方百计跑资金、跑项目,在脱贫攻坚的具体工作和项目中,发挥出重要作用。③ 基层党组

---

① 数据源自乌兰察布市委、市政府关于《乌兰察布市脱贫攻坚典型经验做法》调研汇报材料。
② 《习近平扶贫论述摘编》,中央文献出版社2018年版,第42页。
③ 参见《城关镇二台子村党建引领促发展工作简介》。

织能将党的政治优势、组织优势和密切联系群众优势充分体现出来,在脱贫工作中发挥出不可替代的先锋示范作用。

### (二)用心用情汇聚各方力量,苦干实干强化攻坚实力

#### 1. 实施多头联动的大扶贫格局

乌兰察布市把打赢脱贫攻坚战作为最大的政治责任、第一民生工程和难得的发展机遇,反复归因、暗下决心,誓要破茧重生,举全市之力集中攻坚,聚焦精准、破解难点堵点,推动脱贫攻坚取得持续性、决定性成就。在脱贫攻坚进入决战和决胜的关键时点,乌兰察布市建构了政策扶贫、专项扶贫、行业扶贫、金融扶贫、援助扶贫、互助扶贫、党建扶贫、基建扶贫等多方面协同推进的大扶贫格局,从产业、就业、生态、教育、健康、社会保障等与贫困家庭和个人休戚相关的各个方面深入实施扶贫项目,跟踪政策落地,全面提升扶贫工作质量和效益。

#### 2. 用好用足政策性资金支持

积极争取中央财政专项扶贫资金这一脱贫攻坚的重要支持力量,在2013年至2017年平均每年增长22.7%的基础上,2018年至2020年又大幅度增加。① 乌兰察布市也备受泽惠。国家金融政策也对扶贫工作起到了十分重要的保障作用。如察右前旗始终把金融扶贫摆在突出位置,确保扶贫小额信贷资金应贷尽贷。依托2个乡镇营业网点、45个村级流动服务站,构建了以旗为"中心"、乡镇为"中转"、村为"网底"的金融扶贫三级服务体系,并推行"分片包干、整村推进"的服务模式,实现金融扶贫小额信贷从申请到放款10个工作日内全部办结。2014年以来,全旗累计5050户次贫困户享受金融扶贫贷款1.85亿元,补贴利息1392.54万元。精准有效施策确保了扶贫小额信贷可需可用可收可续。察右前旗坚持打造纯种全系谱澳大利亚安格斯高品质肉牛养殖业的发展格局,通过构建"园区带动、农户自养"两种模式,将金融扶贫小

---

① 《新时代中国脱贫攻坚的重要经验》,《经济日报》,2020年10月21日。

额信贷资金集中投入安格斯肉牛产业,配套养殖收购、风险理赔不出村服务模式,有效解决了过去贫困群众"不想贷、不愿贷、贷了没处用"的难题,如今农户出售一头断奶犊牛可纯增收5000~6000元。确保扶贫小额信贷应收尽收。察右前旗持续加强对扶贫小额信贷发放与使用的跟踪、监测和管理,村委会定期监督、健全信贷制度体系、风险补偿金制度、风险预警机制和失信惩戒机制等方面多措并举,确保不出现逾期现象,全面规避金融风险,保证政策的连续性。

### 3. 加大京蒙扶贫协作周期效度频度

通过市区高层谋划互动,缩短对接周期,监测协作成果,加强往来指导,几个轮次的京蒙扶贫协作成效突出。仅2020年,乌兰察布市兴和县实施京蒙项目8个(其中产业合作类4个、劳务协作类1个、人才培训类2个、基础设施类1个)。项目总投资13105万元,其中京蒙帮扶资金4214.5万元,自治区配套资金1420万元,企业自筹资金7470.5万元;项目惠及建档立卡贫困人员1990人,其中吸纳就业210人。另外,京蒙对口帮扶资金还可用来对贫困人口创新开展"移民村"集中培训、"田间地头"拉网式培训。2019年,乌兰察布市主要利用此项资金完成了1.64万人的就业扶贫技能培训,其中劳动年龄受训人员8894人,实现了"应培尽培"全员覆盖、启智扶志、内生挖潜的劳动力素质提升长远目标。

### 4. 持续发挥社保政策兜底作用

2014年起,我国着力构建完善统一的城乡居民养老保险制度,有力保障了脱贫攻坚的政策兜底,为持续巩固脱贫成果吃了"定心丸"。乌兰察布市人力资源和社会保障局在2018年为4.26万名建档立卡贫困人员代缴了养老保险费,在2019年为1.55万名符合条件建档立卡未脱贫的贫困人员全部代缴了养老保险费,在2020年为7.74万名符合条件建档立卡未脱贫的贫困人员全部代缴了城乡养老保险费。[1] 给予

---

[1] 数据源自《乌兰察布市人力资源和社会保障局脱贫攻坚汇报提纲》。

贫困户国家政策带来的稳定的获得感、幸福感、安全感。

### 5. 立足兴农基础，力促就业扶助

从新农村建设急需出发，利用事业用工资金，安排贫困劳动力有偿服务公益性岗位。乌兰察布市林业和草原局通过选聘护林、护草员，一方面帮扶了无门路就业、无技能增收的贫困群体，让他们通过生态保护脱贫；另一方面，壮大了原本缺乏的基层生态保护力量，筑牢了乌兰察布市生态脆弱的保护网。"2016年至2020年，全乌兰察布市从贫困人口中共聘用护林、护草员9185人，其中国家生态护林员4352人，每人每年收入10000元；公益林贫困护林员4679人，每人每年收入3000～6000元；贫困人口草管员154人，每人每年收入5000元，超过1.5万人通过生态管护实现了稳定脱贫。"①

在乌兰察布市脱贫攻坚战中，汇聚了各方力量，上到中央，下至地方的各个行业，包括教育局、民政局、住建局、水利局、工信局、文旅体局、自然资源局、人力资源和社会保障局、卫生健康委、发改委等，最终形成一股强大的攻坚合力，打赢了这场战役。

## （三）选派优秀干部驻村，上下联动矢志战贫

### 1. 区市县乡村五级骨干大会战

针对农牧区人口大量外出，嘎查村干部老龄化，后继乏人的问题，乌兰察布市广泛动员、支持机关事业单位干部、外出务工经商人员等9类人员回村任职，全市各类优秀人才选入嘎查村两委班子共1189人，其中当选党组织书记524人，拓宽了嘎查村优秀干部来源渠道。这些被选派的干部都是精兵强将，他们积极投身于这项伟大事业中，寒来暑往，田间地头，他们身先士卒，全心投入，默默奉献，展现了较高的思想境界和艰苦奋斗、勇往直前的良好作风。

### 2. 巡回督导和常规驻村把脉问诊

乌兰察布市对所有行政村都派驻干部组成驻村工作队，队长任村

---

① 数据源自《乌兰察布市林业和草原局脱贫攻坚汇报提纲》。

第一书记,这些做法既夯实了驻村力量,又确保了脱贫工作的时效,做到了扶贫工作务实,脱贫过程扎实、真实。驻村工作队需宣传国家各项支农惠农政策和扶贫措施,配合村两委完成贫困户建档立卡和动态管理工作,引导村民发展符合自身条件的主导产业和村集体经济,帮助贫困户解决危房、上学、就医等问题……这些工作做起来都非常辛苦,但他们任劳任怨、无私奉献,不少同志还献出了宝贵生命。很多驻村干部将全部精力投入到工作中,长期加班加点、夜以继日,舍小家为大家,为扶贫事业做出了很大的贡献。乌兰察布市兴和县选派695名驻村工作队队员包扶161个村委会,他们坚守在扶贫一线,聚焦完成"一收入、两不愁、三保障"目标任务,按照"六个精准"、"五个一批"要求,分类施策、重点攻坚,精准落实各项扶贫政策,全力解决影响脱贫成效的刚性问题,最终取得了可喜成果。

### 3. 驻村工作搭建青年干部练兵场

还有一批年轻的干部在脱贫攻坚中得到全方位的锻炼,切身感知到了群众的艰辛,加深了对群众生活的理解,进一步强化了工作责任,改进了工作作风,提高了处理复杂问题的本领,为党的事业储备了大量优秀干部人才,尤其是所有参加扶贫的干部经受了全面落实精准方略的深刻考验,积累了做好工作、解决难题的感悟与经验。2018年到2020年,兴和县选树表彰脱贫攻坚先进个人93名,提拔重用脱贫攻坚一线干部63人,其中重用驻村干部26人,[①]这也从一个侧面反映出驻村工作队所做出的贡献和取得的成绩。

### (四)贯彻科学理念,提升精准成效

乌兰察布市在扶贫工作中,始终把贯彻科学理念和精准方略摆在最重要的位置,因为只有"精准",才可以引导各类扶贫资源达到优化配置,实现扶贫到村到户,逐步构建精准扶贫工作长效机制,为科学扶贫奠定坚实基础;因为只有"精准",才可以为扶贫工作提供最优决策支

---

① 数据源自《兴和县脱贫攻坚经验做法汇报材料》。

持,保证各项扶贫政策落到实处。他们采用"七看法"(一看房、二看粮、三看劳动力强不强、四看家中有没有读书郎、五看家中有无重症患者、六看增收脱贫强不强、七看水质和水量)及贫困户识别"九步法"(农牧户申请、自然村评议、数据比对、入户调查、民主评议并公示、苏木乡镇审核二次公示、旗县审核公告、结对帮扶、系统录工)工作程序,全力做实"六个精准",即确保扶持对象精准,确保项目安排精准,确保资金使用精准,确保措施到户精准,确保因村派人精准,确保脱贫成效精准。"六个精准"极大地提高了乌兰察布市扶贫工作的科学性和有效性。

乌兰察布市委主要领导亲自指挥,成立了由扶贫、财政、公安、民政、社保等部门组成的扶贫数据比对领导小组,常态化组织各行业部门开展数据比对工作。2017年以来,全乌兰察布市核实整改疑点数据累计76.14万条次,在国务院扶贫办第19期数据质量报告中排名第一,实现了建档立卡疑点数据动态清零,为乌兰察布市脱贫攻坚决策和工作指导提供了重要支撑。① 他们以"精准"工作践行着习近平的讲话精神:"脱贫攻坚,精准是要义。必须坚持精准扶贫、精准脱贫"。②

具体到每一个村,都是以"精准"作为扶贫工作的前提,以乌兰察布市凉城县永兴镇永兴村为例,他们在精准施策方面,2020年共计投入资金51.01万元,其中,到户类项目"菜单式"产业扶持投入15.85万元,扶持33户91人,企业链接投入34.56万元(户均分红1595元),扶持13户33人,光伏发电链接2户4人,投入扶持资金0.6万元,实现了有劳动能力贫困人口扶贫产业项目全覆盖和无劳动能力贫困人口兜底政策全覆盖。2020年贫困户人均纯收入12546元。在易地扶贫搬迁工作方面,该村共有易地搬迁7户22人,其中,北营安置点移民2户5人,温泉小镇移民5户17人。在生态补偿工作方面,该村贫困户护林员1人,每年收入6000元。在教育扶贫工作方面,该村2020年春季教育扶

---

① 见于《乌兰察布市脱贫攻坚典型经验做法》。
② 习近平:《在打好精准脱贫攻坚战座谈会上的讲话》,2018年2月12日。

持共计17人40490元,其中,小学4人4380元,初中2人2460元,职高3人6525元,普高5人12125元,大专3人15000元。在社会保障兜底工作方面,永兴村现有社会兜底贫困户27户55人。在健康扶贫工作方面,镇卫生院已与永兴村建档立卡贫困户开展签约服务,共计送医送药26户27人,应报销未报销的贫困户手续已全部送到医保局。在就业扶贫工作方面,永兴村贫困户共有公益性岗位14人,其中,保洁员13人,护林员1人。外出打工19户19人。在扶贫小额信贷工作方面,永兴村扶贫小额信贷2020年共有13户贫困户贷款,贷款金额52.5万元。其中,2018年有9户贷款36.5万元,2020年有4户贷款16万元。在精准退出方面,2016年脱贫18户51人,2017年脱贫10户28人,2018年脱贫9户27人,2019年脱贫11户22人,目前永兴村贫困人口已全部脱贫。①

一串串"精准"数字的背后,是一项项具体的"精准"的工作,包含着精准识别、精准思考、精准帮扶、精准施策,精准到一个人、一件事,不搞"大水漫灌",不搞"手榴弹炸跳蚤",而是全力去解决"扶持谁"、"谁来扶"、"怎么扶"、"如何退"的问题,因为只有将这些问题都解决好了,才能因村因户因人施策,对症下药、精准滴灌、靶向治疗,才能将扶贫扶到点上、扶到根上。

**(五)因地制宜上项目,绿色产业补短板**

**1. 产业扶贫开辟脱贫攻坚主战场大后方**

没有产业的发展、带动与支撑,贫困地区很难脱贫,贫困人口的收入很难持续增加,贫困人口的自我发展内在活力和潜力也很难激活和提升。发展扶贫产业,要体现"绿色理念"这一内蒙古底色和底气,谋划生态兴农,发展绿色产业,作为脱贫攻坚的主业。所以,在贫困地区立足生态优先、绿色发展导向,努力发展各种亦农则农、亦牧则牧、亦商则商,大小皆宜的产业尤为必要。乌兰察布市在产业扶贫方面做得很扎

---

① 数据源自《打赢脱贫和防疫阻击战——永兴镇永兴村2020年扶贫工作总结》。

实,根据不同地方的不同特点来发展不同的产业。有的地方适合种植马铃薯就大力发展马铃薯种植业,有的地方适合种植燕麦就发展燕麦产业,有的地方适合养殖奶山羊就建立奶山羊养殖基地,有的地方豆腐、黄米面、胡麻油等一类农产品质量好而且颇为有名,就在这些地方兴办农产品加工厂。

## 2. 地区传统特色激发现代产业育新机

增强信心,政策牵引,依靠科技,千方百计发展地方传统优势"绿色"产业,为持续脱贫攻坚积蓄后劲。"绿色"也是特色,生态产业就是当地的主导产业。察右中旗是国家深度贫困旗县,户籍人口22.6万人,常住人口14.5万人,其中贫困人口有1.7万人。这里土地总面积为4190.2平方公里,丘陵、平原各占42.3%,山地占15.4%,现有耕地132.6万亩;属典型的温带大陆性气候,平均海拔1700米,冬季寒冷漫长,夏季凉爽短促,昼夜温差大,日照充足,雨热同期,无霜期仅为90~110天,非常适宜种植燕麦、马铃薯和红萝卜等农作物。于是,察右中旗鼓励村民大力种植这些作物。2013年,这里还成立了内蒙古阴山优麦食品有限公司。该公司主要从事燕麦系列农产品的种植、研发、生产和销售,还通过雇佣就业、订单回收等方式,与贫困户建立紧密的利益联结机制,帮助贫困户脱贫致富。① 商都县七台镇喇嘛板村非常适合种植和培育马铃薯。2019年,七台镇喇嘛板村专业合作社与北京希森三和马铃薯有限公司签订协议,建设脱毒马铃薯原原种繁育基地。建成后,该基地效益明显,脱毒马铃薯原原种繁育成为喇嘛板村脱贫致富的主要产业,为本村全面打赢脱贫攻坚战奠定了基础。2020年,该产业园已将256座大棚租赁给114户农户繁育原原种,其中建档立卡贫困户44户,每座大棚年纯收入2万元左右。该村村集体经济二次分配可为93名贫困人口提供公益岗位,年收入4000元;吸纳周边村庄300多人打工,其中贫困人口42人,每人每年打工收入为5000元左右。②

---

① 参见《金融扶贫合力推动企业发展,实现带贫减贫——阴山优麦案例》。
② 数据源自《商都县马铃薯原原种扶贫产业园简介》。

### 3. 发展庭院经济彰显新农村集约生态风景线

乌兰察布市村落散布,庭院深广,适合发展庭院经济,注重节约集约用地,注重生态环境,注重绿色经济,注重特色集聚。全市各地鼓励移民村的贫困农户发展庭院经济,并为他们提供苗木,以金红苹果、大接杏、李子等乔木经济林为主,选择地径3厘米以上的优良苗木,确保当年栽植次年挂果见效。通过发展特色经济林种植带动贫困户增收,把庭院"方寸地"建成致富增收的"聚宝盆",实现了经济效益和生态效益双赢;小海子镇麻尼卜村也在不断壮大"庭院经济",贫困农户平整闲置土地,根据"庭院"实际情况,栽种特色林果,套种经济作物。据统计,截至2020年,该村累计投资59660元种植李子树和"123"苹果树1570棵。① 他们还依托商都至张家口公路沿线的区位优势,打造旅游乡村、水果采摘园等一系列景点,为增加贫困户收入开辟新的途径,真正让村民拓宽增收致富渠道。

不生搬硬套,不好高骛远,一切从实际出发,因地制宜,以惠民为本,是乌兰察布市打赢脱贫攻坚战的一大宝贵经验。

## (六)需求供给两相宜,拓宽思路谋发展

乌兰察布市坚持以创新思维探索脱贫攻坚的新路子,以此来不断提升脱贫成效。其创新扶贫方式主要体现在两个方面:一是创新推动消费扶贫,扎实推进企业带贫工作取得实效;二是创新教育扶贫模式,阻断贫困代际传递。

### 1. 创新推动消费扶贫,扎实推进企业带贫见实效

乌兰察布市积极创新消费扶贫方式,激发全社会参与消费扶贫的积极性,不断拓宽贫困地区农产品的销售渠道和销售范围,并且还扎实推进企业带贫工作,效果显著。例如,察右前旗于2019年出台察右前旗消费扶贫工作实施方案,制定了以消费促进贫困群众增收,全力打造

---

① 数据源自《小海子镇麻尼卜村脱贫攻坚简介》。

"线上线下齐步走,多方参与助扶贫"的农产品营销之路,结合万企帮万村、订单收购、定点采购、产品展销等措施,全面推进消费扶贫"六进"活动,打开了农产品变现的"快速通道"。线上围绕电商公共服务、物流配送、电商创业孵化、特色品牌培育、人才培育五个方面重点工作,建成了3000平方米的旗级电子商务公共服务中心、700平方米的农特产品线下展示体验中心和500平方米的仓储物流分拨转运中心各1处,搭建村级电商服务站64个,电商服务综合能力得到明显提升。2018年至2020年年底,全旗电商交易总额近亿元。线下围绕发展产业促脱贫这一目标,与北京大兴区合作开创自治区首家由援助地与受援地共同出资成立的实业公司——内蒙古兴蒙源实业有限公司,2019年全年共收购贫困户马铃薯220余吨、滞销大棚种植葡萄10000余斤,极大地缓解了贫困户散养鸡滞销等问题。同时,察右前旗打造、提升农特产品自有品牌"前旗优鲜",确立了"1+N"品牌发展模式,发布了包括燕麦等6个地理标志证明商标和察哈尔牛等6个区域公共品牌,通过企业分红、订单采购和捐赠等形式带动3216户贫困户实现增收,扶贫产品累计销售额达到7100万元。

**2. 创新教育扶贫模式,阻断贫困代际传递出实招**

乌兰察布市始终坚持以保障义务教育为核心,以贫困家庭子女都能接受公平而有质量的教育、阻断贫困代际传递为工作目标,在"发展教育脱贫一批"上下大力气。特别是在察右后旗创新推出"3+N"("3"指资助帮扶、情感帮扶和提升乡村学校教育质量3个方面,"N"指每个方面对应出台的多项政策措施)教育扶贫模式,有效阻断贫困的代际传递。一是落实扶持政策。在执行国家对义务教育阶段学生"两免一补"和营养改善计划的基础上,构建起从幼儿教育到本科以上教育的全程资助政策体系。二是开展"教育精准扶贫大家访"活动。由各学校组织教师,对本辖区的贫困家庭学生定期进行家访,着力对贫困家庭的学生有针对性地进行指导,从根本上转变家长的传统教育观念。三是对特殊家庭儿童采取个性化情感扶持。针对留守儿童、困境儿童、残病、单亲家庭、未进入精准扶贫户以及在读的外地户籍的"边缘"贫困学生,尤其是住校生,建立"一对一"长期情感帮扶机制,由一名教师包扶一名贫困生,形成"情感帮扶"关心关爱的良好氛围。四是动员社会力量,助力教育扶贫。开展"大手拉小手"、"一对一帮扶"等多种形式的帮扶活动。五是实施乡村教师培训工程。采取"请进来,走出去"的方式,利用"国培"等各级各类培训对乡村教师进行继续教育培训,进一步提升乡村教师的教学能力和水平,实现乡村学校教师(校长)培训全覆盖。六是发挥京蒙帮扶作用,提升教师教学水平。借助京蒙教育对口帮扶政策,旗内6所学校与北京市大峪中学等6所学校开展"手拉手"结对帮扶。七是加强学生控辍保学和学校改薄工作。构建了"依法控辍、督导控辍、质量控辍、扶贫控辍、关爱控辍"的控辍保学新机制,落实防辍控辍责任,加强学籍管理,坚持辍学情况报告制度,确保适龄儿童、少年无辍学现象。八是推进乡村学校"同频互动课堂"建设,实现优质教育资源共享,缩小城乡教育差距,广大学生不出村也可观看到网络优质课程。

乌兰察布市通过创新扶贫方式,提升了扶贫成效,同时也激发了贫困地区的内生动力。

## (七)重点发力抓督导,全面惠民保共享

### 1. 真督实导,触角深入跟进解难题

乌兰察布市每个贫困旗县都派驻有脱贫攻坚督导工作总队,每个乡镇还设有督导组,目的是监督、指导好扶贫工作,确保扶贫工作落地生根。督导组要通过走访、座谈、查阅贫困户档案和整改台账等多种方式,进行摸底,详细了解当地扶贫攻坚情况。除了检查各村的贫困户档案资料外,还对驻村工作队的考勤表、请销假记录、例会记录、工作台账、民情日记等档案资料进行检查,对资料中存在的问题当面指出并要求其整改,对未落实的情况督促其尽快落实。督导组要深入贫困户和非贫困户走访,了解各户的收入、住房、医疗、教育、饮水、卫生、社会保障和帮扶措施等情况,对可能存在的问题进行全面排查,同时还向民众积极宣传国家、自治区、市县各级党委和政府的扶贫政策。督导组了解

到老百姓的家庭实际情况及真实想法后,会及时将他们反映的问题反馈给驻村工作队或帮扶责任人,督促其加以解决。

### 2. 勤查细研,层层压实责任田

督导组还不断创新督查方法,除调研督查、文件督查、现场督查几个方面外,还采用跟踪督查、专项督查、联合督查等方式,力争做到真督实查、勤督勤查、督出实效、督出成绩,确保各项重点工作落地生根。

乌兰察布市还创新性地开展脱贫攻坚交叉调研活动。11个县级层面督导组,每周选择一个村委会,采取"逐人访、逐户查"的形式,对所有常住户开展全覆盖式的走访调研,特别是"不忘初心、牢记使命"主题教育开展以来,坚持把脱贫攻坚作为调查研究、检视问题、整改落实的结合点,认真梳理问题症结,分乡镇建立台账,实施销号管理制度;各个调研调查组,对发现问题的整改情况逐户回访、逐一核查,形成了环环相扣、步步为营的工作机制。通过全覆盖的交叉调研,全县脱贫基础全面夯实,脱贫质量不断得到巩固提升。

### 3. 明确目标,全面惠民保共享

督导的重点发力点是入户了解扶贫的具体情况,要维护公平正义,要保证国家的政策真正落实到户,让改革发展的成果更多更公平惠及全体人民,要真正践行好共享理念。督导干部们明白,"共享"是坚持以人为本、以民为本,突出人民至上的共享,是致力于解决我国发展中受益不平衡问题的共享。所以,他们勤督细查,看扶贫干部是否有所作为,看扶贫措施是否得力,看扶贫资金是否到位,看扶贫效果是否显著;他们的目标非常明确,就是要查惠民政策是否得到很好的落实,共享理念是否得到很好的践行。如未落实好、践行好,他们会问责驻村第一书记,还会向上级汇报此事,他们的督导工作在打赢脱贫攻坚战中起到了非常重要的作用。确实,全面小康是人人共享、不让一个人掉队的小康,这正是全面建成小康社会的难点所在、攻坚所指。督导同志们还着眼于全体人民,从解决人民群众最关心最直接最现实的利益问题入手,紧盯薄弱地区和困难群体补短板,帮助各村不断完善基本公共服务体系,努力实现基本公共服务全覆盖,让各村村民普遍受惠,让大家一起向共同富裕的方向稳步前进。

## 三、乌兰察布市脱贫攻坚中体现的精神风貌

乌兰察布市的脱贫攻坚战,雄浑强劲,波澜壮阔,体现出一种无坚不摧、无往不胜的英勇豪气和"敢教日月换新天"、"不破楼兰终不还"催人奋进的力量,这种豪气与力量就是由扶贫者与被扶者共同缔造的"乌兰察布市脱贫攻坚精神"。乌兰察布市的脱贫攻坚精神包括以下七个方面:"铁肩扛鼎"式的有力担当;乐为公仆的无私奉献;驰而不息的求新求变;锲而不舍的努力奋斗;凝心聚力的合作进取;守望相助的团结拼搏;斗志昂扬的崭新姿态。这种精神不但激励着人们为摆脱贫困而战,而且激励着人们为解决各种困难而战。

### (一)"铁肩扛鼎":舍我其谁的担当精神

习近平说:"建成社会主义现代化强国,实现中华民族伟大复兴,是一场接力跑,我们要一棒接着一棒跑下去,每一代人都要为下一代人跑出一个好成绩。"①要想跑出好成绩,我们就需要拥有"舍我其谁"的"铁肩扛鼎"式的担当精神。"敢于担当"本来就是中国共产党人的优良传统和精神特质,也是我们党能够改变中华民族命运的重要原因。历史告诉我们,没有中国共产党人的担当精神,就没有中华民族的今天,就没有中国人民的幸福生活。

扶贫,是一件大事,更是一件难事。敢于接手扶贫工作,能够胜任扶贫工作,就必须有"铁肩扛鼎"式的担当精神。这种担当精神具体体现为:广大党员和干部主动请缨敢争先,肩负重任不言苦。

#### 1. 主动请缨敢争先

脱贫攻坚战打响之后,一批批扶贫干部积极响应党的号召,奔赴扶贫一线,去到最需要他们的地方,投身工作,大展身手,表现出一种舍我

---

① 习近平:《在庆祝改革开放40周年大会上的讲话》,2018年12月18日。

其谁的担当精神。集宁师范学院石岩峥的事迹让很多人动容。2016年,他得知下乡扶贫政策后,积极响应上级党委号召,主动请缨,到凉城县蛮汉镇高兰家夭村和左卫夭村参与精准扶贫工作。这两个村地处凉城县西北山区丘陵地带,雨少干旱,土地贫瘠。高兰家夭村常住户186户,贫困户有31户;左卫夭村常住户161户,贫困户达47户。他感慨农民生活不易的同时,也深深感到自己身上责任重大。石岩峥逐门逐户走访调查,自掏腰包接济王财元,看望裴庆生;他到处奔走,协调各有关单位帮高兰家夭村引水入村;想尽办法发展村集体经济,探索实施养殖企业与村集体经济共同发展的肉牛托养模式,兴建豆腐坊。在他的努力下,两个村在快速发生着变化。但不幸的是,由于积劳成疾,他于2018年12月22日突发疾病去世。高兰家夭村、左卫夭村的村民们听到这个消息后,都非常难过。追悼会上,高兰家夭村侯书记、左卫夭村闫书记代表两个村的全体村民为他送上一份沉痛的哀思。

### 2. 肩负重任不言苦

担当精神还体现在这些党员干部"肩负重任不言苦"上,他们肩负重任,辛苦操守,为脱贫贡献着自己最大的力量,但却从不言说,更不抱怨。内蒙古自治区党委党史研究室解良,于2015年5月被选派到乌兰察布市察右中旗科布尔镇阿令朝村开展精准扶贫工作,2016年3月担任阿令朝村党支部第一书记,从事驻村扶贫工作。阿令朝村常年刮风,降雨稀少,土地贫瘠,生活条件十分艰苦。全村常住104户215人中就有贫困人口61户142人,贫困面大,常住村民年迈多病,村集体经济一穷二白,村两委班子软弱涣散。为了做到"精准",解良同志与其他扶贫队员一起,走家串户,与村民炕上、田间交谈,深入了解实际情况,探寻脱贫的路子和方法。他用"铁肩"扛起了阿令朝村致富的重担。2017年8月,因工作劳累,解良同志后背疼痛、心梗加重,但他在住院20多天后,又毅然回到了日夜牵挂的阿令朝村继续工作,那副重担他没有放下,他也从未对人言说他的辛苦。根据工作需要,内蒙古自治区党委党史研究室决定让解良结束扶贫工作回单位,安排其他同志驻村帮扶,村民们自发向党史研究室请愿,将印有57个红手(指)印的请愿书送到单位,挽留他继续留在村里,带领大家发展集体经济,带领大家脱贫奔小康。① 他的心更加坚定,他觉得他有责任有义务带着大家向前冲,于是,他再次挑起担子继续前行。在脱贫攻坚的路上,解良同志做出了骄人的成绩,并用他"肩负重任不言苦"的精神唱响了一曲"担当"的赞歌。

习近平在系列重要讲话中多次强调,坚持原则、敢于担当是党的干部必须具备的基本素质。在脱贫攻坚的战场上,一批批敢于担当的干部成为"时代中坚",他们在广大群众中树立了"一名党员干部就是一面旗帜"的良好形象。

### (二)"一心为民":无私奉献的公仆精神

习近平说:"为人民服务,做人民公仆,这是一代又一代中国共产党人秉承的光荣传统,是提高党的执政能力、保持党的先进性的首要问题。"党员干部的本质就是人民公仆,要想得到最广大人民群众的拥护和支持,就要坚持一切从人民利益出发,始终做好人民群众的忠实公仆。

公仆精神是党的宗旨意识和党执政为民的集中体现。一位党员干部,只有有了公仆意识才能耐心地倾听老百姓的意见,才能热心地扶贫救困,尽心尽力地为群众排忧解难。争做人民好公仆,也绝非喊口号,绝非假、大、空,而是要从小事做起,从老百姓最关心的事做起,从老百姓最迫切需要解决的事做起,以实实在在的行动来实践公仆精神。在脱贫攻坚战中,这些党员干部的公仆精神具体体现在三个方面:一是一心装满百姓,二是小事情大真情,三是舍小家为大家。

#### 1. 一心装满百姓

在这些脱贫攻坚英雄的心中,老百姓是他们的朋友,是他们的亲人,是他们的父母。他们因百姓的快乐而快乐,因百姓的烦恼而烦恼,

---

① 刘超:《被57个红手印请回来的"第一书记"》,中国新闻网,2019年9月17日。

他们愿使出全部才智、全部力量为老百姓排忧解难,他们的身上体现出一种无私奉献的公仆精神。乌兰察布市凉城县永兴镇永兴村的驻村第一书记申利民说:"作为一名驻村干部,我只想实实在在为老百姓做一些事。"①他于 2016 年 4 月开始参加扶贫工作,数年中,他为老百姓做了许许多多的实事、好事。永兴村的贫困户王宏宏年近四十,同七十多岁的老母亲一起居住,两个姐姐均已成家。王宏宏曾是一个手艺很好的木匠,但因家庭变故遭受打击,精神失常,双脚冻残。申利民得知情况后,多次自掏腰包带他到集宁精神康复医院进行治疗,后病情明显好转。王宏宏的姐姐想给他办一个残疾证,但不知如何去办理,申利民带他们姐弟去医院,为王宏宏进行伤残鉴定。王宏宏的情况特殊,无法长时间排队等候,申利民就以驻村工作队队员的身份去找院长,讲述了事情的来龙去脉,院长被申利民这种倾情为民、乐为公仆的精神深深感动,一路为他们开了绿灯。当王宏宏拿到残疾证时,一家人特别激动。王宏宏姐弟给申利民送去一面锦旗,锦旗上写道:"帮残驻贫温暖人心,不是亲人胜似亲人。"诸如此类的事他做了太多太多,他一心装满百姓,乐为公仆,无私奉献,积极为百姓排忧解难。"桃李不言,下自成蹊。申利民只是埋头做他想做的事,但百姓愿意走近他,同事愿意走近他,许许多多的人都愿意走近他。他有心胸,宽广得可装下村中的百姓;他有境界,不图名不图利,还自掏腰包去帮百姓办事。他的这种倾心为民、乐为公仆的精神很好地体现了一个共产党员、一个驻村干部应有的情怀与气度!"②

## 2. 小事情大真情

扶贫干部的公仆精神还体现在"小事情大真情"上,一件件拉拉杂杂的小事,却温暖了老百姓的心。乌兰察布市四子王旗白音朝克图镇乌兰哈达嘎查的驻村第一书记赵集生,他刚到乌兰哈达,就沉下心来,

---

① 郭鹏:《倾情为民 乐为公仆——记凉城县永兴镇驻村干部申利民》,活力凉城公众平台,2019 年 1 月 17 日。

② 郭鹏:《倾情为民 乐为公仆——记凉城县永兴镇驻村干部申利民》,活力凉城公众平台,2019 年 1 月 17 日。

俯下身去,与贫困区群众同呼吸共命运,短短几个月,牧区广阔的天地吸引了赵集生,赵集生很自然地融入了他们的生活。贫困户牧民土牧尔因高尿酸血症致残,赵集生得知网上有一种专门治疗高尿酸血症的药茶,便自费从网上购买送给土牧尔服用。2019年7月1日上午,得知贫困户图木尔巴图身患重病的妻子若力金扎布从医院回到家中后,在赵集生的提议下,驻村的5位工作队员,每人捐出200元,由赵集生代表驻村工作队,专程到患者家中,看望慰问身患重病的若力金扎布,并送上1000元慰问金和真诚的祝福,以实际帮扶行动来庆祝党的生日。2019年11月,乌兰哈达嘎查出现鼠疫。嘎查两委和驻村工作队不顾自身安危和防疫人员一道参加灭鼠消毒,同时走村入户向广大牧民群众和外来人员宣传疫情的危害和以"三不、三报、三不要"为主要内容的鼠疫防治的基本知识,做到了村不漏户、户不漏人,家喻户晓,人人皆知。2020年年初,面对新型冠状病毒感染的肺炎疫情,驻村工作队认真贯彻落实中央和自治区市旗疫情防控工作部署要求,冲在防疫攻坚战的最前沿,充分发挥党员先锋模范作用。[1] 这些小事情对扶贫干部来说,真有些司空见惯,却体现出了赵集生的大情怀,他的这种公仆精神深深地温暖了村民们的心。

点滴小事中蕴含着扶贫干部们的大真情。他们为民、务实,甘为公仆,乐为公仆,他们润滑了干群关系,温暖了百姓的心灵,让党的宗旨得到了更好的体现。

### 3. 舍小家为大家

当"大家"与"小家"不能兼顾时,扶贫干部们会义无反顾地选择"大家",因为他们知道,"大家"好了"小家"才会更好。在处理"大家"与"小家"的冲突中,体现着他们的无私奉献,体现着他们的家国情怀,也体现着他们的人生境界。

乌兰察布市凉城县麦胡图镇东胜村驻村第一书记刘涛,平时忙于

---

[1] 《中国人寿乌兰察布分公司扶贫干部赵集生奋战在脱贫攻坚第一线》,正北方网,2020年8月17日。

扶贫工作,家里就剩下妻子康晓平一人。刘涛的妻子 2011 年患乳腺癌,身体一直不好,本需他的照顾,可他却一直不着家。2019 年 6 月,刘涛本答应陪妻子一起去北京复查,出发前,却接到村里扶贫检查的通知,他便把已买好的票退掉了。夏天,家里屋顶漏雨,妻子给刘涛打电话,他的回复是:你自己联系工人修一下。① 老母亲不慎摔断了腿,刘涛赶到医院陪老母亲检查完后,又要赶忙返回村里。刘涛临走前把老母亲托付给姐姐刘枫:"扶贫工作正是紧要关头,村里等着安装水泵,咱妈就交给你了!"② 刘涛奔波在乡间地头,照顾着东胜村的村民,然而,最需要他照顾的生病的妻子和母亲,最需要他修补的自家小屋,他却只能不管不顾了。

党员干部当以"公仆本色"拂拭初心,以"公仆作为"换得民心,坚守清廉、务实、为民的"公仆精神",恪尽为民之责,多办利民之事。在这些扶贫干部的身上,体现着他们无私奉献的公仆精神,体现着他们的家国情怀,更体现着党全心全意为人民服务的根本宗旨。

### (三)"不畏艰难":驰而不息的蒙古马精神

"在实现中华民族伟大复兴的新征程上,必然会有艰巨繁重的任务,必然会有艰难险阻甚至惊涛骇浪,特别需要我们发扬艰苦奋斗精神。奋斗不只是响亮的口号,而是要在做好每一件小事、完成每一项任务、履行每一项职责中见精神。奋斗的道路不会一帆风顺,往往荆棘丛生、充满坎坷。强者,总是从挫折中不断奋起、永不气馁。"③ 生命不息,奋斗不止。习近平指出,中华民族迎来了从站起来、富起来到强起来的伟大飞跃是中国人民奋斗出来的!在乌兰察布市脱贫攻坚战中,扶贫干部身上的那种不畏艰难、驰而不息的奋斗精神犹如蒙古马所体现出来的那种独特品格,耐寒、耐旱,耐力强,虽其貌不扬,但在风霜雨雪的

---

① 余亚庆:《心里装着老百姓的好书记——追记内蒙古凉城县东胜村驻村第一书记刘涛》,中国气象局网站,2019 年 10 月 15 日。
② 《"他要是没走,看到这片果树林该多高兴!"——追记乌兰察布市气象局派驻凉城县东胜村扶贫工作队长、第一书记刘涛》,内蒙古新闻网,2020 年 3 月 24 日。
③ 习近平:《在纪念五四运动 100 周年大会上的讲话》,2019 年 4 月 30 日。

大草原上,却能不畏艰辛、纵横驰骋、屡建奇功。这种伟大的蒙古马精神深深根植于博大精深的中华文明,勃发于火热的社会实践,升华凝结于中国人民日新月异的创新创造,是中华民族立于世界民族之林、引领时代潮流、实现民族复兴的强大精神支撑。

## 1. 不怕吃苦,自强不息

习近平说:"只有奋斗的人生才称得上幸福的人生。奋斗是艰辛的,艰难困苦、玉汝于成,没有艰辛就不是真正的奋斗,我们要勇于在艰苦奋斗中净化灵魂、磨砺意志、坚定信念。"①扶贫干部们深深明白这一点,工作中尽管充满艰辛,但他们不怕辛苦,顽强奋斗,自强不息,在一片片贫瘠的土地上开出了摄人心魄的奋斗之花。

乌兰察布市凉城县蛮汉镇大兴夭村驻村第一书记王亚东,2016年参加扶贫工作。到任后,他带领工作队采取"五加二、白加黑"、"走家串户搞调研,摸清底数打基础,施策到户须精准"的工作方式,从开会研究到走村串户再到开会研究部署,他带领下的扶贫工作有条不紊、细致入微、逐步推进,而且卓有成效,深得老百姓的夸赞。2017年6月29日,暴雨来袭,他带领两名驻村扶贫干部深夜冒雨驱车穿梭在崎岖的山路上,往返近百公里,脚踏泥泞为厂贡梁、西崞县夭两个自然村的村民送去40多套防雨布及救灾照明用具,并连夜查看危房,处置险情,转移受灾村民;2018年4月3日,突降暴风雪,气温骤降,路面被大雪覆盖,为了在外上学的孩子安全返家,他迅速组织驻村干部、村委、村民及时清理道路,排除险情,把5个小孩儿安全送到家。驻村工作队队员尉欣宇说他:"为了工作,别人可能熬到差不多凌晨3点,但他却可以熬到6点多,眯一会儿照样早起,真是能拼能干!"2020年疫情防控期间,从带头捐赠、筹备物资、检测值守、组织消杀、加强宣传、摸排走访、为学生提供上网课条件并组织工作队员进行辅导到疫情防控与推进精准扶贫工作有效结合、确保疫情防控与春耕生产双促进两不误,王亚东不停地奔波忙碌着。有村民心疼地劝他:"王书记,你太累太辛苦了,回家好好休息

---

① 习近平:《在2018年春节团拜会上的讲话》,2018年2月14日。

几天吧!"他只是憨厚地笑道:"没事儿,还折腾得动。"①在脱贫攻坚的道路上,王亚东不畏艰难,他的身上体现出一种令人肃然起敬的自强不息的蒙古马精神。

习近平说:"'宝剑锋从磨砺出,梅花香自苦寒来。'人类的美好理想,都不可能唾手可得,都离不开筚路蓝缕、手胼足胝的艰苦奋斗。我们的国家,我们的民族,从积贫积弱一步一步走到今天的发展繁荣,靠的就是一代又一代人的顽强拼搏,靠的就是中华民族自强不息的奋斗精神。"②我们的扶贫英雄们,筚路蓝缕、手胼足胝、不辞劳苦,他们用顽强拼搏的蒙古马精神书写下一个个自强不息的、鼓舞人心的故事。

## 2. 求新求变,开拓进取

中华民族自古以来就是一个崇尚创新创造的民族。几千年来所形成的文明成果、开拓性的制度创设以及思想争鸣、文化繁荣的价值体认,都是中华民族发扬创新创造精神的生动体现。当代中国正经历着我国历史上最为广泛而深刻的社会变革,也正在进行着人类历史上最为宏大而独特的实践创新,中华民族依然需要不驰于空想、不骛于虚声,以更加强大的创新劲头去开创新生活、创造人间新奇迹。我们要久久为功、绵绵用力,推进理论创新、制度创新、科技创新、文化创新等各方面创新,让创新贯穿党和国家的一切工作,成为民族坚强奋斗的亮丽底色。

察右中旗科布尔镇大马库联村第一书记陈俊武,在 2014 年看到村里奶牛养殖业进入瓶颈期后,他认为不能盲目投资,应当找准位置,尊重市场规律,根据大马库联村自身的条件充分利用集体资源,采取了以下措施:整合村集体资源,将村集体土地 870 亩旱地改造成水浇地,租赁给大户规模种植,收益 26000 元;资产收益投资太重集团 50 万元,收益 3 万元;将闲置多年的厂房改造利用,收益 2 万元;通过奖补帮扶资

---

① 宫立灵:《驻村尽职 抗疫守责——记内蒙古乌兰察布市凉城县蛮汉镇大兴天行政村驻村工作队队长兼第一书记王亚东》,《中国县域经济报》,2020 年 5 月 1 日。

② 习近平:《在同各界优秀青年代表座谈时的讲话》,2013 年 5 月 4 日。

金、农户自筹,购买西门塔尔肉牛136头,采取"支部+大户+贫困户散养"的模式,发展培育458头肉牛,年出栏200头,户均增收6000元以上。再加上教育扶贫、生态补偿、易地搬迁等多渠道精准施策,探索出一条可持续发展并且稳定增收的产业道路,群众满意度与幸福指数逐步提高。如今,大马库联村人均纯收入6000元以上,建档立卡贫困户48户101人,除3户重大疾病贫困户,其余全部脱贫,贫困发生率降为0.53%。① 陈俊武作为督导员,除尽到了"督"的职责外,更尽到了"导"的职责。当他看到大马库联村不适合发展奶牛养殖业时,就想着应如何求新求变,于是,他因地制宜,找准位置,精准发力,改革以往生产创收模式,最后带领百姓走上致富之路。

驻察右中旗科布尔镇永和村第一书记王衡,先调查掌握贫困户致贫原因,然后对症下药,分类指导。本镇厂汉不浪和南壕堑两个交通闭塞的自然村,人口少,且村里都是上了年纪的留守老人。他想,愚公移山不如愚公搬家,两村应整体搬迁到科布尔镇附近。于是,他协调发改委拨款450万元实现了易地扶贫搬迁,共计50户98人进城购房。对易地搬迁的贫困户每人安排10000元的产业扶持资金,入股到村集体经济进行分红,每年享受最低800元的分红。同时,他还积极协调扶贫办投入450余万元资金,将永和村4000多亩旱地改为水浇地,带动村民人均纯收入增加3500元。协调旗水利局资金75万元,新建自来水井,为150户村民供上自来水。通过京蒙扶贫协作、中央彩票公益金投入,为五福堂、黑沙图、永和庆3个自然村群众安装了直饮机,保证了村民饮水安全。充分发掘南壕堑与厂汉不浪两个自然村优势,结合当地优质草地资源,协调产业扶持资金130万元,用于发展蒙古马养马产业,103户建档立卡贫困户年人均分红360元。2019年,永和村集体经济创造收入40万元以上,提高村民收入500多元,人均收入达7500

---

① 云娜:《驻村六载初心不改助脱贫——市委督查室扶贫干部工作纪实》,乌兰察布新闻网,2020年3月30日。

元,贫困户103户190人全部脱贫。① 王衡扶贫的事迹也说明,这些干部不驰于空想、不骛于虚声,他们能够实事求是,能够求新求变,能够开拓进取,当然,这也是他们不畏艰难、驰而不息的蒙古马精神的一种体现。

### (四)"锲而不舍":坚持不懈的钉钉子精神

"锲而舍之,朽木不折;锲而不舍,金石可镂。"做事情需要的是锲而不舍的精神,只有坚持不懈、持之以恒地做事情,才可能获得成功。习近平在《之江新语》(2006年12月6日)中提道:"抓落实是领导工作的一个基本环节,也是各级领导干部的一项重要职责……抓落实就好比在墙上敲钉子:钉不到点上,钉子要打歪;钉到了点上,只钉一两下,钉子会掉下来;钉个三四下,过不久钉子仍然会松动;只有连钉七八下,这颗钉子才能牢固。这就说明,抓落实首先要抓到点上、以点带面。要盯住事关全局的重点工作,把力量凝聚到点上,着力解决涉及全局的突出问题,以点带面,推动全局,避免'撒胡椒面'式地这里抓一下,那里敲一点,浅尝辄止、朝三暮四。"

乌兰察布市党委、政府针对易地扶贫搬迁工作多次召开会议,强调在脱贫攻坚工作过程中党员干部要"两脚落地",发现问题要解决,政策措施要落实,要层层抓、层层落实,形成了市领导联系旗县市区、苏木和贫困嘎查,带头推动责任落实,一级带着一级干的有效工作机制。

易地扶贫搬迁是扶贫工作中最难做的工作之一,虽然这是阻断贫困代际传递的有效手段和根本措施,可以帮助移民户摆脱原有的恶劣生存条件,在新的、良好的生存条件下形成新的升级方式,以实现脱贫的可能性,但由于受到中国传统家庭观念、家庭结构特点的影响,自愿搬迁者、准自愿搬迁者和非自愿者对相关政策的理解不尽相同。如何实现"搬得出,稳得住,能致富,可持续"的目标,乌兰察布市始终坚持"脱贫是目标,搬迁是手段"的基本要求,统筹谋划项目建设和后续扶

---

① 云娜:《驻村六载初心不改助脱贫——市委督查室扶贫干部工作纪实》,乌兰察布新闻网,2020年3月30日。

持,立足安置点资源优势和贫困户实际情况,多措并举,逐户逐人落实后续扶持措施,层层落实责任,做到了后续扶持与项目建设同步推进。

乌兰察布市卓资县为了让搬迁群众尽快融入新环境,在建设移民"五福"小区时,从位置选址、工程建设、后续配套等方面全面统筹规划,不断配齐各项优惠政策,以党建为引领,以产业为推动,以就业为配套,服务、就业和产业齐发力,成立了正科级事业单位易地扶贫搬迁服务中心,驻村干部和村两委齐心协力,深入细致地调查研究,三番五次登门入户做思想工作、解释相关政策,终于得到搬迁群众的理解与信任。他们还将搬迁群众进行了分类管理,通过产业覆盖就业、社会推荐就业、励志岗位就业、自主创业就业、劳务输出就业等途径为搬迁群众提供多样化的就业岗位,让相关政策措施落地落实,解决了非自愿搬迁者的后顾之忧。搬迁区共建成安置楼54栋3133套,安置搬迁人口3133户7396人,其中建档立卡贫困人口2258户5320人,整村搬迁的同迁户875户2076人①。群众告别了苦日子,住上了好房子,过上了好日子,活得也有了尊严。搬迁后的贫困户表示"挪穷窝、住新房、永远不忘共产党",这是"五福"小区搬迁群众对党的好政策和政府想百姓所想、狠抓落实,以及党员干部锲而不舍的钉钉子精神发自心底的深情回应。

"要一抓到底,常抓不懈。要一步一个脚印,步步为营,有板有眼,深入而持续地抓好落实。"乌兰察布市党委、政府因地制宜、结合实际抓落实,真正抓出了实效,"啃"下了易地扶贫搬迁这块"硬骨头"。

乌兰察布市"十三五"期间易地扶贫搬迁工程全部完成。搬迁37235户79790人,其中建档立卡贫困户20215户45785人,同步搬迁17020户34005人。建设集中安置点504个,集中安置搬迁户29124户64135人。在后续扶持方面,对全市建档立卡贫困搬迁户进行了全覆盖,其中发展特色农牧业8059人,发展劳务经济4832人,发展现代服务业1907人,资产收益扶贫13376人,社会保障兜底14207人,其他措施3404人。65岁以下有劳动能力已经落实产业或就业的有40595人,

---

① 数据源自《乌兰察布市住建局关于脱贫攻坚住房安全保障汇报材料》,2020年11月。

65岁以下有劳动能力且有意愿就业的搬迁户已全部就业。①

坚持一个节点一个节点努力坚守、一个问题一个问题认真解决、一项工作一项工作持续推进,咬定青山不放松,锲而不舍抓落实,钉钉子精神体现在各级党员干部身上。乌兰察布市党委、政府脱贫攻坚的战果经得起人民群众的监督和历史的检验。

## (五)"倾心合作":携手奔小康的进取精神

在这场伟大的脱贫攻坚战中,广大干部群众没有向贫困低头,没有向困难认输。面对恶劣的自然环境、艰苦的工作和生活条件,面对程度深的贫困现状,党员干部和群众没有坐等观望,他们积极响应党中央、国务院的战斗号令,牢记习近平"全面小康路上一个也不能少"的殷殷嘱托,每天都在进行着新的实践、创造着新的奇迹、书写着新的史诗。"倾心合作"是各族儿女勤劳勇敢、自强不息的真实写照,铸就了伟大的精神丰碑。习近平多次强调:"'人心齐,泰山移。'脱贫致富不仅仅是贫困地区的事,也是全社会的事。"上下一心,各级党委、政府始终把脱贫致富奔小康当作第一民生工程来抓。集思广益,倾心合作,携手奔小康是乌兰察布市取得脱贫攻坚战胜利的重要精神之一。

化德县白音特拉村驻村第一书记王华、察哈尔右翼后旗乌兰哈达苏木阿达日嘎嘎查驻村第一书记唐成杭、商都县小海子镇麻尼卜村驻村第一书记董裴、兴和县兴胜庄村驻村第一书记余有德及其他各旗县市驻村干部纷纷表示,他们的工作不仅得到了所在单位的大力支持,还有各级党政部门的密切配合。农牧民脸上的笑容是对他们工作的最好肯定。

### 1. 注重村两委建设,增强班子的凝聚力、战斗力

党支部是党的最基层组织,支部核心作用的发挥是团队精神至高无上的具体体现。一个一个基层党组织成为脱贫攻坚战场上的中坚力量;一个一个支部书记、党员干部,树起了一面面示范引领的鲜艳旗帜。中央编办选派的白音特拉村驻村第一书记王华同志深知"给钱给物不

---

① 数据源自《乌兰察布市住建局关于脱贫攻坚住房安全保障汇报材料》,2020年11月。

如建个好支部",他果断将建强基层党组织作为工作"先手棋",着力提升村党支部战斗力。在换届过程中,王华书记积极协助乡党委、政府选好配强村两委班子,将在日常工作中发现的一名退伍军人充实到两委班子中。通过抓好"三会一课"和主题党日活动,严肃组织生活,改进工作方法,提高了工作效率。村党支部先后与中央编办电子政务中心党支部和空军两支部队党支部签订结对协议,开展结对帮扶,进一步开阔了工作视野,学习了先进经验,改进了村两委的工作作风,使村两委成为一支团结奋进、勇于开拓的铁军。2017年,王华同志带领村两委经过深入调研后,建起了手工档案盒厂和机器加工档案盒厂,2018年年初,他们又协调中央编办筹资8万元购买机器设备,扩大生产,现已为全县培训档案盒工人100余名,吸纳本乡及周边5个乡镇16个村40多人稳定就业,人均月增收1500元。带领农牧民脱贫奔小康,白音特拉村两委这支铁军信心满满。

在脱贫攻坚进入全面总攻、冲刺收官的紧要关头,兴和县大同夭乡兴胜庄村党支部深入学习习近平新时代中国特色社会主义思想,坚持"三同",提升"三力"——坚持"学"、"做"同频,提升党建工作内生动力;坚持"职"、"责"同心,提升党建工作向心力;坚持"知"、"行"同向,提升党建工作引领力,认真抓好支部党建工作,落实抓党建促脱贫攻坚各项要求,为打赢脱贫攻坚战提供了有力保障。驻村第一书记余有德表示,下一步,兴胜庄村党支部和全体党员将继续当好贫困群众的主心骨,带领全村党员群众撸起袖子加油干、苦干实干拼命干,努力打造"金色"、"绿色"、"和谐"、"平安"兴胜庄村。

注重基层党建工作,注重党员干部引领示范作用,带领党员干部帮扶农牧民是党支部服务人民群众最直接的方式。

### 2. 激发农牧民内生动力,心往一处想,力往一处使

大力推进了产业发展由"输血式"向"造血式"的转变,激发农牧民群众"要我发展"向"我要发展"内生动力,政府、苏木、嘎查、农牧民心往一处想,力往一处使,为实现产业兴旺、生活富裕的乡村振兴战略奠定

了坚实的基础。

乌兰哈达苏木阿达日嘎嘎查驻村第一书记唐成杭担任驻村队长伊始，对所在嘎查充分调查摸底，着眼于火山草原地理优势，紧盯脱贫攻坚目标，和嘎查两委、驻村工作队充分研究商讨，制定了嘎查"旅游兴村，产业富民，建设美丽牧区"长远发展目标。经过积极努力，2017年庙沟浩特成功申报成为"中国少数民族特色村寨"。建"寨"成功后，随着名气的日益增大，看完火山再看"特色村寨"的游客逐年增加，进一步促进了民俗"牧家游"的发展，增加了农牧民的收入。2018年，为发挥品牌效应，抢抓发展机遇，村两委向旗、苏木政府陈述嘎查发展思路，苏木政府马上投入政策扶持资金340万元，在庙沟浩特建成嘎查集体经济——一处集住宿、休闲、露营为一体的旅游度假点，这不仅解决了较大旅游团队接待难的问题，嘎查集体经济也和当地14户民俗"牧家游"携手共进、优势互补，2019年14户"牧家游"餐饮收入户均增加18000元，进一步带动了当地畜牧业发展，加快了嘎查旅游业的发展，提高了农牧民经济收入。2019年，嘎查集体经济收入增加10万元，总集体经济收入17.8万元，有力推进了嘎查脱贫攻坚工作和基础设施建设完善。

**3. 成立农业合作社，抱团创业奔小康**

早期农业合作社是由农民自发组建的小型合作、互帮互助的组织。随着现代农业产业化的发展，规模化经营已成为现代农业发展的方向，乌兰察布市土地资源较丰富，有利于农业规模化产业化发展。近年来，各旗县市区农村牧区纷纷成立了农业合作社。

2011年，兴和县店子镇牙代营村村民张文智，成立了兴和县雄丰农牧业农民专业合作社，注册资金100万元，主要从事农业种植养殖、农产品加工包装销售。合作社主要通过土地租赁、劳务用工、发展订单农业、免费改良本地土驴和肉牛品种、发放良种、优先优惠收购产品等方式帮助农民脱贫致富，同时借助互联网销售平台和实体店双向推广模式，将小山村绿色原生态产品推向全国各地，合作社还创立了农民自己的品牌,注册了"芽代营"和"乌兰兴宝"两个商标。近年来,合作社通过土地流转承包了210户共2180多亩土地,为1500多名农民提供了临时就业岗位。

团结协作、坚持以人民为中心的工作宗旨,是中国共产党坚持以人民为中心发展理念的最好体现。

### (六)"守望相助":至诚互扶的团结精神

习近平在2014年春节前夕考察内蒙古时寄语各族人民要"守望相助",共建美好家园。在2019年的全国民族团结进步表彰大会上,习近平指出:"确保少数民族和民族地区同全国一道实现全面小康和现代化。中华民族是一个大家庭,一家人都要过上好日子。没有民族地区的全面小康和现代化,就没有全国的全面小康和现代化。"①今天,"守望相助"的理念已经成为各民族共同团结奋斗、共同繁荣发展的生动写照,作为一种精神追求也已深深扎根于内蒙古各地脱贫攻坚的生动实践之中。

#### 1."守"美好家园,同心脱贫攻坚

乌兰察布市共有4个旗,均为国家级贫困旗,还有4个县属国贫县,可以说,在日日夜夜、时时处处、点点滴滴的脱贫攻坚奋战中无不体现了"守望相助"理念和团结互助精神。正是在扶贫路上把党中央的坚强领导和脱贫攻坚的强大决心转化为贫困地区摆脱贫困的巨大勇气和内生动力,在政策实施中依靠上级组织和贫困县心往一处想、劲往一处使的上下齐心的组织力,在布局落子上靠的是各级扶贫干部和当地贫困群众心连心、手挽手精准扶贫找症结、解难题、办事情的协同性,在集中攻坚、专项扶助、产业培育上靠社会各界与贫困群众团结一心、互助合作开创致富路的聚合力,在京蒙扶贫协作中靠结对扶助力量与当地干部群众精准对接、加大投入、持续落实的迎难而上的战斗力,等等,多方力量、多种资源、多头合作共同形成了乌兰察布市扶贫道路上的"守

---

① 习近平:《在全国民族团结进步表彰大会上的讲话》,2019年9月27日。

望相助",展示了全国一盘棋,各民族至诚互扶、奋进圆梦的团结协作精神。

在决战决胜脱贫攻坚工作中,驻守在乌兰察布市脱贫攻坚一线的广大党员干部,无论是自治区厅局派驻的还是市县乡抽调的,都无怨无悔地忠于职守、尽职尽责、坚韧不拔、甘于奉献,为完成党和人民交给的神圣任务,一鼓作气,坚守阵地,奋力夺取脱贫攻坚战的全面胜利。其中涌现出一系列先进人物:牧民们的贴心"阿哈"朝勒孟用10年的真情帮扶,发展壮大村集体经济,带动嘎查30多户贫困人口摆脱世代贫困;兴和县朱家营村"侃货"书记贺龙以"一根筋"带领贫困群众执着干,成为当地农牧民致富的领头羊和乡风文明建设的推动者,等等。

2. 北京有关单位倾力相助,共创脱贫奇迹

中共十八大以来,习近平访贫问苦的脚步遍布全国14个集中连片特困地区,对贫困群众始终念兹在兹,"小康路上一个也不能掉队",全面建成小康社会是全国人民的共同期盼。为了这一共同期盼,新时代脱贫攻坚开创了我国东西部扶贫协作的新局面。京蒙扶贫协作树起了一面全国东西部扶贫协作的旗帜,共同创造了扶贫奇迹和感人事迹。北京市集中优势资源,在经济、教育、医疗、科技、文化、旅游等方面给予乌兰察布市多方面的大力协作支持。乌兰察布市的中央定点帮扶单位有全国人大、银保监会、中央编办、中海油、通用集团、新兴际华集团、社保基金理事会等行政企事业单位,帮扶乌兰察布市8个国贫旗县,推动帮扶项目资金和扶持政策落实到位。2016年以来,中直机关直接投入资金1.7亿元,帮助引进各类资金9.4亿元。通用集团、北京体育基金会、北京市社会力量扶贫协作与乡村振兴发展促进会等企业和爱心人士向乌兰察布市贫困家庭孩子捐资捐物助学。多地多所中小学与北京市、区学校开展"手拉手"结对帮扶。2017年东城区帮扶化德县以来,两地频繁互访对接,化德县得到各类协作资金1.58亿元,开展帮扶项目26个,区财政援助资金3300万元,落实项目21个,引导京诚集团等8家企业落地投资15.22亿元,吸纳就业、带贫851人。化德县全县39个

贫困村与北京市方面搭建了消费扶贫平台；促进贫困人口进京、就地就业累计4580余人次。四子王旗实施13个批次41个京蒙对口帮扶项目，落实资金1.6亿元，惠及嘎查121个，贫困人口2.8万人次；卓资山镇得到朝阳区协作的项目涉及产业发展、干部培训、健康医疗、基础设施、劳务协作、教育扶持等方面，惠及贫困人口9200人次，近六成贫困群众实现长效脱贫、同步小康。朝阳区派出95名专业技术人才开展帮扶工作，卓资山镇选派197名专技人员在朝阳区学习。广泛开展就业招聘，有效实现帮扶就业。京蒙协作平台区市各领域广签"帮扶协议"，多渠道多层次帮扶，稳定预期，增强了脱贫攻坚信心，同时推进社会事业、劳务、干部挂职、农畜产品销售等协作帮扶工作。

### 3. 促团结互助，厚植共享基础

习近平指出，民族团结是各族人民的生命线。民族地区是我国发展不平衡不充分的突出地区，也是脱贫攻坚的主战场。乌兰察布市脱贫攻坚工作取得的成绩正是贯彻落实总书记重要讲话和指示精神的生动实践。

民族地区的贫困治理不仅关乎全面建成小康社会，还关乎民族团结和边疆稳固。乌兰察布市在脱贫攻坚中以建设民族团结进步示范城市为引领，把民族团结进步事业与脱贫攻坚工作"双融合、双促进"，村帮村、户帮户、结队帮扶"攀穷亲"等机制，攥指成拳，让各族干部群众在摆脱贫困、实现美好生活中心手相牵、互帮互助，促进各兄弟民族共同发展、共同进步，增强各民族都是一家人的中华民族认同感，铸牢中华民族共同体意识，促进各民族"像石榴籽一样紧紧抱在一起"。中央定点帮扶，部门挂钩帮扶，企业集团倾力相助，东西部扶贫协作等举措，弘扬了中华民族优良传统，凝聚起了山海情深、心手相连、扶贫济困、守望相助的团结友爱精神。

## （七）"斗志昂扬"：力求摆脱贫困的自强精神

习近平说："激发内生动力，调动贫困地区和贫困人口积极性。'只要有信心，黄土变成金。'贫穷不是不可改变的宿命。人穷志不能短，扶贫必先扶志。没有比人更高的山,没有比脚更长的路。要做好对贫困地区干部群众的宣传、教育、培训、组织工作,让他们的心热起来、行动起来,引导他们树立'宁愿苦干、不愿苦熬'的观念,自力更生、艰苦奋斗,靠辛勤劳动改变贫困落后面貌。"① 贫困人口如果缺乏内生动力,即使脱贫也只是暂时的,当失去外援,他们返贫的概率非常大。所以,扶贫并不是简单的给予,不是简单的帮助,而是要激发他们的内生动力,让他们振作起来,自力更生,艰苦奋斗,要用自己辛勤的劳动去改变贫困落后面貌。

内蒙古兴和县民族团结乡官六号村的李俊成已46岁,但他家庭困难,生活压力很大,儿子刚读初中,父母又年老体弱,无劳动能力,由李俊成赡养。李俊成曾极度颓废,整天靠酒来麻痹自己,妻子也因此与他离婚了。在精准扶贫工作开展后,李俊成家于2016年1月被确定为建档立卡贫困户。驻村工作队队员经常与他谈心,帮他转变观念,使他树立生活信心。在干部们的引导下,经过多番思考与考察,李俊成选择了风险相对较低、市场销路较好的养殖路子。2016年,李俊成利用精准扶贫补贴的2000元购买了母羊2只,经过精心饲养,当年产仔羊4只。他像对待自己的孩子一样精心喂养,白天、晚上无数次地往羊圈里跑,一刻也不敢放松。看着自己亲手养的小羊一天天慢慢长大,李俊成喜在心头。不久后,李俊成又向亲戚朋友借了3000元购买了6只母羊扩大养殖规模。生活有了方向,李俊成的精神面貌也焕然一新,干劲十足。辛勤没有白费,到2019年年底,李俊成家里的羊增加到80多只,全年家庭纯收入10.2万多元,李俊成也成功脱贫致富。从昔日的贫困户,到现在的养羊大户,彻底摘下了"贫困帽"的李俊成,成功完成了生活的"逆袭",去年还给在包头打工的儿子按揭买了楼房,日子是越过越红火。② 扶贫要先扶志,李俊成在驻村工作队的帮扶下,从一个"醉汉"

---

① 习近平:《在中央扶贫开发工作会议上的讲话》,2015年11月27日。
② 张雁龙:《昔日的贫困户→现在的养羊大户,乌兰察布的他成功"逆袭"》,《乌兰察布日报》,2020年7月27日。

逐渐变成了养羊大户,他从对生活的茫然与逃避变得有了信心,有了斗志,并最终用自己辛勤的劳动去改变贫困落后状态。

乌兰察布市察右后旗红格尔图镇红格尔图村的温艳峰同样也经历了这样一次"逆袭"。温艳峰患有家族遗传性重病"肌无力",手脚行动不灵活,体型也发生畸变,好在平时有丈夫照顾。然而,让她万万没想到的是,刚刚走上工作岗位的女儿也患上了"肌无力",这无异于雪上加霜。为了照顾妻女,温艳峰的丈夫又不能外出打工,一家人只能靠十几亩农田的收入维持生计。在驻村第一书记李伟的策划下,温艳峰一家利用屋后半亩院子开始养鸡。开始只养了240多只母鸡,每天除去饲料等费用,纯获利65元。温艳峰一家看到了希望,后来又买了300只仔鸡,逐渐发展为当地的养鸡大户。她还收购村民的小麦,出售面粉,留下的麸皮又能解决鸡饲料供应不足的问题,一举两得。① 他们一家很快摆脱了贫困的面貌。温艳峰一家并未被疾病打倒,也并未坐等国家救济,而是在驻村第一书记的帮扶下,通过努力和辛勤的劳动顺利走出困境,走向富裕。

因病致贫的家庭很多,但只要他们还有一定的劳动力,就有希望靠自己脱离贫困。乌兰察布市察右后旗锡勒乡村民马来栓因为儿子先天性骨髓炎致贫。为了让他家稳定脱贫,旗里给他家3口人每人补贴1万元,购买3头奶牛进行养牛扶贫,他年纯收入7500元。马来栓还进了当地奶牛养殖合作社当养殖工人,每月工资3000元。而今,马来栓早已摘了"贫困帽",儿子的病也治好了,家里收入也上去了。马来栓每次谈起自己的脱贫经历时,都会喜笑颜开。

习近平说:"脱贫攻坚,群众动力是基础。必须坚持依靠人民群众,充分调动贫困群众积极性、主动性、创造性,坚持扶贫和扶志、扶智相结合,正确处理外部帮扶和贫困群众自身努力关系,培育贫困群众依靠自力更生实现脱贫致富意识,培养贫困群众发展生产和务工经商技能,组

---

① 《瞧瞧乌兰察布这家人的脱贫故事》,中国教育出版网,http://gaozhong.zzstep.com/4984083—gaozhong.html。

织、引导、支持贫困群众用自己辛勤劳动实现脱贫致富,用人民群众的内生动力支撑脱贫攻坚。"① 而以上三个事例正好都说明了这一点。被激发出内生动力的贫困群众,精神焕发,以一种崭新的、昂扬的姿态去迎接美好的明天。

(刘春　郭鹏　庞凤琴)

---

① 习近平:《在打好精准脱贫攻坚战座谈会上的讲话》,2018年2月12日。

# 河北省蔚县脱贫攻坚调研报告

## 一、蔚县脱贫攻坚概况

### （一）蔚县概貌

蔚(yù)县,河北省张家口市辖县。古称蔚州,为宋辽时期"燕云十六州"之一。位于河北省西北部,东临北京,南接保定,西倚山西大同,北枕张家口。蔚县是国家历史文化名城、全国文化先进县、中国剪纸艺术之乡、国家文化产业示范基地、中国最佳民俗文化旅游城市、国家全域旅游示范区创建单位。同时,也是山区、老区、矿区。[①]

蔚县的资源禀赋总体上有5个特点：

一是历史源远流长。蔚县是200万年前东方人类的发源地之一,

---

① 本报告中的数据等资料,为执笔人在蔚县调研时有关部门和单位提供,以下不再一一注释出处。

是红山文化、仰韶文化、后岗文化的重要组成部分,有6000年绵延不断的文明进化史,是具有3000年建制史的千年古县。

二是文化底蕴深厚。全县现有文物遗存点1610余处,国保单位22处,省保单位23处,世界级非遗1项、国家级非遗3项、省级非遗8项,是全国第一"国保"文物大县。蔚县的古城堡和开平碉楼、福建土楼一样是人类历史留下的奇迹之一,目前还有三百多处保存下来,被誉为"河北省古建筑艺术博物馆"。蔚县剪纸是世界非物质文化遗产,与苏绣、钧瓷并列为代表中国的三大城市(民俗)文化名片。蔚县秧歌与拜灯山共同入选国家级非遗。蔚县共有800多个村庄,其中700个村庄有戏楼。另外,蔚县打树花被称为"中国一绝、世界一绝"。

三是生态资源独特。蔚县南部山区占全县总面积的三分之一,自然风光旖旎,是河北屋脊、太行之巅。海拔2882米的小五台山是太行山主峰、国家级自然保护区。

四是气候舒适宜人。地处恒山、太行山、燕山交汇处,南部深山,北部丘陵,中部河川,全县海拔835~2882米。

五是农业特色鲜明。蔚县是全国黍类植物人类驯化最早、五谷杂粮保存最完整的县域。桃花小米居全国"四大贡米"之首。杏扁种植面积达60余万亩,是"中国仁用杏之乡"。烟叶种植面积达2万亩,是河北第一烤烟种植大县。中药材种植面积达4万亩,是国家中药材示范种植基地。

蔚县总面积3220平方公里,辖22个乡镇,561个行政村(社区),总人口50万人,其中农业人口41万人,是国家扶贫开发重点县、"燕山—太行山"特困片区县。2014年,全县建档立卡贫困村229个(2018年新识别24个,共253个)、建档立卡贫困人口13.63万人,贫困发生率32.5%。2019年全县生产总值82.8亿元,财政总收入9.2亿元,其中公共财政预算收入5.6亿元,农村居民人均可支配收入11714元。2020年2月29日,蔚县退出贫困县序列,正式脱贫摘帽。

**(二)蔚县的致贫之因**

蔚县是传统农业县,改革开放以来,工业难以崛起使它缺乏发展优势。尽管历史悠久,自然资源和人文资源均较为丰厚,但"山区+老区+矿区"叠加的特殊县情造成蔚县贫困面积大、贫困人口多、贫困程度深、扶贫难度大,属国家扶贫开发工作重点县。作为革命老区,战争年代这里是补存南山革命根据地军政给养、开辟敌后区工作、打击敌人的交通要塞,震惊中外的西大云瞳惨案就发生在这里。作为山区,这里曾是关隘,但随着时代的变迁,古道和险关的过去价值已经渐渐消退,山川险要在今天有时也就意味着某种程度的闭塞。由于缺乏现代交通和远离大城市,蔚县越来越封闭,再加上教育落后和纯粹的农业布局、小农生产,使得蔚县,尤其是南部山区因病、因残致贫的待脱贫问题严峻。

第一,资源县的转型之困。作为矿区,资源优势并未充分发挥。蔚县储量最大的是煤炭,已经探明的储量就高达14.93亿吨,而远景储量则高达24亿吨,它的含煤面积有264平方公里,是河北保护最好的一块煤田,也是我国100个产煤大县之一。但过去的开发过程中,没有很好地实现积累,也并未兼顾公共利益。村集体负债,基础设施破败,"黑金"文化残存,大钱挣不来,小钱看不上,能占就争,能争就告。

第二,传统农业县第二产业薄弱。蔚县地处恒山、太行山、燕山三山交汇处,水源充足,土地肥沃,病虫害发生较少,是理想的杂粮、瓜果蔬菜基地。蔚县一直是京西著名的"米粮川",形成了杏扁、烟叶、小杂粮、蔬菜、中药材、食用菌、畜牧等7大特色产业,是河北杂粮特色资源丰富的农业大县之一。当地人的口头禅"蔚州三件宝,小米、黄糕、荞面饸饹"。境内有个面积比较大的壶流河盆地,这使得其粮食总产量比其他相邻几个县都高,从而能养活更多的人口。主要农作物有玉米、谷子、黍子、马铃薯、各种豆类、高粱、莜麦、荞麦等,且产量高、品质好。由于蔚县紧靠长城,也就意味着它是距离游牧民族最近的、比较大的农耕区,因此又具备了和游牧民族做交易的便利条件。于是,蔚县很早就成了一个农业和商贸业都比较发达的地方。但农业和商贸业的产业基础和惯性,使得改革开放以来,第二产业缺乏发展基础,加上对煤炭资源掠夺式开采,错过了工业的发展期。

第三,因病致贫返贫、人才缺乏等因素长期制约发展。蔚县并非人口大县,缺劳力。前些年农村社会保障机制还不健全,医疗和社会保险覆盖面不足,对农户而言,如果家庭中有残疾人、体弱者、长期生病或重大疾病患者或年老丧失劳动能力的成员,不仅对家庭没有收入的贡献,反而还会增加支出,导致家庭长期陷入贫困之中。

**(三)蔚县扶贫难点及脱贫成果**

作为传统农业县,蔚县面临脱贫难题:交通较为闭塞,卖粮渠道不畅通,价格不理想;附加值高的高效农业,农民在投入资金和技术管理上又无能为力;扶贫县"等、靠、要"的懒汉作风存在,村民的思想"脱贫"难,精气神不足,勤劳致富的内生动力不足;靠政策脱贫后,容易返贫;当地受教育程度的限制,各类人才缺乏;国家的好政策和扶贫资金在基层运用的过程中,贫困户的"等、靠、要"和非贫困户的"眼红"之间的利益分配矛盾等。

面对困难,也面对扶贫脱贫工作在全省倒排的严峻形势,2016年以来,特别是2018年县委、县政府主要领导调整以来,蔚县坚持以脱贫攻坚统揽经济社会发展全局,变压力为动力,变被动为主动,以扶志扶智为抓手,按照"六个精准"、"五个一批"要求,紧扣"两不愁三保障"目标,以产业就业扶贫为主攻方向,以激发内生动力为突破口,以提高群众满意度为落脚点,尽锐出战,精准施策,打了一个漂亮的翻身仗,在全省脱贫成效考核中进入"好"的行列。2019年,启动了全党动员、全员参与的脱贫摘帽大决战,全县党员干部攻坚克难,一鼓作气摘掉贫困帽子,在全省脱贫成效考核中再次进入"好"的行列。

2016年至2020年,全县累计投入扶贫资金33.26亿元,实施扶贫项目2634个,贫困人口全部实现稳定脱贫,"两不愁三保障"主要指标全部解决到位,总体生产生活状况明显改善。2016年至2019年,全县农民人均可支配收入由8354元增加到11714元,年均增长11.9%。全县建档立卡贫困户人均纯收入由2016年的3362.59元增加到2020年的7892.39元,年均增长23.9%。贫困人口从2014年的13.63万人减少到2019年年底的2764人,贫困发生率由32.5%降至0.66%,年均减贫2万多人,全县253个贫困村全部脱贫出列。2020年2月,省政府正式宣告蔚县脱贫摘帽。目前,全县贫困人口全部高质量脱贫,彻底终结了绝对贫困历史,全县乡村呈现新的发展局面。

## 二、蔚县脱贫攻坚的举措

### (一)党建引领——激发干部活力,创新服务模式,强化责任体系

#### 1. 启动战时工作机制,打好脱贫歼灭战

蔚县启动全民动员、全民参战的大决战工作机制,以脱皮掉肉的勇气和决战决胜的信心,向脱贫摘帽发起总攻。以夺取"高质量、无瑕疵,全国一流水平脱贫摘帽样板县"为工作目标,坚持将国考、省考反馈问题整改贯穿始终。制定了蔚县脱贫摘帽大决战实施方案,成立了以县委书记、县长为双总指挥的脱贫摘帽大决战指挥部。以22个乡镇为主要阵地,设立22个分战区;以相关行业部门扶贫工作为依据,创新设立26个作战单元,建立起了横向到边、纵向到底、集中高效、条块结合、协调联动的指挥体系。分别打响产业扶贫、就业扶贫、教育扶贫、健康扶贫、易地搬迁、危房改造、饮水安全等26场攻坚战,最终夺取全面胜利。

特别是为解决"一老一小"赡养和就学问题,专门设立由县政法委、县检察院、县法院、县司法局、县电视台组成的法制扶贫作战单元,对通过引导感化、说服教育仍不履行赡养义务的子女、不履行义务教育法送子女上学的家长启动法律程序,并在全社会进行公开曝光。通过充实、完善建立起精准、全面的帮扶体系,向全县561个行政村全部派驻了工作队,70%的县直机关干部下村帮扶,实现了贫困村和非贫困村、贫困户和非贫困户帮扶全覆盖;建立督战体系,强化考核结果运用。对大决战实行全范围、全过程、全覆盖的立体式督战,向不作

为、慢作为、乱作为亮剑开炮。按照村不漏户、户不漏人、人不漏项的原则逐一排查。

**2. 创新思路,组建"蔚小代"党员志愿服务平台**

蔚县着眼疫情防控和群众生产生活需要,在县城 128 个居民小区和 561 个行政村(社区)组建了 689 个"蔚小代"到户爱心服务站,建立了"网格员收集群众需求—服务站汇总调配—爱心车队采购配送—党员志愿者服务上门"和"驻村干部收集代销信息—乡镇汇总—总站推送—小区发布—党员志愿者送货上门"的消费扶贫双向闭环模式,组织党员志愿者开展代购生活物资、代销农产品、代办日常事务等志愿服务,实现群众下单、党员跑腿,有效解决了农产品"卖难"、群众"买难"、"务工难"问题。2020 年以来,"蔚小代"平台先后帮助群众代销、代购土豆、白菜、小米、麻油等农产品 31.7 万斤,金额达 57.8 万元,做到疫情防控与脱贫增收两不误。"蔚小代"打通连接乡村、社区的"最后一公里"。

截至目前,"蔚小代"吸纳党员志愿者 2000 余名,爱心车辆 50 余辆,爱心商家 5 家,服务群众 31200 余人次。

**3. 持续强化责任体系**

构建起县委书记、县长任双组长的决胜脱贫攻坚收官战 4 级责任体系;把脱贫攻坚工作细化为 37 项,持续不断传导压力、增强动力。坚持党政同责、部门联动、乡镇主抓、驻村工作队直接帮扶、村两委精准落实,"五轮"同转,形成了无缝隙责任链条。持续加大帮扶力度。继续坚持非贫困村驻村工作队制度,实现 561 个村驻村帮扶全覆盖。创新帮扶方法,用好"五个一"群众工作法,帮扶责任人每月到村工作时间不少于 1 天,在帮扶对象家中吃一顿饭、打扫一次卫生、开一次家庭会议、帮办一件实事、参加一次田间劳动,切实做好结对帮扶工作。持续提高督查效率。组建 9 个联合督查组,开展"背靠背"督查。对群众认可度高的不查,对群众认可度低的查乡村干部和驻村工作队是否在岗、是否入户、是否干事。2020 年以来,共开展扶贫重点督查 46 次。

## （二）重塑精神家园——争取思想认同，激发源动力

### 1. 从"吃派饭"了解贫困户需求

针对如何破解当前存在的扶贫干部对群众所思所想所盼了解不深、致贫原因研究不透、帮扶措施不准的问题，蔚县县委进行了有益探索和路径创新：通过推行驻村干部深入贫困户家中"吃派饭"，引导督促驻村干部常走田间路、常串群众门、常吃农家饭、常听群众声，让群众掏心窝，让干部更接地气，拉近党员干部与贫困群众的距离，进一步找准问题症结、谋实脱贫举措，找到了一条加强新时期党群干群关系、推动脱贫攻坚工作的可贵路径，打通了联系群众、服务群众的"最后一公里"。

从传统中汲取营养，让老做法焕发新活力。扶贫工作开展以来，蔚县在选取山区、城郊、矿区等不同类型的30个贫困村试点推行、总结经验的基础上，创新提出"定饭费标准、定派饭范围、定付费程序；家庭情况问到、全年收入算到、脱贫措施议到、突出困难找到；不准指定专户、不准提过分要求、不准他人陪同、不准分桌吃饭、不准弄虚作假"的"三定四到五不准"吃派饭要求，明确每名驻村干部每年"吃派饭"次数不少于120次、贫困村全体农户派饭"全覆盖"的任务目标，在全县229个驻村工作队全面启动"吃派饭"工作，让这一传统做法在扶贫工作中焕发了新的生机。

在具体实践中，科学编排派饭顺序，按照"贫困户、党员代表和村民代表、一般农户、村干部"的顺序列出派饭时间表，公开公示、接受监督，避免群众有"嫌贫挑富、搞形式"的担心；合理确定饭费标准，按照"不搞特殊、不开小灶、不给群众添负担"的原则，参照全县农民收入水平、生活水平和饮食习惯，确定每人每天饭费不低于20元（中午10元、早晚各5元）；严格制定管理制度，县驻村办统一制作下发派饭单、派饭谈心记录卡、办实事情况纪实簿，工作队每顿饭后足额交清饭费，并由派饭户在派饭单上签字，定期查阅"一单一卡一簿"，用群众满意度检验"吃派饭"工作成效。

在饭桌上碗碰碗,让群众"掏心窝子"说话。相对于调研式、问卷式、表格式、慰问式的浅层次交流,在自家屋子里、炕头上边吃边谈,群众没有顾虑和约束感,更能敞开心扉畅所欲言,消解了思想对立和抵触情绪,和风细雨,润物无声。一顿饭下来,心里疙瘩解开了,干群关系亲近了,久违的信任回来了。下宫村乡苏官堡村驻村第一书记陈刚说:"'吃派饭'这种模式,吃着吃着老百姓就打开了话匣子,一顿饭过后大家就成熟人了!"

柏树乡李家堡村贫困户徐宝贵平日寡言少语,极少与人交流,面对易地搬迁盖好的新房却不愿搬迁。在饭桌上,徐宝贵把搬迁后担心生活没有保障的顾虑告诉了张家口移动公司的驻村干部。驻村干部对易地搬迁后续帮扶政策进行了详细解读,告诉老徐搬出去后耕地承包权不变,退耕还林补贴一分都不少,还能腾开手打零工挣点生活费。心贴心的交流让徐宝贵解除了后顾之忧,对搬迁后的新生活充满了憧憬,第二天就张罗着收拾东西搬家。

草沟堡乡曹子水村是全县深山区最远的贫困村,交通极其不便,正常情况村民到县城需3个小时。县人民医院驻曹子水村工作队自己种菜养鸡,经常拎着蔬菜去群众家里"吃派饭"。时间长了,干群距离拉近了,工作队的车辆成了村里人的物流采买专车,谁家需要捎什么东西、谁需要搭车来回,只需和工作队说一声,保准办得妥妥当当。

在饭桌下解难题,让干部"甩开膀子"干实事。对机关干部来说,到群众家里"吃派饭",是一种十分"接地气"的换位体验和思想锤炼。群众的房子结实不结实,生活水平怎么样,家里有什么困难,一顿饭下来,清清楚楚,一目了然。"吃派饭"了解群众所思所想,更关键的是要把好事实事办到贫困群众心坎里。

省交通厅港航管理局驻黄梅乡黄梅村工作队在"吃派饭"时,了解到贫困户王玉梅的残疾孙子想找份工作的愿望后,多方打听,联系了张北一家招收残疾人的工厂,帮助他成功实现就业。截至目前,全县已有1100余人在驻村工作队的帮助下实现了就业。

市水务局驻西合营镇陈家湾村工作队,通过"吃派饭"了解到该村由于距水源地较远,夏季水量不足。工作队迅速行动,上报市局筹措资金20万元,将该村原有的一口灌溉井改成饮水井,并实施了自来水入户工程,从根本上解决了陈家湾村和西上碾头村两个村的"吃水难"问题。为确保工程进度,时任驻村第一书记的张利生在工程款未到位的情况下个人垫资5万元解决了启动资金难题。

从交流中挖穷根,唤起群众"精气神"。县驻村办通过对全县驻村工作队"吃派饭"时发现问题的梳理分析,发现80%以上的工作队都反映村民"等、靠、要"思想严重,宁肯受穷也不愿出力,习惯于"靠墙根、晒太阳、发牢骚"。针对"精神贫困"问题,县委专门召开全县大会,号召全县上下扶贫先扶志,采取有效措施激发贫困群众内生动力。

蔚县供电公司驻涌泉庄乡西窑头村工作队创新实施了爱心超市,推行"积分改变习惯、勤劳改变生活、环境提振精气神、全民共建好乡村"工作模式,通过日常考核、先进评选、村务公益活动对贫困户和普通村民进行积分管理,组织村民以"劳动换积分,积分换物品"的形式从爱心超市兑换所需用品。

县国土局驻草沟堡乡白庄子村工作队,面对大山深处白庄子村的村民们有的一年不洗衣、有的几年不洗澡问题,实施了"洗手洗脸"工程。驻村工作队主动入户帮助引导贫困老人洗手洗脸,洗衣理发,打扫屋内院外卫生,让脱贫从贫困户干干净净的正常生活开始。村民们切身体验了干净舒适的生活后,都自发行动起来,该活动的典型经验也在全县迅速推广开来。同时,该村还围绕"自强做人、自力做事、讲诚信、懂感恩"主题,开展了个人卫生、庭院环境卫生、思想变化大比评活动,对评选出的星级户给予一定的物质奖励,评比结果差的给予警示,并限期改正,唤起了贫困群众的"精气神",有效激发了贫困户"比着干、争着干"的内生动力。

在"派饭"中见成效,架起干群"连心桥"。一副筷架起沟通桥,一锅饭焐热干群情。饭桌上发现问题、饭桌下解决问题,已成为蔚县驻村干部的工作常态。"吃派饭"工作法推行以来,驻村工作队累计"吃派饭"9200多次,收集各类原始意见建议8700余条,看得见、摸得着、实实在在地帮助群众解决生产生活困难3400多个。同时,为了更有效地解决群众的实际困难,蔚县把驻村"吃派饭"与收集"微心愿"相结合,建立起县、乡、村三级党员爱心网络,广泛收集贫困群众、留守儿童、孤寡老人、残病家庭等困难群体在生活必需品、就医就学帮扶等方面的"微心愿"。全县累计征集、审核发布微心愿3122项,累计帮扶成功4950次,对接圆梦全部完成。

2. 五扶(扶志、扶智、扶技、扶德、扶康)培训——改变陋习,改善民风

首先,扶着群众动起来:从洗手、洗脸、洗澡开始。扶贫先扶志,治贫先治愚。针对一些贫困群众一年不洗衣、几年不洗澡、"穷将就"思想根深蒂固的现象,蔚县提出脱贫要从干干净净做人做起,在全县范围内启动实施了"洗手洗脸"工程。乡村干部、驻村工作队主动入户帮助引导贫困群众洗手、洗脸、洗澡、洗衣、打扫屋内院外卫生,通过深入细致的引导,感受到干净舒适生活的贫困群众变得"爱讲究"了。"孝心浴室"洗出孝老美德。各村建起了"孝心浴室",并与群众"约法三章":贫困户及60岁以上老人免费洗澡,子女陪父母洗澡子女半价,没有给父母洗澡的子女全价,引导群众尊老爱幼、孝亲孝善。王桂英老人几十年没洗过澡,经过反复动员,在家人陪同下,战战兢兢地走进了这个一辈子没来过的"新鲜"地方……现在王老太太不但成了浴室的"常客",而且义务当起了全村人讲卫生的宣传员。目前,全县已建成孝心浴室51处,小小的澡堂子成了村里最热闹的地方,也成为子女们炫"孝"的最佳场所。目前,全县358个村已经开展了"孝心养老"工作。另外,在"未病先防"习惯培养方面,在全县各乡镇开展"健康扶贫、太极先行"系列活动,带动全县22个乡镇的26个村掀起了学习太极、强身健体热潮,太极队员1000余人,一名名太极队员也成了传播文明乡风的一粒粒火种。"定星评比"促进赶超争先。以"自强做人·自立做事·讲诚信·

懂感恩"为主题,在156个村开展了"四星四户"("四星",即勤劳致富星、尊老爱幼星、文明诚信星、清洁卫生星;"四户",即脱贫光荣示范户、发展生产示范户、感恩爱党示范户、环境卫生最差户)"大比评"活动。通过选标杆、树榜样,让先进户感受到光荣,让后进户看到差距,引导群众在邻里示范中养成好习惯,形成好风气。"大比评"活动开展以来,大家都在忙着、争着挣"小星星",麻将馆冷清了,打麻将的群众不见了,各村累计自主清理残垣断壁1000多米,清理垃圾1万吨。

其次,带着群众干起来:激发出宁愿苦干、不愿苦熬的斗志。"双向积分"强化激励约束。探索实行积分管理办法,将群众劳动与积分指标挂钩,积分与激励奖品挂钩,正向激励文明新风。孟家堡村借助10兆瓦商业光伏扶贫电站、300千瓦村级光伏扶贫电站落户,村集体每年稳定增收77.6万元的优势,围绕道德建设、村容村貌、脱贫攻坚等制定实施了正向加分、负向减分的"双向积分"管理办法,根据积分兑换奖励,通过实施每月为65岁以上老人发放补贴,为未享受减免的农户购买医疗保险和养老保险,分批次对村内考上大学的学生实施奖励,对未达到脱贫标准的人员进行补差等措施,引导群众认识到脱贫致富终究要靠辛勤劳动来实现的道理,既实现了商业光伏收益的和谐分配,又营造出赶超比拼共建美丽家园的氛围,让孟家堡村这个老上访村变成了新和谐村,不闹了,也不告了。"爱心超市"倡导文明新风。积极整合爱心组织资源和力量,实行"爱心超市"集中服务。超市实行积分兑换制度,设立了发展脱贫产业、参加公益活动、孝老爱亲、整治环境卫生、调解矛盾纠纷、申请脱贫等11项具体积分指标,通过定期开展"好家庭"、"好媳妇"、"致富能手"、"最美庭院"等各类评选活动,引导村民以"行动换积分,积分换物品"。目前,全县152家"爱心超市"开门营业,小小的积分卡带来了群众精神面貌的大改变。"知识讲堂"唤起脱贫斗志。县、乡、村三级同步建起新时代文明实践中心(新时代讲习所),22个乡镇文明实践中心和80个村级讲习所常态化开展宣讲培训。各村利用讲习所大力开展扶志、扶智、扶技、扶德、扶康"五扶"培训,极大地帮助了群众摆脱落后思想,增强了发展本领,唤起了脱贫斗志。西窑头村李文华的家人接连出现事故造成伤残,一个接一个的灾难让她陷入绝望。一次,她听到村里办讲座还给鸡蛋,就带着好奇心听起了励志幸福讲座,老师的鼓励让她决心用辛勤和汗水改变命运。于是她开起了"西施豆腐坊",日子一天天好了起来。探索"党建引领+村规民约"乡村治理模式,发挥村规民约这一"治村宝典"作用,按照"易记、易懂、易行"的原则,在潜移默化中形成行为准则。成立移风易俗领导小组,制定婚丧喜事"三定",规定婚丧嫁娶由红白理事会主持,一定酒席,不能超过20桌;二定礼金,亲属不超过200元,街坊邻里不超过100元;三定回礼,退回百分之五十的礼金。这项规定非常受欢迎,得到了全村人的拥护。"爱心照料"弘扬守望传统。村里留守老人多,孤寡残障多,如何照料他们的日常生计,成了脱贫攻坚的重大难题。蔚县不少贫困村在解决这个问题上进行了积极探索,搭建互帮互助的实践平台。西坡寨村成立了12人的"爱心照料服务队",动员有劳动能力的村民自发参与爱心照料,定期帮助没有劳动能力的贫困户和留守老人等洗衣打扫,解决突发问题。这种大爱善举,引燃了小村庄的大能量,迅速在全县得到推广,目前全县"爱心照料服务队"发展到32支700余人。西窑头村针对部分群众子女不孝、吃喝浪费、家庭不和、赌博酗酒等不良风气,给全村104户群众设立了"功德储蓄"账户,让"一人崇德、全家光荣、祖辈光彩"成为村里人的自觉行动。"关联就业"破解养老难题。在全省首创推行"关联就业"扶贫模式,按照"亲戚朋友出力、企业爱心反哺、贫困人口受益"工作思路,设立关联就业扶贫基金,通过政府协调爱心企业,专列一些就业岗位,安排愿意承担老人赡养和照料义务的子女或者近亲属就业,每月从就业人工资提取2%,企业补贴1%,地方政府再奖励1%,发放给贫困老人,实现关联就业。目前已有14家企业110名员工参与关联就业扶贫,200余位贫困老人受益。老人们乐呵呵地说:"我们又挂上了'金拐杖'!"同时,组建法制扶贫单元,对引导感化、说服教育后仍不履行赡养义务的子女启动法律程序并曝光,为老年群体享受幸福的晚年生活加织了坚实的保护网。

第三,在文化认同中打造勤劳致富的共同价值观。建好"村史馆"。面对村庄建设中各种老物件及传统风俗习惯逐渐消失的现状,组织各驻村工作队沿街串巷听老人讲故事,东奔西走找老物件,收集整理各村的历史沿革、名人简介、古迹传闻、地名由来、村规民俗等资料,帮村庄找史、帮村民寻根,展示村庄发展变迁,助力文明传递和精神传承,以此教育引导村民不忘本,不忘史,以史鉴今,凝心聚力,在新的时代用勤劳和智慧续写脱贫攻坚和乡村振兴新篇章。东陈家涧村在新建成的村史馆里,通过图片、实物再现绕麻绳等传统民俗,成为小小村庄里的微型博物馆、历史记忆的存储器和回顾乡愁的播放器,为群众留住了生活的见证和乡愁的寄托。打造"民风街",开辟德育大课堂。自强、勤劳、孝善、爱党、爱国等意识的内化,是一项长期的系统工程,需日积月累,需水滴石穿。蔚县精心挑选有代表性的50多个村,在村内主街道两侧,采取标语、墙绘等群众喜闻乐见的形式,以宣传党的政策、孝老爱亲、道德规范、新农村建设、培树文明村风为主题,打造民风街。主题鲜明的民风街,使村庄面貌焕然一新的同时,也成了村民们精神风貌向好向上的教科书。

于是,贫困户发生了实实在在的变化。一是贫困户更精神。贫困户一改往日蓬头垢面、衣衫不整的形象,与村庄面貌和基础设施实现了同步提升。二是贫困户更感恩。干部用心用情用力扶贫,干群关系的升华使越来越多的贫困群众把"党的政策好"、"扶贫干部好"挂在嘴上,少了抱怨,多了夸赞,群众满意度提高。三是贫困户更明德。道德教育使贫困户明是非、知荣辱;认识到既要育小还要养老;认识到人和才能家旺,家和才能业兴。四是贫困户更勤劳。主动学习扶贫政策,积极参加就业培训,着力发展脱贫产业,用勤劳的双手实现了脱贫致富。

### (三)提升传统产业,挖掘新兴产业

#### 1."全链整合+品牌赋能+利润反哺"联营扶贫

蔚县小米是中国传统的"四大贡米"之一。但长期以来,全县小米

加工及杂粮企业分布散乱,经营粗放,附加值低,经济效益不高。为破瓶颈、补短板,蔚县县委、县政府牵手世界500强企业旗下集团益海嘉里,共同打造"金龙鱼"牌蔚州贡米,形成了"龙头企业＋合作社＋农户"的"全链整合＋品牌赋能＋利润反哺"的"金小米"扶贫模式,取得了良好的经济效益和社会效益。蔚县联营益海嘉里发展贡米产业的做法入选2019年河北省产业扶贫典型案例。

第一,集团＋渠道,打造"全链整合"生态圈。以小米加工为核心,将集团营销资源与蔚县小米等农产品无缝对接,将上游谷子订单户与集团电商平台、经销商及线上线下不同类别的分销渠道串联起来,有效整合全产业链资源,助力蔚县农产品的加工、销售、增值,为农业产业发展提供了坚强保障。

第二,特色＋品牌,筑牢"持续增收"脱贫线。由于没有形成特色品牌,小米等杂粮一直在"高质低价"的尴尬境地中徘徊,长期处于"增产不增收"的局面,农民收入得不到有效增长。2018年以来,益海嘉里(张家口)公司依托"金龙鱼"、"香满园"、"元宝"等集团旗下著名品牌,在推行标准化种植、严把质量关的前提下,精心打造"金龙鱼爱心桃花小米",实现溢价增值,帮助贫困群众增收。同时,益海公司与蔚县农业技术部门合作,在各乡镇巡回开展绿色无公害种植讲座30场次,建立种植基地2万亩,与各乡镇种植合作社签订保护价收购协议。

第三,返利＋捐资,形成"正向循环"。益海嘉里集团心系贫困群众,积极反哺社会,将张家口分公司的农产品销售纯利润以扶贫基金的形式投入到蔚县的精准脱贫事业,定向帮扶特困家庭,改善贫困村镇生产生活条件,完善基础设施建设,实现持续扶贫的"正向循环"。2016年至2019年,该公司共将小米销售盈利近100万元反哺给蔚县贫困乡村。2018年,该公司捐助蔚县4200万元,建设蔚县益海助学中心和益海小学。2019年9月,益海小学交付使用,成为蔚县目前规格最高、硬件设备最好的一所标准化小学,首批806名学生(82名建档立卡贫困人口)已入学。

## 2. 挖掘文化资源,深耕文旅产业

蔚县自然景观和人文景观优势明显。壶流河谷地发现了百万年的旧石器遗址和众多的新石器遗址。相关文物普查资料表明,蔚县已登记的地上地下各类文物遗存点就有1610余处,现有全国重点文物保护单位22处,是全国第一"国保"文物大县,省级重点文物保护单位23处,有馆藏文物5000余件,是河北省文物遗存最多的县之一。

好禀赋要发挥作用。以蔚县草沟堡乡南部深山区麻田岭村为例,这个贫困村海拔1800多米,峰回路转,景色迷人,素有"小天山"之称。乡、村、驻村工作队根据麻田岭村紧邻东甸子梁,有森林、草原等特征,结合全县全域旅游整体推进及全乡旅游发展总体部署,确立了加快旅游发展带动贫困村集体经济和贫困人口脱贫的发展目标。通过旅游基础设施建设,培育扶持"农家院"示范户,引导扶持群众发展乡村旅游,现在,麻田岭村是京津保地区知名的户外运动、休闲避暑胜地,近年来,特别是暑期,大批游客慕名而来,络绎不绝。

到2019年7月,麻田岭村共计打造了以贫困户为主体的农家院10处,盘活了贫困村集体资产。采取以土地经营权、闲置房产入股等方式加入旅游发展组织或参股旅游企业,使村集体、贫困户从资产转让中持续收益,实现了从"无"到"有"的华丽转变。如今,"户户有风格、庭院有特点、饮食有特色",形成了完善的旅游配套设施。发动全村群众齐动手,清除脏、乱、差,打造出了干净整洁的"山里人家"。

蔚县有不少村庄,像麻田岭村这样,把创建美丽宜居村庄、发展乡村旅游、产业助推乡村振兴作为核心动力。在制定产业脱贫计划中,既扶持贫困户发展能够短期内迅速见效的"短、平、快"产业,又鼓励贫困户发展乡村旅游等"长、远、稳"产业,从根本上解决可持续发展问题,确保贫困户脱贫不返贫。

## 3. 对烟叶产业提质增效,增强反哺持续性

蔚县是河北省烤烟种植第一大县,面积和产量占全省的70%以上。年种植规模2万亩左右,烟农年总收入6500万元以上,年上缴税金

3000万元左右。全县已有近万户农民依靠烟叶生产步入小康。

首先,推进现代烟草农业建设。蔚县实施了以"烟田基础设施、土地流转集约化经营、防灾减灾体系、新技术推广应用、烟叶中心工作站、专业合作社、绿色发展循环利用"等为主要内容的"现代烟草农业建设"。近几年,蔚县烟田基础设施建设共计新打机井81眼,衬砌沟渠120公里,铺设管网170公里,新建密集烤房1387座,修建烟田机耕路95公里,为全县烟叶生产提供有力保障。流转土地1.5万亩,集约化经营率达到90%以上。实施以防雹网为核心的烟田防灾减灾体系建设,全县实现烟田防雹网全覆盖。投资3000多万元,建设蔚县烟叶中心工作站,实现了专业化分级散叶收购,达到全国先进水平。同时,推广膜下小苗移栽、烟蚜茧蜂防治烟蚜、水肥一体化、测土配方施肥、三段式烘烤等新技术,努力实现烟农增收、企业增效、生态增值的新格局。

其次,引领烟农增收致富。一是健全机构做规划。蔚县烟叶公司成立产业扶贫脱贫工作领导小组,组建产业扶贫脱贫办公室,配备办公设施,配置专职人员,明确职能,落实责任,力争烟叶产业将烟区贫困人口全覆盖。二是立足实际定措施:引导扶持贫困户种植烟叶,优先提供土地和烟用生产资料;优先雇用贫困户到烟田打工,要求所有种烟大户贫困人口雇工比例力争达到30%;优先流转贫困户土地;免费提供闲置烤房、育苗大棚等生产设施,引导贫困户开展多种经营;完善生产服务,联系金融部门提供低息贷款,提供防雹网建设资金、自然灾害补贴和生产环节补贴。在此基础上,2019年新增水利工程、农机等生产设施优先为贫困户服务和公司技术人员对烟区贫困户实行"一对一"定点帮扶措施。

目前全县初步构建起"流转土地挣租金、烟田打工挣薪金、返包烟田挣现金"等多种形式的脱贫增收格局。烟叶产业共计吸纳贫困户915户,贫困人口2230人,实现贫困人口增收417.3万元,户均增收4560元,人均增收1871元。

## （四）创新帮扶机制——因地制宜，民生为本

### 1. 易地扶贫搬迁：搬得出、稳得住、有事做、能致富

蔚县作为河北省易地扶贫搬迁工作的唯一典型在全国易地扶贫搬迁论坛做了经验介绍。16个移民安置区、21个配套产业园区全部投入使用，13496名群众，其中7555名贫困人口，通过易地扶贫搬迁摆脱了"一方水土养活不了一方人"的困境。不断提升安置区基本公共服务水平，在康泰家园社区新建了马宝玉幼儿园分园、马宝玉小学分校和西合营卫生院分院，在宜兴社区新建了密蔚小学，进一步提升了搬迁群众生产生活条件。提升园区带动能力。在21个产业园区配套了水、电、路等基础设施，通过引进经营主体，实现规范管理，园区带动能力不断提高，通过资产收益、园区务工带动386名搬迁群众增收。同时，通过加大就业服务力度，帮助2233名搬迁群众通过非农产业务工就业，实现有劳动能力的贫困户家庭至少有1人就业的目标。在加强后续管理服务方面，坚持以党的建设为引领，以服务管理为保障，以文化建设为载体，以居民融合为目标，倡导文明生活方式，丰富群众文化生活，增强搬迁群众的凝聚力和归属感。16个移民安置区全部建立党支部，通过以党建带群团、以党建带服务，全县16个移民安置区融为16个和谐融洽的大家庭。

以新成立的南杨庄乡宜兴社区为例，宜兴社区于2017年11月竣工，占地186亩，建成安置房1338间，承载着蔚县东部柏树乡、草沟堡乡、北水泉镇、陈家洼乡、黄梅乡共8个乡镇112个村庄860户1526名建档立卡贫困人口的脱贫任务。通过实地调研，社区居民呈现"两多两少"的明显特征。（"两多"指老年人、残疾人多，其中六十岁以上老年人681人[八十岁以上高龄老人139人]，残疾人106人；"两少"指拥有初中以上学历的人少、有专业技能的人少。）

为保证新建社区各项工作的正常运转，成立了社区党支部、社区居民委员会、派驻了驻社区工作队，成立了社区综治中心、妇联、团组织。本着"搬得出、稳得住、有事做、能致富"的总体目标，积极发挥基层党组

织的纽带作用。

首先,下大力解决后续产业不足的问题。通过社区周边的金瑞德食品有限公司、定方机械厂、西合营中学伙食团、杏干加工厂和蔚县环卫等企业和单位为56名居民解决了就业问题;依托乡内的烟叶、芦笋、西兰花等特色农业种植基地,帮助15名居民就业;社区内部提供保洁、绿化、安保等岗位15个;通过乡党委积极争取,利用东西部对接资金,安排密云公益岗20个,投资70万元建设了面积520平方米的社区"扶贫微工厂",2019年4月,申博制衣厂入驻微工厂,以加工成衣为主,已先后招收30多名社区居民在微工厂里工作。

加大招商引资力度,科学谋划"两区同建"工程,在社区周边引进了河北省田园蔚州综合体项目(距社区3公里),建成后有劳动能力的社区居民将能得到全部安置,实现居民稳步增收。按照田园综合体项目需要,社区培养建立起了田园种植劳务队、园林绿化劳务队、物业服务劳务队、家政服务劳务队、餐饮服务劳务队、保洁服务劳务队、工程建筑劳务队等,每个劳务队都由专人负责,吸收贫困群众就业,以此服务居民、组织居民就业增收,实现建档立卡搬迁群众产业、就业全覆盖。

其次,下大力解决社区管理与服务问题。一是创新管理模式。扶贫工作开展以来,社区实行区、排长管理模式,全区共设置了2个区长(每人分管3个区工作)、6个常务副区长、63个排长(党员占比近三分之一),常务副区长和排长都是由群众、居民代表民主推选产生,以义务方式履职。管理上,充分发挥56名党员的示范带头作用,综合运用德治、自治手段开展移风易俗工作,促进群众以约促和,倡导德治,树立群众身边的标兵,用榜样的力量引领社会文明新风气。二是完善服务体系。为方便社区适龄儿童就近入学,乡党委研究决定,利用中西部对接项目,投资250万元在社区所在地的牛大人庄村原小学旧址新建两层教学楼1幢,建筑面积1290平方米(含3年学前教育、6年小学教育),现已招生100余名;从居民中聘请了有丰富乡村医疗经验的老中医,建起了社区卫生室,方便了居民就近就医;安装了68个摄像头,实现了电子监控全覆盖，配备有保洁员、园林绿化工、安保员、防火防汛巡逻员，成立了抗洪抢险突击队，提高了社区居民生活的幸福感、安全感。

　　针对社区"两多"难题，为保障居民日常生活需求，成立了便民超市、便民理发店、便民维修点、代缴电费服务点、代缴手机费服务点、代取社保卡现金服务点等，以解决社区居民日常生活中的实际困难。为解决居民"两少"问题，乡党委带领社区一班人积极联系，建立了宜兴社区新型职业农民培养教学点，创办了家政服务培训班、缝纫技术培训班，截至2020年，参加培训的五期249名学员已经顺利结业，并实现对口就业75人。提高了居民自我发展能力和自身造血功能，为居民脱贫致富提供了智力支撑。

　　为有效防止"因病致贫、因病返贫"现象的发生，南杨庄乡党委、政府对贫困群众进行及早健康干预，努力实现"未病先防"的目标，乡党委领导全力协调，2018年开始至今，在县卫健局的指导下，与蔚县人民医院、县疾控中心、蔚县中医院等医疗单位合作，顺利举办"宜兴社区健康大讲堂"6期，共300余人参加，400多个家庭受益。2019年，宜兴社区创建成为省级健康社区示范点、残疾人自强健身示范点。

　　乡党委、社区党支部对社区工作人员提出"民有呼声、我有回应，民有困难、我来帮助，民有矛盾、我来调处"的服务准则，制定了居民问题登记制度，专人负责，并解决"问题台账"，营造了良好的干群关系，受到了群众的交口称赞，也得到了社区居民的一致认可。

　　再次，下大力解决不同乡风民风、居民融合难的问题。社区居民从全县南北两山5个乡镇88个村庄聚集到一起，不同的乡风民风，真正要融合起来，和谐共处很难。社区通过技能培训、业余文艺队、妇联组织（评比活动、公益劳动等）、社区公益岗等活动形式，增进居民之间的沟通了解，形成和谐融洽的氛围。

　　社区党支部为实现民主管理，成立了"道德评议会"，主要成员从老党员、居民代表中推选产生，将爱心超市积分作为奖励，开展"勤劳致富好家庭"、"孝敬老人好儿女"、"孝敬公婆好儿媳"、"助人为乐好个人"、

"热爱社区好居民"、"五好文明家庭"、"美丽庭院"等多项评比活动。用身边人、身边事教育身边群众,形成与邻为善、守望相助的良好氛围。

**2. 创新公益岗——农户收入和社会效益双提升**

能就业,有事儿干,比直接发扶贫补贴好,能防止返贫,有利于可持续发展。蔚县涌泉庄乡为了让有限的资金用在刀刃上,科学设置岗位,强化管理考核,走出了一条"开发扶贫公益岗位,助推脱贫攻坚"的就业扶贫道路,实现了贫困户收入增加和农村社会事业双赢双提升。

一是因需设岗,突出个性就业。根据贫困村情况与村民实际设置相关的岗位。首先是提供资金保障。通过广开渠道、积极争取,加大资产收益类项目建设力度,实现共享农庄、光伏产业、杏仁油加工、青砂器加工等资产收益310余万元,从源头上为全乡公益岗位的设置保障了资金来源。然后是排查适宜人群。涌泉庄乡因年龄较大、文化程度较低而无法外出、无业可创、无力脱贫且就业能力弱、增收渠道窄的"三无"贫困人口占30%左右的比例,这部分人员无法通过正常的就业途径实现脱贫。乡政府通过前期调查摸底,结合各村岗位需求,按照"因需设岗、因人设岗、各尽所能、以责定酬、绩酬挂钩"原则,对年满16周岁至65周岁且有就业愿望和就业能力的建档立卡贫困人口,设置环境卫生保洁员、防火防汛护林员、治安协管员、村务协助员、便民服务员5类870个公益岗位。在岗位及人数的确定上,重点抓好两个环节。一个是报名环节。由各村根据村情组织报名,民主评议,初步审查,完善信息。另一个是审查环节。乡认真比对各村人口规模、产业现状、贫困人员信息和收入情况,对各村上报人数进行复查、平衡和分配,确保将有任职能力的低收入群体纳入公益岗位。

二是强化管理,突出规范运行。首先是进行岗前培训。乡党委、乡政府通过乡、村两级组织开展岗前培训,重点培训公益岗位政策、公益岗位职责、劳动技能知识、绩效管理办法等内容,确保公益岗位人员顺利上岗。其次是进行岗位公示。各村在公益岗位所在地树立公益岗位公示牌,公示该岗位的具体职责任务、上岗人员姓名、监督举报电话等内容，同时，在村务公开栏中公开本地公益岗位的职责任务、上岗人员姓名、劳务报酬、绩效管理情况，接受社会和群众监督。经公示无异议的，乡、村与聘用的公益岗位签订协议。再次是进行考核管理。其一，要求公益岗位人员每月工作时间不少于12天，上岗统一着装，村委会实行统一电子指纹考勤，在上岗时签到打卡，并在每月底由乡、村两级确定出勤情况、工作态度等的考核结果，对于出勤较差的进行批评教育，长期履职不到位，群众反映比较强烈且经多次教育不改的，按照程序进行清退。其二，各村明确专人对公益岗位人员履职情况进行监管，并对工作完成情况进行量化打分。对无正当理由不完成任务的，扣减当月岗位补贴20%，并督促其尽快完成任务，对长期完不成任务又拒不改正的，扣减所有岗位补贴直至解除协议。扣除的补贴将用于奖励群众评价好、工作表现突出的公益岗位人员，奖励上浮标准不高于岗位补贴的20%。其三，乡纪委、扶贫办、督查办联合成立督导组，对公益岗位人员在岗情况、履职情况进行监督检查，并进行量化打分，督查结果记入月评议结果。同时，如在检查中发现村干部在公益岗位人员管理过程中存在徇私舞弊、优亲厚友、空岗挂岗、骗取公益岗位补贴等行为的，将扣除该村转移支付和村干部绩效工资，并依照有关规定追究相应责任。

　　三是突出岗位实效。通过鼓励、引导、表彰等形式，既保证每村贫困户收入稳定增加，又通过充分发挥公益岗位效能，促进乡村环境整治、防火防汛、综合治理等各项事业有序展开。强化典型带动方面，全乡通过举办公益岗位擂台赛和"公益岗位标兵"评选活动，在5类公益岗位中分别选出10名先进典型在全乡范围内进行宣传，总结推广上岗人员积极向上、自强自立、自尊自信的典型事例，并设立公益岗位专项奖励资金，对他们给予500～1000元的奖励，营造全乡公益岗位向他们学习的浓厚氛围。激发内生动力方面，乡政府按照"岗位托底，劳动脱贫"的思路，扭转贫困户"等、靠、要"及"攀比"思想，引导他们通过自己的劳动改变生活。公益岗位人均年增收3600元，日常工资按月发放，由乡财政所打入公益岗位聘用人员"一卡通",既增强了贫困户脱贫的稳定性和长效性,又达到了"就业一人,脱贫一户;创业一人,带动一批"的目标。

## 三、蔚县脱贫攻坚的特色亮点

### (一)打造"十金"助力农业现代化

围绕全县传统产业、特色产业、优势产业,引进培强农业产业化龙头企业,推广"十金"产业扶贫模式,建立完善龙头企业和贫困户的利益联结机制,带动贫困人口稳定增收。一是"金小米"扶贫。创新"订单种植、品牌营销、盈利反哺、扶贫助学"的扶贫模式,带动贫困户持续增收。带动全县1.7万户贫困家庭稳定增收。二是"金猪仔"帮贫。引进北京四方红集团农牧产业园项目,建设百万头生猪养殖产业园,组织有劳动能力的贫困户参加公司生猪养殖技术系统化培训,将断奶后的猪仔交由贫困户饲养,按一户贫困户2人,负责一个养殖单元,一年出栏3000头生猪计算,每户年收入最低可达5万元。同时,企业吸纳扶贫资金1796.5万元,3593户贫困户可享股金收益。三是"金鸡蛋"带贫。引进北京二商生物科技有限公司发展富硒鸡蛋,并按照"三带四合"精准扶贫模式,通过"企业+政府+农户"定向种养和"农户+银行+合作社+企业"金融扶贫方式,有效带动全县蛋鸡养殖业发展。全县养殖蛋鸡500万只,带动2000余户贫困户增收。四是"金烟叶"脱贫。立足"冀蔚"牌烟叶品牌优势,扶持省级扶贫龙头企业烟叶公司做大做强,通过流转贫困户土地、返租贫困户种烟、雇佣贫困户打工三种形式,为贫困户增收。五是"金树花"助贫。深挖非物质文化遗产打树花、拜灯山等民俗文化及小五台山、空中草原、暖泉古镇等旅游资源,大力发展以打树花为引领的民俗文化品牌旅游,做好"旅游+"和"+旅游"两篇文章。打造乡村旅游点和农家乐100余家,直接间接带动3.5万人增收,其中贫困人口3000余人。六是"金剪刀"消贫。叫响"世界剪纸看中国·中国剪纸看蔚县"品牌,结合蔚县古典家具、青砂器、黑陶、手工灯笼等传统手工业，发展产业基地、培育产业工人，打造了"企业＋合作社＋基地＋贫困户"等利益共同体，全县从业人员达到6万人，有效解决了农村留守妇女、残疾人等贫困人口4000余人的就业增收难题。七是"金杏仁"减贫。坚持造林绿化与兴林富民相结合，建立起产供销一条龙、研工贸一体化的杏扁产业体系，惠及全县20多万农业人口，其中建档立卡贫困人口1.7万余人。八是"金白菜"除贫。引入北京富平创源等大型公司，以"生态信任"的种植理念，对深山区草沟堡乡高山旱地大白菜产业提档升级，实行生态种植、订单收购，平均每亩收益4000多元。蔚县蔬菜种植面积达10万亩，全县1.2万贫困人口稳定增收，"生态蔬菜"创造出"金色效益"。九是"金药材"治贫。精选款冬花、知母、黄芩等10多个品种，发展中药材种植6.2万亩，推行"合作经营、土地入股、生产打工"方式，发展专业合作社36家，带动3000余贫困人口稳定增收，使特色中药材产业真正成为脱贫"良方"。十是"金太阳"祛贫。2017年以来，全县共实施光伏扶贫项目5个（2批98个村级光伏电站，3个集中光伏电站），备案（审批）容量97.319兆瓦。目前已全部并网发电，带动10544户贫困户受益。

## （二）退休干部扶贫队——退休不褪色，白首映初心

2018年以来，蔚县积极引导离退休老干部为打赢脱贫攻坚战发挥正能量。面对驻村工作队力量不足，部分村基础薄弱、情况复杂的状况，蔚县县委、县政府坚持社会动员，凝聚各方力量，着力构建全社会参与脱贫攻坚的大格局。通过与离退休老干部深入座谈交流，蔚县县委认识到，离退休老领导、老同志们政治立场坚定、工作经验丰富、群众基础牢固，是打好打赢脱贫攻坚战的宝贵力量。在县委、县政府的动员号召下，众多退休老领导、老同志主动请缨，并表明了"不要经费，不给县里添麻烦、增负担"的态度。老干部的拳拳之心、殷殷之情，更加坚定了县委、县政府用好这支队伍的决心和信心。最终，包括省文化厅原副厅长李建华在内的9位厅、处、科级退休干部组成了河北省第一支"退休干部脱贫工作队"，分包9个重点难点村，为社会各界人士积极参与脱

贫攻坚做出表率。

蔚县"退休干部脱贫工作队"的9位老干部,年纪最大的75岁,最小的63岁,平均年龄70.2岁,被群众亲切地称为"70后"干部。他们不靠"权"力影响,以高度的政治站位,充分发挥自身专长和优势,因村制宜、因户施策,共为贫困村解决问题70多个,谋划实施产业项目12个,开展暖心慰问活动157次。蔚县"退休干部脱贫工作队"被中组部评为"全国离退休干部先进集体",受到习近平总书记亲切会见。

抓班子、带队伍,筑牢基层根基。9位退休干部凭借多年的农村工作经验,通过面对面的交谈、心贴心的沟通、手把手的帮带,教方法、传真经、做示范,给这些乡村的党员干部带来了深深的触动,带动他们动起来、干起来,为决胜脱贫攻坚、助力乡村振兴打下了良好的政治基础和群众基础。"一老如一宝,老领导们丰富的人生阅历、务实的工作作风、对群众的真情实感,都是我们学习的榜样!"说起与老同志共事的点点滴滴,下宫村乡党委书记李瑞林深有感触。在脱贫攻坚过程中,该乡西庄头村的一些村干部出现畏难情绪,产生了"撂挑子不干"的念头,在工作中观望等待。年过六十的县人大原副主任连元德自己一个人拔草,连续拔了3天后,村书记常胜明再也看不下去了,拉着两委干部一块干了起来。渐渐地,一直观望的村民也坐不住了:"还有啥说的,人家一个外村人不吃咱、不喝咱,都这么用劲帮咱们,咱们还有啥脸坐着看?"大家纷纷扛着铁锹走出家门,就连81岁的刘桂枝也拄着拐杖加入整治环境的行列中。17处影响观瞻和安全的违建、危房拆除了,垃圾遍地、杂草丛生、破败不堪的西庄头村换了个模样,群众的心理也在一点一滴地发生着变化,对村里的发展有了信心。以前西庄头村村民代表会开不起来,现在喇叭一喊,大部分人都积极参加。86岁的村民代表房士云就算让儿子用轮椅推着也要积极参会,村里的大事小情大家都要听一听、议一议。在老同志的躬身示范下,各村两委班子拧成一股绳,心往一处想,劲往一处使,获得了广大村民的支持,基层组织的凝聚力、战斗力更加强劲。

访民情、察民意,焐热干群感情。9位老同志包联的贫困村村情民情复杂,群众认可度、满意度不高,不理解、不支持干部工作的现象时有发生。尤其是刚进村时,到处都是不解和质疑的声音。"都退休了还能干个啥,我看这就是下来走过场哩!""一没权二没钱,又是老思想,能给村里办点啥?"老同志们怀着对贫困群众的朴素情感,放下退休干部的身份,坐百姓炕,吃农家饭,和群众一同摸爬滚打,用最接地气的工作方法走入老百姓心中,用和风细雨、润物无声的行动塑造了干部队伍良好形象,让群众看到"党的好作风又回来了"。柏树乡原乡长田林到代王城镇水北二村开展工作后,干的第一件事情就是宣传政策。村民张红和对一些农村政策不了解,对村里的工作有误解,田林查资料、找文件,拿着"小本本"和他从正午聊到傍黑,直到老张想通了、认可了,田林才安心地回到了住所。在南留庄镇小饮马泉村的环境整治工作中,县政协原主席蔡德新了解到,村民最大的顾虑就是环境美了、古堡没了。针对这一情况,蔡德新在积极发动群众参与村庄环境改造的同时,主动配合驻村帮扶单位省文物局开展古堡修缮工作。同时在保护古村落的基础上大力发展古堡旅游和民宿产业,构建了文物保护、环境改善和乡村发展的多赢格局,留住了全村人的"根"和"魂"。

明思路、引方向,培强造血能力。老同志们将产业扶贫作为首要抓手,帮群众找到"金钥匙"、栽好"摇钱树"。蔚县籍老干部、省文化厅原副厅长李建华多方奔走,苦口婆心,把他的朋友请到了常宁乡小庄村,建起10个大棚,让铁皮石斛这个以前"听也没听过"的名贵药材第一次走进了小庄村群众的视线。在修建大棚期间因为资金迟迟不能到位,工期眼看就要延误,李建华二话不说,掏出了自己的工资卡,垫付了6万元的施工费用,保证了工程的顺利推进。县人大常委会原主任温祥指导南杨庄乡南堡村编制了农产品贸易园、杏扁园和创业园的"三园"蓝图,依托村南杏扁园建设立体、环保生态园,在林间套种中药材、发展养殖,把目前粗具规模的箱包微工厂迁入创业园,让村民在家门口就能上班挣钱,有效延伸了增收链条。县人大常委会原副主任李树泉邀请技术人员到黄梅乡黑坨村进行杏果技术培训,开展技术扶贫,让小小的杏子成了群众增收的"黄金果"。在老干部的感染带动下,庞永武、苗志军、王亮等50余名蔚县籍企业家返乡创业,为脱贫攻坚注入了强大活力。

破陋习、激斗志,带民风促村风。"天雨不润无根之苗",没有思想上的脱贫,物质上再丰饶也会坐吃山空。入村以来,9名老干部牢牢把握"治贫治愚、扶贫扶志"思路,从思想引导、文化引领着眼,从改变陈旧陋习和不良生活方式入手,打造和谐家风,引领民风、村风、乡风,有效激发贫困群众内生动力,让群众干起来、乐起来,实现从"要我脱贫"到"我要脱贫"的转变。下宫村乡西庄头村老年村民慢性病多发,连元德同志发挥县太极拳协会会长优势,多方动员说服村民练习太极拳强身健体,从1人到3人、从3人到10人,组建起了80多人的农民太极队,打造了大健康助脱贫"京西太极第一村"。同时,一名名太极队员也成了传播文明乡风的一粒粒"火种"。农民柳四女长期神经衰弱,慢性病缠身,连元德上门动员说服她加入太极队,柳四女的身体状况大幅好转,药费从往年的一万多元降到今年的一千多元,久违的笑意又出现在她的脸上。县乡镇企业局原副局长马忠发出生于陈家洼乡下元皂村,是抗日英雄马宝玉的同乡。回村后组织举办"红色教育展"和"英雄故里唱英雄"活动,募捐3.3万元修缮马宝玉展厅,编写排练村歌《英雄故里下元皂》,参加全县"感沐党恩唱响时代乡音·激发动力决胜脱贫摘帽"原创村歌比赛活动。小小的村歌唱出了英雄故里父老乡亲的精气神,凝聚起群众热爱家乡、建设家乡的强大动力。

退休不褪本色,白首不忘初心。蔚县"退休干部脱贫工作队"以行动镌刻党性、用奉献诠释担当,引领着各级扶贫干部和社会各界心坚志韧、苦干实干。

### (三)乡贤返乡成为致富带头人

吉家庄镇织锦疃村有一位党支部书记张雪琴,在北京创业成功后,于2016年返乡创业,在她的带领下,家乡全面改善了村容村貌。她

1992年开始北漂生活，先后在北京成立了北京雪琴会计服务事务所、北京国研税务师事务所、中普律师事务所等。创业成功的张雪琴，带着造福家乡百姓的情怀，于2016年9月返乡创业，创办了张家口蔚县雪琴畜牧养殖有限公司、蔚县永智雪琴畜牧养殖专业合作社和蔚县雪琴婚姻牵线搭桥工作室以及雪琴快餐。

一是发动全体群众开展村容村貌大整治。党支部书记现场指挥，两委干部、党员带头，上至80岁的老人，下至几岁稚童，村民一个不落全部主动参加。大家齐心协力彻底给村子"洗了个澡"，织锦疃村的村庄卫生在吉家庄镇41个村排到了第一名。

二是弘扬中国文化，凝聚人气。在张雪琴的带领和感染下，村民们格外重视中国传统节日和国家重要节日，共迎共庆成了织锦疃村的惯例。国庆节时，全村所有的电杆高高挂起五星红旗；端午节组织村民包粽子；儿童节组织演出活动；春节组织村民搞联谊会；张雪琴还个人出资给村民们发放健康肉、营养蛋、爱心月饼等节日慰问品。

三是成立邻里互助服务社，把村庄变成友爱和谐大家庭。从日常的家务劳动，到农忙时节的义务帮工，最大限度地激发村民互帮互助的热情和参与村务的积极性。服务社的成员从开始的5人陆续增加到65人。谁家有庄稼收不回来，大家齐上阵；谁家有红白事，大家齐动手；家里有大病的全村都去看望送温暖；为空巢老人和五保人员日常拆洗护理等，不需要受助村民多出一分钱。通过志愿服务，拉近邻里关系，节约了开支。创造性开设"时间银行"。村民根据参与邻里互助以及村里各种活动的积极性、时长、强度、工种等不同内容的活动，获得村民积分，村委会统一造册登记。村民可以用自己的积分在爱心超市换取日常生活用品。最重要的一点，村民在参与村集体、合作社、村产业的时候，可根据积分的高低，获得一定程度的政策倾斜。这一举措切实提高了村民的参与度和凝聚力。

四是专业合作创新模式增加村民收入。张雪琴整合土地资源，建起了永智雪琴养殖专业合作社，组织村民自愿以土地入股，合作社实行统一规划、统一采购、统一管理、统一销售。村民们还是种自家的地，但不同的是，合作社对农作物的产出档次和差价做出了明确的规定，合作社以高于市场价5分/斤的价格全部收购的同时，对低于标准的扣钱，高于标准的奖励。如此一来，既为村民们畅通了稳定就近增收渠道，又激发了村民努力干活得奖励的干劲。

五是多措并举助力贫困老人增收。牵线搭桥聘"月老"。农村留守老人数量多，精神上孤单、寂寞，但他们长期生活在农村，且在本村或周边村都有亲戚，为了帮助这些老人实现他们的人生价值，雪琴婚姻牵线搭桥工作室应运而生，为这些老人搭建就业平台，为单身人士牵线搭桥。村民所馈"媒人钱"全部用于奖励"月老"和积累本村福利基金。这项"爱"的事业，为没有劳动能力的老人带来了经济收入，和谐了邻里关系，更增加了贫困群众的幸福感。关联就业传孝道。将在养殖场上班的村民工资每月扣除2%，公司补助1%，把这笔钱按月打给员工父母、亲人等被关联照料人的卡中，帮助贫困老人实现稳定增收；没有父母的员工也按以上比例执行，资金用于与村里年迈老人相关的公益事业中。如今，越来越多的蔚县乡贤，反哺乡里。

### （四）涌现出一大批"敢担当、敢牺牲"的基层干部

蔚县文联驻下宫村乡留家庄北堡村（简称留北堡村）工作队队员赵奇伟，因突发脑干出血抢救无效，于2020年11月17日晚不幸去世。直至去世之日，赵奇伟在扶贫一线已坚守5个年头。他沉下身子，挑起担子，顶风冒雨，披星戴月，始终心系群众，踏踏实实为贫困群众办实事、解难事、做好事，用实际行动践行了一名扶贫干部为人民谋幸福的初心和担当，用生命代价书写一份庄严的扶贫答卷。

当地的村民以及和他并肩战斗的扶贫工作队队员张武说，他是村民的"欢乐开心果"。作为文联的一位扶贫干部，他从驻村第一天起就把丰富村民精神生活及内源扶贫作为自己的首选"法宝"。他以编"村歌"、唱京剧、扭秧歌为载体，深入到群众当中，实施"文化扶志"、"文化扶贫"，增强内源扶贫。他牺牲休息时间手把手教村民唱歌跳舞，或者

联系县红歌协会来村指导,在留北堡村营造出唱村歌、扭秧歌、写对联感党恩的浓厚氛围,鼓舞群众脱贫摘帽士气。平时,不管耄耋老人,还是中年村民,甚至是孩童,谁想听歌了,他都满口答应,咿咿呀呀唱起来,给村民带来欢乐。他组建的留北堡村第一支秧歌队,村民踊跃参加,有40多人。2020年,留北堡秧歌队3名优秀学员被抽调到全乡代表队,参加全市文艺汇演,取得了良好成绩。在他的潜移默化影响下,唱起来、跳起来、乐起来成为留北堡村村民生活的主旋律,增强了村民脱贫致富的信心和勇气。同时,他十分注重改善村级文化设施,会同县文联领导争取上级支持价值2万元的乐器,会同宣传部驻村人员为村民文化广场争取安装了10多件健身器材,联系县秧歌演艺公司为村秧歌队配齐价值3万元演出服装及乐器,大大丰富了村民的文化生活。

他经常深入贫困户家庭,主动为他们排忧解难,主动贴心服务,努力把群众期盼的实事办好,用真抓实干诠释驻村帮扶使命。村民刘进明16岁的孩子刘瑞星患白血病,赵奇伟十分着急,在村委会和驻村第一书记的倡导下,他积极配合,多方奔走,发动党员和村民为白血病患者刘瑞星捐款近5万元。同时,他利用自身关系和特长在网络平台发起"水滴筹"、"轻松筹",为刘瑞星筹款近6万元,刘瑞星的病得到治疗并好转。贫困户伊桂红本人残疾,女儿又得了黑斑息肉综合征,做手术多次,家庭十分贫困,赵奇伟和工作组其他同志多次到伊桂红家中慰问,帮助贫困户伊桂红丈夫及女儿办理低保,并发动中国电子商务集团多次送上慰问金。为了保障所有贫困户享受政策到位,他和驻村工作组同志采取查系统、上门调研等方式夜以继日地工作,一一梳理了村内教育、就业、危房、产业、医疗、低保、集体经济组织成员等台账,因户施策,确保政策落实到位。目前,留北堡村41户享受百草园、欣奇典、四方红入股分红,99户享受危房改造,138名建档立卡贫困户家庭学生享受到各个阶段教育扶贫政策。全村共有建档立卡贫困户262户740人达到稳定脱贫。

家里的两个孩子和众多琐事都落在妻子身上,赵奇伟总是愧疚地对妻子说："等我扶贫结束了,我再好好报答你。家中的事再大也是小,扶贫工作再小也是大,工作重心应放在脱贫大业中。"他和工作组同志通过调研得出了该村产业要发展,必须从"水"破题,进一步加强农田基础设施建设,发展符合村情的脱贫产业。于是,他们历尽千辛万苦,开始苦口婆心跑项目。2018年,驻村工作组联系冀北电力有限公司蔚县供电分公司为村里新上100千瓦变压器。2019年,联系县水务部门实施水浇地管网工程,使村西南可增加上千亩水浇地。2020年,又联系农业部门在村北实施高标准农田项目,全村达到水浇地全覆盖,惠及留北堡村180多户,每亩增收400元。同时,2019年联系有关部门,硬化村内29条小巷,安装路灯30多盏,2020年在村主街道植风景树260棵。如今,产业兴了,村美了,民富了,文化活动搞起来了,而扶贫干部赵奇伟却倒下了,他对妻子的许诺成了永远的遗憾、永远的愧疚。

在蔚县调研,笔者看到很多这样的好干部,他们的努力,逐步改变着每一个村庄、每一户村民的精神面貌。有在易地搬迁安置中表现突出的南杨庄乡宜兴社区党支部书记高维,他常说"扎牢新根才能斩断穷根";有退休干部脱贫工作队的代表人物连元德,以身践行着"晚霞红胜火,扶贫当先锋";有带病工作,为村筹资修路改换村貌的麻田岭村工作队第一书记章贵斌……他们原来从事着不同的工作,但自从加入了扶贫团队以后,都是把汗水洒进热土,用付出收获真情。

## 四、蔚县脱贫攻坚与乡村振兴的有效衔接

蔚县按照"产业兴旺、生态宜居、乡风文明、治理有效、生活富裕"目标,重点实施强基、造血、塑型、铸魂、健体"五大工程"。

### (一)实施"党建强基"工程

在激发干部活力中筑牢战斗堡垒。基层党组织是乡村振兴的基石。蔚县深入推进"抓党建、促脱贫、保小康"示范活动,选好配强村两委班子,打造一支"不走的扶贫工作队"。坚持拓宽视野配书记。通过从本村致富能手、合作社负责人、复员军人、退伍军人中优选一批,从在

外民营企业家、经商务工人员、走出去的大学毕业生中回引一批,从县乡机关干部和提前离岗人员中派任一批,"选、引、派"三力同发,激活村干部队伍源头活水。全县546名村书记中,三类人员有289人,占到52.9%。坚持强化培训提素质。围绕应急管理和处置能力、脱贫攻坚、基层治理等内容,两年对村书记集中轮训10次,组织32名村书记赴四川、重庆、贵州等8省18县学习取经,全面提升村党支部书记综合素质能力。坚持严管厚爱增动力。实施村级党组织"星级化"管理,对评为"差"等次的列入后进整顿范围,取消村两委干部绩效补贴;定期研判村党组织书记履职情况,及时撤换调整58名村干部。同时,选拔18名优秀村书记进入乡镇领导班子,积极打通村干部成长通道,增强农村一线工作岗位吸引力。选取90名优秀村党组织书记,辑印《蔚萝大地上的农村领头人——蔚县优秀村党组织书记事迹选编》,引导全县农村党员干部比学赶超、真抓实干。

### (二)实施"产业造血"工程

坚持以产业融合为引领、特色发展为方向,打造"一乡一业、一村一品"产业格局,不断完善"龙头企业+合作社+村集体+农民+基地"利益联结机制,实现乡有主导产业、村有特色品种、户有产业帮扶。目前,全县培育省市级龙头企业19个、农业产业园区26个、农民专业合作社1338个。做大做强文化旅游,推动三产融合发展。以国家历史文化名城、中国剪纸艺术之乡等品牌为依托,建设不觉晓、三合泰、萃锦园等30家高端民宿和西古堡村、南张庄村、光明村等16个乡村旅游点,做精剪纸、青砂器、古典家具等传统手工业,打造农旅产业融合新载体,7.1万人实现在家门口灵活就业,人均增收6000元。支持返乡创业创新,助力家乡产业发展。连续两年开展看家乡变化、助家乡发展"凤还巢"行动,邀请100余名蔚县籍政商界人士返乡发展,签约项目30余个,田园蔚州综合体、蔚县返乡创业园等12个项目落地见效,累计投入资金1.7亿元,1100余名农户在返乡产业的带动下实现增收。

### (三)实施"环境塑型"工程

在共建共治共享中改善生活品质。通过深入推进美丽乡村建设,大力改善农村人居环境和生态环境,围绕首都"两区"建设,深入开展国土绿化行动,三年高标准造林74万亩,全县林草绿化率达到72%;对长达57公里的壶流河沿线进行湿地生态修复和保护,建成2000亩湿地公园,形成"河畅、水清、岸绿"的全域水生态。狠抓人居环境整治。持续推进农村人居环境整治三年行动,实施硬化、亮化、美化等"双基"建设项目1404个。新建生物质资源化处理中心,探索出厕所粪污、生活污水、有机垃圾与农业有机废弃物协同治理新模式。引进中节能(山东)环境服务公司,全面启动环卫外包工程,在全市率先实现城乡环卫一体化;加快建设生活垃圾焚烧发电厂,逐步实现无害化垃圾终端处理设备全覆盖。狠抓特色村镇发展。以"让古堡活起来、让百姓富起来"为主题,突出重点,全域推进,投入资金3.67亿元,对玉皇阁等22个国保单位和暖泉古镇、宋家庄村等40多个传统村落进行了维修保护,打造省级重点美丽乡村片区——蔚县古城堡片区,实现了农村由"一处美"向"处处美"转变。

### (四)实施"文化铸魂"工程

继续在重塑精神家园中凝聚发展力量。充分发挥文化引领作用,让文化成为推动乡村振兴的内源活水。发挥传统文化引导力。通过开办孝心浴室,迈出改变贫困群众精神面貌第一步;通过创办爱心超市,点燃贫困群众追求美好生活的激情;通过推行孝心养老,营造尊老敬老、争孝比顺浓厚氛围,弘扬中华尊老孝亲传统美德,发挥精神文明推动力。

### (五)实施"治理健体"工程

在创新治理体系中构建和谐稳定环境。研究制定关于全面加强乡村治理的实施意见,切实提升乡村治理现代化水平。分类创建村级综治中心。推行"山区、川区、矿区、景区、移民区"五区联建联创模式,高标准打造省市级乡村综治中心示范点3个、县级乡村综治中心示范点56个,推行村干部轮流坐班制度,真正实现"门常开、人常在、事常办",全县矛盾纠纷调处率提升11.6%。高效构建乡村网格体系。将全县

561个行政村(社区)划分为3360个网格,3925名扶贫、民政、党建等工作人员全部整合为网格员,形成"多网合一、一岗多能"网格化服务机制,实现"小事不出网、大事不出村、难事不出乡"的目标。

## 五、小结

来蔚县调研之前,笔者有些担忧:一个工业基础薄弱、靠农业吃饭的深度贫困县,扶贫该有多难,产业接续能力怎么培养?调研之后颇受启发,蔚县强大的组织动员能力,从上到下的精气神和干劲,确实做到了"敢叫日月换新天"。

抓产业、就业、创业,百姓的钱袋子鼓起来;抓文化、法制、道德,群众的素质高起来;抓绿化、亮化、硬化,村里的风景美起来;抓党员、骨干、乡贤,排头兵的身份亮出来;抓党建、村建、基建,群众的主心骨硬起来;解民怨、解民难、解民烦,老百姓的心气顺起来;讲风格、讲贡献、讲先进,让比学赶超的氛围浓起来。

几年前的扶贫落后县,如今变成了脱贫标兵。此次调研我们看到的是:基础设施更加完善了,村容村貌更加整洁了,屋内庭院更加优美了;群众吃穿住教医有了保障,基本生活不用愁了,思想观念发生了转变,懂得勤劳致富了,生活习惯发生了改变;干部队伍工作作风更加务实了,工作能力明显增强了,与群众的感情更深了。

相信在党的领导下,未来的新发展阶段,基层干部和群众的集体智慧将共同打造出"产业兴旺、生态宜居、乡风文明、治理有效、生活富裕"的蔚县。

## 附 河北省蔚县脱贫攻坚的特色典型案例

### 一、村村唱村歌——增强凝聚力,培养精气神

唱心声留住乡愁,聚士气激发动力。2020年以来,蔚县县委在全县

农村(社区)组织开展了"感沐党恩唱响时代乡音·激发动力决胜脱贫摘帽"原创村歌比赛活动,以文化扶志助力精准扶贫,以文化引领提升群众脱贫内生动力。

### (一)全民竞相参与,迅速掀起村歌传唱热潮

县委组织部牵头,协调组织县秧歌演艺公司和公安、城管、住建、卫健、消防、供电、电视台等相关部门成立了村歌比赛协调领导小组及活动组委会,确保了比赛的扎实有序推进。组委会对村歌词曲内容、演唱方式和比赛评分标准做出了详细规定。要求参赛的村歌词曲须为原创,演唱人员全部为本村村民(含本村媳妇、女婿、大学生村官、各级驻村干部、包村乡镇干部),演唱形式须以合唱为主,充分保证了此次比赛的公平公正,体现"村歌"的原创精神和全民参与的活动效果。

通过两委干部带头唱、广场舞健身伴奏唱、大喇叭循环播放唱等多种形式,自编、自演、自唱积极向上、形式多样、优美动听的村歌,全县编创村歌达到489首。这些歌曲贴近生活、贴近群众,具有生动的地域特色和浓郁的乡土气息,深受农民群众的欢迎和认同。参加县、乡两级村歌比赛活动的农民群众,上有年近八旬的老者,下至几岁孩童,覆盖了全县22个乡镇,间接参与、自发传唱的更是遍布全县各村每一个角落。许多人把村歌设为手机铃声,村歌视频不时在大大小小的微信群和抖音、快手直播里"刷屏",全县迅速掀起了"村村有村歌,人人唱村歌"的热潮。

### (二)持续传唱,不断激发群众内生动力

"将活动持续化、常态化,成为农民群众生活中不可或缺的必需品,持续激发群众脱贫致富的热情和信心,才是开展此次活动的初衷",县委书记梁昆说。比赛结束后,县委组织部选取了具有代表性的100首优秀村歌,统一辑印《蔚县庆祝祖国70周年华诞100首原创村歌集》,让优秀原创村歌在全县乃至县外广泛普及传唱,向县内外广泛宣传蔚县古老而又充满生机的文化,展示新时代蔚县新农村焕发的新活力,全面展现近年来蔚县脱贫攻坚工作取得的丰硕成果。蔚县县委以此次村

歌比赛为契机,结合"不忘初心、牢记使命"主题教育的开展,依托蔚县深厚的文化底蕴,大力实施内源扶贫、思想脱贫,唱响"蔚县农民好声音",为全县打赢脱贫摘帽大决战、实现乡村全面振兴提供坚实的文化支撑和精神动力。

### (三)"村歌"活动让各级干部更"接地气",党群干群关系更密切

今年还不满30岁的"90后"干部梁鑫宇是黄梅乡党委宣传委员,如今的他又多了一个身份,那就是村歌创作者。村歌活动开展以来,他先后为柏木瓜、常胜疃、烟墩庄3个村创作了村歌。"村歌反映的是村庄的历史文化和新农村新面貌,抒发的是农民对美好生活的热爱和向往,一定要接地气。"小梁说。作为一名在乡村工作时间还不是很长的年轻干部,为了创作好村歌,他走村入户,探访风土人情,同村民同吃、同住、同劳动,短短十几天,他对几个村的村情民情了如指掌,与广大村民成了好朋友、好亲戚。他把这些看到、听到的蔚县人民勤劳、智慧、文明的场景全部融入歌词中。"村歌的创作过程,本身也是一次民情通工作的汇报",梁鑫宇深有感触。像他这样县乡机关干部、村两委干部、驻村干部亲自创作村歌的,全县还有很多,他们用心、用情创作出了接地气、贴民心的村歌。

### (四)文化扶贫扶志,助力乡村振兴,凝聚干事创业力量

歌抒脱贫壮志,曲赞殷殷党恩。这一做法为推进精神扶贫、内源扶贫提供了一条可贵路径。一是以乡村文化振兴凝心聚力振奋精神,为乡村振兴注入强大的精神动力。文化最能鼓舞人心,乡愁最能唤起认同。乡村文化振兴是乡村振兴战略中一个重要的支撑体系,是乡村振兴的铸魂工程。二是以传统乡土文化激发热爱家乡情怀,汇聚起建设家乡发展家乡的磅礴力量。"村歌社舞自真率,何用广乐张公侯。"村歌等传统乡土文化是永不过时的独特资源,是农村的重要文化符号,是留住乡愁,保存、传承乡村文化根基的重要载体。

## 二、厕所革命——石荒村高效灵活整合扶贫资金，实现效益最大化

国家《乡村振兴战略规划(2018—2022年)》、河北省《农村人居环境整治三年行动实施方案(2018—2020年)》及乡村"厕所革命"行动中，把推进垃圾和污水治理等作为农村人居环境整治重中之重。

蔚县石荒村成功利用农村生物质资源化新技术，统筹推进农村人居环境整治和乡村振兴产业化。

2019年蔚县石荒村实施了投资约600万元厕所改造项目，项目铺设管道5500余米，全村共安装真空马桶192座，建设真空泵站3座，资源化工厂1座。预计年产值42.22万元，净利润10.54万元，可保障后期运营维护，逐年收回投资成本。石荒村厕所改造试点成功后，为蔚县乃至全市乡村振兴和脱贫攻坚提供了一个可复制、能推广的新路径、新模式。

目前，农村污水治理虽然不存在技术上的瓶颈，但缺乏初期项目建设资金投入和后期的长效运营机制，具体体现在村集体经济薄弱和缺乏后期运营维护费用和专业技术人员。石荒村通过党组织协调保障、把扶贫资金用到刀刃上、发动群众主动参与管理维护等办法，实现了"新型厕所"的良好运转。

### （一）运行原理

项目建设内容由农户厕所入室改造、粪污和污水收集系统建设、粪便和污水转运设施、粪污资源化和污水处理中心建设四部分组成。解决了农村改厕、生活污水处理和粪污资源化利用三大难题，它不仅可以将人的粪便、畜禽粪便、餐厨垃圾和秸秆共同发酵，产出高效生物有机肥，还可以将生活污水有效处理，用于浇灌和绿化，为农村人居环境整治和乡村振兴提供了一套五位一体的综合性解决方案。

## （二）工艺示意图

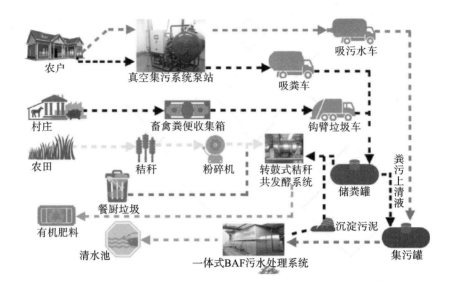

**厕所革命的工艺示意图**

## （三）工艺流程

(1) 农户污水处理系统。

农村灰水—真空集污系统泵站（利用吸污水车）—污水调节池—一体式 BAF 污水处理系统（采用 A/O 工艺，将缺氧池、好氧池、斜板沉淀池和消毒池耦合）—可回用中水。

(2) 农村生物质资源化处理系统。

农村粪污（粪便＋黑水）—真空集污系统泵站（利用吸粪车）—发酵罐（将粪污、农村生物质垃圾、秸秆沫以及发酵用的菌剂进行充分搅拌后发酵）—高效生物有机肥。

## （四）成效

(1) 石荒村的做法改变了传统农村室内如厕受气味影响，农民"不愿用、没法用、用不上"的情况，让农民摆脱了几千年以来"旱厕"的困扰。

(2) "清污分离"和"分散式管网集污"的污水处理设计理念，既降低了污水处理难度和处理费用，又降低了建设成本；高效一体式 BAF 污水处理系统,从源头上解决了农村黑臭水体和地下水污染问题。

(3)粪污、餐厨垃圾和秸秆通过转鼓式发酵系统发酵后,可产出高效生物有机肥,既减少了农村生物质资源的浪费,又为后期建立长效运营机制提供了资金保障;秸秆的资源化利用,减少了焚烧秸秆造成的大气污染。

(4)粪污的闭合式收集和高温发酵系统,切断了传染性病原体通过粪污传播的渠道。

(5)资源化工厂运营和整个系统的维护,为村民提供了多个长期就业岗位,能有效巩固脱贫攻坚成果。

## 三、传统农业的新路子——草莓大棚中的新型农村集体经济

由于信息不灵敏,渠道不畅通,过去宋家庄镇几个村的传统作物并不好卖,价格也上不去。而对于种植新品种,农民又都观望,不敢轻易尝试,也没钱投入。

于是,在这种情况下,用扶贫资金撬动,发展集体经济,按科学的技术管理实现高收益,按合理的分配方式分享收益,从而带动农民自发步入现代农业之路,是一条务实可行的新路子。

把高效农业做大的尝试中,宋家庄镇一是建设园区产业,发展了以石荒村和吕家庄村为核心的草莓种植基地,同北京农业公司合作,实现了从种植管理到订单销售的农业一条龙管理,产出了品质高、口碑好的优质草莓。2020年争取项目资金2432万元对东、西两个草莓产业园进行提档扩模,建成高标准钢架结构暖棚58座(2亩1座),与北京林森有机果蔬种植有限公司合作引进国外优质种苗和先进培育技术,并安装了目前国内最先进的水肥一体化设施,实现了种苗统一、技术管理统一、物资统一、销售统一的特色农业规模化生产,打造出以高山、泉水、生态为特色品牌符号的高品质有机草莓,将产业园区发展成集育苗、种植、包装、冷藏、运输为一体的草莓产业综合体,逐步在环京津高端水果

市场占有一席之地。

二是创新机制促脱贫。稳定的产业收益起到了非常好的直接和间接带贫效果,实施了"政府引导、村企合作,统筹分配、全域覆盖"的利益联结模式,收益全部收归镇扶农公司统筹使用,以公益岗位工资和补贴形式分配给贫困户,打破了村与村的界限,进行统筹分配,达到资源互补,收益共享。本村农户可获得土地租金、务工薪金、种植收益金和公益岗位工资,其他行政村的贫困群众均可获得困难生活补贴和公益岗位工资。2019年东、西两个草莓产业园带动贫困人口329户。2020年两个园区共有65户建档立卡贫困户流转土地获得收入,9户建档立卡贫困户承包54个大棚获得收入,同时两个产业园安排公益岗位工作人员75名,务工人员161名,预计全种植季带动全镇1120名建档立卡贫困户脱贫致富。

三是培养人才兴农业。聘请山东农业大学的专家学者组成了专业的植保团队,定期到产业园进行技术指导,并多次对当地种植户进行技能培训。出去学、能人教、亲自干,注重人员的传帮带。同时充分发挥村里能人志士的作用,着力培养特色农产品经纪人,为打造品牌,降低市场风险提供人才保证,实现农民职业化、专业化。

## 四、真扶贫、扶真贫——中煤集团精准帮扶的成效及经验

坚持多年帮扶是不容易的。中煤能源集团(简称中煤集团)自2002年开始帮扶蔚县,多年来与蔚县人民风雨同舟,2019年,中煤集团派驻蔚县挂职干部童守军荣获张家口脱贫攻坚奉献奖、脱贫攻坚先锋个人奖;2020年获中国能源产业发展年会脱贫攻坚能源扶贫百名最美先锋战士奖。2020年5月28日,河北省委、省政府向中煤集团发送感谢信,感谢中煤集团自定点帮扶以来,坚持政治站位,扛起社会责任,在人力、物力、财力等方面持续加大帮扶力度。多年来,中煤集团将定点扶贫工作作为一项严肃的政治任务对待,选派年富力强的中层干部到蔚县挂

职扶贫,从解决贫困群众最关心、最直接、最现实的问题着手,尽心尽力地帮助县域谋转型,帮助乡镇搞规划,帮助村庄兴产业,帮助群众解难题,先后投入帮扶资金1860万元,先后实施了"双基"建设、捐资助学、产业转型、安全饮水、健康扶贫等重点项目,超额完成各项年度任务,有效带动了蔚县贫困人口脱贫致富。

## (一)坚持底线指标,全面补齐"三保障"短板

教育扶贫方面,扶贫工作开展以来,投入70万元全面开展捐资助教活动。其中:资助草沟堡乡中心学校全面改善办学条件;资助西合营中学设立"中煤励志奖",奖励110名优秀初高中贫困生;资助30名优秀乡村教师实施"中煤关爱园丁计划";资助桃花学校、王庄子学校1659名学生制作校服;资助吉家庄中学购置教学触摸一体机23台,规范提升学校数字化教学水平。开展"圆梦北京"游学夏令营活动,组织30名品学兼优的贫困生开展"走进北京、走进中煤的活动",带领孩子们参观鸟巢、水立方、国家博物馆、海底世界,到天安门看升国旗。帮助学生开阔了视野,增长了知识,点亮成长成材梦想,激发了学生感恩、报效祖国、回馈社会的情结和"知识改变命运、拼搏成就未来"的自强意识。同时,广泛发动集团内部干群和社会爱心人士资助蔚县1865名贫困学生。为进一步提升乡村干部业务水平,增强致富带头人领富能力,先后培训基层干部690人、致富带头人300人、贫困户种养技术人员及科技人员300余人。健康扶贫方面,投入40余万元,围绕"有地方看病",实施了石荒村卫生室建设、西店村卫生室改造等工程,为西合营镇等4个乡镇卫生院购置三分类血细胞分析仪等急需医疗器械。围绕"有医生看病",对全县的乡村医生开展专业技能培训612人次,有效提升乡村医疗水平,方便群众就近就医。住房安全方面,在农村危房改造中把建档立卡贫困户放在优先位置,做到住房安全鉴定全覆盖,逐户排查建档立卡贫困户住房安全隐患。帮助贫困户实施危房改造,为贫困户建设安全、节能、舒适的住房。实现了全县农村建档立卡贫困户危房改造"静态清零"。全面完成了危房改造任务,有效保证了贫困户住房安全。

饮水安全方面,投入51万元用于人畜饮水项目。资助宋家庄镇吕家庄村铺设饮水管道300米、改造检查井30个;修缮常宁乡东金河口村饮水渠600米,有效解决两个村600多名群众安全饮水问题;投入12万元资助陈家洼乡东小关村、杨庄窠乡下瓦窑村实施饮水工程项目,解决70多户贫困人口饮水困难问题,保证了贫困户用水安全。

### (二)坚持多措并举,有力带动群众持续稳定增收

一是把产业扶贫作为主攻方向。2018年,投入100万元资助陈家湾村恩泽农业产业园区项目,建设春秋棚100座,改变了传统种植方式,推进帮扶村现代产业发展,带动60户贫困户增收;投入50万元资助陈家洼村发展油鸡养殖项目,发展油鸡3万只,带动60户贫困户增收;投入10万元资助宋家庄镇石荒村设施蔬菜建设项目,建设蔬菜大棚5座,确保了10多名贫困人口增收。2020年,投入350万元用于产业扶贫项目,其中:投入80万元资助阳眷陶瓷综合体项目,推进传统工艺发展,带动60户贫困户增收;投入80万元资助涌泉庄乡董家涧村青砂非遗手工项目,传承非遗青砂器工艺,带动50户贫困户增收;投入120万元资助郑家庄村乡村旅游项目,推进民俗旅游产业发展,带动30户贫困户增收;投入70万元资助西合营镇南大坪村设施产业项目,新建设施大棚20座及配套水利设施,推进现代农业发展,带动30户贫困户增收。

二是把就业扶贫作为有力支撑。将职业教育作为重点,与蔚县职教中心对接,围绕市场技能人才需求,资助职教中心开办贫困人口就业技能培训班,招收建档立卡贫困户学生,实现"一人就业、全家脱贫"。同时,中煤集团出资,2017—2020年职教中心共举办了5期贫困户参加的物业管理、家政服务、烹饪技术、医疗护理、美容技术培训班,245人参加培训。引入企业促进带动,帮助企业协调解决困难,同等条件下优先吸纳贫困家庭劳动力务工就业,引入河北瑞煜鑫泽科技有限公司,通过协调国土、电力、环保、住建等相关部门,使其按时投产运行,吸纳76名

贫困户实现务工就业,人均工资3000元左右。打开渠道优先招聘,积极协调蔚县就业服务局、蔚县融媒体中心,连续发布中煤集团及下属企业招聘信息,在同等条件下优先聘用蔚县的大学毕业生。多措并举助力脱贫,协调银行为符合条件的贫困户进行小额资金贷款,帮助成立种植、养殖合作社,发展大棚蔬菜、瓜果种植,吸纳贫困户劳动力到合作社就业。

三是把消费扶贫作为有效补充。中煤集团与蔚县人民政府签订了消费扶贫框架协议,积极组织集团公司内部及下属企业员工开展消费扶贫活动,有力推动了蔚县小米、杏扁、苹果、剪纸及其他农产品的销售。

### (三)坚持加大投入,点亮乡村人居环境

以消除村庄"视觉"贫困为抓手,认真分析研判,精准落实帮扶,持续提升人居环境。扶贫工作开展以来,中煤集团资助56个贫困村"双基"建设项目。帮助贫困村补短板、兴公益、改村貌、激内力、提幸福,实施项目60个;帮扶16个村新建文化活动广场、传统文化场所及村民活动室,丰富了贫困村民文化生活;帮扶18个村及互助院实施村容村貌整治提升,硬化路面2000多平方米,安置路灯60多盏,栽树绿化、美化,改善了环境。

## 五、存在的问题及下一步工作安排

一是扶贫产业规模小,带动效果不明显,产业项目投入回报周期长,特色产业培育不到位;二是教育基础薄弱,尤其是乡村学校基础配套设施整体落后,无法满足当下多媒体教学要求;三是农村整体环境有待提升,农村文化、体育、娱乐、休闲等基础设施建设不足,村内巷道硬化率低等问题。

在下一步的工作中,按照习近平总书记"四个不摘"的要求,严格落实摘帽不摘责任、摘帽不摘政策、摘帽不摘帮扶、摘帽不摘监管。通过

持续投入资金、甄选适宜产业,因地制宜地实施更多产业扶贫项目,加快蔚县产业结构调整,壮大村集体经济实力,为建档立卡贫困户经济增收拓宽渠道。继续加大教育帮扶力度,解决硬件采购资金问题,使蔚县办学条件得到较大改善,提升蔚县整体教育水平。

(王璐)

# 四川省雷波县脱贫攻坚调研报告

雷波县是地处"三区三州"的深度贫困县。2020年12月27—30日,笔者在雷波县走访了农户,与贫困户、村干部、驻村第一书记、乡干部、参与扶贫企业负责人、县有关部门和县领导进行了交流座谈[①],目睹了高山峡谷之间、陡坡绝壁之上的贫困村贫困户脱贫奇迹。本报告以四个板块呈现雷波县脱贫之路及其经验。第一板块是第一部分,呈现贫困状态与治贫奇迹;第二板块是第二至四部分,阐析全县多维度脱贫攻坚的做法和经验;第三板块是第五至八部分,阐析现场调研个案的做法和经验;第四板块是第九部分,阐析雷波县巩固脱贫成果和有效衔接乡村振兴的思路。

---

① 本次调研得到雷波县委、县政府大力支持和帮助,王荣华、陈翔、刘二伟、卓文宪等县委、县政府领导同志阐析了破解脱贫攻坚难题的做法、构建抑制返贫长效机制、切实与乡村振兴战略衔接的思路,县有关部门及宋刚、吴于红、苏史古、丁燕等同志协助调研并提供相关资料。在此表示衷心感谢。

## 一、治贫奇迹:峡谷云端齐脱贫

雷波县位于横断山脉东南缘、金沙江下游北岸、凉山彝族自治州东部。全县辖区面积 2838 平方公里①,境内地形复杂,山地面积占 84%,最低海拔 380 米,最高海拔 4076 米,山高坡陡谷深,悬崖峭壁路险,被誉为"彝区门户、川滇咽喉"。

全县原有 48 个乡镇、285 个村(社区),近期完成撤乡并镇和村级建制调整后为 21 个乡镇、158 个村和 12 个社区;总人口 28.4 万人,以彝族为主体的少数民族占 59.6%,分散居住在高山峡谷之间、陡坡绝壁之上。

新中国成立后,经过社会主义改造,雷波县一步跨千年,由奴隶社会进入社会主义社会,但社会发育程度低,陈规陋习多,移风易俗任务重。

脱贫攻坚之前,全县对外交通路况很差,到州府西昌市需要 10 个小时,有 1 个乡不通公路、29 个乡不通硬化(油)路、129 个村不通公路,通村率只有 45.9%,70% 以上县乡道路晴通雨阻;有近 20 万人无安全饮水、159 个村不通电或供电质量不高、88 个村无 2G 通信网络信号、213 个村无有线宽带。50% 的群众居住在坡度 45°以上的悬崖峭壁上,20% 的群众居住在高寒山区。近一半农村人口是文盲、半文盲,听不懂汉语更不会讲汉语。60 岁以上的老人基本没进过县城。除与其他地方相同的致贫原因外,文化程度低、毒品、艾滋病、超生是雷波县特殊的四大致贫原因。大部分群众没有财富积累,家徒四壁,人畜大多混居,出行基本靠走,通信基本靠吼,收入基本靠天,吃穿还很发愁。

2014 年,全县共精准识别贫困村 171 个;精准识别建档立卡贫困人口 16913 户 77044 人(截至 2020 年 11 月为 16858 户 77772 人),贫困发生率达 30.98%,是贫中之贫、困中之困、坚中之坚,是脱贫攻坚硬骨头

---

① 本报告中的数据等资料,为执笔人在雷波调研时有关部门和单位提供,以下不再一一注释出处。

当中的"铁骨头"。

雷波县脱贫攻坚工作得到中央、省、州各级领导的关心关怀,得到省内外有关地区、部门鼎力支持和帮助。习近平总书记特别牵挂彝族同胞脱贫,亲临凉山视察。中共中央政治局常委、中央纪委书记赵乐际,中共中央政治局委员、中央纪委副书记、国家监委主任杨晓渡和中央纪委副书记杨晓超、徐令义、肖培等领导亲临雷波视察调研。时任国务院扶贫开发领导小组办公室主任的刘永富3次深入雷波县调研指导。时任省委书记的彭清华,省委副书记、省长尹力,联系雷波脱贫攻坚工作的省委常委、省纪委书记、省监委主任王雁飞等领导多次深入乡村和农户,蹲点指导,解决了许多雷波县依靠自身力量难以解决的困难。

雷波县委、县政府认真学习贯彻习近平总书记关于扶贫工作的重要论述,始终把脱贫攻坚作为最大的政治责任、最大的民生工程、最大的发展机遇,团结带领全县各族干部群众,坚决落实中央、省委、州委决策部署,以超常的付出、超常的举措决战决胜脱贫攻坚,奋力克服自然条件恶劣、项目建设成本高、施工难度大、群众主体意识弱、社会文明程度低等特殊困难,发扬"党政苦抓、部门苦帮、干部苦拼、群众苦干"的"四苦"精神,坚持"六个精准"(扶持对象精准、项目安排精准、资金使用精准、措施到户精准、因村派人精准、脱贫成效精准),实施"七个一批"(特色产业发展一批、创新创业致富一批、低保政策兜底一批、医疗保障扶持一批、移民搬迁安置一批、治毒戒毒救助一批、移风易俗巩固一批),以钉钉子精神解决贫困户"一超六有"(年人均纯收入稳定超过国家扶贫标准且吃穿不愁;有义务教育保障,有基本医疗保障,有住房安全保障,有安全饮用水,有生活用电,有广播电视)、贫困村"一低七有"(贫困村贫困发生率低于3%;有集体经济收入,有硬化路,有卫生室,有文化室,有通信网络,有"一村一幼",有民俗文化坝子)和乡"三有"短板(乡乡有标准中心校,有达标卫生院,有便民服务中心)。下狠心压担子,下苦心想法子,下真心找路子,下决心摘帽子。

雷波县脱贫攻坚成效显著。雷波县在全省脱贫攻坚年度考核中连续多年排在凉山彝族自治州11个深度贫困县前列,2017年和2018年连续两年综合目标考核成绩名列全州11个深度贫困县第一名。截至2019年年底,累计脱贫16837户76735人,171个贫困村全部退出,贫困发生率降至0.13%。2019年,全县实现地区生产总值70.10亿元,地方一般公共预算收入8.56亿元,全社会固定资产投资28.56亿元,社会消费品零售总额16.62亿元,城镇居民人均可支配收入27993元,农村居民人均可支配收入10884元,增幅进入全省前十位。全县呈现出经济持续健康发展、社会大局和谐稳定、民族团结进步的良好局面。

雷波县如期打赢脱贫攻坚战。雷波县作为凉山彝族自治州首批摘帽的4个县之一,于2019年12月9日至12日接受省级第三方评估考核。评估组核查贫困村18个、非贫困村7个,入户建档立卡户759户、非建档立卡户832户。评估组认为,雷波县脱贫攻坚总体成效良好,"两不愁三保障"方面不存在突出问题,成效考核共计112分。2020年2月18日,省政府批准雷波退出贫困县序列,雷波县顺利完成摘帽任务。2020年年底,全县实现贫困户、贫困村"清零"目标,全面消除绝对贫困,在雷波县历史性地消除了绝对贫困现象和解决了区域性整体贫困问题,创造了峡谷云端齐脱贫奇迹。

雷波县在打赢脱贫攻坚战进程中,发生了"六大"变化。一是干部作风转变。探索建立以差异化考核、绩效考核、实绩考核"三位一体"的综合考核机制,并结合"两学一做"和"不忘初心、牢记使命"主题教育,开展了"庸懒散浮拖"专项整治活动,开展"双线督查"工作,转变了干部作风,激发了干部活力。二是工作能力提升。党员干部充分发扬"不等不靠、战天斗地"的精神,带头落实政策,发展致富,攻坚拔寨,落实结对帮扶。党员干部既学建筑技术,又学施工管理,有的还学种养殖技术,在脱贫攻坚主战场发挥了聪明才智,提升了自身能力。三是工作效率提高。党员干部在实干、纪律、服务方面的表率意识强化,用工作效率和服务效率践行党章党规的要求。四是干群关系融洽。党员干部深入基层,带着感情去、带着政策去、带着目标去、带着措施去,把群众的困难和问题解决好,在易地扶贫搬迁集中安置点与群众同吃同住,拉近了距离。五是城乡面貌变样。通过近几年的持续攻坚,村容村貌美了,村集体经济收入增加了,贫困户脸上的笑容多了,农村面貌发生翻天覆地变化,农民的生产生活条件得到进一步改善,贫困群众得到了实惠、实现了脱贫。六是民族团结融合。在脱贫攻坚工作中开展"民族团结、亲如一家"互助活动。以乡村为载体,丰富活动内容,唱响民族团结主旋律,传递和谐社会之音符,全县各族群众相互帮助,民族团结一家亲。

脱贫攻坚奇迹的故事值得讲述,精神应当弘扬。2020年年底,雷波县建设脱贫攻坚实景博物馆,以反映、诠释习近平新时代中国特色社会主义思想在凉山脱贫攻坚主战场的生动实践,展示雷波县脱贫攻坚发生的巨大变化,反映人民群众奋斗创业的光辉历程,激发广大群众对美好家园的荣誉感、归属感和幸福感,更好地坚守价值担当,弘扬新时代脱贫攻坚精神,为巩固脱贫攻坚成果和促进乡村振兴鼓劲。脱贫攻坚实景博物馆贴近基层一线,充分利用现有建筑和场地,不新建场所。全县共建7个点,每个点突出特点,分别是大火地村的百里脐橙长廊产业示范园、大坪子乡扶贫"天路"、甲谷村廉政教育基地、易地扶贫搬迁安置点阳光新村和桃园新村、县城关小学、县疾病预防控制中心。这些点上的脱贫攻坚实景展陈和故事讲述,还成为全面了解当地文化和民俗风情的窗口,成为文旅产业的组成部分,既能实现社会效益,又有助于实现经济效益。

## 二、聚焦精准:系统多维精准施策

雷波县按照中央对脱贫攻坚的统一部署,积极对接四川省和凉山彝族自治州政策措施,结合实际提出"五年集中攻坚,一年巩固提升"的工作布置,出台3个《决定》并分年度制定"23+1"扶贫专项,建立"1部47指挥所214作战室"作战体系(1个脱贫攻坚指挥部,47个乡镇指挥所,171个贫困村+43个有20户以上贫困户的非贫困村作战室),形成专项扶贫、行业扶贫、社会扶贫"三位一体"大扶贫工作格局。实行"县负总责、乡村抓落实",县、乡、村三级书记一起抓,层层签订责任书,立下"军令状",做到责任上肩、工作上手、落实上心。集中人力、物力、财力,统筹整合76亿多元用于解决贫困群众住房难、行路难、吃水难、用电难、通信难、上学难、看病难、增收难等"八难"问题,实现脱贫攻坚"六战六捷"。

### (一)坚持严格程序,精准识别扶贫对象

坚定扣好"第一颗扣子",层层召开业务培训会和群众大会,广泛宣讲政策、逐村逐户动员,实行"四看四问四不评"(看产业问收入、看住房问家居、看患者问健康、看子女问学业;有汽车的不评、有商品房的不评、有财政供养人员的不评、子女有赡养能力父母分户的不评)的贫困户识别机制,按照"三审两公示一公告"(农户申请、村民代表大会评议、村两委审查公示、乡镇审核公示、省州县相关部门比对、县级审批公告)识别程序,初步确定对象,再由县级包乡领导带队督查,相关部门暗访巡查,实现贫困户100%见面、临界户100%排查、疑点问题户100%复核,严格落实"八个比对、六个清退"("八个比对"为建档立卡时与公安、房管、人社、交管、工商、残联、民政、住建部门进行数据比对,"六个清退"为对贫困户有商品房的、政策性住房的、城镇自建房的、有消费性小汽车的、家庭成员中有财政供养人员的、个体工商经营户原则清退),确保对象精准。实行一村一档、一户一卡精准管理,及时开展动态调整,反复开展"回头看"和"回头帮"。

### (二)聚焦目标标准,精准安排脱贫项目

坚持自下而上、上下结合,建立扶贫项目库,分年度制定专项扶贫方案,精准安排项目到村到户到人,实现科学减贫。聚焦户"一超六有",精准实施"七个一批",统筹安排产业、水、电、房、入户路等项目,全面落实教育、医疗和扶贫小额信贷等政策,推动贫困户稳定脱贫。投入3.4亿元,实施农牧特色产业和当期见效的"短平快"项目200个,人均增收1500元;发放扶贫小额信贷1.83亿元,用于贫困户发展产业;投入1.3亿元,实施45个乡镇、242个村安全饮水提升工程,解决了19.6

万人安全饮水问题;投入6.1亿元,在280个村实施农网建设和升级改造项目399个;投入1787.5万元,全覆盖实施"户户通"和214个村级文化室项目,贫困户全部看上电视。聚焦村"一低七有",建立产业扶持基金5643万元,助力贫困户发展产业;盘活人、地、钱等资源,发展壮大集体经济,171个贫困村集体经济收入人均达8元以上;投入12.4亿元,完成268个村通村通畅建设,建成通村硬化路1376.4公里,改造国省干线76公里、县乡道路260公里;投入5834万元,建成集村办公阵地、文化室、卫生室、民俗文化坝子等功能于一体的综合体121个;投入1.1亿元,建设"一乡一园"38个,开办"一村一幼"306所436个班,在园幼儿18411名;投入3.9亿元,建设通信网络基站596个,实现通信网络全覆盖和宽带进村。聚焦乡"三有",投入10.5亿元,新建中小学3所、改扩建36所,实施学校风貌提升和校园文化建设59所;投入3569万元,新建和维修乡镇卫生院42所;投入1236万元,新建和维修改造乡镇便民服务中心47个,乡乡建成标准中心校、达标卫生院和便民服务中心。

### (三)突出效益至上,精准安排使用和监管扶贫资金

坚持资金围绕项目转,统筹整合,严格监管,精准投放,不搞"大水漫灌"。2014年以来投入扶贫资金76亿多元,其中统筹整合涉农资金21.89亿元,实施到村项目2600余个、到户项目79个,用于贫困户安全住房、医疗教育、社会保障等项目,以及贫困村道路交通、安全饮水、生活用电、通信网络、综合体等基础设施建设,村容村貌发生翻天覆地变化,群众生产生活条件得到极大改善。坚持把一分一厘都视作"良心钱"、"救命钱",出台《雷波县统筹整合使用财政涉农资金管理办法》《雷波县产业扶持基金管理办法》《雷波县扶贫小额信贷风险基金实施细则》等,严格监管,杜绝"跑冒滴漏"。首创"清卡行动"、"五清三早"("五清"为清项目、清资金、清卡数、清兑付、清责任,"三早"为问题早发现、风险早提醒、问题早整改)工作经验在全国推广。精心开展"明目行动",采取自查、抽查、督查、巡察相结合的方式,对2016年以来实施的"23+1"扶贫专项全面清理,共清理扶贫工程项目2017个,涉及资金

60.3亿元,发现问题1380个,已整改1284个,整改率达93%,整改追回扶贫资金2408.48万元,整改公路里程109.51公里,立案38件38人,构建"1+4+1"的立体监管体系,做到廉洁扶贫、阳光扶贫。

## (四)坚持因户施策,精准落实帮扶措施

聚焦"两不愁三保障",根据致贫原因,从五个方面量身定制帮扶措施:一是聚焦不愁吃穿,发展特色产业促增收,促进创新创业稳致富,实行政策兜底强保障,让贫困群众过上好日子;二是聚焦医疗保障,着力解决因病致贫返贫问题;三是聚焦教育保障,阻断贫困代际传递;四是聚焦住房保障,让贫困群众住上好房子;五是聚焦禁毒治毒、防艾治艾、超生整治、控辍保学"四治"工作,攻克"看不见的贫困"。为更好地因户施策,保障精准帮扶落实到位,雷波县聚焦短板弱项,深入开展"回头看"和"回头帮"。认真开展"两不愁三保障"回头看大排查工作,组建工作专班,按照"七步排查法"进村入户全覆盖对标核查,共发现贫困户"两不愁三保障"突出问题1257个,有需求不能观看电视问题1641个,一般性问题27585个。制定《坚定以习近平总书记扶贫工作重要论述为指导,聚焦"两不愁三保障"突出问题整改提升的实施方案》,落实责任单位、责任人员,明确整改时限,对标对表"回头看"和"回头帮",台账管理,逐一销号。到2019年10月底,所有问题全部整改到位。

## (五)择优配备配强,精准选派帮扶力量

坚持尽锐出战,统筹配备"五个一"帮扶力量。全覆盖配备171个贫困村"五个一"和43个20户以上贫困户的非贫困村"三个一"力量。全县累计选派第一书记386名、农技员172名,39名县级领导包乡镇,蹲点督促和指导协调各方力量推进脱贫攻坚工作;72个县级帮扶部门联系贫困村开展帮扶工作;4145名干部作为帮扶责任人与16913户贫困对象全面结对帮扶,沉下去、贴着帮。选派669名各级各类帮扶队员,组建171个贫困村驻村工作队,充分发挥其"特战队"、"突击队"作用。雷波县综合帮扶工作的做法——《"帮"到关键点、"扶"到需要处》被省州媒体转载。雷波县脱贫有多难,干部就有多拼:3名公职人员在

脱贫攻坚战场上殉职,8名同志过劳住院,42名同志受伤。

**(六)强化目标导向,精准实施过程管控**

切实加强脱贫过程和脱贫成效管理,坚决防止虚假脱贫、数字脱贫。一是挂图作战,按期验靶。细化任务清单,所有县级领导、部门和乡镇"一把手"全部到攻坚一线蹲点,做到工作在一线部署、任务在一线落实、问题在一线解决。制定路线图,规定时间表,明确责任人,挂图作战,现场验靶,限期交账,亮牌警告。工作滞后、推进不力的单位(倒数3名)"一把手"需在全县大会上做检讨发言。实行月考月评,对排名后3名的乡镇和部门给予通报批评,并由县纪委监委、县委组织部进行诫勉提醒谈话,敦促整改。二是加强督查,从严问责。县领导分片督导,实行县委书记遍访贫困村,乡镇党委书记遍访贫困户,现场帮助解决问题,指导督促工作开展。由县纪委监委、县委组织部牵头成立"双线"督查组,出台《雷波县强化决战脱贫攻坚组织保障五项措施》,督查问题整改,2019年,先后督查87个村,共发现问题843个,立即整改454个、限时整改389个;共处置精准扶贫工作方面形式主义、官僚主义问题线索54件、立案37件,组织处理4人。三是正负激励,悬帽攻坚。坚持"以党性作保证,用官帽作抵押,拿成绩当赎金",出台《党政干部担当尽责、建功一线行动实施方案》《关心激励干部干事创业十项措施》《脱贫攻坚重大任务承诺办法》,实施"筑底强基·凝聚民心"工程,在脱贫攻坚一线培养选拔使用干部,下派43名县乡干部到软弱涣散村任职,192名干部先后受到省州表扬表彰,从第一书记中提拔24人任乡镇副职。强化监督执纪问责。脱贫攻坚以来,扶贫领域立案192件、处理219人,调整处理不作为、慢作为、不担当的乡镇主要负责人7人,撤换不胜任、不合格、不尽职的村党支部书记35名;谈话提醒334人,问责处理党组织29个、党政领导干部74人。

## 三、倾情示范:中央纪委国家监委帮扶雷波县

雷波县是中央纪委国家监委机关、四川省纪委监委机关和凉山彝

族自治州纪委监委机关定点帮扶县。三级纪委监委机关坚定扛起定点扶贫政治责任,以深切的为民情怀、有力的扶贫举措、务实的工作作风,统筹谋划,倾情示范,促进雷波县脱贫攻坚按高要求完成,为乡村振兴奠定坚实基础,情暖彝乡。

### (一)统筹谋划,倾情帮扶

(1)高度重视,统筹谋划促进合力帮扶。中央纪委领导高度重视定点扶贫工作,主要负责同志多次做出重要批示,要求深入学习贯彻习近平关于扶贫工作重要论述,坚决履行好帮扶职责。中央纪委办公会每半年研究一次定点帮扶工作,对雷波县脱贫攻坚给予人力、物力、财力支持。2018年5月12日至13日,中共中央政治局常委、中央纪委书记赵乐际到雷波县调研,给干部群众以极大鼓励,全县人民精神振奋、备受鼓舞。2019年4月28日至29日,中共中央政治局委员、中央纪委副书记、国家监委主任杨晓渡到雷波县调研贯彻落实习近平总书记关于脱贫攻坚的重要讲话精神、中央纪委三次全会精神情况,开展扶贫领域腐败和作风问题专项治理情况,以及中央纪委国家监委机关定点扶贫雷波县工作情况。中央纪委副书记、国家监委副主任杨晓超、徐令义,中央纪委常委、副秘书长兼办公厅主任张春生和中央纪委机关扶贫办负责同志等领导50次到雷波县现场指导脱贫工作。

中央纪委国家监委高瞻远瞩,从大局出发,统筹谋划雷波县脱贫攻坚及未来经济社会发展。2016—2020年,直接投入帮扶资金2060万元,协调引进帮扶资金6亿元,协助落地国家级重点项目4个,资金使用及项目完成率为100%。协调农业农村部、教育部、科技部、商务部对雷波县开展产业扶贫、教育扶贫、科技扶贫、电商扶贫。在政策法规范围内积极协调宜攀高铁以及高速公路建设;为促进教育发展,协调三峡集团建设第二高中;为解决招商引资难问题,协调电价优惠政策;为促进文旅发展,协调中旅集团打造荆竹半岛精品旅游项目;为解决销售问题,协调电商企业扶贫助推农特产品销售等。

(2)倾情帮扶,情暖彝乡。2016—2020年,中央纪委机关以"以购代捐"的方式采购雷波县农特产品101万元,捐款捐物折合200余万元,结对资助贫困孩子60余名,帮助培训基层干部1530余人次,培训技术人员1万余人次,帮助贫困地区销售农特产品151万元,帮助贫困户实现劳务就业2544人,实现劳务收入9158.84万元。为八寨乡甲谷村等深度贫困村2161个贫困家庭捐赠一批沙发、床和学生书桌等必要家具,价值285万元。捐赠活动受到村民和孩子们的普遍欢迎,起到了引导贫困户养成好习惯、形成好风气、珍惜好生活的良好效果。共遴选5名干部赴雷波县挂职,选派4名新入职干部到雷波县锻炼。先后对2个基础最薄弱、条件最艰苦的贫困村重点帮扶,派出驻村第一书记与村民同吃同住同劳动,俯下身子抓落实,深入群众结穷亲,穿梭在蜿蜒曲折的乡村道路上,奔走于各个贫困村之间,积极发挥政策引领员、党建指导员、扶贫专干员、资源协调员和监督管理员作用,将2个村打造为全县强党建促脱贫、壮大集体经济、深化移风易俗等脱贫致富的示范标杆。挂职干部还积极协调爱心企业、社会人士,向雷波县贫困山区儿童捐赠衣物4920余件、表演服装1320件、图书1010册、书桌780套等。

(3)夯实基础,努力解决民生问题。中央纪委国家监委从民生问题入手,解决了定点帮扶村磨石村和甲谷村防洪排洪设施、产业路等基础设施建设问题,实施产业发展和八寨乡卫生院危房改建、县禁毒教育基地等项目建设。对雷波县的直接投入资金连年增加,2019年由上年的407万元增加到750万元,主要用于八寨乡甲谷村防洪排洪设施、八寨乡卫生院危房改建、县禁毒教育基地3个重点项目建设。持续推进甲谷村梨、竹等产业发展,完成2346亩竹子、200亩翡翠梨、40亩桃子等富民产业种植,有序推进安置点外立面提升和排洪沟、扩建村幼教点等项目建设。协调资金970余万元,用于磨石村的通组硬化路、文化广场等基础设施建设。为雷波县协调新增一个国家级小型水库建设指标,国家下拨资金6600万元。该项目已于2018年7月2日正式开工建设,建成后可从根本上解决城区及周边乡镇约6万人的水源问题。组织专家为全州培训纪检监察干部313名,为雷波县捐赠物资130余包;选派纪检监察业务专家骨干送培训到基层,为全县纪检监察系统干部、乡镇主要负责人、171个贫困村党支部书记及扶贫工作相关部门负责人开展"扶贫领域作风和腐败问题专项治理"专题培训;向县乡纪委捐赠价值183万元的执纪审查设备和282套廉政资料,协调方正出版社向雷波县基层纪检监察干部捐赠《〈中华人民共和国监察法〉释义》等学习资料,支持基层党风廉政建设。协调山西晋城市吉和商贸有限公司,为八寨乡甲谷村、上田坝乡中寨村捐赠资金20万元,用于两村建档立卡贫困户购置家具和驻村工作队购置办公设备,改善基层干部工作条件。

(4)聚焦产业,促进群众持续增收。中央纪委国家监委为雷波县脱贫攻坚和县城新区开发筹集资金,协调出让大型磷矿权1宗,获出让金2.89亿元。协调中旅集团在雷波县实施"编制一组旅游规划、培训一支旅游队伍、培育一条特色线路、打造一个4A景区、开发一批文创产品"的"五个一"旅游扶贫项目,督促加快马湖开发进度,扎实推进荆竹半岛旅游投资项目,积极寻求政策和资金支持;协调4名中旅集团干部到雷波县挂职,协调中旅集团在深圳锦绣中华景区成功举办"雷波、马边彝族风情周"活动,有力助推旅游发展。协调中粮集团帮助销售雷波县脐橙和贫困户群众就业,中粮我买网与雷波县成功签订脐橙供销合作协议,线上线下帮助销售脐橙,中粮肉食江苏有限公司招收贫困青年务工。协调中粮旗下西安油脂研究院指导雷波县发展山桐子加工业。协调农业农村部召开农业产业扶贫工作对接会,为雷波县乡村振兴战略规划制定和产业发展提供有力指导和支持,并选派专家到雷波县开展脐橙产业对口技术扶贫,对发展壮大脐橙产业、基地建设和病虫害防治提出了指导性意见。协调中国工程院院士、中国中医科学院院长黄璐琦率国家中药材产业技术体系专家团队和中国中药控股有限公司到雷波县调研中药材产业,为产业扶贫把脉问诊,深入田间地头指导解决技术难题。协调国家中药材产业技术体系专家到雷波县开展中医及中药材特色产业适宜技术培训,全县47个乡镇卫生院技术骨干、中药材种植企业技术人员58人参加培训。协调3000万元资金帮助雷波县36

个乡镇、46个村发展芭蕉芋猪、小凉山土鸡、阿合哈洛羊等"短平快"富民产业。协调120万元特色产业发展资金,在磨石村试点种植猕猴桃22亩、紫山药26亩、山桐子425亩。向八寨乡甲谷村投入42万元产业路建设资金和38万元产业引导资金,助力产业增收。

(5)扶智兴教,阻断贫困代际延续。中央纪委国家监委积极开展教育扶贫工作,协调教育部选派5名优秀教师到雷波县中小学挂职主管行政或教学的副校长。深化北师大教育帮扶行动,北师大累计派出12批次专家进入雷波县开展培训,受训教师达4000余人次,组织教师外出见学19人次,安排教师挂职跟岗27人,联系川南幼专学生顶岗支教63人次,协调山东泰岳文化发展有限公司为村级幼教点捐赠幼儿绘本读物1.7万余本,惠及全县310个村级幼教点。协调中国发展研究基金会在雷波启动阳光起点计划,为"一村一幼"质量提升、"慧育中国"儿童早期养育和儿童营养改善3个项目筹集资金约1300万元,分别从教育、养育和营养方面支持全县贫困家庭儿童早期发展。幼教点厨房改善项目陆续投入使用。营养改善项目在全县实施,儿童营养包实际发放率99.2%,惠及儿童5526人,深受孩子和家长们欢迎。"慧育中国"儿童早期养育试点项目首批试点,实际家访2.2万余次,家访率94.6%,极大促进6~36个月农村儿童的语言、认知和动作开发。协调掌众集团捐赠1000万元,设立教育扶贫专款,用于奖励优秀学生、激励优秀教师,2018年有709名优秀老师和学生获奖。协调爱心企业和爱心人士为贫困山区乡村学校和幼教点的孩子们组织爱心捐赠活动,捐赠图书2万余册,被子、毛毯等物资270包,帽子、围巾等毛线制品2557件,儿童服装2400余件,书桌780套,玩具170余个,幼儿床40张,幼儿床上用品90套。组织21名建档立卡贫困户农民赴成都,学习挖掘机操作技能。国家扶贫日,中央纪委机关全体干部职工纷纷解囊,为八寨乡甲谷村捐赠助学款30万元。协调中旅集团为雷波县咪姑乡、雷池乡等8个偏远乡镇捐赠学习书桌2403套。协调山西晋城市吉和商贸有限公司、贵州乐联科技有限公司、陕西青蓝实业投资有限公司、江苏省矿业工程集团有限公司为八寨乡九年一贯制学校捐赠资金530万元，用于扩建学生食堂和宿舍、购置学校餐桌椅等，改善师生就餐条件和学生住宿环境。协调中华慈善总会，为八寨乡甲谷村每户捐赠一件波司登羽绒服，共捐赠波司登羽绒服1000件。

### （二）推动阳光扶贫、廉洁扶贫

中央纪委国家监委领导在深入雷波县调研指导时，要求雷波县深入学习习近平新时代中国特色社会主义思想，认真贯彻习近平总书记关于扶贫工作的重要论述，进一步提高政治站位，增强机遇意识和使命担当，牢牢聚焦"两不愁三保障"，以严细深实的作风高质量完成脱贫任务，加大扶贫领域作风问题和腐败问题查处力度，做到阳光扶贫、廉洁扶贫。县委、县政府高度重视，坚持问题导向、目标导向和成效导向，贯彻落实赵乐际、杨晓渡、杨晓超、徐令义、肖培同志调研指示精神，取得了积极成效。

在抓实党建引领强化组织保障方面，雷波县强化干部队伍建设，始终将政治规矩放在首位，扎实开展"不忘初心、牢记使命"主题教育，县"四大班子"深入查摆问题419个，建立个人问题清单38份并逐项落实整改。坚持外学先进，分14期组织全县571名乡镇党政正职、村书记、驻村第一书记赴南充、广安等地学习脱贫攻坚先进经验。注重内省不足，提醒、诫勉谈话推动脱贫攻坚不力的47名干部，处理7名乡镇党政正职、35名村支部书记，同步选拔优秀后备人才。强化基层经费保障。按高于县级机关20%的标准预算乡镇工作经费，并严格落实每村9万元基层组织活动和公共服务运行经费。保持队伍稳，脱贫攻坚期内保持贫困乡镇党政正职、村支部书记、第一书记队伍稳定，全县机关单位编制6632名，在岗6495名，基本实现满编运行。强化阵地建设，从县管党费、县财政中整合资金1900余万元，新建、维修村党组织活动场所61个。用好"三项机制"。深化"筑底强基·凝聚民心"党建工程。将"三会一课"与党建月会有机结合，每月制发任务清单，明确2～3项必学内容、党建促脱贫重点工作，使乡村月月有事做、谋事有章法。抓实

"担当尽责·建功一线"行动。将全县4925名干部纳入纪实系统管理,确保帮扶干部一个不少地在脱贫攻坚一线建功作为。落实脱贫攻坚重大任务承诺。细化分解脱贫攻坚重大任务,39名县级领导带头认领、公开承诺、逐项推进。

在工作监督方面,雷波县把扶贫领域作风整治和腐败案件查处作为重点,紧盯县里的"权"、乡里的"情"、村里的"点",制定《雷波县开展扶贫领域作风问题专项治理工作方案》,加强监督执纪,加大案件查办力度,做好"以案促改后半篇文章"。2019年,共开展专项纪律作风督查16次,纪律作风问题通报3次,纪检监察机关共处置问题线索199件,立案查处131件136人,移送司法机关10人,追缴违纪违法资金207万余元,其中群众身边腐败案件98件、扶贫领域案件70件,涉及乡科级干部2人;在"凉山清风"网站曝光5件5人,县电视台曝光3件3人,党内通报29件30人,开展"阳光问廉"2期。

推动阳光扶贫、廉洁扶贫,为如期打赢脱贫攻坚战提供了保障。

## 四、心系群众:下足"绣花"功夫,着力解决群众"八难"

民生大于天,责任重如山。雷波县将学习贯彻以人民为中心的发展思想落地生根、变成普遍实践,积极回应人民群众最直接、最现实、最关心的民生问题,采取超常举措解决住房难、行路难、吃水难、用电难、通信难、上学难、看病难、增收难问题(简称"八难"),农民生产生活条件快速改善,群众的获得感和幸福感增强了,群众的满意度提高了。

### (一)解决群众住房难问题,推进全县安全住房及配套设施建设

雷波县精准把握政策要求,锁定工作目标,强化责任落实,推进全县安全住房及配套设施建设。推行"三个强化"(强化工作力量、强化项目审批、强化产业配套)、注重"三个突出"(突出项目超前谋划、突出资金整合使用、突出搬迁集中安置)、坚持"三个原则"(坚持政府主导、群众自愿,坚持"政策红线"、依规推进,坚持质量优先、安全搬迁)的"三个三"工作法,抓实易地扶贫搬迁工作。通过"土地增减挂钩项目",采取

分散安置和集中安置相结合方式,投入5.1亿元实施易地扶贫搬迁4950户21532人,其中20户以上集中安置点60个。多措并举实施彝家新寨,投入2.9亿元新建融合彝、汉、苗族文化元素的彝家新寨8698户,住房抗震功能提升改造767户,危房改造1372户。实施地灾搬迁93户,无政策覆盖土坯房改造3391户。加大县级财政投入,推进非贫困户土坯房改造7565户。截至2019年10月,累计新建住房1.7万余套,7万余人实现"安居梦"。

桃园新村,位于汶水镇的易地扶贫搬迁安置新村,距县城15公里,共投入5400余万元建设资金,于2017年3月动工建设,2017年12月竣工,2018年2月全部搬迁入住。在实施过程中,充分体现彝家新寨建设"家"、"园"、"寨"理念。主要安置了雷波县莫红中心乡马处哈、九口、达觉三个极度贫困村群众138户646人,其中建档立卡贫困户112户515人。

**(二)狠抓交通路网建设,解决群众行路难问题**

雷波县持续深入推进"交通先行"战略,牢固树立"抓交通就是抓脱贫"的理念,狠抓农村公路项目建设、客货运市场规范、公路管理养护、路产路权维护、航道建设等工作,努力构建"外通内畅"的大交通格局,打造"铁、公、机、水"四位一体的立体交通网络。在全力服务宜攀、乐西高速"大动脉"建设的基础上,扎实推进乡村公路"毛细血管"建设。统筹整合"四类资金",克服天险施工,完成所有行政村通村通畅建设任务,共建成通村硬化路1376.4公里,改造国省干线76公里,全县公路通车里程达2332公里,实现了47个乡镇全部通硬化路,通乡通畅率达100%。现在,一条条"天路"穿梭于大山峡谷之间,蜿蜒曲折,如丝如带,公路构建起当地与外地连接的主通道,结束了村民祖祖辈辈走泥路、爬陡坡才能出村的历史,给当地群众带来了发展的新希望。村民们走出大山,开阔了视野,转变了观念,增强了脱贫致富的信心。

**(三)解决群众吃水难问题,浸润百姓赢民心**

为解决群众吃水难问题,雷波县坚持优先保障,投入资金1.5亿多元用于实施农村饮水安全项目,安装建成饮水管道1320公里、供水水池896口、水窖717口、净化设备188套,全覆盖解决了贫困群众的安全饮水问题。严把项目申报、设计、发包、实施、验收关5个"关口",聘请第三方检测机构完成60个项目质量、数量检测评估,完成271个村水质检测,解决各类饮水安全问题500余个。聘请水利工程巡管员450名,处理饮水安全问题300余个,积极探索"以水养水"模式。2017—2019年,对全县240个村42807户190579人的农村饮水安全进行巩固提升。如今,所有村里都通自来水,拧开水龙头就流出白花花的自来水,方便省事儿,喝着也放心。

**(四)解决群众用电难问题,推进电力建设工作**

雷波县地形复杂,泥石流、飞石、山体塌方等自然灾害频发,给电力工程施工带来了严峻挑战。为解决用电难问题,国网四川雷波县供电有限责任公司因地制宜,创新方法,针对工程物资运输难问题,采用人扛、马驮、绞磨、索道运输等方式,积极推动电网建设,将光明送进千家万户,确保了贫困户生活用电全部达标。2016—2020年,组织实施完成电力扶贫项目544个,项目总投入3293.12万元;向国网公司申请电力扶贫项目130个,项目总投入11759万元,彻底解决了全县贫困建档立卡户生活生产用电问题。

**(五)解决群众通信难问题,抓好通信网络建设**

雷波昔日贫困村,山上的村民从未用过手机,山上农特产品不能变"现"。为此,雷波县采取优化通信基站布局和增加光缆传输线路等措施,克服重重困难,保障贫困村通信网络的全覆盖。县电信分公司把通信扶贫作为头等大事,2018年年底启动通信扶贫村村通工程,成立了村村通工程领导小组,派遣6支施工队伍17个小组同时施工,全力突击提前完成任务。县移动公司为啃下"电信普遍服务"这块"硬骨头",成立"嘎尔莫波行者"网络班组,哪里有困难就往哪里解决。在完成瓦扎、兰家湾、刺竹坪、马尔洪、阿古依洛、丰家坪、阿火哈洛等村的网络通信建设中,县电信和移动公司建设者运光缆和电杆的车经常陷在淤泥中,施工人员有时还自行修路,采用人抬马驮,硬是将材料搬到了目的地。施工人员还在万丈峭壁上布放光缆,肩挑背扛送光缆,起早摸黑装宽带。老百姓评价,电信和移动施工人员是把脑袋挂在光缆上才建成网络的。2017—2020年,全县建通信网络基站415个,实现171个贫困村通信网络达标,实现所有行政村宽带和无线手机信号全覆盖,打通了边远山区信息交流大通道。

### (六)解决子女上学难问题,阻断贫困代际传递

雷波县投入17.78亿元,实施教育扶贫,落实义务教育免补政策,实行"七长"负责制,抓好控辍保学。全县义务教育在校学生47758人,小学、初中阶段净入学率分别达99.6%、95.1%,义务教育均衡发展。2019年2月,全省义务教育基本均衡发展攻坚推进会在雷波县召开。坚持抓两头、带中间、攻职教,落实好"9+3"免费教育等政策,中职教育在校就读3720人,高中在校学生3406人,高考升学率稳居全州11个贫困县第一名。全面推广"学前学普"行动,让孩子不因语言而输在起跑线上。2019年6月,全国少数民族地区"学前学会普通话"行动试点现场推进会在雷波县召开,时任国务院扶贫开发领导小组办公室主任刘永富到会并给予高度评价。

### (七)解决群众看病难问题,用好医疗扶贫政策

以前的乡村医疗条件差,村民小病靠拖、大病靠扛,患了重病有的还无钱医治。雷波县从硬件建设着手,首先建好乡镇达标卫生院,采取公开引进和考聘医护人员的方式,配齐乡镇卫生院医生和护士,实现全县47个乡镇卫生院达标。投入1.92亿元,实施健康扶贫和贫困人口医疗保险财政代缴,全县贫困人口100%参加城乡居民基本医疗保险,在全县所有公立医院实行贫困患者住院治疗先诊疗后结算的"一站式服务",每年通过"两保、三救助、三基金"救助政策,减轻贫困户家庭医疗负担,全面实现了贫困患者县域内住院、依规转诊至县域外住院和慢性病门诊治疗个人支付占比控制在5%以内。全面推进家庭医生签约服务工作,成立以县医院牵头的家庭医生签约服务团队213个,累计完

成所有贫困人口签约服务,贫困常住人口家庭医生签约服务率达100%;推进全民健康体检,共免费体检贫困群众68688人。

**(八)解决群众增收难问题,抓特色产业和就业创业**

雷波县多措并举促进贫困群众持续增收,投入2.49亿元,抓好产业助增收。出台政策鼓励群众发展特色产业,注重引进和培育市场主体,构建利益联结机制,激发贫困户内生动力,全县形成"产村相融、产城互动、产企合作、产户融合"新格局,确保贫困群众通过产业实现长久稳定脱贫。

针对171个贫困村,通过一业带多业,一园聚多业,着力实现土地利用、产业效益、脱贫成效的成倍增加。新建产业基地52个,建设产业园区5个,带动4000多户贫困户发展,每户增收1000元以上。发展脐橙5万亩、核桃85万亩、青花椒21万亩、中草药2.7万亩、山葵800亩、莼菜800亩、竹子6万亩,建芋猪等养殖基地21个。实施就业技能提升培训,完成新型农民素质提升培训10837人、劳动力技能培训18916人、致富带头人培训210人。与佛山、宜宾等地合作,每年向外转移输出贫困户劳动力4000余人,支持创业400余人,贫困户实现劳动力平均增收3万元,开发公益性岗位5776个,实现"一人就业、全家脱贫"目标。

雷波县还加强贫困村文化、教育、医疗等公共服务能力建设,建设集村办公及活动室、文化室、卫生室、民俗文化坝子等功能于一体的综合体121个;统筹整合资金2900余万元,配套完善相关设施设备,建好47个乡镇的便民服务中心。

## 五、集体统筹:走共享发展之路

雷波县从实际出发,利用扶贫资金,积极促进农村社区集体经济发展。一是在贫困村建立合作社形式的村集体经济组织。按照国家脱贫要求,雷波县统一部署,171个贫困村都建立了合作社形式的村集体经济组织,主要以村民委员会主任为负责人,未全面实现村级党组织书记带头发展村集体经济管理模式。因脱贫攻坚工作无强制性要求,81个非贫困村未设立合作社形式的村集体经济组织。二是整合利用扶贫资金促进村集体经济发展。自开展脱贫攻坚工作以来,县委、县政府高度重视村集体经济发展工作,积极争取中央、省、州扶持项目、资金,加大村集体经济扶持力度。截至2017年年底累计投入资金4600万元、扶持133个项目,2018年累计投入资金5480万元、扶持201个项目,2019年累计投入资金6243万元、扶持249个项目。经过探索,到2019年,雷波县基本解决了集体经济空壳村问题,83个村年收入1万元以下,171个村1万~5万元,20个村5万~10万元,5个村10万元以上(其中锦城镇城北村超过50万元)。171个贫困村集体经济收入全面达标,符合贫困村退出的国家标准。受自然环境、交通条件、人文因素等影响,雷波县贫困村集体经济发展参差不齐。总体而言,村集体经济规模小,效益不高,功能发挥不充分。从集体经济发展较好的村,以及所形成的联结龙头与农民、统筹社区经济社会发展、更好发挥基层党组织战斗堡垒作用的机制分析,村集体经济在促进脱贫和乡村振兴进程中,发挥并将继续发挥不可替代的作用。

## (一)农村集体经济组织统筹发展促进由贫困村向乡村示范村转变

雷波县八寨乡甲谷村是中央纪委国家监委机关定点帮扶村,山高坡陡谷深,地质灾害频发。脱贫攻坚战打响后,在中央、省、州"三级"纪委帮扶下,甲谷村如期实现全面脱贫,2019年被评为雷波县唯一的乡村振兴战略示范村。其中,一个重要的因素,是以党建促脱贫发展,发挥好基层党组织的战斗堡垒作用,通过村集体统筹资源利用和产业发展,统筹经济社会发展,形成了集体致富和共享发展的机制。

(1)构建起村集体统筹发展的机制。甲谷村发挥党支部的引领作用,以"党支部+合作社+农户"的模式促进产业发展。该村的"合作社"名为专业合作社,但从实际运作看,已超出专业合作社范畴,属于村集体经济组织,是村党支部领导下的社区综合合作社(因为国家法律还在制定进程中,只是基于现行法律,仍以专业合作社取名和登记)。坚持党支部引领,确保合作社发展保持正确的政治方向,推进农村"三变"改革,发展成果惠及全体村民,不断壮大合作社规模,提高农民的组织化程度,积极利用电子商务等新型经营平台,提升产业发展效益。

村集体持续抓好项目管理,干一件成一件,确保项目发挥持续增收效益。脱贫验收后,进一步强化合作社日常管理,建立健全内设机构,成立综合组、生产组、技术质检组、财务组、销售组,选好内设机构负责人,完善规章制度,实现规范化运行,确保合作社管理规范、运行有序,在党支部领导下健康发展。

按照脱贫不脱政策的要求,村集体持续关注返贫风险户、困难户等,在收益分配上给予倾斜,消除收入鸿沟,共建幸福甲谷村。在保持建档立卡户持续增收的基础上,坚持把帮扶重点放在老年人、残疾人、重病患者等特殊困难人群上,持续帮扶非建档立卡户,实现建档立卡户、非建档立卡户、特殊困难户齐头并进,携手发展。

(2) 统一资源配置和产业发展规划,促进产业兴旺,打造富裕甲谷村。在家庭承包经营的基础上,通过集体统筹和积累,把全力推进脱贫攻坚作为美丽乡村建设的基础和前提,抢抓政策机遇,精心谋划扶贫项目,持续培育增收产业。其中,一个重要做法是,改变一家一户各自发展格局,做到长短结合、种养结合。发展长远增收产业:结合甲谷村的自然条件和原有基础,引进优质品种翡翠梨,已栽种200亩,盛果期亩产约为4000斤,产值可达640万元,人均增收6870元;种植桃树140亩,盛产期平均亩产可达5000斤,亩产值可达2.5万元,创产值350万元,人均增收约4648元;种植实竹、雷竹2346亩,可实现每年春秋两季产鲜笋,年产鲜笋50万斤,年产值约为200万元,人均增收约2656元。2020—2022年,预计三项相加人均增收约1.4万元。对于三年收入空窗期的增收问题,主要是发展短期增收产业。一是发展林下经济,在梨子、桃子地套种蒲公英,现已种植50亩,亩产4000斤左右,一年获利约100万元,解决当下产业发展资金紧缺难题。二是利用山顶草场优势,发展猪、牛、羊、鸡等养殖业,解决短期增收难题,目前养鸡8000余只、山羊800余只、猪700余头、牛100余头。三是将竹子用地纳入退耕还林范围,每亩地5年补助1200元。同时,围绕生态文明建设要求,在荒山荒坡种植竹子2346亩,改善生态环境,保持水土;实施退耕还林,增加群众收入,让绿水青山变成金山银山,改变村民能源结构,变烧柴为用电,改善长期砍伐造成的生态破坏,恶补生态欠账,实施"生态扶贫",培植生态发展底色。村集体的这一系列统筹和积累,为产业兴旺奠定了良好的基础。

(3)统筹经济与社会发展。党支部发挥战斗堡垒作用,把实施扶贫项目与发展村集体经济统筹起来,凝聚人心,促进经济与社会同步发展。

一是大干基础设施,打牢发展基础。实施易地扶贫搬迁集中安置建设,2018年10月,140户建档立卡贫困户全部搬迁入住;修建通村硬化路8.5公里、通组硬化路4.5公里,产业路3公里;修建蓄水池5个,合理调度生产生活用水;新建冷冻库综合体1个,850平方米(可储存水果80万斤);修建防洪沟4条、彝绣房1个、500平方米鸡场1个和600平方米羊场1个;修建村综合体1个,240平方米(集党员活动室、文化室、农民夜校、卫生室为一体);扩建幼儿园300平方米;新建民俗文化坝子1个;安装村组路灯160盏;全村通4G网络。充分利用房屋间距空地,打造庭院农业经济。人居环境大为改善,为产业发展打下良好基础。

二是大搞环境整治,改善人居环境。以全域无垃圾治理行动为抓手,集中开展农村生活垃圾和面源污染防治,已建成公厕5个,正在新建2个;垃圾池6个,正在实施垃圾分类;修建化粪池4个,实施污水净化处理;定期收集白色垃圾,所有集中畜圈安装沼气池,消除生产生活污染;落实公益性人员岗位责任,划分责任区,定期检查评比;实施村民门前"三包",帮助养成良好卫生习惯;定期评比"洁美家庭户",给予奖励。逐步建立环境治理长效机制,帮助村民养成干净卫生生活习惯,实现村庄环境保洁常态化、规范化。

三是着眼乡风文明,打造文明甲谷村。甲谷村是典型的高山彝族聚居村,民风淳朴,但较为封闭落后,村民文化素质普遍偏低。交通通信设施改善后,提高村民文化素质,改变封闭落后的状况任务艰巨繁重。通过扶志＋扶智,帮村民打开外面世界之门。修建通村硬化路8.5公里,建设客运招呼站;全村通4G网络,建设电商站点,联系凉山州电信公司捐赠智能手机300部,建设"幸福甲谷村"微信群,村民学会上网聊天、购物,降低了生活成本,提高了参与意识,家家能看电视,打通了外面的世界,缩短了数字鸿沟,部分村民开通"快手"直播,村民自主学习能力大大加强。

四是对教育、医疗持续投入,发现培养本村本土人才,为幸福甲谷村建设培养生力军。对标中央省州县要求,紧盯教育医疗短板弱项,大力弘扬埋头苦干精神,培养后备干部人才,以敢死拼命、只争朝夕的精神,以时不我待、迎难而上的"挑山工"姿态,全力抓好各项任务落实,努力建设幸福甲谷村。

同时,办好农民夜校,提升村民知识水平;开展文体活动,丰富村民文化生活。

总之,甲谷村发挥党支部的战斗堡垒作用,从本村实际出发,坚持自治、法治、德治并举,在集体统筹和积累下,村级治理迈出可喜一步,形成崇尚新风、充满活力、和谐有序的新风尚,实现经济社会齐发展,进而实现由贫困村向乡村示范村的历史性转变。

**(二)农村集体经济组织在联结龙头企业与农民上发挥重要作用**

雷波县"一山有四季、十里不同天,一天有四季、十里不同温",不同海拔区域、地理单元、地貌单元构成了得天独厚的生态优势,有利于特色农业的发展。然而,全县悬崖峭壁路险,制约生产现代化的因素多,农民技术水平低和经营能力弱,交通运输成本高,农户与市场难对接,大规模商品生产难发展,只能小打小闹,这是脱贫攻坚必须破解的问题。

雷波县为破解贫困农户发展产业难题,通过投入产业扶持基金对贫困村贫困户进行扶持，并通过集体这个纽带，把龙头企业与贫困农户联结起来。具体做法是，统筹利用产业扶持基金、广东佛山和四川宜宾对口扶贫资金投向村集体，村集体一方面将其作为股份量化到农民，一方面入股龙头企业，形成了龙头企业、集体、农民相互促进和共享发展成果的机制，促进了产业发展和脱贫。

雷波县乌天麻产业就是这样发展起来的。2016年，雷波县从对口帮扶的宜宾市翠屏区引进雷波本道农业生物科技开发有限责任公司（以下简称本道农业公司）开发乌天麻等中药材。22个村集体向本道农业公司入股2000万元，并协调解决农户生产，如今中药材产业发展粗具规模。在村集体的连接下，本道农业公司在雷波县顺利发展了扶贫产业——中药材产业，2018—2020年在雷波县新建中药材种植基地15个，县级天麻产业园区1个，中药材产融示范园1个。中药材种植面积达3800亩（其中天麻种植基地1600亩、黄精种植基地800亩、白芨种植基地200亩，其他中药材种植基地1200亩）。本道农业公司下一步将在雷波县南部9个乡，按"产学研教一体化、农文旅加一体化、一二三产业融合、生态立体循环"和"产业融合化、乡村景观化、全域景区化"，打造"雷波县药食同源中药材综合开发乡村振兴示范区"，其中项目核心区5000亩、产业辐射区100000亩，以打造"金沙江流域药食同源第一县"。乌天麻产业的发展，促进了农民增收脱贫。本道农业公司产业涉及15个乡镇38个贫困村3763户建档立卡贫困户（贫困人口17731人）。2019年向贫困户分红100万元，2020年分红280万元，预计2021年分红将大幅增加，并带动更多农民就业增收。

笔者调研的雷波沃土农业高山芦笋基地和座谈中了解到的马湖莼菜基地，都是通过发挥村集体作用发展起来的。马湖莼菜基地与天麻基地、高山芦笋基地有所不同的是，发挥当地国资公司平台的优势，实现村集体资产与社会资产的对接。通过县国资公司平台，发挥财政资金撬动作用，用好用活财政支农惠农资金，探索多样合作方式，引导专业合作社、企业、自然人等社会资本投入农投公司建设，创新实施"企业资本+财政涉农资金"双向合作模式,共同成立雷波马湖优佳莼菜种植有限责任公司,并将财政投入资金股份量化至原19个贫困村集体,另吸引22个村集体向马湖优佳莼菜种植有限责任公司投资。经过短短几年时间,马湖莼菜种植面积1200余亩,产值700多万元;收益分红覆盖全县原19个贫困村,受益贫困户达1604户7977人;通过采摘莼菜务工挣薪等方式带动当地群众实现务工人均年收入2万余元,惠及农户9380人。莼菜产业已成为当地群众持续增收的"香饽饽"。

## 六、扶志扶智:立足长远,高质量实施教育扶贫

教育有保障是"两不愁三保障"的底线目标之一,影响着脱贫攻坚的成效和全面小康的成色。雷波县委、县政府把教育摆在优先发展的位置,"宁可勒紧裤腰带也要办好教育"。雷波县发挥东西部扶贫协作、四川省内外对口帮扶平台作用,学习借鉴先进理念和管理模式,拓宽办学思路,提出"抓两头、带中间、攻职教",全面落实15年免费教育、"9+3"免费职业教育,推进学前教育普及化、义务教育均等化、高职教育优质化发展,努力办人民满意的教育。

统筹规划,绘制教育发展蓝图。雷波县委、县政府成立以书记、县长为双组长的教育发展工作领导小组,每年专题研究解决教育发展重大问题,为教育项目开辟"绿色通道",形成"政府主导、部门联动、合力攻坚"的工作协调推进机制。依托四川省教育科学研究院制定《雷波县教育质量提升规划》并出台《雷波县义务教育学校布局调整方案》《雷波县义务教育均衡发展规划》《雷波县义务教育均衡发展推进方案》《雷波县学前教育发展规划》等,明确了教育发展的总体思路、主要任务,将教育工作纳入乡镇和县级部门目标考核,确保教育项目顺利实施,保障措施到位。

坚持治标与治本相结合,注重从源头上打破"贫困积累循环效应",大力推进雷波县"学前学会普通话"全覆盖。村村有学前教育设施,全部达标。学前教育入园率90.1%。普通话达标率80.7%。凉山全州

把雷波县教师创作的学普之歌《我是中国娃》作为学前学普行动必唱歌曲,把雷波县制作的幼教点教学常用表册和资料夹作为全州统一使用的模板。在控辍保学工作中,雷波县委、县政府统筹安排部署,细化问题清单,层层压实目标责任。落实"精准摸底、包干负责、多元劝返、分类复学、情感控辍、质量控辍、依法控辍和科技控辍"等举措,积极"化解存量、控制增量"。累计开展学业补偿4002名,解决了历史遗留问题,劝返复学486人。截至2019年12月25日,四川省控辍保学管理平台锁定雷波县的2541名失辍学学生全部完成销号,总体销号率100%。

公平普惠,保障适龄少儿接受良好教育。雷波县全面落实15年免费教育,建立了政府统筹协调、部门各负其责、社会共同参与的关爱和服务体系,有效保障了进城务工人员随迁子女、农村留守儿童、残疾儿童、家庭特困学生平等接受义务教育。2019年实施15年免费教育共投入1.68亿元。雷波县政府在国家给予生活补助的基础上,县级财政再补助全日制中职在校一、二年级学生生活费每生每年1500元。2016年至2019年,雷波县共为3900名符合条件的中职学生发放生活补助资金606万元;教育扶贫救助基金发放474.73万元,资助学生7508人。一系列教育惠民政策的实施,保障了贫困家庭子女就读需求,全县无因贫失辍学现象。同时,向在校生家庭发放义务教育收费明白卡,向广大百姓宣讲民族地区教育政策,丰富完善了户档材料,杜绝乱收费现象。为激励师生勤教苦学,雷波县委、县政府每年拿出400万元用于教学质量奖,"掌众教育扶贫基金"每年拿出100万元,奖励中小学优秀教师和品学兼优的学生。

强化队伍建设。2015年以来,雷波县共补充961名教师,其中,在编制紧缺的情况下,采取政府购买服务方式及时补充教师263名,安排到薄弱学校。将综合帮扶的援彝教师中具有相关经验的23名老师聘任为所在学校的挂职副校长或校长助理,充分发挥他们在学校管理等方面的传帮带作用,着力打造一支带不走的高水平教师队伍。组建由26名援彝教师组成的综合帮扶志愿服务队,开展县内跨区域教研工作,提升全县整体教学质量。

提升办学水平。雷波县利用高通量宽带卫星全国试点项目和全景学习平台,带动42所学校107个班开展"跨区域同步教学",成为全国首个大范围开展跨区域混合网络教学项目试点的地区;利用成都七中、石室中学优质网络资源,在中小学开展网络直播、录播教学,将最好的课程送到农村学校,让民族地区孩子们充分享受优质教育资源,进一步促进教育均衡发展。

雷波县教育事业取得长足进步,"一村一幼"全面实现,义务教育基本均衡,高考升学率长期稳居凉山州11个贫困县第一名,教育质量提升显著,得到了社会各界的一致好评,2018年高分通过了义务教育均衡发展省检验收。雷波县高考成绩屡创佳绩,2020年更是首次突破本科上线400人大关,2名学生分别被清华大学、北京大学录取,多名学生被武汉大学、厦门大学、北京师范大学等知名高校录取。喜讯在全县迅速传开,引起强烈反响,进一步坚定了县委、县政府办好人民满意教育的信心和决心。

## 七、希望天路:助云端村庄脱贫

笔者从金沙江边一路盘旋而上,到了海拔1800余米的大坪子村村部。进村部前还能看见垂直落差1200米下的金沙江,过几分钟后再回到村部门口想仔细看金沙江时,转眼一阵浓雾,就看不到下面的金沙江了。沿途所见交织纵横的网状式通乡通村通组公路是经过8年"死磕"换来的成果。其中,通乡公路连续上坡至乡政府有38道弯,火草坪村通村公路连续上坡有33道弯,五指山通村公路连续上坡有23道弯,大坪子村通村公路从国道沿山势而上至母猪坪点位有63道弯,到省道点位有75道弯。以国道为中轴线开始计算,路经各村、组及乡政府机关,进而连续上坡到大坪子村终点共有108道弯。这条从海拔600余米的河谷到1800余米的山顶的路,垂直落差1200余米,雷波人称之为"天路"。在往返这条天路时,笔者有些心惊。当地同志告诉笔者,在雷波县这还不是最险的路。

### （一）八年艰险筑路

高耸林立的山使村与村、人与人自然相隔。2012年修路之前的大坪子乡是全县唯一不通公路的乡，是封闭、贫困和落后的代名词。修通一条条扶贫的天路，用一条条莽山玉带连接大坪子乡的村村寨寨，牵引着广大贫困群众向着致富奔小康的康庄大道迈进。

大坪子，名不副实，其实这个地方一点都不平，连修一块标准篮球场地的平地都难找。彝族谚语形容大坪子是"喜鹊滚石头，猪槽拴着喂"，即一只轻盈的喜鹊稍微停顿一下，飞离后便能把脚下巨石滚落；为了避免养猪的猪槽滚走，只能选择将其拴住。这形象地比喻了这个地方山大坡陡、地势险峻。

道路遇阻则百业俱废。2012年修路之前的大坪子乡一眼看去满是荒凉，走到这里需历经艰难，手脚眼要并用，脚要踩稳，手要有着力，眼睛还得随时看着是否有滚石。这里不通水电，人们依山而居，单靠玉米、土豆和荞麦为食，过着半农半牧的原始生活。分布在各个山梁上的人们充分利用自然资源就地取材，只有条件好的才能盖上瓦片房，大部分是住在茅草屋和木板房里，牲畜就放在用石头垒起来的简易畜圈中。人们不是不想把房子修好，也不是不想修好畜圈避免牲畜冻死，只是买1袋水泥20元，加上人背马驮转运，费用就高达100元/袋。外面物资进来难，本地农副产品出去更难。每逢赶场大坪子乡的乡亲们都得凌晨4:00—5:00做好准备，背上小猪或粮食，走过几小时的山路到上田坝市场销售。运气好还能完成交易，如果运气不好销售不出去，还要把货物背回去，一来二去要花费一整天。很多学生因为无法忍受道路的艰险跋涉而选择辍学，很多人望山而叹选择逃离，很多人想改变现状但始终有心无力。

路没有通，连生命都无法得到保障。有个七八岁的小孩不小心摔伤，需要紧急送往县医院救治，众人抬到半路时因错过最佳救治时间而死去。村支书卢尔伯的母亲和妹妹外出劳动，因孩子还小，孩子的妈妈就将其拴在树上,因孩子不慎滑落,母亲为了救孩子也跟着滚落山崖。这样的例子很多很多。

2011年,启动了搁置已久的通乡公路修建计划。经过多次调研走访,不比困难比办法,不比条件比干劲,竭尽所能艰苦奋斗,强力推进各路段建设,分四个阶段完成建设任务。

第一阶段是协调规划。2011年8月,组建不久的新一届乡党政班子开始重启通乡公路修建计划,重点解决缺乏项目资金和协调过境土地两个难题。县里最初预算大坪子乡通乡公路拨付资金为每公里10万元,按当时物价水平的预算,结合大坪子乡特殊的地质条件和施工难度,注定亏本,没有施工队伍愿意承接项目。恰逢施可丰公司在大坪子乡开展探矿,经双方多达16次协商,最终决定公司每公里追投资金30万元,总规划里程8.7公里,解决了部分资金难题。由于通乡公路大都过境上田坝乡棉花坪组,群众的利益诉求不一,区域间的协调需要加强,两乡对具体问题进行多达68次商讨,最终形成补偿标准,各项前期保障问题得到解决。

第二阶段是矿山道路并线。2012年9月21日,大坪子乡通乡公路正式启动。成立道路建设临时指挥部,工作队将所有工作强压到一线,吃住在工地,起早贪黑积极应对各项工作难题。2012年10月14日下午4点6分40秒,通乡公里第一炮打响。因坡度太陡,岩石太厚太多,施工难度太大,施工用水需从金沙江运来,"之"字形的走向加长了里程等,工程进度太慢。2014年下半年修完6公里的路到达耐巴石村村委,终于解决重重困难完成矿山道路并线。

第三阶段是组网通畅。2015年再次协调修建通乡公路未完成部分,下半年正式动工,于2016年6月27日中午11点58分第一辆施工工程车抵达乡政府,完成总里程10.3公里通乡毛路建设,摘掉了"雷波县最后一个不通公路乡"的帽子。恰逢脱贫攻坚支持基础设施大建设政策,加快推进火草坪村、大坪子村到乡政府的连接组线建设。

第四阶段是硬化升级。从2016年下半年启动通乡通村环线建设到2018年2月全面建成通村通组毛坯路,总里程达40.73公里。按照脱贫攻坚的要求,做好边修公路边硬化,边拉材料边建设,于2019年8月11日完成所有路段硬化任务。

整个通乡通村通组道路从开始到结束历时8年,共完成40.73公里里程,平均每年修建5公里多。在修建公路期间,组织召开专题协调会100余次,协调解决阻工扰工纠纷140余起,正风肃纪处置不得力干部9人。修这条路的过程也是一次树牢理想信念的历程,广大党员干部、群众把汗水滴在承载梦想希望的公路上。道路一米一米艰难推进,党群同心也在一点一点积攒着精神的力量。

### (二)踏上希望之路

路通促百通。这条天路解决了群众的出行难题,过去村民往返主干道用时8小时缩短到现在的40分钟,成为促进地方社会经济发展之路,打开了一扇通往美好幸福的大门。

一是方便群众走出去。以前闭塞的社会环境导致整体的社会发育程度低,群众的发展意识弱。这条天路方便了与外界的联系,不仅仅物质流动便捷许多,思想层面的冲击更是巨大。现在家家有读书郎、家家都有人外出务工,生活的轨迹不仅仅局限在山寨一隅,通过公路的支脉联系走向全国大动脉,从封闭走向开放、从落后走向进步。

二是基础设施大变样。在开展脱贫攻坚工作中,依托公路建设优势,强力推进"两不愁三保障"各项基础设施建设,公共服务功能全覆盖,实现贫困户451户2032人如期脱贫摘帽,全乡人均收入达到6500元。

三是促进人才培育。大坪子乡的学校有名,因为在这里曾经出了一位坚守大山十多年的最美乡村女教师——中共十八大代表马剑霞,她用青春浇灌着这片贫瘠的土壤。建好学校,教好学生一直以来就是她的期望。2016年路刚通,大坪子乡小学便于2017年开始了新址建设,2019年完成整体搬迁,学校占地面积1790.53平方米,建筑面积2567.62平方米,其中运动场面积1020平方米,能容纳师生200多名。

这条天路让更多的孩子受到更好的教育。近几年来,完成适龄学生入学一个都不少。2012—2019年,天路修建8年来,共有400余名学生毕业,有的继续就读高中、大学,有的则参加"9+3"职业技能培训。路修通后共实现对外劳务输出4000余人次,珠三角的电子厂、长三角的轻工厂、贵州的高速公路、陕西的高铁、西藏的高压电线高架和东北的工地,大坪子乡的青壮年足迹遍及祖国大江南北,为贫困户增收奠定了坚实的基础。

四是实现产业大发展。基础设施建设为产业发展奠定了坚实的基础。在各级力量的支持下,因地制宜发展种养结合、长短衔接产业。共修建养猪场30余间、牛羊圈舍8个,引进企业增加集体经济收入。合理规划养殖产业,河坝区域养山羊、高山区域养绵羊,规划引进水源发展经果林,沿江一带发展脐橙、李子和注重金沙江流域植被恢复,"二半山区"重点发展花椒、核桃。

## 八、移民新生:阳光新村开启阳光生活

易地扶贫搬迁,让贫困群众走出大山、走进幸福,实现了祖祖辈辈的梦想。阳光新村是新时代脱贫攻坚下实施的易地扶贫搬迁项目之一。

### (一)阳光新村沐浴着党的阳光

脱贫攻坚战打响以来,雷波县把党和国家的温暖和关怀落到实处,对不适宜老百姓居住的最边远极度贫困村实施易地扶贫搬迁,把易地扶贫搬迁作为解决贫困、改善民生、统筹城乡、发展经济的重要引擎,抢抓机遇,创新方法,用活政策,抓紧抓实"三个三"工作法,让群众住上好房子,过上好日子,切实有效地推进了脱贫攻坚的进程。

县委、县政府超前谋划,精心组织易地扶贫搬迁工作,汇聚中央单位定点帮扶、东西部对口协作、省内综合帮扶以及对口帮扶的合力,阳光新村由此被赋予深刻内涵,高点破题,全新开篇。

阳光新村主要安置大岩洞乡中南村和半坡村等8个乡镇15个村

易地扶贫搬迁农户340户、1620人。阳光新村分两个点,一个点位于县城新区西南角叮叮马村7组,另外一个点位于杉树堡乡杉树村3组。总规划面积23359.1平方米,总建筑面积38785平方米。

阳光新村建设项目投入易地扶贫搬迁资金8366万元,广东省佛山市、宜宾市翠屏区、巴中市恩阳区援建资金和群众自筹资金等4011万元,共计12377万元。

### (二)阳光新村在阳光下建设

坚持政府主导,群众自愿搬迁。按照"户申请、组评议、村公示、乡审核、县审定"程序,确保符合条件自愿搬迁的一个不落,切实保障搬迁群众的合法权益。

坚持"政策红线",群众当家做主。严守面积和自筹红线,制定70平方米、90平方米和110平方米户型供群众选择,贫困群众出资不超过1万元。

2017年9月22日,在大岩洞乡举行2018年易地扶贫搬迁阳光新村启动仪式,搬迁村民严格按照程序选举产生理事会,由理事会全权负责项目建设相关事宜。

2017年12月11日,阳光新村工程房建部分"一事一议"竞标会在县体育馆举行,由村民投票选出阳光新村工程施工企业。竞标会前,县纪委监察局负责同志对理事会成员进行集体廉政谈话;整个竞标过程,监督小组全程监督。同年12月19日,在金沙镇叮叮马村举行阳光新村开工启动仪式。

2019年6月20日,阳光新村340户村民搬入新家。房屋分配公平、公正,村民首先按照3种户型抽取顺序号,然后按序选房,再由乡镇干部引领至所抽房屋进行入住验收,并签订入住协议。

村民陈阿且说,房屋分配公平、公正,大家很满意。他做点小本生意,一辈子都买不起房子,今天分到新房子,特别高兴,感谢共产党!感谢人民政府!

分房现场,村民们还高高兴兴地领到了中央纪委国家监委机关捐赠的沙发、床和儿童书桌等家具。

**（三）阳光新村开启阳光生活**

从住进好房子到养成好习惯、形成好风气、过上好生活，有许多事要做。

成立阳光新村临时党支部和阳光新村业主管理委员会是第一步，明确了村民的主心骨。充分发挥临时党支部对党员干部的教育、管理、服务作用，做好阳光新村的管理和服务工作，调动群众积极性，推进各项工作顺利开展。

开展新型农民素质培训。讲解脱贫攻坚、政策法规、种植养殖技术，培养学用普通话、学会彝族文字、基本算术等能力，帮助群众转变观念，提高文化素质，激发内生动力，提升了群众的脱贫能力。

为实现"搬得出、稳得住、有事做、能致富"的目标，阳光新村修建了部分生产性用房，群众能从生产性用房中获租金收入。向广东省佛山市、宜宾市翠屏区等有组织开展劳务输出，村民获得劳务收入。开展针对性技能培训，搬迁群众在县城周边物流园区、物业管理、建筑工地等就近就业。老百姓搬迁后的原址实施退耕还林，群众获退耕还林补助，既增加收入，又保护了生态环境。开发公益性岗位，对有一定劳动力、特别困难的群众进行公益性岗位兜底安置。

## 九、衔接振兴：巩固脱贫成果和有效衔接乡村振兴战略

抑制返贫、巩固脱贫成果、与乡村振兴战略衔接是雷波县脱贫后面临的课题。2019年6月起，雷波县委、县政府就脱贫攻坚和与乡村振兴战略衔接问题，组织开展了《发挥生态优势、做强特色农业，为脱贫攻坚提供产业支撑》《雷波县深度探索返贫困治理长效机制》《提高群众满意度的思考》等30个课题研究，探讨了抑制返贫、巩固脱贫成果、与乡村振兴战略衔接中面临的重大问题，提出了应对的思路和措施。

**（一）脱贫后返贫的风险点**

"脱贫不返贫"才是真脱贫。脱贫摘帽后，"两不愁三保障"水平不

高的现象依然存在,加之受自然环境、文化习俗、因病因灾、产业后劲不足等诸多因素影响,部分脱贫人口依然存在返贫风险。返贫的风险点集中在3个方面。

(1)家庭抗风险能力较弱。个别脱贫人口虽然达到了脱贫标准,但基础不牢,返贫现象开始逐步凸显。

一是因灾返贫。据统计,雷波县约69%的贫困人口集中在西部山区,有超过20%的贫困人口居住在海拔1500米以上的"二半山区",有的甚至居住在海拔3000米以上的高寒地区,收入单一,主要收入来自种植玉米、马铃薯和养殖牛羊。由于这些地区大多数生态环境脆弱、地质灾害相对频繁、生产生活条件差,一场霜冻、一场雨,就可能让群众的劳作化为泡影。

二是因疾病返贫。虽然有国家的扶持,贫困户就医自费的比例不超过总费用的5%,但若患者是家庭的主要劳动力,患病不仅需要大量治疗费用和治疗时间,还会丧失2名以上的劳动力,从而影响家庭收入,使家庭陷入贫病交加的境地,很容易"一人生病,全家返贫"。

(2)内生动力后劲不足。内生动力的培育是精准扶贫的重点,但是部分贫困户的能力发展与思想脱贫仍是短板。

一是贫困户自我"造血"能力不强。在脱贫攻坚中实施了一些以养猪、养鸡为主的"短平快"项目,虽然短时见效快,但是产业发展持续力弱,对长期稳定脱贫效果不明显。为了鼓励发展产业,制定"以奖代补"的产业发展政策,若不继续支持,贫困户发展产业的热情将会降低,又增加返贫的风险。虽然实施了新型农民素质提升工程,开展了劳动技能培训等工作,但因务工收入不稳定、务工地远等原因,没有达到"一人就业、全家脱贫"的目标。2016年以来,劳动技能培训2.1万余人,但就业率不足20%。

二是"精神脱贫"任务仍然艰巨。物质脱贫易,精神脱贫难。全县贫困户人口中小学及以下学历占47.86%,文化素质低,个别贫困户思想保守、思维观念还停留在自给自足的自然经济时期,安于现状,发展动力缺乏。国家惠农政策的实施和兑现,社会各界捐资捐物,助长了部分贫困户的惰性和"等、靠、要"思想。有的贫困户好逸恶劳,打工怕累,发展怕赔;有的贫困户"不扶还好,一扶就倒",干脆"靠着墙根晒太阳,等着别人送小康";高价彩礼、薄养厚葬等问题突出。精神贫困是脱贫的实质障碍,"精神脱贫"任重道远。

(3) 产业发展"量小质弱"。现有的脱贫产业大多以家庭为主,"量小质弱"问题突出表现如下。

一是根据经验发展产业。贫困户的产业项目多是依据贫困户的经验判断或帮扶人员推荐选择,普遍以家庭种养业为主,大多重当前收入增长、轻长远市场分析,重短期经济效益、轻长远发展规划,这种"短视"往往导致产业同质化,跟不上市场的需求变化。比如,近年雷波县新种植核桃 57 万亩,价格已由高峰时期的 10 元/斤降到 3 元/斤,发生个别建档立卡户宁愿核桃掉在地里也不收的现象。

二是产业规模大多"小打小闹"。目前产业发展主要是以家庭为单位的分散种养为主,规模化经营仅占 0.7‰,分散的家庭种养业无论是在资金、技术、劳动力等要素的配置上,还是在对市场的预期和判断上,都明显不足。同时,由于交通不便,没有高铁,也没有高速公路,运输时间长且费用高。这些因素共同作用,使产业发展很难摆脱"小打小闹"的局面。

三是产品竞争力弱。贫困村的产业发展,在选择发展项目上比较单一,大都是发展当地的特色农产品,产品销售时大多为初级产品,没有进行精深加工,产品的附加值低;也没有进行"三品一标"认证,品牌效益不明显。

**(二) 统筹抑制返贫与乡村振兴战略衔接**

雷波县以脱贫"摘帽"为新的起点,准确落实"四不摘"要求,抓住政策"窗口期",再吹冲锋号,再下"绣花"功夫,进一步巩固和提升全县脱贫攻坚工作成果,推动高质量发展。

(1) 探索建立返贫困治理长效机制。按照"坚决打赢脱贫攻坚战,巩固脱贫攻坚成果，建立解决相对贫困的长效机制"要求，探索建立返贫困治理机制，实现"消除贫困，缩小差距，促进和谐"。

一是探索财政投入机制。逐步建立健全返贫困治理财政投入机制，如探索建立现金转移支付制度，通过引入有条件现金转移支付制度，将低保线以上的增量补贴与提高贫困人口教育、健康等人力资本积累目标相结合；探索建立以"鼓励劳动"为核心的正向激励制度，对有劳动能力的贫困人口，建立"劳动奖励"基金，用有条件的奖励替换以前无条件的帮扶补助，将奖励基金的发放与开展移风易俗、改善健康卫生等相结合，充分激发内生动力。

二是健全项目建设机制。促进脱贫人口稳定脱贫，项目建设是有效的载体。项目的实施要根据开展相对贫困治理的总体要求，对基础设施建设、产业发展、教育医疗保障等所有涉及返贫困治理的项目进行全面规划，并与国民经济和社会发展"十四五"规划同步开展，根据县财政资金可承受程度来统筹安排，分步实施。

三是完善责任追究机制。重点研究制定相应的政策文件，进一步明确县、乡、村"责权利"，做到有权必有责，切实推动返贫困长效治理的责任落实。

（2）着力巩固脱贫成果。坚持防止返贫，持续提升群众获得感、幸福感。

一是着力成果提升。坚决贯彻"四个不摘"，继续抓好责任落实、政策落实和工作落实，继续以"两不愁三保障"为重点，开展"回头看、回头帮"，确保脱贫后全面巩固提升。

二是继续提升基础设施。加强政策统筹、项目统筹、资金统筹、力量统筹，重点对边远村、非贫困村，加强路、水、电等基础设施建设，同时建立运维管护长效机制，充分发挥基础设施效能。

三是提升公共服务水平。坚持机构下伸、力量下沉、服务下延，加强乡村便民服务中心建设，推进办事流程再造和服务规范化建设，切实做好社会保障、政策咨询、幼儿入园、手续办理、实用技术指导、矛盾纠纷调处等方面服务。

四是强化民生保障。加大教育、医疗、文化等民生项目的投入,引进培育急需的专业技术人才,推进教育、医疗、文化等基本公共服务均等化。巩固义务教育均衡发展成果,做好15年免费教育、"9+3"职业教育,提高贫困地区贫困人口的教育保障,进一步阻断贫困的代际传递。

(3) 提升产业发展。坚持产业发展是防止返贫的重要抓手。

一是推动"规模集中"发展。根据各地的区位、地理、自然优势和生产实际,调整优化农业产业结构,利用好农业产业发展"以奖代补"等政策,优先发展"四带经济",推动产业布局科学集中连片发展,扶持村集体经济发展壮大,采取集体经济组织、"专合组织+农户"、"种养大户+农户"等模式,吸引贫困户以流转土地、就近就业等方式参与产业发展,实现持续增收。

二是着力"农业品牌"创建。加快推进农特产品"三品一标"认证,加强"雷波脐橙"、"雷波芭蕉芋猪"等绿色特色品牌建设,提升"大凉山·雷波"品牌效益,鼓励支持生产经营主体创新品牌培育和发展模式,推动优势产业品牌化、商标化。巩固提升雷波脐橙、竹笋、茶叶、莼菜、山葵、有机牛羊"六张有机品牌",做强和壮大"四川省有机产品认证示范区",加大绿色、有机产品认证覆盖面,提高产品市场竞争力和附加值。

三是健全"产销并重"机制。吸引社会资本发展农产品精深加工业,大力培育专业协会、产销合作社等专业化服务组织,培养农民经纪人队伍,开展合同生产、订单农业。对接电商龙头企业,大力推行"互联网+农业"、"电商+农业"等发展模式。充分发挥农村电商作用,推广"生产基地+中央厨房+餐饮门店"、"生产基地+加工企业+商超销售"等产销模式,拓宽农产品销售渠道。

(4) 切实与乡村振兴战略衔接。乡村振兴是脱贫攻坚的升华和延续。在巩固脱贫成果的基础上,积极实施乡村振兴战略,让农民成为体面有尊严的职业,让农村成为城乡一体化发展的生动主角。

一是及早谋划部署。按照乡村振兴"产业兴旺、生态宜居、乡风文明、治理有效、生活富裕"总要求,聘请专家团队,借鉴先行启动实施地区的经验,编制出台《雷波县实施乡村振兴战略规划》和年度实施方案,把脱贫成果巩固与乡村振兴战略规划有机衔接,组织带领群众实施增收工程、绿色工程、强基工程等提升工程。

二是调整优化区划。撤并管理服务人口少、经济辐射带动能力弱、特色优势差的乡镇,减少行政单元,整合资源力量,增强乡镇管理协调服务能力,降低行政成本,提高工作效率,以此做实乡镇经济,促进县域经济发展,夯实县域经济提档升级和乡村振兴的基础。

三是建强基层组织。按照《中国共产党农村基层组织工作条例》规定,构建以村党支部为核心,群众自治组织、经济组织和行业组织充分发挥作用的基层治理格局。持续落实"筑底强基·凝聚民心"工程,强化软弱涣散基层党组织的整顿,完善村务公开制度,接受村民监督。充分吸收优秀年轻人回乡建设,多渠道选拔人才,培养一批懂农业、爱农村、帮农民的干部队伍。提升基层治理能力,鼓励干部新时代新担当新作为,为实施乡村振兴提供组织保障。

(郑有贵)

# 主要参考文献

[1] 习近平.摆脱贫困[M].福州:福建人民出版社,2014.

[2] 中共中央文献研究室.习近平关于社会主义经济建设论述摘编[M].北京:中央文献出版社,2017.

[3] 中共中央党史和文献研究院.习近平扶贫论述摘编[M].北京:中央文献出版社,2018.

[4] 中共中央党史和文献研究院.习近平关于"三农"工作论述摘编[M].北京:中央文献出版社,2019.

[5] 中国社会科学院,中央档案馆.1949—1952中华人民共和国经济档案资料选编:财政卷[M].北京:经济管理出版社,1995.

[6] 中国社会科学院,中央档案馆.1953—1957中华人民共和国经济档案资料选编:农业卷[M].北京:中国物价出版社,1998.

[7] 中国社会科学院,中央档案馆.1958—1965中华人民共和国经济

档案资料选编:金融卷[M].北京:中国财政经济出版社,2011.

[8] 农业部农业机械化司.中国农业机械化财务管理文件汇编[M].北京:机械工业出版社,1991.

[9] 《中国扶贫开发年鉴》编委会.中国扶贫开发年鉴:2010[M].北京:中国财政经济出版社,2010.

[10] 国家统计局.中国农村贫困监测报告:2000[M].北京:中国财政经济出版社,2000.

[11] 国务院扶贫开发领导小组办公室,农业部农村经济研究中心.贫困地区经济开发十粹[M].北京:中国科学技术出版社,1993.

[12] 汪三贵,李文.中国农村贫困问题研究[M].北京:中国财政经济出版社,2005.

[13] 张磊.中国扶贫开发历程(1949—2005年)[M].北京:中国财政经济出版社,2007.

[14] 张磊.中国扶贫开发政策演变(1949—2005年)[M].北京:中国财政经济出版社,2007.

[15] 黄承伟,等.脱贫攻坚与乡村振兴衔接(概论)[M].北京:人民出版社,2020.

[16] 何得桂,姚桂梅,徐榕,等.中国脱贫攻坚调研报告——秦巴山区篇[M].北京:中国社会科学出版社,2020.

[17] 丹凤县志编纂委员会.丹凤县志[M].西安:陕西人民出版社,1994.

[18] 王贵宸,宋宗水,黄毅.摆脱贫困之路——丹凤县脱贫思路探索

[M].北京:中国林业出版社,1995.

[19] 史先锋.商於古道之丹凤[M].西安:三秦出版社,2014.

[20] 上犹县地方志编纂委员会.上犹县志(1986—2000)[M].北京:方志出版社,2004.

[21] 汪三贵.中国40年大规模减贫:推动力量与制度基础[J].中国人民大学学报,2018(6):1-11.

[22] 汪三贵,冯紫曦.脱贫攻坚与乡村振兴有机衔接:逻辑关系、内涵与重点内容[J].南京农业大学学报(社会科学版),2019,19(5):8-14,154.

[23] 汪三贵,胡骏.从生存到发展:新中国七十年反贫困的实践[J].农业经济问题,2020(2):4-14.

[24] 赵定东,方琼.新中国成立以来农村反贫困政策的层次结构与历史变迁[J].华中农业大学学报(社会科学版),2019(3):1-10.

[25] 霍萱,高琴,杨穗.从经济政策范式到社会政策范式:中国农村反贫困历程变迁与动力[J].中国农业大学学报(社会科学版),2019,36(6):116-127.

[26] 贺雪峰.中国农村反贫困战略中的扶贫政策与社会保障政策[J].武汉大学学报(哲学社会科学版),2018,71(3):147-153.

[27] 凌晔,刘裕勇,水木,等.上犹:脱贫攻坚争上游[J].老区建设,2016(9):8-9.

[28] 刘宗贵.上犹县脱贫攻坚工作的实践与思考[J].农业经济与科技,2017,28(20):154-155.

[29] Alan Piazza, Echo H. Liang. Reducing Absolute Poverty in China: Current Status and Issues[J]. *Journal of International Affairs*, 1998, 52(1): 253.

# 后记

本书是武力主持的国家社科基金项目"脱贫攻坚精神研究"(20@ZH001)的最终成果。本书的特点是在实地调研的基础上,通过典型案例的分析提炼,并结合理论和历史研究,重点论述了以下四个方面的内容:一是系统回顾了新中国成立以来,特别是进入新时代以来中国彻底消除贫困的历史过程,将脱贫攻坚的胜利和重大意义放在中国共产党"不忘初心"的百年奋斗历史中去认识;二是从消除贫困、实现共同富裕是社会主义的本质要求和中国道路、中国理论、中国制度的高度去看脱贫攻坚在社会主义发展史上的地位;三是从脱贫攻坚过程中所展示出来的工作方法、精神风貌和智慧机制等方面,总结提炼可以升华到传之久远的中华民族精神;四是通过5个贫困地区的比较深入的实地调研考察,以个案的形式,见微知著,用真实生动具体的事例来反映中国是怎样进行脱贫攻坚、彻底消除贫困的。

这个项目在执行过程中,得到了中国社会科学院科研局、中国社会科学院扶贫工作领导小组办公室、当代中国研究所、习近平新时代中国特色社会主义思想研究中心的大力支持。在上述调研和成书过程中,我们还得到了江西省赣州市上犹县委和县政府、陕西省商洛市丹凤县委和县政府、内蒙古乌兰察布市委和市政府、河北省张家口市蔚县县委和县政府、四川凉山彝族自治州雷波县委和县政府的大力支持帮助,项目组在调研过程中提出的各种要求得到了充分满足。在这里特别对以上单位给予的支持和帮助表示衷心的感谢。

这本书是集体劳动的成果,其中5个调研报告的执笔人分别为:上犹县为王蕾,丹凤县为贾子尧,乌兰察布市为刘春、郭鹏、庞凤琴,蔚县为王璐,雷波县为郑有贵。王爱云同志对上篇的撰写付出了大量劳动。

在本书的出版过程中,还得到了华中科技大学出版社领导和编辑的热情帮助,他们尽心尽责、一丝不苟,令人感动。本书还被列入2020年中宣部主题出版重点出版物,这反映了国家对脱贫攻坚精神研究的高度重视。

脱贫攻坚的胜利不仅是中国历史上的一个重大事件,也是人类社会解决贫困问题的历史性成就,还是世界社会主义发展史上的靓丽篇章。随着时光流逝,它的地位和意义会越来越突出。古人说"睫在眼前长不见",由于身处其中且能力有限,我们对脱贫攻坚的叙述和精神总结难免挂一漏万和不够精准,还恳请读者批评指正,以推进整个国际社会对反贫困问题的研究。

"脱贫攻坚精神研究"项目组

**2021 年 1 月 26 日**

图书在版编目(CIP)数据

中国脱贫攻坚精神/武力，王爱云主编. —武汉：华中科技大学出版社，2021.4
ISBN 978-7-5680-6816-1

Ⅰ.①中… Ⅱ.①武… ②王… Ⅲ.①扶贫-研究-中国 Ⅳ.①F126

中国版本图书馆 CIP 数据核字(2021)第 049691 号

### 中国脱贫攻坚精神
Zhongguo Tuopin Gongjian Jingshen

武力　王爱云　主编

| | |
|---|---|
| 策划编辑：周清涛　周晓方 | 责任校对：刘　竣 |
| 责任编辑：熊　彦 | 责任监印：周治超 |
| 封面设计：原色设计 | |

出版发行：华中科技大学出版社(中国•武汉)　　电话：(027)81321913
　　　　　武汉市东湖新技术开发区华工科技园　　邮编：430223
录　　排：华中科技大学惠友文印中心
印　　刷：湖北新华印务有限公司
开　　本：710mm×1000mm　1/16
印　　张：24　插页：8
字　　数：345 千字
版　　次：2021 年 4 月第 1 版第 1 次印刷
定　　价：58.00 元

本书若有印装质量问题，请向出版社营销中心调换
全国免费服务热线：400-6679-118　竭诚为您服务
版权所有　侵权必究